普通高等学校“十三五”规划教材

经济应用数学学习指导

主　编　魏　运　任艳林　高春香
副主编　秦国宏　窦志红　邢利刚

北京大学出版社
PEKING UNIVERSITY PRESS

内 容 简 介

本书是在《经济应用数学》教材的基础上，按照教育部制定的《高职高专教育经济数学基础课程教学基本要求》编写的教学参考书.

全书共十章，内容包括函数、极限与连续、导数与微分、微分中值定理和导数的应用、不定积分、定积分、多元函数微分学、行列式、矩阵及线性方程组. 每章均配有内容提要、教学基本要求、典型例题分析及求解、自测题、教材习题详解，书末附有自测题参考答案.

本书适合高职高专经济管理类的教师和学生使用.

前　　言

本书是与《经济应用数学》教材配套使用的教学参考书. 经济应用数学是高职高专财经、管理类各专业的一门必修基础课,在教学过程中,受教学时数和教材篇幅的限制,学生学起来有诸多困难. 为了帮助学生理解经济应用数学的基本概念,掌握其基本知识,学会解题的方法和技巧,根据多年的教学经验,我们编写了《经济应用数学学习指导》一书.

本书以《经济应用数学》教材为基础,按章编写,每章内容由以下几个部分组成:

(1) 内容提要:列出了每一章的基本概念、基本定理、重要公式及结论,突出必须掌握或考试中出现频率较高的核心内容.

(2) 教学基本要求:按照了解、理解、掌握、熟练掌握对知识点的学习层次提出要求,便于学生有针对性地学习.

(3) 典型例题分析及求解:精选每一章内容所涉及的重要题型,并进行了详细的分析和解答,以帮助学生更好地掌握和理解相关题型的解法,达到举一反三、触类旁通的效果.

(4) 自测题:根据经济应用数学考试内容,在每一章设计了一套自测题,目的是给学生提供练习机会,帮助学生进一步消化知识、夯实基础,同时检验自己对本章内容的掌握程度.

(5) 教材习题详解:对教材中每章课后习题均给出了详细的解答,以帮助学生回顾、巩固、深化每一章的内容讲解.

本书最后给出了四套自主训练,综合检验学生的解题能力、解题技巧和整体思维能力.

本书由魏运、任艳林、高春香、秦国宏、窦志红、邢利刚编写,付小军编辑了教学资源,魏楠、苏娟提供了版式和装帧设计方案,在此表示感谢. 本书的出版得到了北京大学出版社的大力支持,在此一并表示感谢.

由于水平有限,书中难免有不妥之处,敬请读者批评指正.

编　者

2018 年 1 月

目　　录

第一章　函　　数

内容提要

一、基本概念

1. 变量和区间

在某一过程中不起变化，只取一个固定数值的量叫作**常量**.

在某一过程中是变化的，可以取不同的数值的量叫作**变量**.

通常用字母 a,b,c 等表示常量，用字母 x,y,z 等表示变量.

区间是指介于两个实数 $a,b(a<b)$ 之间的全体实数的集合.

(1) 开区间：(a,b)；
(2) 闭区间：$[a,b]$；
(3) 半开区间：$[a,b)$，$(a,b]$；

（以上(1)—(3)为有限区间）

(4) 无限区间：$[a,+\infty)$，$(a,+\infty)$，$(-\infty,b]$，$(-\infty,b)$，$(-\infty,+\infty)$.

2. 函数的概念

定义 1.1　设 x 和 y 是两个变量. 如果变量 x 在非空集合 D 内任取一数值时，变量 y 依照某一规则 f 总有一个确定的数值与之对应，那么称变量 y 是变量 x 的**函数**，记作 $y=f(x)$. 这里 x 称为**自变量**，y 称为**因变量**或**函数**. f 是函数符号，它表示 y 与 x 的对应规则.

集合 D 称为函数的**定义域**，相应的 y 值的集合称为函数的**值域**.

当自变量 x 在定义域内任取某一确定值 x_0 时，因变量 y 按照所给函数关系 $y=f(x)$ 求出的对应值 y_0 叫作当 $x=x_0$ 时的**函数值**，记作 $y\big|_{x=x_0}$ 或 $f(x_0)$.

把定义域分成若干部分，函数关系由不同的式子分段表达的函数称为**分段函数**.

注　分段函数是定义域上的一个函数，而不是多个函数，因此分段函数需要分段求值，分段作图.

3. 反函数的概念

定义 1.6　设 $y=f(x)$ 是 x 的函数，其值域为 R. 如果对于 R 中的每一个 y 值，都有一个确定的，且满足 $y=f(x)$ 的 x 值与之对应，则得到一个定义在 R 上以 y 为自变量，x 为因变量的新函数，我们称它为 $y=f(x)$ 的**反函数**，记作 $x=f^{-1}(y)$，并称 $y=f(x)$ 为**直接函数**.

4. 基本初等函数

我们把中学数学学过的常数函数、指数函数、对数函数、幂函数、三角函数、反三角函数这 6 类函数统称为**基本初等函数**.

(1) 常数函数 $y = C$　(C 为任意常数).

(2) 指数函数 $y = a^x$　($a > 0, a \neq 1$).

(3) 对数函数 $y = \log_a x$　($a > 0, a \neq 1$).

注　对数函数 $y = \log_a x (a > 0, a \neq 1)$ 和指数函数 $y = a^x (a > 0, a \neq 1)$ 互为反函数，它们的图形关于 $y = x$ 对称.

(4) 幂函数 $y = x^\alpha$　(α 为实数).

注　在幂函数 $y = x^\alpha$(α 为实数) 中，自变量 x 在底的位置，指数 α 是常数，而在指数函数 $y = a^x (a > 0, a \neq 1)$ 中，自变量 x 在指数位置，底的位置是常数 a.

(5) 三角函数.

三角函数包括下面 6 个函数：

① 正弦函数 $y = \sin x$；

② 余弦函数 $y = \cos x$；

③ 正切函数 $y = \tan x$；

④ 余切函数 $y = \cot x$；

⑤ 正割函数 $y = \sec x$；

⑥ 余割函数 $y = \csc x$.

注　在微积分中，三角函数的自变量 x 采用弧度制，而不用角度制. 例如，我们用 $\sin \dfrac{\pi}{3}$ 而不用 $\sin 60^\circ$，角度与弧度之间可利用公式 π 弧度 $= 180^\circ$ 来换算.

(6) 反三角函数.

① 反正弦函数 $y = \arcsin x$；

② 反余弦函数 $y = \arccos x$；

③ 反正切函数 $y = \arctan x$；

④ 反余切函数 $y = \text{arccot}\, x$.

5. 复合函数

设 y 是 u 的函数：$y = f(u)$，u 是 x 的函数：$u = \varphi(x)$. 如果 $u = \varphi(x)$ 的值域或其部分包含在 $y = f(u)$ 的定义域中，则 y 通过中间变量 u 构成 x 的函数，称为 x 的**复合函数**，记作

$$y = f[\varphi(x)],$$

其中 x 是自变量，u 称为**中间变量**.

6. 初等函数

由基本初等函数经过有限次的四则运算及有限次的复合构成，并且用一个解析式表示的函数叫作**初等函数**.

7. 常用的经济函数

(1) 需求函数.

需求量是指在一定的价格条件下，消费者愿意购买并且有能力购买的商品量.

需求量与消费者的收入、人数及该商品的价格等诸多因素有关，如果不考虑其他因素的

影响，需求量 Q 可看成价格 p 的一元函数，称之为**需求函数**，记作

$$Q=Q(p).$$

通常，降低商品价格使需求量增加；提高商品价格使需求量减少. 显然，需求函数为价格的单调减少函数.

常见的需求函数有线性需求函数

$$Q=a-bp\quad(a>0,b>0).$$

显然，需求函数 $Q=Q(p)$ 的反函数就是价格函数 $P=P(q)$.

(2) 供给函数.

供给量是指在一定的价格条件下，生产者愿意出售并且有可供出售的商品量.

不考虑其他因素的影响，供给量 S 也可以看成价格 p 的一元函数，称之为**供给函数**，记作

$$S=S(p).$$

通常，降低商品价格使供给量减少；提高商品价格使供给量增加. 显然，供给函数为价格的单调增加函数.

常见的供给函数有线性供给函数

$$S=-c+dp\quad(c>0,d>0).$$

如果市场上某种商品的市场需求量与供给量相等，则该商品市场处于平衡状态，这时的商品价格 p_0 称为**均衡价格**.

(3) 总成本函数.

总成本大体可分为两部分：一是固定成本 C_0，二是可变成本 $C_1(q)$. 这两类成本的总和就是总成本，用 $C(q)$ 表示，即

$$C(q)=C_0+C_1(q).$$

总成本函数 $C(q)$ 是 q 的单调增加函数，其中线性成本函数为

$$C=a+bq\quad(a>0,b>0).$$

平均成本即单位产品的成本，用 $\overline{C}$ 表示，即

$$\overline{C}=\frac{C(q)}{q}.$$

(4) 总收入函数.

总收入是产品销售价格与销售量的乘积，用 R 表示. 如果产品的单位售价为 p，销售量为 q，则总收入函数为

$$R(q)=pq.$$

(5) 总利润函数.

总利润等于总收入与总成本的差，用 L 表示. 于是总利润函数为

$$L(q)=R(q)-C(q).$$

一般地，有

① 如果 $L(q)=R(q)-C(q)>0$，则生产处于盈利状态；

② 如果 $L(q)=R(q)-C(q)<0$，则生产处于亏损状态；

③ 如果 $L(q)=R(q)-C(q)=0$，则生产处于保本状态.

二、基本定理、重要公式及结论

1. 函数的两个要素

函数的对应规则和定义域是函数的两个要素，只有对应规则和定义域完全相同的两个

函数才是相同的函数.例如,$y=\sqrt{x^2}$ 与 $y=|x|$ 的对应规则和定义域完全相同,因此,它们是相同的函数;而 $y=\lg x^2$ 与 $y=2\lg x$ 的定义域不同,它们是不同的两个函数.

2. 函数的几种特性

(1) 函数的有界性.

(2) 函数的单调性.

(3) 函数的奇偶性.

(4) 函数的周期性.

教学基本要求

1. 理解函数的概念.
2. 理解函数的性质.
3. 理解复合函数和分段函数的概念,了解反函数的概念.
4. 掌握基本初等函数的性质及图形,了解初等函数的概念.
5. 会建立简单问题中的函数关系.
6. 了解常用的经济函数.

典型例题分析及求解

例 1 已知 $f(x)=\dfrac{1-x}{1+x}$,求 $f(0),f(-x),f(x+1)$.

解 $f(0)=\dfrac{1-0}{1+0}=1,\quad f(-x)=\dfrac{1-(-x)}{1+(-x)}=\dfrac{1+x}{1-x},$

$$f(x+1)=\frac{1-(x+1)}{1+(x+1)}=\frac{-x}{2+x}.$$

例 2 已知 $f(\sin^2 x)=\tan^2 x+\cos 2x,0<x<1$,求 $f(x)$.

解 $f(\sin^2 x)=1-2\sin^2 x+\dfrac{\sin^2 x}{1-\sin^2 x}$.令 $\sin^2 x=t$,则 $0<t<\sin^2 1$,因此

$$f(t)=1-2t+\frac{t}{1-t}=\frac{1}{1-t}-2t,$$

即

$$f(x)=\frac{1}{1-x}-2x,\quad 0<x<\sin^2 1.$$

例 3 求函数 $f(x)=\lg(4x-3)-\arcsin(2x-1)$ 的定义域.

解 在对数式中,真数必须大于零,因此有 $4x-3>0$,解得 $x>\dfrac{3}{4}$;反正弦或反余弦中的式子的绝对值必须小于等于 1,因此有 $-1\leqslant 2x-1\leqslant 1$,解得 $0\leqslant x\leqslant 1$,所以函数的定义域

应为

$$\left(\frac{3}{4},+\infty\right)\cap[0,1]=\left(\frac{3}{4},1\right].$$

例 4 将 $y=\ln(\tan 2x)$ 分解为简单函数.

解 $y=\ln(\tan 2x)$ 是由 $y=\ln u, u=\tan v, v=2x$ 复合而成的.

例 5 已知 $f(x)=\sin x, f[\varphi(x)]=1-x^2$,求函数 $\varphi(x)$ 及其定义域.

解 由 $f(x)=\sin x$,知 $f^{-1}(x)=\arcsin x$,对 $f[\varphi(x)]=1-x^2$ 两边同时取反函数,

$$f^{-1}\{f[\varphi(x)]\}=f^{-1}(1-x^2),$$

得 $\varphi(x)=\arcsin(1-x^2)$,其定义域为$[-\sqrt{2},\sqrt{2}]$.

例 6 设函数 $f(x)$ 在区间$(-a,a)$内有定义,证明:

(1) $f(x)+f(-x)$ 是偶函数;

(2) $f(x)-f(-x)$ 是奇函数.

证明 (1) 因为函数 $f(x)$ 在区间$(-a,a)$内有定义,令

$$F(x)=f(x)+f(-x),$$

显然 $F(x)$ 的定义域为$(-a,a)$,且

$$F(-x)=f(-x)+f(x)=F(x),$$

所以 $f(x)+f(-x)$ 是偶函数.

(2) 因为函数 $f(x)$ 在区间$(-a,a)$内有定义,令

$$F(x)=f(x)-f(-x),$$

显然 $F(x)$ 的定义域为$(-a,a)$,且

$$F(-x)=f(-x)-f(x)=-F(x),$$

所以 $f(x)-f(-x)$ 是奇函数.

例 7 设某厂生产某产品的最高日产量为 100 吨,固定成本为 130 万元,每生产 1 吨产品,成本增加 6 万元,求该厂日产量的总成本函数和平均成本函数.

解 总成本为固定成本与可变成本之和.根据题意,则有

总成本函数为

$$C(x)=130+6x,\quad x\in[0,100],$$

平均成本函数为

$$\overline{C}(x)=\frac{C(x)}{x}=\frac{130}{x}+6,\quad x\in[0,100].$$

例 8 设某厂生产的掌上游戏机每台可卖 110 元,固定成本为 7 500 元,可变成本为每台 60 元.问:

(1) 要卖多少台掌上游戏机,厂家才可保本?

(2) 若卖掉 100 台,厂家赢利或亏损了多少?

(3) 要获得 1 250 元的利润,需要卖多少台?

解 (1) 设厂家生产的台数为 x,则总成本函数为 $C(x)=7\,500+60x$,总收入函数为 $R(x)=110x$.令 $R(x)=C(x)$,则 $110x=7\,500+60x$,解得 $x=150$,故要卖 150 台厂家才可保本.

(2) 因为

$$C(100)=7\,500+60\times100=13\,500(\text{元}),$$
$$R(100)=110\times100=11\,000(\text{元}),$$
$$R(100)-C(100)=-2\,500(\text{元}),$$

所以若卖掉 100 台,厂家亏损了 2 500 元.

(3) 总利润函数为

$$L(x)=R(x)-C(x)=110x-7\,500-60x=50x-7\,500.$$

令 $L(x)=1\,250$,则 $50x-7\,500=1\,250$,解得 $x=175$,因此要获得 1 250 元的利润,需要卖 175 台.

自 测 题

1. 选择题:

(1) 函数 $y=\sqrt{5-x}+\lg(x-1)$ 的定义域是(　　);

A. $(0,5]$　　B. $(1,5]$　　C. $(1,5)$　　D. $(1,+\infty)$

(2) 函数 $y=-\sqrt{x-1}$ 的反函数是(　　).

A. $y=x^2+1(-\infty<x<+\infty)$　　B. $y=x^2+1(x\geqslant0)$

C. $y=x^2+1(x\leqslant0)$　　D. $y=x^2+1(x\neq0)$

2. 填空题:

(1) 函数 $y=\mathrm{e}^x+1$ 与 $y=\ln(x-1)$ 的图形关于直线________对称;

(2) 设 $f(x)=\begin{cases}x, & x\in\left(-1,\dfrac{2}{3}\right],\\ -x, & x\in\left(\dfrac{2}{3},1\right],\end{cases}$ 则 $f(0)=$________,$f\left(\dfrac{3}{4}\right)=$________.

3. 将下列复合函数分解成简单函数:

(1) $y=\ln(1-x^2)$;　　(2) $y=\arcsin\dfrac{4x-1}{3}$;

(3) $y=\sqrt{\ln(x^2-2)}$;　　(4) $y=\cos^2\sqrt{2+x^2}$.

教材习题详解

1. 求下列函数在指定点处的函数值:

(1) 设 $f(x)=x^2-2x+3$,求 $f(0),f(2),f(-x),f\left(\dfrac{1}{x}\right)$;

(2) 设 $f(x)=\begin{cases}1+x, & x\leqslant0,\\ 2^x, & x>0,\end{cases}$ 求 $f(-2),f(-1),f(0),f(1),f(2)$.

解　(1) $f(0)=3,f(2)=3,f(-x)=x^2+2x+3,f\left(\dfrac{1}{x}\right)=\dfrac{1}{x^2}-\dfrac{2}{x}+3$.

(2) $f(-2)=-1, f(-1)=0, f(0)=1, f(1)=2, f(2)=2^2=4$.

2.求下列函数的定义域：

(1) $y=\sqrt{4-x^2}$；　　(2) $y=\dfrac{1}{4-x^2}+\sqrt{x+2}$；

(3) $y=\lg(\log_2 3x)$；　　(4) $y=\dfrac{2}{x}-\sqrt{1-x^2}$；

(5) $y=\arcsin\dfrac{x-1}{2}$；　　(6) $y=\dfrac{\lg(3-x)}{\sqrt{|x|-1}}$.

解　(1) 由 $4-x^2\geqslant 0$，得 $-2\leqslant x\leqslant 2$，即定义域为 $[-2,2]$.

(2) 由 $\begin{cases}4-x^2\neq 0,\\ x+2\geqslant 0,\end{cases}$ 得 $x>-2$ 且 $x\neq 2$，即定义域为 $(-2,2)\cup(2,+\infty)$.

(3) 由 $\begin{cases}3x>0,\\ \log_2 3x>0,\end{cases}$ 得 $x>\dfrac{1}{3}$，即定义域为 $\left(\dfrac{1}{3},+\infty\right)$.

(4) 由 $\begin{cases}x\neq 0,\\ 1-x^2\geqslant 0,\end{cases}$ 得 $-1\leqslant x\leqslant 1$ 且 $x\neq 0$，即定义域为 $[-1,0)\cup(0,1]$.

(5) 由 $-1\leqslant\dfrac{x-1}{2}\leqslant 1$，得 $-1\leqslant x\leqslant 3$，即定义域为 $[-1,3]$.

(6) 由 $\begin{cases}3-x>0,\\ |x|-1>0,\end{cases}$ 得 $x<-1$ 或 $1<x<3$，即定义域为 $(-\infty,-1)\cup(1,3)$.

3.判断下列函数的奇偶性：

(1) $f(x)=\sqrt{4-x^2}$；　　(2) $f(x)=\dfrac{1-x^2}{1+x^2}$；

(3) $f(x)=3x^3-6\sin x$；　　(4) $f(x)=a^x+a^{-x}\quad(a>0)$；

(5) $f(x)=\lg(x+\sqrt{1+x^2})$；　　(6) $f(x)=\lg\dfrac{1-x}{1+x}$.

解　(1) $f(-x)=\sqrt{4-(-x)^2}=\sqrt{4-x^2}=f(x)$，$f(x)$ 为偶函数.

(2) $f(-x)=\dfrac{1-(-x)^2}{1+(-x)^2}=\dfrac{1-x^2}{1+x^2}=f(x)$，$f(x)$ 为偶函数.

(3) $f(-x)=3(-x)^3-6\sin(-x)=-(3x^3-6\sin x)=-f(x)$，$f(x)$ 为奇函数.

(4) $f(-x)=a^{-x}+a^x=f(x)$，$f(x)$ 为偶函数.

(5) $$f(-x)=\lg(-x+\sqrt{1+(-x)^2})=\lg\frac{(-x+\sqrt{1+x^2})(x+\sqrt{1+x^2})}{x+\sqrt{1+x^2}}$$

$$=\lg\frac{1}{x+\sqrt{1+x^2}}=-\lg(x+\sqrt{1+x^2})=-f(x),$$

$f(x)$ 为奇函数.

(6) $f(-x)=\lg\dfrac{1-(-x)}{1+(-x)}=\lg\dfrac{1+x}{1-x}=\lg\left(\dfrac{1-x}{1+x}\right)^{-1}=-\lg\dfrac{1-x}{1+x}=-f(x)$，$f(x)$ 为奇函数.

4.已知 $f(2x-1)=x^2$，求 $f[f(x)]$.

解　设 $2x-1=t$，则 $x=\dfrac{t+1}{2}$，故 $f(t)=\dfrac{(t+1)^2}{4}$，即 $f(x)=\dfrac{(x+1)^2}{4}$，则

$$f[f(x)]=\frac{\left[\frac{(x+1)^2}{4}+1\right]^2}{4}=\frac{[(x+1)^2+4]^2}{64}.$$

5. 将 y 表示成 x 的函数：

(1) $y=u^2, u=1+\sqrt{v}, v=x^2+2$；　(2) $y=\sqrt{u}, u=2+v^2, v=\sin x$.

解　(1) $y=(1+\sqrt{x^2+2})^2$.

(2) $y=\sqrt{2+\sin^2 x}$.

6. 下列函数是由哪些简单函数复合而成的？

(1) $y=\sqrt{2-x^2}$；　(2) $y=\tan \mathrm{e}^{5x}$；

(3) $y=\sin^2(1+2x)$；　(4) $y=[\arcsin(1-x^2)]^3$；

(5) $y=\sqrt{\ln\tan x^2}$；　(6) $y=\cos\frac{1}{x}$.

解　(1) $y=\sqrt{2-x^2}$ 是由 $y=\sqrt{u}, u=2-x^2$ 复合而成的.

(2) $y=\tan \mathrm{e}^{5x}$ 是由 $y=\tan u, u=\mathrm{e}^v, v=5x$ 复合而成的.

(3) $y=\sin^2(1+2x)$ 是由 $y=u^2, u=\sin v, v=1+2x$ 复合而成的.

(4) $y=[\arcsin(1-x^2)]^3$ 是由 $y=u^3, u=\arcsin v, v=1-x^2$ 复合而成的.

(5) $y=\sqrt{\ln\tan x^2}$ 是由 $y=\sqrt{u}, u=\ln v, v=\tan w, w=x^2$ 复合而成的.

(6) $y=\cos\frac{1}{x}$ 是由 $y=\cos u, u=\frac{1}{x}$ 复合而成的.

7. 求下列函数的反函数：

(1) $y=\frac{x+2}{x-2}$；　(2) $y=x^3+2$；

(3) $y=1+\lg(2x-3)$.

解　(1) 由 $y=\frac{x+2}{x-2}$，解得 $x=\frac{2(y+1)}{y-1}$，从而 $y=\frac{x+2}{x-2}$ 的反函数为 $y=\frac{2(x+1)}{x-1}$.

(2) 由 $y=x^3+2$，解得 $x=\sqrt[3]{y-2}$，从而 $y=x^3+2$ 的反函数为 $y=\sqrt[3]{x-2}$.

(3) 由 $y=1+\lg(2x-3)$，解得 $x=\frac{10^{y-1}+3}{2}$，从而 $y=1+\lg(2x-3)$ 的反函数为 $y=\frac{10^{x-1}+3}{2}$.

8. 设手表的价格为每只 70 元时，销售量为 10 000 只，如果单价每提高 3 元，需求量则减少 3 000 只，而制表厂可多提供 3 000 只手表. 试求：

(1) 线性需求函数；

(2) 线性供给函数；

(3) 手表市场处于平衡状态下的价格和需求量.

解　(1) 设线性需求函数为 $Q=a-bp\ (a>0, b>0)$，由题意得

$$\begin{cases}10\,000=a-70b,\\ 7\,000=a-73b,\end{cases}$$

解得 $a=80\,000, b=1\,000$，因此线性需求函数为

$$Q=1\,000(80-p).$$

(2) 设线性供给函数为 $S=-c+dp\ (c>0, d>0)$，由题意得

$$\begin{cases}10\ 000 = -c + 70d,\\ 13\ 000 = -c + 73d,\end{cases}$$

解得 $c = 60\ 000$,$d = 1\ 000$,因此线性供给函数为

$$S = -1\ 000(60 - p).$$

(3) 由 $Q = S$,得 $p = 70$(元),$Q = 1\ 000(80 - 70) = 10\ 000$(只),即手表市场处于平衡状态下的价格为 70 元、需求量为 10 000 只.

9. 某厂生产某种产品,日产量为 120 件. 每日的固定成本为 200 元,每件的平均可变成本为 10 元.

(1) 求该产品的日总成本函数及平均成本函数;

(2) 若该产品每件售价 15 元,求总收入函数;

(3) 写出总利润函数并求保本点.

解 (1) 日总成本函数为

$$C(q) = 200 + 10q \quad (0 \leqslant q \leqslant 120),$$

平均成本函数为

$$\overline{C}(q) = \frac{200 + 10q}{q} = 10 + \frac{200}{q}.$$

(2) 总收入函数为

$$R(q) = 15q \quad (0 \leqslant q \leqslant 120).$$

(3) 总利润函数为

$$L(q) = 15q - (200 + 10q) = 5q - 200.$$

令 $L(q) = 5q - 200 = 0$,解得 $q = 40$(件),即保本点为 40 件 / 天.

10. 某商品的总成本函数(单位:元) 为 $C = 81 + 3q$,其中 q 为该商品的数量. 问:

(1) 如果该商品的售价为 12 元 / 件,该商品的保本点是多少?

(2) 售价为 12 元 / 件时,售出 10 件该商品的总利润是多少?

解 (1) 总利润函数为

$$L(q) = 12q - (81 + 3q) = 9q - 81.$$

令 $L(q) = 9q - 81 = 0$,解得 $q = 9$(件),即保本点为 9 件.

(2) $L(10) = 12 \times 10 - (81 + 3 \times 10) = 9$(元),即售出 10 件该商品的总利润是 9 元.

第二章　极限与连续

内容提要

一、基本概念

1. 数列的极限

定义 1.1 对于数列$\{x_n\}$，如果当 n 无限增大时，x_n 无限地趋近于某一个确定的常数 A，则称常数 A 为**数列$\{x_n\}$当 n 趋于无穷大时的极限**，记作

$$\lim_{n\to\infty}x_n = A \quad 或 \quad x_n \to A \quad (n\to\infty),$$

并称数列$\{x_n\}$是**收敛**的；否则，就称数列$\{x_n\}$是**发散**的.

2. 函数的极限

(1) 当 $x\to\infty$时，函数 $y=f(x)$ 的极限.

定义 1.2 如果当 $x\to\infty$(即$|x|$无限增大)时，函数 $f(x)$ 无限地趋近于某一个确定的常数 A，则称常数 A 为**函数 $f(x)$ 当 $x\to\infty$时的极限**，记作

$$\lim_{x\to\infty}f(x) = A \quad 或 \quad f(x)\to A \quad (x\to\infty);$$

否则，称当 $x\to\infty$时，函数 $f(x)$ 的极限不存在.

定义 1.3 如果当 $x\to+\infty$时，函数 $f(x)$ 无限地趋近于某一个确定的常数 A，则称常数 A 为**函数 $f(x)$ 当 $x\to+\infty$时的极限**，记作

$$\lim_{x\to+\infty}f(x) = A \quad 或 \quad f(x)\to A \quad (x\to+\infty).$$

定义 1.4 如果当 $x\to-\infty$时，函数 $f(x)$ 无限地趋近于某一个确定的常数 A，则称常数 A 为**函数 $f(x)$ 当$x\to-\infty$时的极限**，记作

$$\lim_{x\to-\infty}f(x) = A \quad 或 \quad f(x)\to A \quad (x\to-\infty).$$

(2) 当 $x\to x_0$ 时，函数 $y=f(x)$ 的极限.

定义 1.5 设函数 $y=f(x)$ 在点 x_0 的某个邻域内有定义(点 x_0 可以除外). 如果当 $x\to x_0$(但 $x\neq x_0$)时，函数 $f(x)$ 无限地趋近于某一个确定的常数 A，则称常数 A 为**函数 $f(x)$ 当 $x\to x_0$ 时的极限**，记作

$$\lim_{x\to x_0}f(x) = A \quad 或 \quad f(x)\to A \quad (x\to x_0);$$

否则，称当 $x\to x_0$ 时，$f(x)$ 的极限不存在.

(3) 左极限与右极限.

定义 1.6　如果当 $x\to x_0^-$ 时,函数 $f(x)$ 无限地趋近于某一个确定的常数 A,则称常数 A 为**函数 $f(x)$ 当 $x\to x_0$ 时的左极限**,记作

$$\lim_{x\to x_0^-}f(x)=A \quad 或 \quad f(x)\to A \quad (x\to x_0^-).$$

定义 1.7　如果当 $x\to x_0^+$ 时,函数 $f(x)$ 无限地趋近于某一个确定的常数 A,则称常数 A 为**函数 $f(x)$ 当 $x\to x_0$ 时的右极限**,记作

$$\lim_{x\to x_0^+}f(x)=A \quad 或 \quad f(x)\to A \quad (x\to x_0^+).$$

3. 无穷小量与无穷大量

(1) 无穷小量.

定义 2.1　若函数 $y=f(x)$ 在自变量 x 的某个变化过程中以 0 为极限,即 $\lim f(x)=0$,则称 $f(x)$ 为该变化过程中的**无穷小量**,简称**无穷小**,常用希腊字母 α,β,γ 等来表示.

(2) 无穷大量.

定义 2.2　如果在自变量 x 的某个变化过程中,函数 $f(x)$ 的绝对值 $|f(x)|$ 无限地增大,则称 $f(x)$ 为该变化过程中的**无穷大量**,简称**无穷大**,记作 $\lim f(x)=\infty$.

(3) 无穷小量的阶.

定义 4.1　设 α,β 是同一变化过程中的两个无穷小量.

① 若 $\lim\dfrac{\alpha}{\beta}=0$,则称 α 是比 β **高阶的无穷小量**,也称 β 是比 α **低阶的无穷小量**;

② 若 $\lim\dfrac{\alpha}{\beta}=c$($c$ 是不等于零的常数),则称 α 与 β 是**同阶无穷小量**. 若 $c=1$,则称 α 与 β 是**等价无穷小量**,记作 $\alpha\sim\beta$.

4. 函数的连续性

(1) 函数的改变量(或称函数的增量).

定义 5.1　设函数 $y=f(x)$ 在点 x_0 的某邻域内有定义,当自变量 x 从它的初值 x_0 变化到终值 x_1 时,则称差 x_1-x_0 为自变量 x 的**改变量**(或**增量**),记作 Δx,即 $\Delta x=x_1-x_0$. 相应地,函数值也由 $f(x_0)$ 变化到 $f(x_1)$,则称差 $f(x_1)-f(x_0)$ 为函数 $y=f(x)$ 的**改变量**(或**增量**),记作 Δy,即 $\Delta y=f(x_1)-f(x_0)$ 或 $\Delta y=f(x_0+\Delta x)-f(x_0)$.

(2) 连续函数的概念.

定义 5.2　设函数 $y=f(x)$ 在点 x_0 的某个邻域内有定义. 如果当自变量 x 在点 x_0 处的改变量 Δx 趋于零时,相应函数的改变量 Δy 也趋于零,即

$$\lim_{\Delta x\to 0}\Delta y=0,$$

则称函数 $f(x)$ 在点 x_0 处**连续**.

定义 5.3　设函数 $y=f(x)$ 在点 x_0 的某个邻域内有定义. 如果当 $x\to x_0$ 时,函数 $f(x)$ 的极限存在,且等于 $f(x)$ 在点 x_0 处的函数值 $f(x_0)$,即

$$\lim_{x\to x_0}f(x)=f(x_0),$$

则称函数 $y=f(x)$ 在点 x_0 处**连续**.

定义 5.4 如果函数 $y=f(x)$ 在区间 (a,b) 内每一点处都连续，则称 $f(x)$ 在区间 (a,b) 内连续；若函数 $y=f(x)$ 在区间 (a,b) 内连续，且

$$\lim_{x\to a^+}f(x)=f(a),\quad \lim_{x\to b^-}f(x)=f(b),$$

则称 $f(x)$ 在闭区间 $[a,b]$ 上连续.

若函数 $y=f(x)$ 在某个区间上连续，则称此区间为 $f(x)$ 的连续区间.

若函数 $y=f(x)$ 在其定义域内是连续的，则称 $f(x)$ 是连续函数.

(3) 函数的间断点.

定义 5.5 设函数 $y=f(x)$ 在点 x_0 的某个去心邻域内有定义. 如果 $f(x)$ 满足下列 3 个条件之一：

① 在点 $x=x_0$ 处无定义；

② 在点 $x=x_0$ 处有定义，但 $\lim\limits_{x\to x_0}f(x)$ 不存在；

③ 在点 $x=x_0$ 处有定义，且 $\lim\limits_{x\to x_0}f(x)$ 存在，但 $\lim\limits_{x\to x_0}f(x)\neq f(x_0)$，

那么 $y=f(x)$ 在点 x_0 处**不连续**，点 x_0 称为函数 $y=f(x)$ 的**间断点**.

设点 x_0 为函数 $y=f(x)$ 的间断点，如果 $f(x)$ 在点 x_0 处的左、右极限都存在，那么点 x_0 为**第一类间断点**，包括：

① $\lim\limits_{x\to x_0^-}f(x)\neq\lim\limits_{x\to x_0^+}f(x)$，则称点 x_0 为**跳跃间断点**；

② $\lim\limits_{x\to x_0^-}f(x)=\lim\limits_{x\to x_0^+}f(x)\neq f(x_0)$，或 $f(x)$ 在点 x_0 处无定义，但 $\lim\limits_{x\to x_0}f(x)$ 存在，则称点 x_0 为**可去间断点**.

如果 $f(x)$ 在点 x_0 处的左、右极限至少有一个不存在，那么点 x_0 为**第二类间断点**. 若在点 x_0 处 $f(x)$ 的左、右极限至少有一个为无穷大量，则称点 x_0 为**无穷间断点**.

二、基本定理、重要公式及结论

1. 函数极限有关定理

定理 1.1 $\lim\limits_{x\to\infty}f(x)=A\Leftrightarrow\lim\limits_{x\to-\infty}f(x)=\lim\limits_{x\to+\infty}f(x)=A.$

定理 1.2 $\lim\limits_{x\to x_0}f(x)=A\Leftrightarrow\lim\limits_{x\to x_0^-}f(x)=\lim\limits_{x\to x_0^+}f(x)=A.$

2. 无穷小量与函数极限的关系

定理 2.1 $\lim f(x)=A\Leftrightarrow f(x)=A+\alpha$，其中 $\lim\alpha=0$.

3. 无穷小量的性质

性质 2.1 有限个无穷小量的代数和仍是无穷小量.

性质 2.2 有限个无穷小量的积仍是无穷小量.

性质 2.3 有界函数与无穷小量的积仍是无穷小量. 特别地，常数与无穷小量的积仍是无穷小量.

4. 无穷大量与无穷小量的关系

定理 2.2 在自变量的同一变化过程中，如果 $f(x)$ 为无穷大量，则 $\dfrac{1}{f(x)}$ 为无穷小量；反

之，如果 $f(x)$ 为无穷小量，且 $f(x)\neq 0$，则 $\dfrac{1}{f(x)}$ 为无穷大量.

5. 极限的四则运算法则

设在 x 的同一变化过程中，$\lim u(x)=A$，$\lim v(x)=B$，则有

法则 3.1 $\lim[u(x)\pm v(x)]=\lim u(x)\pm\lim v(x)=A\pm B$.

法则 3.2 $\lim[u(x)\cdot v(x)]=\lim u(x)\cdot\lim v(x)=A\cdot B$.

法则 3.3 当 $\lim v(x)=B\neq 0$ 时，$\lim\dfrac{u(x)}{v(x)}=\dfrac{\lim u(x)}{\lim v(x)}=\dfrac{A}{B}$.

法则 3.1 和法则 3.2 可推广到有限多个函数的情形. 法则 3.2 有以下两个推论：

推论 3.1 $\lim[C\cdot u(x)]=C\cdot\lim u(x)$ （C 为常数）.

推论 3.2 $\lim[u(x)]^n=[\lim u(x)]^n$ （n 为正整数）.

6. 两个重要极限

(1) $\lim\limits_{x\to 0}\dfrac{\sin x}{x}=1$，公式可推广为 $\lim\limits_{f(x)\to 0}\dfrac{\sin f(x)}{f(x)}=1$.

(2) $\lim\limits_{x\to\infty}\left(1+\dfrac{1}{x}\right)^x=\mathrm{e}$，$\lim\limits_{a\to 0}(1+a)^{\frac{1}{a}}=\mathrm{e}$.

公式可推广为

$$\lim_{f(x)\to\infty}\left[1+\frac{1}{f(x)}\right]^{f(x)}=\mathrm{e},\quad \lim_{f(x)\to 0}[1+f(x)]^{\frac{1}{f(x)}}=\mathrm{e}.$$

7. 等价无穷小量代换

定理 4.1 设在同一变化过程中，$\alpha,\beta,\alpha',\beta'$ 都是无穷小量，且 $\alpha\sim\alpha'$，$\beta\sim\beta'$. 若 $\lim\dfrac{\alpha'}{\beta'}$ 存在，则 $\lim\dfrac{\alpha}{\beta}$ 也存在，且

$$\lim\frac{\alpha}{\beta}=\lim\frac{\alpha'}{\beta'}.$$

常用的等价无穷小量：当 $x\to 0$ 时，

$\sin x\sim x$，　$\tan x\sim x$，　$1-\cos x\sim\dfrac{x^2}{2}$，

$\sqrt{1+x}-1\sim\dfrac{x}{2}$，　$\ln(1+x)\sim x$，　$\mathrm{e}^x-1\sim x$，　$\arcsin x\sim x$.

8. 初等函数的连续性

定理 5.1 若函数 $f(x)$ 与 $g(x)$ 在点 x_0 处连续，则这两个函数的和 $f(x)+g(x)$、差 $f(x)-g(x)$、积 $f(x)\cdot g(x)$、商 $\dfrac{f(x)}{g(x)}$（当 $g(x_0)\neq 0$ 时）在点 x_0 处连续.

定理 5.2 设函数 $u=\varphi(x)$ 在点 x_0 处连续，$y=f(u)$ 在点 u_0 处连续，且 $u_0=\varphi(x_0)$，则复合函数 $y=f[\varphi(x)]$ 在点 x_0 处连续.

结论 初等函数在其定义区间内都是连续的.

9. 闭区间上连续函数的性质

定理 5.3 若函数 $f(x)$ 在闭区间 $[a,b]$ 上连续，则 $f(x)$ 在闭区间 $[a,b]$ 上一定有最大值和最小值.

定理 5.4　若函数 $f(x)$ 在闭区间 $[a,b]$ 上连续，m 和 M 分别为 $f(x)$ 在 $[a,b]$ 上的最小值与最大值，则对介于 m 和 M 之间的任一实数 C，至少存在一点 $\xi \in (a,b)$，使得 $f(\xi)=C$.

推论 5.1　若函数 $f(x)$ 在 $[a,b]$ 上连续，且 $f(a)$ 与 $f(b)$ 异号，则至少存在一点 $\xi \in (a,b)$，使得 $f(\xi)=0$.

教学基本要求

1. 理解数列极限和函数极限的定义.
2. 理解无穷小量与无穷大量的概念及其相互关系，了解无穷小量的性质.
3. 掌握极限的四则运算法则，并能正确运用.
4. 会用两个重要极限公式求极限.
5. 理解函数在一点和在一个区间上连续的概念，会判断分段函数在分段点处的连续性，了解间断点的概念并会判断其类型.
6. 了解初等函数的连续性，掌握用函数的连续性求极限的方法.
7. 知道闭区间上连续函数的性质.
8. 掌握所有求极限的方法.

典型例题分析及求解

1. 求极限的基本方法

(1) 利用极限的四则运算法则求极限.

用此方法求极限应注意以下几点：

① 参加运算的函数的极限必须存在且分母不为零；

② 对分子、分母同为无穷小量 $\left(\dfrac{0}{0}\text{型}\right)$ 的情形，应先通过消去分子、分母同为零的因式，再求极限；

③ 对分子、分母同为无穷大量 $\left(\dfrac{\infty}{\infty}\text{型}\right)$ 的情形，应先通过分子、分母同除以某个适当无穷大量，再求极限 $\left(\text{适用于 } x\to\infty \text{时，}\dfrac{\infty}{\infty}\text{ 型}\right)$；

④ 对两个无穷大量之差（$\infty-\infty$型）的情形，一般先通分化简，再求极限.

例 1　求 $\lim\limits_{x\to 2}\dfrac{x^2-6x+8}{x^2-5x+6}$.

分析　此极限为 $\dfrac{0}{0}$ 型，不能直接使用法则 3.3. 注意到分子、分母都含有零因式 $x-2$，先将分子、分母因式分解消去零因式，再求极限.

解 $\lim\limits_{x\to2}\dfrac{x^2-6x+8}{x^2-5x+6}=\lim\limits_{x\to2}\dfrac{(x-2)(x-4)}{(x-2)(x-3)}=\lim\limits_{x\to2}\dfrac{x-4}{x-3}=2.$

例 2 $\lim\limits_{x\to0}\dfrac{\sqrt{9+x}-3}{\sqrt{4+x}-2}.$

分析 此极限为$\dfrac{0}{0}$型，不能直接使用法则 3.3. 注意到分子、分母都含有无理式，先将分式的分子、分母同时有理化，然后消去零因式，再求极限.

解
$$\lim_{x\to0}\frac{\sqrt{9+x}-3}{\sqrt{4+x}-2}=\lim_{x\to0}\frac{(\sqrt{9+x}-3)(\sqrt{9+x}+3)(\sqrt{4+x}+2)}{(\sqrt{4+x}-2)(\sqrt{4+x}+2)(\sqrt{9+x}+3)}$$
$$=\lim_{x\to0}\frac{[(9+x)-3^2](\sqrt{4+x}+2)}{[(4+x)-2^2](\sqrt{9+x}+3)}$$
$$=\lim_{x\to0}\frac{x(\sqrt{4+x}+2)}{x(\sqrt{9+x}+3)}=\lim_{x\to0}\frac{\sqrt{4+x}+2}{\sqrt{9+x}+3}=\frac{2}{3}.$$

例 3 求$\lim\limits_{x\to\infty}\dfrac{2x^2-x+3}{3x^2+2x+5}.$

分析 此极限为$\dfrac{\infty}{\infty}$型，不能直接使用法则 3.3，可将分子、分母同除以 x^2，再求极限.

解
$$\lim_{x\to\infty}\frac{2x^2-x+3}{3x^2+2x+5}=\lim_{x\to\infty}\frac{2-\frac{1}{x}+\frac{3}{x^2}}{3+\frac{2}{x}+\frac{5}{x^2}}=\frac{\lim\limits_{x\to\infty}\left(2-\frac{1}{x}+\frac{3}{x^2}\right)}{\lim\limits_{x\to\infty}\left(3+\frac{2}{x}+\frac{5}{x^2}\right)}=\frac{2}{3}.$$

一般地，当 $x\to\infty$时，有理分式($a_0\neq0,b_0\neq0$)的极限有如下结果：
$$\lim_{x\to\infty}\frac{a_0x^n+a_1x^{n-1}+\cdots+a_n}{b_0x^m+b_1x^{m-1}+\cdots+b_m}=\begin{cases}0, & n<m,\\ \dfrac{a_0}{b_0}, & n=m,\\ \infty, & n>m.\end{cases}$$

例 4 求$\lim\limits_{x\to+\infty}\dfrac{2x}{\sqrt{x^2+x}+\sqrt{x^2-x}}.$

分析 此极限为$\dfrac{\infty}{\infty}$型，不能直接使用法则 3.3，可将分子、分母同除以 x，再求极限.

解 $$\lim_{x\to+\infty}\frac{2x}{\sqrt{x^2+x}+\sqrt{x^2-x}}=\lim_{x\to+\infty}\frac{2}{\sqrt{1+\frac{1}{x}}+\sqrt{1-\frac{1}{x}}}=1.$$

例 5 求$\lim\limits_{x\to1}\left(\dfrac{x}{x-1}-\dfrac{2}{x^2-1}\right).$

分析 此极限为$\infty-\infty$型，不能直接使用法则 3.1，先通分化简，再求极限.

解
$$\lim_{x\to1}\left(\frac{x}{x-1}-\frac{2}{x^2-1}\right)=\lim_{x\to1}\frac{x^2+x-2}{(x-1)(x+1)}=\lim_{x\to1}\frac{(x-1)(x+2)}{(x-1)(x+1)}$$
$$=\lim_{x\to1}\frac{x+2}{x+1}=\frac{3}{2}.$$

例 6 求$\lim\limits_{x\to+\infty}(\sqrt{x^2+x}-\sqrt{x^2-x}).$

分析 此极限为$\infty-\infty$型，不能直接使用法则 3.1.

解 $\lim\limits_{x\to+\infty}(\sqrt{x^2+x}-\sqrt{x^2-x})=\lim\limits_{x\to+\infty}\dfrac{(\sqrt{x^2+x}-\sqrt{x^2-x})(\sqrt{x^2+x}+\sqrt{x^2-x})}{\sqrt{x^2+x}+\sqrt{x^2-x}}$

$$=\lim_{x\to+\infty}\frac{(x^2+x)-(x^2-x)}{\sqrt{x^2+x}+\sqrt{x^2-x}}$$

$$=\lim_{x\to+\infty}\frac{2x}{\sqrt{x^2+x}+\sqrt{x^2-x}}$$

$$=\lim_{x\to+\infty}\frac{2}{\sqrt{1+\frac{1}{x}}+\sqrt{1-\frac{1}{x}}}=1.$$

(2) 利用“有界函数与无穷小量的积仍是无穷小量”的结论求极限.

例 7　求 $\lim\limits_{x\to+\infty}\dfrac{x}{1+x^3}\sin\sqrt{x}$.

分析　因为 $\lim\limits_{x\to+\infty}\sin\sqrt{x}$ 不存在，所以不能直接使用法则 3.2. 注意到 $\sin\sqrt{x}$ 是有界函数，$x\to+\infty$时，$\dfrac{x}{1+x^3}$ 是无穷小量.

解　因为 $\lim\limits_{x\to+\infty}\dfrac{x}{1+x^3}=0$，而 $|\sin\sqrt{x}|\leqslant 1$，所以由有界函数与无穷小量的积仍是无穷小量的结论，得到

$$\lim_{x\to+\infty}\frac{x}{1+x^3}\sin\sqrt{x}=0.$$

(3) 利用无穷大量与无穷小量的关系求极限.

例 8　求 $\lim\limits_{x\to2}\dfrac{x^2+1}{x^2+x-6}$.

分析　因为 $\lim\limits_{x\to2}(x^2+x-6)=0$，所以不能直接使用法则 3.3，但 $\lim\limits_{x\to2}(x^2+1)=5\neq0$，于是可求其倒数的极限，利用无穷大量与无穷小量的关系确定原式的极限.

解　$\lim\limits_{x\to2}\dfrac{x^2+x-6}{x^2+1}=\dfrac{\lim\limits_{x\to2}(x^2+x-6)}{\lim\limits_{x\to2}(x^2+1)}=\dfrac{0}{4+1}=0$，即 $\dfrac{x^2+x-6}{x^2+1}$ 是当 $x\to2$ 时的无穷小量.

由无穷大量与无穷小量的关系，得到

$$\lim_{x\to2}\frac{x^2+1}{x^2+x-6}=\infty.$$

(4) 利用两个重要极限公式求极限.

① 第一个重要极限 $\lim\limits_{x\to0}\dfrac{\sin x}{x}=1$ 属于 $\dfrac{0}{0}$ 型. 一般带有三角函数的 $\dfrac{0}{0}$ 型要用到第一个重要极限，通过将函数做适当的变形使函数具有上述公式或推广公式 $\lim\limits_{f(x)\to0}\dfrac{\sin f(x)}{f(x)}=1$ 的形式.

② 第二个重要极限 $\lim\limits_{x\to\infty}\left(1+\dfrac{1}{x}\right)^x=\mathrm{e}$，$\lim\limits_{a\to0}(1+a)^{\frac{1}{a}}=\mathrm{e}$ 属于 1^∞ 型. 一般通过将函数做适当的变形使函数具有上述公式或推广公式 $\lim\limits_{f(x)\to\infty}\left[1+\dfrac{1}{f(x)}\right]^{f(x)}=\mathrm{e}$，$\lim\limits_{f(x)\to0}[1+f(x)]^{\frac{1}{f(x)}}=\mathrm{e}$ 的形式.

例 9　求 $\lim\limits_{x\to2}\dfrac{\sin(x-2)}{x^2-x-2}$.

分析　此极限为$\frac{0}{0}$型，且带有三角函数，可通过变形利用重要极限1来求.

解　$\lim\limits_{x\to 2}\frac{\sin(x-2)}{x^2-x-2}=\lim\limits_{x\to 2}\frac{\sin(x-2)}{(x-2)(x+1)}=\lim\limits_{x\to 2}\frac{\sin(x-2)}{(x-2)}\cdot\frac{1}{x+1}$

$$=\lim_{(x-2)\to 0}\frac{\sin(x-2)}{x-2}\lim_{x\to 2}\frac{1}{x+1}=1\times\frac{1}{3}=\frac{1}{3}.$$

例 10　求$\lim\limits_{x\to\infty}\left(1-\frac{1}{x}\right)^{3x+5}$.

分析　此极限为重要极限2的类型，即1^∞型. 先用指数运算性质变形得两项乘积，然后再分别求极限.

解　$\lim\limits_{x\to\infty}\left(1-\frac{1}{x}\right)^{3x+5}=\lim\limits_{x\to\infty}\left(1-\frac{1}{x}\right)^{3x}\left(1-\frac{1}{x}\right)^{5}=\lim\limits_{x\to\infty}\left(1-\frac{1}{x}\right)^{3x}\lim\limits_{x\to\infty}\left(1-\frac{1}{x}\right)^{5}$

$$=\lim_{x\to\infty}\left[\left(1-\frac{1}{x}\right)^{-x}\right]^{-3}\left[\lim_{x\to\infty}\left(1-\frac{1}{x}\right)\right]^{5}$$

$$=\left[\lim_{x\to\infty}\left(1-\frac{1}{x}\right)^{-x}\right]^{-3}\cdot 1=\mathrm{e}^{-3}.$$

例 11　求$\lim\limits_{x\to\infty}\left(\frac{2x+3}{2x+1}\right)^{x}$.

分析　此极限为重要极限2的类型，即1^∞型. 先将底变形，$\frac{2x+3}{2x+1}=1+\frac{2}{2x+1}$，然后做变量替换，最后利用重要极限2来求极限.

解　因为$\frac{2x+3}{2x+1}=1+\frac{2}{2x+1}$，令$2x+1=u$，则$x=\frac{u-1}{2}$，且当$x\to\infty$时，$u\to\infty$. 于是

$$\lim_{x\to\infty}\left(\frac{2x+3}{2x+1}\right)^{x}=\lim_{x\to\infty}\left(1+\frac{2}{2x+1}\right)^{x}=\lim_{u\to\infty}\left(1+\frac{2}{u}\right)^{\frac{u-1}{2}}$$

$$=\lim_{u\to\infty}\left(1+\frac{2}{u}\right)^{\frac{u}{2}}\left(1+\frac{2}{u}\right)^{-\frac{1}{2}}$$

$$=\lim_{u\to\infty}\left(1+\frac{2}{u}\right)^{\frac{u}{2}}\lim_{u\to\infty}\left(1+\frac{2}{u}\right)^{-\frac{1}{2}}=\mathrm{e}.$$

例 12　求$\lim\limits_{x\to 1^+}(1+\ln x)^{\frac{5}{\ln x}}$.

分析　因为$x\to 1^+$时，$\ln x\to 0$，所以此极限为重要极限2的类型，即1^∞型.

解　令$\ln x=t$，则当$x\to 1^+$时，$t\to 0$. 于是

$$\lim_{x\to 1^+}(1+\ln x)^{\frac{5}{\ln x}}=\lim_{t\to 0}(1+t)^{\frac{5}{t}}=\lim_{t\to 0}\left[(1+t)^{\frac{1}{t}}\right]^5$$

$$=\left[\lim_{t\to 0}(1+t)^{\frac{1}{t}}\right]^5=\mathrm{e}^5.$$

(5) 利用等价无穷小量求极限.

例 13　求$\lim\limits_{x\to 0}\frac{1-\cos x}{x\sin x}$.

解　当$x\to 0$时，$\sin x\sim x$，$1-\cos x\sim\frac{x^2}{2}$，因此

$$\lim_{x\to 0}\frac{1-\cos x}{x\sin x}=\lim_{x\to 0}\frac{x^2}{2x^2}=\frac{1}{2}.$$

(6) 利用函数的连续性求极限.

① 若函数 $f(x)$ 在点 x_0 处连续,则 $\lim\limits_{x\to x_0} f(x)=f(x_0)$.

② 若函数 $u=\varphi(x)$ 当 $x\to x_0$ 时极限存在且等于 u_0,即 $\lim\limits_{x\to x_0}\varphi(x)=u_0$,而函数 $y=f(u)$ 在点 u_0 处连续,则复合函数 $y=f[\varphi(x)]$ 当 $x\to x_0$ 时的极限也存在,且

$$\lim_{x\to x_0} f[\varphi(x)]=f[\lim_{x\to x_0}\varphi(x)].$$

例 14 求 $\lim\limits_{x\to 1}\dfrac{\sqrt{1+2x}+\ln(2-x)}{\arcsin x}$.

分析 因为 $\dfrac{\sqrt{1+2x}+\ln(2-x)}{\arcsin x}$ 是初等函数,且在 $x=1$ 处有定义,所以此极限可直接代函数值.

解 $\lim\limits_{x\to 1}\dfrac{\sqrt{1+2x}+\ln(2-x)}{\arcsin x}=\dfrac{\sqrt{1+2}+\ln(2-1)}{\arcsin 1}=\dfrac{2\sqrt{3}}{\pi}$.

例 15 求 $\lim\limits_{x\to 0}\dfrac{\ln(1-3x)}{x}$.

分析 因为 $\dfrac{\ln(1-3x)}{x}=\dfrac{1}{x}\ln(1-3x)=\ln(1-3x)^{\frac{1}{x}}$,而 $\lim\limits_{x\to 0}(1-3x)^{\frac{1}{x}}=e^{-3}$,且 $y=\ln u$ 在点 $u=e^{-3}$ 处连续,则可将函数符号与极限符号交换次序.

解 **方法 1**
$$\lim_{x\to 0}\frac{\ln(1-3x)}{x}=\lim_{x\to 0}\ln(1-3x)^{\frac{1}{x}}=\ln[\lim_{x\to 0}(1-3x)^{\frac{1}{x}}]$$
$$=\ln[\lim_{x\to 0}(1-3x)^{-\frac{1}{3x}}]^{-3}=\ln e^{-3}=-3.$$

方法 2 因为当 $x\to 0$ 时,$\ln(1+x)\sim x$,所以 $\ln(1-3x)\sim -3x$. 于是

$$\lim_{x\to 0}\frac{\ln(1-3x)}{x}=\lim_{x\to 0}\frac{-3x}{x}=-3.$$

2. 求分段函数的极限

① 如果分段函数在分段点处左、右两侧的表达式不同,则必须考察分段点处的左、右极限,如果分段点处的左、右极限存在且相等,则极限存在;否则,极限不存在.

② 如果分段函数在分段点处左、右两侧的表达式相同,则不需要考察左、右极限.

例 16 设 $f(x)=\begin{cases} x^2\sin\dfrac{1}{x^2}, & x<0,\\ 1-\dfrac{\sin x}{x}, & x>0,\end{cases}$ 求 $\lim\limits_{x\to 0}f(x)$.

分析 此函数分段点处左、右两侧的表达式不同,则需考察分段点处的左、右极限.

解 $\lim\limits_{x\to 0^-}f(x)=\lim\limits_{x\to 0^-}x^2\sin\dfrac{1}{x^2}=0$,

$\lim\limits_{x\to 0^+}f(x)=\lim\limits_{x\to 0^+}\left(1-\dfrac{\sin x}{x}\right)=1-\lim\limits_{x\to 0^+}\dfrac{\sin x}{x}=0$.

因为

$$\lim_{x\to 0^-}f(x)=\lim_{x\to 0^+}f(x)=0,$$

所以

$$\lim_{x\to 0}f(x)=0.$$

例 17　设 $f(x)=\begin{cases}\dfrac{\tan 3x}{x}, & x\neq 0,\\ 1, & x=0,\end{cases}$ 讨论 $\lim\limits_{x\to 0}f(x)$ 是否存在.

分析　此函数分段点处左、右两侧的表达式相同,则可直接求极限.

解　$\lim\limits_{x\to 0}f(x)=\lim\limits_{x\to 0}\dfrac{\tan 3x}{x}=3\lim\limits_{x\to 0}\dfrac{\tan 3x}{3x}=3.$

3. 含参数的函数的极限

例 18　已知 $\lim\limits_{x\to\infty}\dfrac{ax^2+bx-1}{3x+2}=2$, a,b 为常数,求 a,b 的值.

分析　此题要确定极限式中 a,b 的值,需应用如下结论:

$$\lim_{x\to\infty}\frac{a_0x^n+a_1x^{n-1}+\cdots+a_n}{b_0x^m+b_1x^{m-1}+\cdots+b_m}=\begin{cases}0, & n<m,\\ \dfrac{a_0}{b_0}, & n=m,\\ \infty, & n>m.\end{cases}$$

由题设 $\lim\limits_{x\to\infty}\dfrac{ax^2+bx-1}{3x+2}=2$,必有 $m=n$.

解　因为 $\lim\limits_{x\to\infty}\dfrac{ax^2+bx-1}{3x+2}=2$,所以应有 $a=0$. 此时 $\lim\limits_{x\to\infty}\dfrac{bx-1}{3x+2}=\dfrac{b}{3}=2$,解得 $b=6$. 因此 $a=0,b=6$.

4. 判断分段函数在分段点处的连续性

判别分段函数 $f(x)$ 在分段点 x_0 处的连续性,必须同时满足下列 3 个条件:

① 在点 $x=x_0$ 处有定义;

② $\lim\limits_{x\to x_0}f(x)$ 存在,即 $\lim\limits_{x\to x_0^-}f(x)=\lim\limits_{x\to x_0^+}f(x)$;

③ $\lim\limits_{x\to x_0}f(x)=f(x_0)$.

否则 $f(x)$ 在点 x_0 处不连续.

例 19　判断函数 $f(x)=\begin{cases}\dfrac{3}{x}\sin x, & x<0,\\ 3, & x=0,\\ 3+x\sin\dfrac{1}{x}, & x>0\end{cases}$ 在点 $x=0$ 处是否连续.

解　因为函数 $f(x)$ 在点 $x=0$ 及其附近有定义,并且

$$\lim_{x\to 0^-}f(x)=\lim_{x\to 0^-}\frac{3}{x}\sin x=3\lim_{x\to 0^-}\frac{\sin x}{x}=3,$$

$$\lim_{x\to 0^+}f(x)=\lim_{x\to 0^+}\left(3+x\sin\frac{1}{x}\right)=3+\lim_{x\to 0^+}x\sin\frac{1}{x}=3+0=3,$$

$$f(3)=3,$$

则

$$\lim_{x\to 0^-}f(x)=\lim_{x\to 0^+}f(x)=f(0)=3,$$

所以函数 $f(x)$ 在点 $x=0$ 处连续.

例 20　判断函数 $f(x)=\begin{cases}e^{-\frac{1}{x^2}}, & x\neq 0,\\ 1, & x=0\end{cases}$ 在点 $x=0$ 处是否连续.

解 因为函数 $f(x)$ 在点 $x=0$ 及其附近有定义，并且

$$\lim_{x\to 0}f(x)=\lim_{x\to 0}e^{-\frac{1}{x^2}}=\lim_{-\frac{1}{x^2}\to-\infty}e^{-\frac{1}{x^2}}=0,\quad f(0)=1,$$

则

$$\lim_{x\to 0}f(x)\neq f(0),$$

所以函数 $f(x)$ 在点 $x=0$ 处不连续.

5. 利用函数的连续性确定参数

例 21 问：a,b 为何值时，函数 $f(x)=\begin{cases}\dfrac{\ln(1-2x)}{ax}, & x<0,\\ 3, & x=0,\\ \dfrac{\sin bx}{x}, & x>0\end{cases}$ 在点 $x=0$ 处连续？

解 $$\lim_{x\to 0^-}f(x)=\lim_{x\to 0^-}\frac{\ln(1-2x)}{ax}=\frac{1}{a}\lim_{x\to 0^-}\frac{\ln(1-2x)}{x}=\frac{1}{a}\lim_{x\to 0^-}\ln(1-2x)^{\frac{1}{x}}$$

$$=\frac{1}{a}\ln[\lim_{x\to 0^-}(1-2x)^{\frac{1}{x}}]=\frac{1}{a}\ln[\lim_{x\to 0^-}(1-2x)^{-\frac{1}{2x}}]^{-2}$$

$$=\frac{1}{a}\ln e^{-2}=-\frac{2}{a},$$

$$\lim_{x\to 0^+}f(x)=\lim_{x\to 0^+}\frac{\sin bx}{x}=b\lim_{x\to 0^+}\frac{\sin bx}{bx}=b,$$

$$f(0)=3.$$

因为 $f(x)$ 在点 $x=0$ 处连续，则必有

$$\lim_{x\to 0^-}f(x)=\lim_{x\to 0^+}f(x)=f(0),$$

所以

$$-\frac{2}{a}=b=3,\quad 即\quad a=-\frac{2}{3},b=3.$$

例 22 设函数 $f(x)=\begin{cases}\dfrac{\sin\frac{x}{3}}{x}, & x<0,\\ 3x^2-2x+k, & x\geqslant 0,\end{cases}$ 问：k 取何值时，函数 $f(x)$ 在其定义域内连续？

解 函数的定义域为 $(-\infty,+\infty)$. 因为 $f(x)$ 在 $(-\infty,0)\cup(0,+\infty)$ 内分别为初等函数，所以 $f(x)$ 在 $(-\infty,0)\cup(0,+\infty)$ 内连续. 又由于

$$\lim_{x\to 0^-}f(x)=\lim_{x\to 0^-}\frac{\sin\frac{x}{3}}{x}=\frac{1}{3}\lim_{x\to 0^-}\frac{\sin\frac{x}{3}}{\frac{x}{3}}=\frac{1}{3},$$

$$\lim_{x\to 0^+}f(x)=\lim_{x\to 0^+}(3x^2-2x+k)=k,$$

$$f(0)=k,$$

若 $f(x)$ 在点 $x=0$ 处连续，则必有

$$\lim_{x\to 0^-}f(x)=\lim_{x\to 0^+}f(x)=f(0),$$

即
$$k=\frac{1}{3}.$$
因此当 $k=\dfrac{1}{3}$ 时，$f(x)$ 在点 $x=0$ 处连续，进而 $f(x)$ 在其定义域$(-\infty,+\infty)$内连续.

6. 求函数的连续区间及间断点，并判断间断点的类型

① 求初等函数的连续区间、间断点.

② 求分段函数的连续区间、间断点.

例 23　求函数 $f(x)=\lg(x^2-9)$ 的连续区间，如有间断点，指出它所属的类型.

解　$f(x)=\lg(x^2-9)$ 是一个初等函数，其定义区间为$(-\infty,-3)$及$(3,+\infty)$. 因为初等函数在其定义区间内是连续的，所以函数 $f(x)=\lg(x^2-9)$ 的连续区间为$(-\infty,-3)$及$(3,+\infty)$，没有间断点.

例 24　求函数 $f(x)=\dfrac{x^2-2x}{|x|(x^2-4)}$ 的连续区间，如有间断点，指出它所属的类型.

解　因为函数 $f(x)=\dfrac{x^2-2x}{|x|(x^2-4)}$ 在 $x=0$ 和 $x=\pm2$ 处没有定义，所以 $x=0$，$x=\pm2$ 是其间断点.

显然除 $x=0$，$x=\pm2$ 外，$f(x)=\dfrac{x^2-2x}{|x|(x^2-4)}$ 都连续，函数 $f(x)$ 的连续区间为
$$(-\infty,-2)\cup(-2,0)\cup(0,2)\cup(2,+\infty).$$
因为
$$\lim_{x\to0^-}f(x)=\lim_{x\to0^-}\frac{x^2-2x}{|x|(x^2-4)}=\lim_{x\to0^-}\frac{x(x-2)}{-x(x-2)(x+2)}=-\lim_{x\to0^-}\frac{1}{x+2}=-\frac{1}{2},$$
$$\lim_{x\to0^+}f(x)=\lim_{x\to0^+}\frac{x^2-2x}{|x|(x^2-4)}=\lim_{x\to0^+}\frac{x(x-2)}{x(x-2)(x+2)}=\lim_{x\to0^+}\frac{1}{x+2}=\frac{1}{2},$$
所以 $x=0$ 是第一类间断点中的跳跃间断点.

因为
$$\lim_{x\to2}f(x)=\lim_{x\to2}\frac{x^2-2x}{|x|(x^2-4)}=\lim_{x\to2}\frac{x(x-2)}{|x|(x-2)(x+2)}$$
$$=\lim_{x\to2}\frac{x}{|x|(x+2)}=\frac{1}{4},$$
所以 $x=2$ 是第一类间断点中的可去间断点.

因为
$$\lim_{x\to-2}f(x)=\lim_{x\to-2}\frac{x^2-2x}{|x|(x^2-4)}=\lim_{x\to-2}\frac{x(x-2)}{|x|(x-2)(x+2)}$$
$$=\lim_{x\to-2}\frac{x}{|x|(x+2)}=\infty,$$
所以 $x=-2$ 是第二类间断点中的无穷间断点.

例 25　求函数 $f(x)=\begin{cases}\sin x\cos\dfrac{1}{x}, & x<0,\\ e^x(\sin x+\cos x), & x\geqslant0\end{cases}$ 的连续区间，如有间断点，指出它所属的类型.

解　因为 $f(x)$ 在$(-\infty,0)\cup(0,+\infty)$内分别为初等函数，所以 $f(x)$ 在$(-\infty,0)\cup(0,+\infty)$

内连续. 在 $x=0$ 处,由于

$$\lim_{x\to 0^-} f(x) = \lim_{x\to 0^-} \sin x \cos\frac{1}{x} = 0,$$

$$\lim_{x\to 0^+} f(x) = \lim_{x\to 0^+} e^x(\sin x + \cos x) = 1,$$

则

$$\lim_{x\to 0^-} f(x) \neq \lim_{x\to 0^+} f(x),$$

因此 $x=0$ 是 $f(x)$ 的间断点,且是第一类间断点中的跳跃间断点. 故 $f(x)$ 的连续区间为 $(-\infty,0)\cup(0,+\infty)$.

例 26　求函数 $f(x)=\begin{cases} e^{\frac{1}{x-1}}+3, & x<1, \\ 3, & x=1, \\ 3+(x-1)\sin\dfrac{1}{x-1}, & x>1 \end{cases}$ 的连续区间,如有间断点,指出它所属的类型.

解　因为 $f(x)$ 在 $(-\infty,1)\cup(1,+\infty)$ 内分别为初等函数,所以 $f(x)$ 在 $(-\infty,1)\cup(1,+\infty)$ 内连续. 在 $x=1$ 处,由于

$$\lim_{x\to 1^-} f(x) = \lim_{x\to 1^-}\left(e^{\frac{1}{x-1}}+3\right) = 3,$$

$$\lim_{x\to 1^+} f(x) = \lim_{x\to 1^+}\left[3+(x-1)\sin\frac{1}{x-1}\right] = 3,$$

$$\lim_{x\to 1^-} f(x) = \lim_{x\to 1^+} f(x) = f(1),$$

因此 $f(x)$ 在 $x=1$ 处连续,$f(x)$ 的连续区间为 $(-\infty,+\infty)$,没有间断点.

自　测　题

1. 选择题:

(1) 当 $x\to+\infty$ 时,下列函数有极限的是(　　);

A. e^x　　B. $\cos x$　　C. $2x^2+1$　　D. $\dfrac{1}{x}$

(2) 当 $x\to 0$ 时,下列函数极限不存在的是(　　);

A. 2^x　　B. $\sin x$　　C. x^3+1　　D. $\dfrac{1}{x^2}$

(3) 当 $x\to 0$ 时,下列变量是无穷大量的是(　　);

A. x^2+1　　B. $\sqrt[3]{x}$　　C. $\dfrac{1+2x}{x}$　　D. 2^x

(4) 下列变量在给定变化过程中是无穷小量的是(　　);

A. $\ln x\,(x\to 0^+)$　　B. $e^x\,(x\to+\infty)$

C. $x\cos\dfrac{1}{x}\,(x\to 0)$　　D. $\dfrac{x-2}{x^2-4}\,(x\to 2)$

(5) 设 $f(x)=\begin{cases}3-x, & x\neq 1,\\ 2, & x=1,\end{cases}$ 则 $\lim\limits_{x\to 1}f(x)=$（　　）;

A. 0　　B. 1　　C. 2　　D. 不存在

(6) $\lim\limits_{x\to\infty}\left(1+\dfrac{1}{x}\right)^{x}=$（　　）;

A. e　　B. 0　　C. 1　　D. e^{-1}

(7) $\lim\limits_{x\to 0}(1-x)^{\frac{1}{x}}=$（　　）;

A. e　　B. 0　　C. 1　　D. e^{-1}

(8) 函数 $f(x)=\dfrac{x+2}{x^2+x-2}$ 的间断点是（　　）.

A. $x=1, x=2$　　B. $x=-2, x=1$

C. $x=-1, x=-2$　　D. $x=2, x=-1$

2. 填空题:

(1) $\lim\limits_{x\to\infty}\dfrac{1-4x^2}{2x^2+2x-1}=$ ________;

(2) $\lim\limits_{x\to 0}\dfrac{\sin x}{x}=$ ________, $\lim\limits_{x\to\infty}\dfrac{\sin x}{x}=$ ________;

(3) $\lim\limits_{x\to 0}x\sin\dfrac{1}{x}$ ________;

(4) $\lim\limits_{x\to\infty}x\sin\dfrac{1}{x}=$ ________;

(5) $\lim\limits_{x\to 0}\left(x\sin\dfrac{1}{x}+\dfrac{1}{x}\sin x\right)=$ ________;

(6) 函数 $f(x)=\dfrac{x^2-3x+2}{x^2-1}$ 当 $x\to$ ________时为无穷大量, 当 $x\to$ ________时为无穷小量;

(7) 函数 $f(x)=\ln(9-x^2)$ 的连续区间是________;

(8) 设 $f(x)=\dfrac{x^2-6x+5}{x^2-1}$, 则 $x=1$ 为 $f(x)$ 的________间断点.

3. 求下列极限:

(1) $\lim\limits_{x\to 2}\dfrac{x^2-4}{x^2+x-6}$;

(2) $\lim\limits_{x\to 1}\left(\dfrac{3}{1-x^2}-\dfrac{2}{1-x}\right)$;

(3) $\lim\limits_{x\to 0}\dfrac{\tan x}{\sin 3x}$;

(4) $\lim\limits_{x\to\infty}\left(\dfrac{5+x}{x}\right)^{x}$;

(5) $\lim\limits_{x\to 0}\dfrac{e^x-1}{2x}$;

(6) $\lim\limits_{x\to 0}\dfrac{\ln(1+3x)}{x}$;

(7) $\lim\limits_{x\to 0}\dfrac{\sqrt{9+x}-3}{x}$.

4. 讨论函数 $f(x)=\begin{cases}2x+1, & x\leqslant 1,\\ x^2, & x>1\end{cases}$ 在 $x=1$ 处的连续性.

5. 问: a 为何值时, 函数 $f(x)=\begin{cases}5+\cos x, & x<0,\\ a, & x=0,\\ \dfrac{\sin 6x}{x}, & x>0\end{cases}$ 在 $x=0$ 处连续?

教材习题详解

1. 当 $n\to\infty$ 时，观察并写出下列数列的极限：

(1) $x_n=\dfrac{2-n}{n+1}$；　　(2) $x_n=\dfrac{1}{2}$；

(3) $x_n=\dfrac{(-1)^n}{n}$；　　(4) $x_n=n!$.

解　(1) $\lim\limits_{n\to\infty}\dfrac{2-n}{n+1}=-1$.

(2) $\lim\limits_{n\to\infty}\dfrac{1}{2}=\dfrac{1}{2}$.

(3) $\lim\limits_{n\to\infty}\dfrac{(-1)^n}{n}=0$.

(4) $\lim\limits_{n\to\infty}n!$ 不存在.

2. 分析函数的变化趋势，求下列函数的极限：

(1) $\lim\limits_{x\to\infty}\left(3+\dfrac{1}{x}\right)$；　　(2) $\lim\limits_{x\to-\infty}\mathrm{e}^x$；

(3) $\lim\limits_{x\to 0}\cos x$；　　(4) $\lim\limits_{x\to 0^+}\ln x$.

解　(1) $\lim\limits_{x\to\infty}\left(3+\dfrac{1}{x}\right)=3$.

(2) $\lim\limits_{x\to-\infty}\mathrm{e}^x=0$.

(3) $\lim\limits_{x\to 0}\cos x=1$.

(4) $\lim\limits_{x\to 0^+}\ln x=\infty$.

3. 设函数 $f(x)=\begin{cases}x, & x\leqslant 1,\\ 2x+1, & x>1,\end{cases}$ 求当 $x\to 1$ 时，函数的左、右极限，并说明 $x\to 1$ 时，函数的极限是否存在.

解　$\lim\limits_{x\to 1^-}f(x)=\lim\limits_{x\to 1^-}x=1$，$\lim\limits_{x\to 1^+}f(x)=\lim\limits_{x\to 1^+}(2x+1)=3$.

因为 $\lim\limits_{x\to 1^-}f(x)\neq\lim\limits_{x\to 1^+}f(x)$，所以根据定理 1.2，$\lim\limits_{x\to 1}f(x)$ 不存在.

4. 设函数 $f(x)=\begin{cases}x, & x\leqslant 1,\\ 2x-1, & x>1,\end{cases}$ 求 $\lim\limits_{x\to 1}f(x)$.

解　$\lim\limits_{x\to 1^-}f(x)=\lim\limits_{x\to 1^-}x=1$，$\lim\limits_{x\to 1^+}f(x)=\lim\limits_{x\to 1^+}(2x-1)=1$.

因为 $\lim\limits_{x\to 1^-}f(x)=\lim\limits_{x\to 1^+}f(x)=1$，所以 $\lim\limits_{x\to 1}f(x)=1$.

5. 下列变量中哪些是无穷小量？哪些是无穷大量？

(1) $y=\ln x\quad(x\to 1)$；　　(2) $y=\tan x\quad\left(x\to\dfrac{\pi}{2}\right)$；

(3) $y=x\cos\dfrac{1}{x}\quad(x\to 0)$；　　(4) $y=\dfrac{x-1}{x}\quad(x\to 0)$；

(5) $y=\dfrac{\sin x}{x}\quad(x\to\infty)$；　　(6) $y=\ln x\quad(x\to 0^{+})$.

解　(1) $\lim\limits_{x\to 1}\ln x=0$，当 $x\to 1$ 时，$\ln x$ 是无穷小量.

(2) $\lim\limits_{x\to\frac{\pi}{2}}\tan x=\infty$，当 $x\to\dfrac{\pi}{2}$ 时，$\tan x$ 是无穷大量.

(3) $\lim\limits_{x\to 0}x\cos\dfrac{1}{x}=0$，当 $x\to 0$ 时，$x\cos\dfrac{1}{x}$ 是无穷小量.

(4) $\lim\limits_{x\to 0}\dfrac{x-1}{x}=\infty$，当 $x\to 0$ 时，$\dfrac{x-1}{x}$ 是无穷大量.

(5) $\lim\limits_{x\to\infty}\dfrac{\sin x}{x}=0$，当 $x\to\infty$时，$\dfrac{\sin x}{x}$ 是无穷小量.

(6) $\lim\limits_{x\to 0^{+}}\ln x=-\infty$，当 $x\to 0^{+}$ 时，$\ln x$ 是无穷大量.

6. 函数 $f(x)=\dfrac{x}{(x-1)^2}$ 在自变量的什么变化过程中为无穷小量？又在什么变化过程中为无穷大量？

解　因为$\lim\limits_{x\to 0}\dfrac{x}{(x-1)^2}=0$，所以当 $x\to 0$ 时，$\dfrac{x}{(x-1)^2}$ 是无穷小量.

因为$\lim\limits_{x\to 1}\dfrac{x}{(x-1)^2}=+\infty$，所以当 $x\to 1$ 时，$\dfrac{x}{(x-1)^2}$ 是无穷大量.

7. 求下列极限：

(1) $\lim\limits_{x\to 2}(3x^2+2x-1)$；　　(2) $\lim\limits_{x\to\sqrt{3}}\dfrac{x^2-3}{x^4+x^2+1}$；

(3) $\lim\limits_{x\to 0}\left(1-\dfrac{1}{2x-3}\right)$；　　(4) $\lim\limits_{x\to 2}\dfrac{x-3}{x-2}$；

(5) $\lim\limits_{x\to 1}\dfrac{x^2-1}{x^2+2x-3}$；　　(6) $\lim\limits_{x\to 0}\dfrac{x}{\sqrt{x+3}-\sqrt{3}}$；

(7) $\lim\limits_{x\to -3}\dfrac{x^2-9}{x+3}$；　　(8) $\lim\limits_{x\to\infty}\dfrac{x^4-8x+1}{3x^2+8}$；

(9) $\lim\limits_{x\to\infty}\dfrac{100x}{2+3x^2}\sin x$；　　(10) $\lim\limits_{x\to\infty}\dfrac{2x+3}{5x-2}$；

(11) $\lim\limits_{x\to 1}\left(\dfrac{1}{1-x}-\dfrac{3}{1-x^2}\right)$；　　(12) $\lim\limits_{x\to\infty}\dfrac{2+\sin x}{x^2}$.

解　(1) $\lim\limits_{x\to 2}(3x^2+2x-1)=3\cdot 2^2+2\cdot 2-1=15$.

(2) $\lim\limits_{x\to\sqrt{3}}\dfrac{x^2-3}{x^4+x^2+1}=\dfrac{(\sqrt{3})^2-3}{(\sqrt{3})^4+(\sqrt{3})^2+1}=0$.

(3) $\lim\limits_{x\to 0}\left(1-\dfrac{1}{2x-3}\right)=1+\dfrac{1}{3}=\dfrac{4}{3}$.

(4) $\lim\limits_{x\to 2}\dfrac{x-2}{x-3}=0$，由无穷大量与无穷小量的关系可知$\lim\limits_{x\to 2}\dfrac{x-3}{x-2}=\infty$.

(5) $\lim\limits_{x\to 1}\dfrac{x^2-1}{x^2+2x-3}=\lim\limits_{x\to 1}\dfrac{(x-1)(x+1)}{(x-1)(x+3)}=\lim\limits_{x\to 1}\dfrac{x+1}{x+3}=\dfrac{1}{2}$.

(6) $\lim\limits_{x\to 0}\dfrac{x}{\sqrt{x+3}-\sqrt{3}}=\lim\limits_{x\to 0}\dfrac{x(\sqrt{x+3}+\sqrt{3})}{(\sqrt{x+3}-\sqrt{3})(\sqrt{x+3}+\sqrt{3})}=\lim\limits_{x\to 0}\dfrac{x(\sqrt{x+3}+\sqrt{3})}{x}$

$$= \lim_{x\to 0}(\sqrt{x+3}+\sqrt{3}) = 2\sqrt{3}.$$

(7) $\lim\limits_{x\to -3}\dfrac{x^2-9}{x+3} = \lim\limits_{x\to -3}\dfrac{(x-3)(x+3)}{x+3} = \lim\limits_{x\to -3}(x-3) = -6.$

(8) $\lim\limits_{x\to\infty}\dfrac{x^4-8x+1}{3x^2+8} = \infty.$

(9) 因为 $|\sin x|\leqslant 1$, $\lim\limits_{x\to\infty}\dfrac{100x}{2+3x^2}=0$，所以 $\lim\limits_{x\to\infty}\dfrac{100x}{2+3x^2}\sin x = 0.$

(10) $\lim\limits_{x\to\infty}\dfrac{2x+3}{5x-2} = \lim\limits_{x\to\infty}\dfrac{2+\dfrac{3}{x}}{5-\dfrac{2}{x}} = \dfrac{2}{5}.$

(11) $\lim\limits_{x\to 1}\left(\dfrac{1}{1-x}-\dfrac{3}{1-x^2}\right) = \lim\limits_{x\to 1}\dfrac{x-2}{1-x^2} = \infty.$

(12) 因为 $1\leqslant 2+\sin x\leqslant 3$, $\lim\limits_{x\to\infty}\dfrac{1}{x^2}=0$，所以 $\lim\limits_{x\to\infty}\dfrac{2+\sin x}{x^2} = 0.$

8. 求下列极限：

(1) $\lim\limits_{x\to 0}\dfrac{\sin 7x}{x}$；

(2) $\lim\limits_{x\to 0}\dfrac{\sin 5x}{\sin 3x}$；

(3) $\lim\limits_{x\to 0}\dfrac{\tan 2x}{\sin 5x}$；

(4) $\lim\limits_{x\to\infty}x\sin\dfrac{3}{x}$；

(5) $\lim\limits_{x\to 0}\dfrac{1-\cos 2x}{x\sin x}$；

(6) $\lim\limits_{x\to 0}x\cot x$.

解 (1) $\lim\limits_{x\to 0}\dfrac{\sin 7x}{x} = 7\lim\limits_{7x\to 0}\dfrac{\sin 7x}{7x} = 7.$

(2) $\lim\limits_{x\to 0}\dfrac{\sin 5x}{\sin 3x} = \lim\limits_{x\to 0}\left(\dfrac{\sin 5x}{5x}\cdot\dfrac{3x}{\sin 3x}\cdot\dfrac{5}{3}\right) = \dfrac{5}{3}\lim\limits_{5x\to 0}\dfrac{\sin 5x}{5x}\cdot\lim\limits_{3x\to 0}\dfrac{3x}{\sin 3x} = \dfrac{5}{3}.$

(3) $\lim\limits_{x\to 0}\dfrac{\tan 2x}{\sin 5x} = \lim\limits_{x\to 0}\left(\dfrac{\tan 2x}{2x}\cdot\dfrac{5x}{\sin 5x}\cdot\dfrac{2}{5}\right) = \dfrac{2}{5}\lim\limits_{2x\to 0}\dfrac{\tan 2x}{2x}\cdot\lim\limits_{5x\to 0}\dfrac{5x}{\sin 5x} = \dfrac{2}{5}.$

(4) $\lim\limits_{x\to\infty}x\sin\dfrac{3}{x} = \lim\limits_{x\to\infty}\dfrac{\sin\dfrac{3}{x}}{\dfrac{1}{x}} = 3\lim\limits_{\frac{3}{x}\to 0}\dfrac{\sin\dfrac{3}{x}}{\dfrac{3}{x}} = 3.$

(5) $\lim\limits_{x\to 0}\dfrac{1-\cos 2x}{x\sin x} = \lim\limits_{x\to 0}\dfrac{2\sin^2 x}{x\sin x} = \lim\limits_{x\to 0}\dfrac{2\sin x}{x} = 2\lim\limits_{x\to 0}\dfrac{\sin x}{x} = 2.$

(6) $\lim\limits_{x\to 0}x\cot x = \lim\limits_{x\to 0}x\dfrac{\cos x}{\sin x} = \lim\limits_{x\to 0}\cos x\cdot\lim\limits_{x\to 0}\dfrac{x}{\sin x} = 1.$

9. 求下列极限：

(1) $\lim\limits_{x\to\infty}\left(1+\dfrac{2}{x}\right)^x$；

(2) $\lim\limits_{x\to\infty}\left(1-\dfrac{1}{x}\right)^{2x}$；

(3) $\lim\limits_{x\to\infty}\left(1+\dfrac{3}{x}\right)^{x+3}$；

(4) $\lim\limits_{x\to 0}(1-2x)^{\frac{1}{x}}$；

(5) $\lim\limits_{x\to 0}\left(\dfrac{3-x}{3}\right)^{\frac{2}{x}}$；

(6) $\lim\limits_{x\to\infty}\left(\dfrac{x-1}{x+1}\right)^x$.

解 (1) $\lim\limits_{x\to\infty}\left(1+\dfrac{2}{x}\right)^x = \lim\limits_{x\to\infty}\left[\left(1+\dfrac{2}{x}\right)^{\frac{x}{2}}\right]^2 = \left[\lim\limits_{x\to\infty}\left(1+\dfrac{2}{x}\right)^{\frac{x}{2}}\right]^2 = e^2.$

(2) $\lim\limits_{x\to\infty}\left(1-\frac{1}{x}\right)^{2x}=\lim\limits_{x\to\infty}\left[\left(1-\frac{1}{x}\right)^{-x}\right]^{-2}=\left[\lim\limits_{x\to\infty}\left(1-\frac{1}{x}\right)^{-x}\right]^{-2}=\mathrm{e}^{-2}$.

(3) $\lim\limits_{x\to\infty}\left(1+\frac{3}{x}\right)^{x+3}=\lim\limits_{x\to\infty}\left(1+\frac{3}{x}\right)^{x}\cdot\left(1+\frac{3}{x}\right)^{3}=\lim\limits_{x\to\infty}\left(1+\frac{3}{x}\right)^{x}\cdot\lim\limits_{x\to\infty}\left(1+\frac{3}{x}\right)^{3}$

$$=\left[\lim_{x\to\infty}\left(1+\frac{3}{x}\right)^{\frac{x}{3}}\right]^{3}\cdot\left[\lim_{x\to\infty}\left(1+\frac{3}{x}\right)\right]^{3}=\mathrm{e}^{3}\cdot 1=\mathrm{e}^{3}.$$

(4) $\lim\limits_{x\to 0}(1-2x)^{\frac{1}{x}}=\lim\limits_{x\to 0}[(1-2x)^{-\frac{1}{2x}}]^{-2}=[\lim\limits_{x\to 0}(1-2x)^{-\frac{1}{2x}}]^{-2}=\mathrm{e}^{-2}$.

(5) $\lim\limits_{x\to 0}\left(\frac{3-x}{3}\right)^{\frac{2}{x}}=\lim\limits_{x\to 0}\left(1-\frac{x}{3}\right)^{\frac{2}{x}}=\lim\limits_{x\to 0}\left[\left(1-\frac{x}{3}\right)^{-\frac{3}{x}}\right]^{-\frac{2}{3}}=\left[\lim\limits_{x\to 0}\left(1-\frac{x}{3}\right)^{-\frac{3}{x}}\right]^{-\frac{2}{3}}=\mathrm{e}^{-\frac{2}{3}}$.

(6) $\lim\limits_{x\to\infty}\left(\frac{x-1}{x+1}\right)^{x}=\lim\limits_{x\to\infty}\left(\frac{1-\frac{1}{x}}{1+\frac{1}{x}}\right)^{x}=\frac{\lim\limits_{x\to\infty}\left(1-\frac{1}{x}\right)^{x}}{\lim\limits_{x\to\infty}\left(1+\frac{1}{x}\right)^{x}}=\frac{\left[\lim\limits_{x\to\infty}\left(1-\frac{1}{x}\right)^{-x}\right]^{-1}}{\mathrm{e}}=\frac{\mathrm{e}^{-1}}{\mathrm{e}}=\mathrm{e}^{-2}$.

10. 函数 $f(x)=\begin{cases}x^2-1, & 0\leqslant x\leqslant 1,\\ x+1, & x>1\end{cases}$ 在 $x=1,x=3$ 处是否连续?

解　因为函数 $f(x)$ 在点 $x=1$ 及其附近有定义,并且

$$\lim_{x\to 1^-}f(x)=\lim_{x\to 1^-}(x^2-1)=0,$$

$$\lim_{x\to 1^+}f(x)=\lim_{x\to 1^+}(x+1)=2,$$

$$\lim_{x\to 1^-}f(x)\neq\lim_{x\to 1^+}f(x),$$

所以由定义 5.3,函数 $f(x)$ 在点 $x=1$ 处不连续.

因为函数 $f(x)$ 在点 $x=3$ 及其附近有定义,并且

$$\lim_{x\to 3}f(x)=\lim_{x\to 3}(x+1)=4=f(3),$$

所以由定义 5.3,函数 $f(x)$ 在点 $x=3$ 处连续.

11. 函数 $f(x)=\begin{cases}\frac{\sin x}{2x}, & x\neq 0,\\ \frac{1}{2}, & x=0\end{cases}$ 在 $x=0$ 处是否连续?

解　因为函数 $f(x)$ 在点 $x=0$ 及其附近有定义,并且

$$\lim_{x\to 0}f(x)=\lim_{x\to 0}\frac{\sin x}{2x}=\frac{1}{2}\lim_{x\to 0}\frac{\sin x}{x}=\frac{1}{2},\quad f(0)=\frac{1}{2},$$

即 $\lim\limits_{x\to 0}f(x)=f(0)$,所以 $f(x)$ 在点 $x=0$ 处连续.

12. 试确定 k 的值,使函数 $f(x)=\begin{cases}\mathrm{e}^x+k, & x\leqslant 0,\\ x\sin\frac{1}{x}, & x>0\end{cases}$ 在 $x=0$ 处连续.

解　$\lim\limits_{x\to 0^-}f(x)=\lim\limits_{x\to 0^-}(\mathrm{e}^x+k)=1+k$,

$\lim\limits_{x\to 0^+}f(x)=\lim\limits_{x\to 0^+}x\sin\frac{1}{x}=0$,

$f(0)=1+k$.

因为 $f(x)$ 在 $x=0$ 处连续,则必有 $\lim\limits_{x\to 0^-}f(x)=\lim\limits_{x\to 0^+}f(x)=f(0)$,所以 $k=-1$.

13. 试确定 a,b 的值，使函数 $f(x)=\begin{cases} ax^2+bx, & x<1, \\ 3, & x=1, \\ 2a-bx, & x>1 \end{cases}$ 在 $x=1$ 处连续.

解 $\lim\limits_{x\to 1^-} f(x)=\lim\limits_{x\to 1^-}(ax^2+bx)=a+b,$

$\lim\limits_{x\to 1^+} f(x)=\lim\limits_{x\to 1^+}(2a-bx)=2a-b,$

$f(1)=3.$

因为 $f(x)$ 在 $x=1$ 处连续，则必有 $\lim\limits_{x\to 1^-} f(x)=\lim\limits_{x\to 1^+} f(x)=f(1)$，所以 $a=2,b=1$.

14. 求下列函数的连续区间：

(1) $y=\ln(2+x)$；　　(2) $y=\dfrac{1}{x-1}+\sqrt{x+2}$；

(3) $f(x)=\begin{cases} -x^2, & x\leqslant -1, \\ 2x+1, & -1<x\leqslant 1, \\ 4-x, & x>1. \end{cases}$

解 (1) 因为函数的定义域为 $(-2,+\infty)$，所以函数 $y=\ln(2+x)$ 的连续区间为 $(-2,+\infty)$.

(2) 因为函数的定义域为 $[-2,1)\cup(1,+\infty)$，所以函数 $y=\dfrac{1}{x-1}+\sqrt{x+2}$ 的连续区间为 $[-2,1)\cup(1,+\infty)$.

(3) 因为函数 $f(x)$ 在点 $x=-1,x=1$ 处有定义，并且

$$\lim_{x\to -1^-} f(x)=\lim_{x\to -1^-}(-x^2)=-1,$$

$$\lim_{x\to -1^+} f(x)=\lim_{x\to -1^+}(2x+1)=-1,$$

$$\lim_{x\to -1^-} f(x)=\lim_{x\to -1^+} f(x)=f(-1),$$

所以由定义 5.3，函数 $f(x)$ 在点 $x=-1$ 处连续.

因为

$$\lim_{x\to 1^-} f(x)=\lim_{x\to 1^-}(2x+1)=3,$$

$$\lim_{x\to 1^+} f(x)=\lim_{x\to 1^+}(4-x)=3,$$

$$\lim_{x\to 1^-} f(x)=\lim_{x\to 1^+} f(x)=f(1),$$

所以由定义 5.3，函数 $f(x)$ 在点 $x=1$ 处连续.

又因为函数的定义域为 $(-\infty,+\infty)$，所以函数 $f(x)$ 的连续区间为 $(-\infty,+\infty)$.

15. 求下列函数的间断点，并说明理由：

(1) $y=\dfrac{1}{(x+2)^2}$；　　(2) $y=\dfrac{x+3}{x^2-9}$；

(3) $y=x\sin\dfrac{1}{x}$；　　(4) $y=\dfrac{x^2-25}{x-5}$；

(5) $f(x)=\begin{cases} (1-x)^{\frac{1}{x}}, & x\neq 0, \\ \mathrm{e}, & x=0. \end{cases}$

解 (1) 因为 $y=\dfrac{1}{(x+2)^2}$ 在 $x=-2$ 处没有定义，所以 $x=-2$ 是 $y=\dfrac{1}{(x+2)^2}$ 的一个

间断点.

又因为$\lim\limits_{x\to -2}\dfrac{1}{(x+2)^2}=+\infty$,所以$x=-2$为第二类间断点中的无穷间断点.

(2) 因为$y=\dfrac{x+3}{x^2-9}$在$x=\pm 3$处没有定义,所以$x=\pm 3$是$y=\dfrac{x+3}{x^2-9}$的间断点.

又因为$\lim\limits_{x\to -3}\dfrac{x+3}{x^2-9}=\lim\limits_{x\to -3}\dfrac{1}{x-3}=-\dfrac{1}{6}$,所以$x=-3$是$y=\dfrac{x+3}{x^2-9}$的第一类间断点中的可去间断点.

而$\lim\limits_{x\to 3}\dfrac{x+3}{x^2-9}=\infty$,所以$x=3$为$y=\dfrac{x+3}{x^2-9}$的第二类间断点中的无穷间断点.

(3) 因为$y=x\sin\dfrac{1}{x}$在$x=0$处没有定义,所以$x=0$是$y=x\sin\dfrac{1}{x}$的一个间断点.

又因为$\lim\limits_{x\to 0}x\sin\dfrac{1}{x}=0$,所以$x=0$是$y=x\sin\dfrac{1}{x}$的第一类间断点中的可去间断点.

(4) 因为$y=\dfrac{x^2-25}{x-5}$在$x=5$处没有定义,所以$x=5$是$y=\dfrac{x^2-25}{x-5}$的一个间断点.

又因为$\lim\limits_{x\to 5}\dfrac{x^2-25}{x-5}=\lim\limits_{x\to 5}(x+5)=10$,所以$x=5$是$y=\dfrac{x^2-25}{x-5}$的第一类间断点中的可去间断点.

(5) $f(0)=\mathrm{e}$,$\lim\limits_{x\to 0}f(x)=\lim\limits_{x\to 0}(1-x)^{\frac{1}{x}}=[\lim\limits_{x\to 0}(1-x)^{-\frac{1}{x}}]^{-1}=\mathrm{e}^{-1}$.

因为$\lim\limits_{x\to 0}f(x)\neq f(0)$,所以$x=0$是$f(x)$的第一类间断点中的可去间断点.

16. 求下列极限:

(1) $\lim\limits_{x\to 0}\dfrac{2-\cos x}{\cot(1+x)}$;

(2) $\lim\limits_{x\to \frac{1}{4}}x\ln\left(1+\dfrac{1}{x}\right)$;

(3) $\lim\limits_{x\to 0}\dfrac{x^2}{1-\sqrt{1+x^2}}$;

(4) $\lim\limits_{x\to 0}\dfrac{\ln(1+3x)}{x}$;

(5) $\lim\limits_{x\to 0}\dfrac{\sqrt{1+x^2}-1}{1-\cos 2x}$;

(6) $\lim\limits_{x\to 0}\dfrac{\ln(1+2x)}{\sin 3x}$;

(7) $\lim\limits_{x\to 0}\dfrac{\sqrt{1+x}-1}{\tan 4x}$.

解　(1) $\lim\limits_{x\to 0}\dfrac{2-\cos x}{\cot(1+x)}=\dfrac{2-\cos 0}{\cot(1+0)}=\dfrac{1}{\cot 1}=\tan 1$.

(2) $\lim\limits_{x\to \frac{1}{4}}x\ln\left(1+\dfrac{1}{x}\right)=\dfrac{1}{4}\ln\left(1+\dfrac{1}{\frac{1}{4}}\right)=\dfrac{1}{4}\ln 5$.

(3) $$\lim\limits_{x\to 0}\dfrac{x^2}{1-\sqrt{1+x^2}}=\lim\limits_{x\to 0}\dfrac{x^2(1+\sqrt{1+x^2})}{(1-\sqrt{1+x^2})(1+\sqrt{1+x^2})}=\lim\limits_{x\to 0}\dfrac{x^2(1+\sqrt{1+x^2})}{-x^2}$$

$$=\lim\limits_{x\to 0}[-(1+\sqrt{1+x^2})]=-2.$$

(4) $$\lim\limits_{x\to 0}\dfrac{\ln(1+3x)}{x}=\lim\limits_{x\to 0}\ln(1+3x)^{\frac{1}{x}}=\ln[\lim\limits_{x\to 0}(1+3x)^{\frac{1}{x}}]$$

$$=\ln[\lim\limits_{x\to 0}(1+3x)^{\frac{1}{3x}}]^3=\ln\mathrm{e}^3=3.$$

(5) $\lim\limits_{x\to 0}\dfrac{\sqrt{1+x^2}-1}{1-\cos 2x}=\lim\limits_{x\to 0}\dfrac{\frac{1}{2}x^2}{\frac{1}{2}(2x)^2}=\dfrac{1}{4}$.

(6) $\lim\limits_{x\to 0}\dfrac{\ln(1+2x)}{\sin 3x}=\lim\limits_{x\to 0}\dfrac{2x}{3x}=\dfrac{2}{3}$.

(7) $\lim\limits_{x\to 0}\dfrac{\sqrt{1+x}-1}{\tan 4x}=\lim\limits_{x\to 0}\dfrac{\frac{1}{2}x}{4x}=\dfrac{1}{8}$.

17. 证明方程 $x^5-3x-1=0$ 在区间 $(1,2)$ 内至少有一个实根.

证明　设 $f(x)=x^5-3x-1$，则 $f(x)$ 的定义域是 $(-\infty,+\infty)$. 因为 $f(x)$ 是初等函数，所以 $f(x)$ 在 $[1,2]$ 上连续，并且

$$f(1)=-3<0,\quad f(2)=25>0.$$

由推论 5.1 可知，在区间 $(1,2)$ 内至少有一点 ξ，使得 $f(\xi)=0$，即方程 $x^5-3x-1=0$ 在区间 $(1,2)$ 内至少有一个实根 ξ.

第三章　导数与微分

内容提要

一、基本概念

1. 导数的定义

定义 1.1　设函数 $y=f(x)$ 在点 x_0 的某一邻域内有定义，当自变量 x 在点 x_0 处有改变量 $\Delta x(\Delta x\neq 0)$ 时，相应地函数 $f(x)$ 有改变量 $\Delta y=f(x_0+\Delta x)-f(x_0)$. 如果当 $\Delta x\to 0$ 时，极限

$$\lim_{\Delta x\to 0}\frac{\Delta y}{\Delta x}=\lim_{\Delta x\to 0}\frac{f(x_0+\Delta x)-f(x_0)}{\Delta x}$$

存在，则称函数 $y=f(x)$ 在点 x_0 处**可导**，称该极限值为函数 $y=f(x)$ 在点 x_0 处的**导数**，记作 $f'(x_0)$，也记为

$$y'\Big|_{x=x_0},\quad \frac{\mathrm{d}f(x)}{\mathrm{d}x}\Big|_{x=x_0}\quad 或\quad \frac{\mathrm{d}y}{\mathrm{d}x}\Big|_{x=x_0},$$

即

$$f'(x_0)=\lim_{\Delta x\to 0}\frac{\Delta y}{\Delta x}=\lim_{\Delta x\to 0}\frac{f(x_0+\Delta x)-f(x_0)}{\Delta x}.$$

如果极限不存在，我们说函数 $y=f(x)$ 在点 x_0 处**不可导**.

如果令 $x_0+\Delta x=x$，则当 $\Delta x\to 0$ 时，有 $x\to x_0$，故函数 $y=f(x)$ 在点 x_0 处的导数 $f'(x_0)$ 也可表示为

$$f'(x_0)=\lim_{x\to x_0}\frac{f(x)-f(x_0)}{x-x_0}.$$

2. 左导数、右导数的定义

若 $\lim\limits_{\Delta x\to 0^-}\dfrac{\Delta y}{\Delta x}$ 存在，则称之为 $f(x)$ 在点 x_0 处的**左导数**，记为 $f'_-(x_0)$；若 $\lim\limits_{\Delta x\to 0^+}\dfrac{\Delta y}{\Delta x}$ 存在，则称之为 $f(x)$ 在点 x_0 处的**右导数**，记为 $f'_+(x_0)$，即

$$f'_-(x_0)=\lim_{\Delta x\to 0^-}\frac{\Delta y}{\Delta x}=\lim_{\Delta x\to 0^-}\frac{f(x_0+\Delta x)-f(x_0)}{\Delta x},$$

$$f'_+(x_0)=\lim_{\Delta x\to 0^+}\frac{\Delta y}{\Delta x}=\lim_{\Delta x\to 0^+}\frac{f(x_0+\Delta x)-f(x_0)}{\Delta x}.$$

3. 导函数的定义

如果函数 $y=f(x)$ 在区间 (a,b) 内每一点都可导，则称 $y=f(x)$ **在区间** (a,b) **内可导**，也称 $y=f(x)$ 是区间 (a,b) 内的**可导函数**. 此时，对任一 $x\in(a,b)$，都对应着 $f(x)$ 的一个确定的导数值，这是一个新的函数关系，称该函数为原来函数 $f(x)$ 的**导函数**，简称**导数**，记作

$$f'(x),\quad y',\quad \frac{\mathrm{d}y}{\mathrm{d}x}\quad 或\quad \frac{\mathrm{d}f(x)}{\mathrm{d}x}.$$

显然，函数 $y=f(x)$ 在点 x_0 处的导数 $f'(x_0)$ 就是导函数 $f'(x)$ 在点 $x=x_0$ 处的函数值，即

$$f'(x_0)=f'(x)\Big|_{x=x_0}.$$

4. 导数的几何意义

导数的几何意义是：函数 $y=f(x)$ 在点 x_0 处的导数等于该函数曲线在点 (x_0,y_0) 处切线的斜率，即 $k=f'(x_0)$.

曲线 $y=f(x)$ 在点 (x_0,y_0) 处的切线方程为

$$y-y_0=f'(x_0)(x-x_0).$$

若 $f'(x_0)\neq 0$，则过点 (x_0,y_0) 的法线方程为

$$y-y_0=-\frac{1}{f'(x_0)}(x-x_0).$$

5. 隐函数的定义

函数 $y=f(x)$ 是以自变量 x 的明显方式表达函数 y，这种函数称为**显函数**. 还有一种函数，函数 y 与自变量 x 的关系由方程 $F(x,y)=0$ 所确定，y 与 x 的函数关系隐含在方程中，这时称由方程 $F(x,y)=0$ 所确定的函数 $y=y(x)$ 为**隐函数**.

6. 取对数求导法

对于形如 $y=[f(x)]^{g(x)}$ 的幂指函数及由多个函数的积、商、乘方、开方构成的函数，可以通过先两边取对数，将其转化成隐函数，然后按隐函数求导的方法求出导数. 这种方法称为**取对数求导法**.

7. 高阶导数

一般地，如果函数 $y=f(x)$ 的导函数 $y'=f'(x)$ 在点 x 处可导，则称导函数 $y'=f'(x)$ 在点 x 处的导数为函数 $y=f(x)$ 的**二阶导数**，记作

$$y'',\quad f''(x),\quad \frac{\mathrm{d}^2y}{\mathrm{d}x^2}\quad 或\quad \frac{\mathrm{d}^2f(x)}{\mathrm{d}x^2}.$$

相应地，把 $y'=f'(x)$ 叫作函数 $y=f(x)$ 的**一阶导数**，通常一阶导数不指明它的阶数.

类似地，二阶导数 $f''(x)$ 的导数叫作 $f(x)$ 的**三阶导数**，记作

$$y''',\quad f'''(x),\quad \frac{\mathrm{d}^3y}{\mathrm{d}x^3}\quad 或\quad \frac{\mathrm{d}^3f(x)}{\mathrm{d}x^3}.$$

$n-1$ 阶导数 $f^{(n-1)}(x)$ 的导数叫作 $f(x)$ 的 n **阶导数**，记作

$$y^{(n)},\quad f^{(n)}(x),\quad \frac{\mathrm{d}^ny}{\mathrm{d}x^n}\quad 或\quad \frac{\mathrm{d}^nf(x)}{\mathrm{d}x^n}.$$

二阶及二阶以上的各阶导数统称为**高阶导数**. 四阶及四阶以上的导数记作

$$f^{(k)}(x)\quad (k\geqslant 4).$$

函数 $y=f(x)$ 在点 x_0 处的各阶导数就是其各阶导函数在点 x_0 处的函数值,即

$$f''(x_0),\quad f'''(x_0),\quad f^{(4)}(x_0),\quad \cdots,\quad f^{(n)}(x_0).$$

8. 微分的定义

定义 3.1　设函数 $y=f(x)$ 在点 x_0 处有导数 $f'(x_0)$,则称 $f'(x_0)\Delta x$ 为 $y=f(x)$ 在点 x_0 处的**微分**,记作 $\mathrm{d}y$ 或 $\mathrm{d}f(x)$,即

$$\mathrm{d}y=\mathrm{d}f(x)=f'(x_0)\Delta x.$$

此时,称 $y=f(x)$ 在点 x_0 处是**可微**的.

函数 $y=f(x)$ 的微分可以写成

$$\mathrm{d}y=\mathrm{d}f(x)=f'(x)\mathrm{d}x,$$

由此得

$$\frac{\mathrm{d}y}{\mathrm{d}x}=\frac{\mathrm{d}f(x)}{\mathrm{d}x}=f'(x).$$

此式表明,函数 $y=f(x)$ 的导数等于函数的微分与自变量的微分之商,所以,有时也称导数为**微商**.

9. 微分的几何意义

微分 $\mathrm{d}y=f'(x_0)\Delta x$ 的几何意义是:当自变量 x 在点 x_0 处取得改变量 Δx 时,曲线 $y=f(x)$ 在该点处切线纵坐标的改变量为 $f'(x_0)\Delta x$.

二、基本定理、重要公式及结论

1. 导数和左、右导数的关系

定理 1.1　函数 $y=f(x)$ 在点 x_0 处可导的充要条件是 $f(x)$ 在点 x_0 处的左、右导数存在且相等,即

$$f'(x_0)=A\Leftrightarrow f'_-(x_0)=f'_+(x_0)=A.$$

2. 利用定义计算导数的步骤

(1) 写出函数的改变量 $\Delta y=f(x+\Delta x)-f(x)$;

(2) 计算比值 $\dfrac{\Delta y}{\Delta x}=\dfrac{f(x+\Delta x)-f(x)}{\Delta x}$;

(3) 求极限 $y'=f'(x)=\lim\limits_{\Delta x\to 0}\dfrac{\Delta y}{\Delta x}$.

3. 可导与连续的关系

定理 1.2　若函数 $y=f(x)$ 在点 x_0 处可导,则 $y=f(x)$ 在点 x_0 处一定连续.

注　① 定理的逆命题是不成立的,即函数 $y=f(x)$ 在点 x_0 处连续时,在点 x_0 处不一定可导.函数 $y=f(x)$ 在点 x_0 处连续是 $f(x)$ 在点 x_0 处可导的必要条件,而不是充分条件.

② 定理的逆否命题是成立的,即函数 $y=f(x)$ 在点 x_0 处不连续,则在点 x_0 处不可导.

4. 导数的四则运算法则

法则 2.1　$[u(x)\pm v(x)]'=u'(x)\pm v'(x)$.

法则 2.1 对有限个函数的代数和也成立,即

$$[u_1(x)\pm u_2(x)\pm\cdots\pm u_n(x)]'=u_1'(x)\pm u_2'(x)\pm\cdots\pm u_n'(x).$$

法则 2.2　$[u(x)v(x)]' = u'(x)v(x) + u(x)v'(x)$.

特别地，有$[Cu(x)]' = Cu'(x)$（C 为常数）.

法则 2.2 可以推广到有限个函数乘积的情形，即

$$(u_1u_2\cdots u_n)' = u_1'u_2\cdots u_n + u_1u_2'\cdots u_n + \cdots + u_1u_2\cdots u_n'.$$

法则 2.3　$\left[\dfrac{u(x)}{v(x)}\right]' = \dfrac{u'(x)v(x) - u(x)v'(x)}{v^2(x)}$　$(v(x) \neq 0)$.

特别地，当 $u(x) = C$（C 为常数）时，有

$$\left[\frac{C}{v(x)}\right]' = -\frac{Cv'(x)}{v^2(x)}.$$

5. 复合函数的求导法则

定理 2.1　设函数 $y = f(u)$ 在点 u 处有导数 $f'(u)$，而函数 $u = \varphi(x)$ 在点 x 处有导数 $\varphi'(x)$，则复合函数 $y = f[\varphi(x)]$ 也在点 x 处有导数，且

$$\{f[\varphi(x)]\}' = f'(u) \cdot \varphi'(x).$$

上式可简记为

$$y_x' = y_u' \cdot u_x' \quad \text{或} \quad \frac{\mathrm{d}y}{\mathrm{d}x} = \frac{\mathrm{d}y}{\mathrm{d}u} \cdot \frac{\mathrm{d}u}{\mathrm{d}x}.$$

定理 2.1 的结论可以推广到有限多层复合的情况. 例如，设 $y = f(u), u = \varphi(v), v = \psi(x)$ 都可导，则

$$\{f\{\varphi[\psi(x)]\}\}' = f'(u) \cdot \varphi'(v) \cdot \psi'(x),$$

或记为

$$\frac{\mathrm{d}y}{\mathrm{d}x} = \frac{\mathrm{d}y}{\mathrm{d}u} \cdot \frac{\mathrm{d}u}{\mathrm{d}v} \cdot \frac{\mathrm{d}v}{\mathrm{d}x}.$$

6. 反函数的求导法则

定理 2.2　如果单调连续函数 $x = f(y)$ 在点 y 处可导，而且 $f'(y) \neq 0$，那么它的反函数 $y = f^{-1}(x)$ 在对应的点 x 处可导，且有

$$[f^{-1}(x)]' = \frac{1}{f'(y)}, \quad \text{即} \quad \frac{\mathrm{d}y}{\mathrm{d}x} = \frac{1}{\frac{\mathrm{d}x}{\mathrm{d}y}}.$$

定理 2.2 亦可简述为反函数的导数等于直接函数导数的倒数，即

$$[f(x)]' = \frac{1}{[f^{-1}(y)]'}.$$

7. 基本初等函数的导数公式

① $C' = 0$　（C 为常数）；　② $(x^\alpha)' = \alpha x^{\alpha-1}$　（α 为实数）；

③ $(a^x)' = a^x \ln a$　$(a > 0, a \neq 1)$；　④ $(\mathrm{e}^x)' = \mathrm{e}^x$；

⑤ $(\log_a x)' = \dfrac{1}{x \ln a}$　$(a > 0, a \neq 1)$；　⑥ $(\ln x)' = \dfrac{1}{x}$；

⑦ $(\sin x)' = \cos x$；　⑧ $(\cos x)' = -\sin x$；

⑨ $(\tan x)' = \dfrac{1}{\cos^2 x} = \sec^2 x$；　⑩ $(\cot x)' = -\dfrac{1}{\sin^2 x} = -\csc^2 x$；

⑪ $(\sec x)' = \sec x \tan x$；　⑫ $(\csc x)' = -\csc x \cot x$；

⑬ $(\arcsin x)' = \dfrac{1}{\sqrt{1-x^2}}$；　⑭ $(\arccos x)' = -\dfrac{1}{\sqrt{1-x^2}}$；

⑮ $(\arctan x)' = \frac{1}{1+x^2}$；　⑯ $(\text{arccot}\, x)' = -\frac{1}{1+x^2}$.

8. 隐函数求导的方法

隐函数求导的方法：

① 方程两边同时对 x 求导；

② 将方程中的 y 看成 x 的函数 $y = y(x)$，故含有 y 的项可以看成是以 y 为中间变量的 x 的复合函数，利用复合函数的求导法则，先对中间变量 y 求导，再乘以 y 对 x 的导数 y'；

③ 从方程中解出 y'.

9. 取对数求导的方法

对形如 $y = [f(x)]^{g(x)}$ 的幂指函数及由多个函数的积、商、乘方、开方构成的函数，可以通过两边取对数，利用对数函数的性质将乘、除、乘方、开方的求导运算转化为加、减、乘、除的求导运算.

取对数求导法是先对函数两边同时取自然对数，化为隐函数，然后按照隐函数求导的方法求出导数.

注　因 $(\ln|x|)' = \frac{1}{x}$，对 x 取不取绝对值结果不变，故使用取对数求导法时，常略去取绝对值的步骤.

10. 微分的运算法则

(1) 微分基本公式.

① $d(C) = 0$　(C 为常数)；　② $d(x^\alpha) = \alpha x^{\alpha-1}dx$；

③ $d(a^x) = a^x \ln a\, dx$　$(a > 0, a \neq 1)$；　④ $d(e^x) = e^x dx$；

⑤ $d(\log_a x) = \frac{1}{x\ln a}dx$　$(a > 0, a \neq 1)$；　⑥ $d(\ln x) = \frac{1}{x}dx$；

⑦ $d(\sin x) = \cos x dx$；　⑧ $d(\cos x) = -\sin x dx$；

⑨ $d(\tan x) = \sec^2 x dx$；　⑩ $d(\cot x) = -\csc^2 x dx$；

⑪ $d(\sec x) = \sec x \tan x dx$；　⑫ $d(\csc x) = -\csc x \cot x dx$；

⑬ $d(\arcsin x) = \frac{1}{\sqrt{1-x^2}}dx$；　⑭ $d(\arccos x) = -\frac{1}{\sqrt{1-x^2}}dx$；

⑮ $d(\arctan x) = \frac{1}{1+x^2}dx$；　⑯ $d(\text{arccot}\, x) = -\frac{1}{1+x^2}dx$.

(2) 微分的四则运算法则.

设 $u(x), v(x)$ 是 x 的可微函数，则有

$$d[u(x) \pm v(x)] = du(x) \pm dv(x),$$

$$d[u(x)v(x)] = v(x)du(x) + u(x)dv(x),$$

$$d[Cu(x)] = Cdu(x),$$

$$d\left[\frac{u(x)}{v(x)}\right] = \frac{v(x)du(x) - u(x)dv(x)}{v^2(x)} \quad (v(x) \neq 0).$$

11. 一阶微分形式的不变性

对于函数 $y = f(u)$，不论 u 是自变量还是中间变量，y 的微分总保持同一形式 $dy = f'(u)du$，这一性质称为**一阶微分形式的不变性**. 利用一阶微分形式的不变性求复合函数的

微分比较方便.

12. 微分在近似计算中的应用

当$|\Delta x|$很小时,有近似公式:

$$\Delta y \approx \mathrm{d}y = f'(x_0)\Delta x.$$

这个公式可以直接用来计算函数增量的近似值.

又因为

$$\Delta y = f(x_0+\Delta x)-f(x_0),$$

所以

$$f(x_0+\Delta x)\approx f(x_0)+f'(x_0)\Delta x.$$

这个公式可以用来计算函数在某一点附近的函数值的近似值.

注　在求近似值时,要选择适当的x_0,使$f(x_0)$,$f'(x_0)$易求,且$|\Delta x|$较小,一般最终结果写成小数.

当$|x|$很小时,有如下的近似公式:

① $\mathrm{e}^x\approx 1+x$;　　② $\ln(1+x)\approx x$;

③ $\sqrt[n]{1+x}\approx 1+\dfrac{1}{n}x$;　　④ $\sin x\approx x$　(x用弧度单位);

⑤ $\tan x\approx x$　(x用弧度单位).

教学基本要求

1. 理解导数和左、右导数的概念,掌握左、右导数和导数的关系,理解导数的几何意义以及函数可导和连续的关系.会用定义求基本初等函数的导数和平面曲线的切线方程和法线方程.

2. 熟练掌握所有求导法则和导数基本公式,并能灵活应用求导法则和公式进行复合函数、反函数、隐函数的求导运算.会用取对数求导法求函数的导数.

3. 理解高阶导数的概念,会求简单函数的高阶导数.

4. 理解和掌握微分的概念、微分的运算法则、微分基本公式,会求各类函数的微分,会利用一阶微分形式的不变性计算复合函数的微分.了解微分的几何意义,了解微分在近似计算中的应用,会进行简单的近似计算.

典型例题分析及求解

1. 根据导数定义求导数

例 1　判断函数 $f(x)=\begin{cases}\sin x, & x\leqslant 0,\\ x^2+x, & x>0\end{cases}$ 在点 $x=0$ 处是否可导;若可导,求

出 $f'(0)$.

分析　因为可导一定连续，不连续一定不可导，所以先判断 $f(x)$ 在 $x=0$ 处是否连续．若连续，再求 $f(x)$ 在 $x=0$ 处的左导数 $f'_-(0)$ 和右导数 $f'_+(0)$．若 $f'_-(0)=f'_+(0)$，则 $f(x)$ 在 $x=0$ 处可导，且 $f'_-(0)=f'_+(0)=f'(0)$．若 $f'_-(0)\neq f'_+(0)$，则 $f(x)$ 在 $x=0$ 处不可导.

解　由于

$$f(0)=0,\quad \lim_{x\to 0^-}f(x)=\lim_{x\to 0^-}\sin x=0,\quad \lim_{x\to 0^+}f(x)=\lim_{x\to 0^+}(x^2+x)=0,$$

因此 $f(x)$ 在 $x=0$ 处连续．又

$$f'_-(0)=\lim_{x\to 0^-}\frac{f(x)-f(0)}{x-0}=\lim_{x\to 0^-}\frac{\sin x}{x}=1,$$

$$f'_+(0)=\lim_{x\to 0^+}\frac{f(x)-f(0)}{x-0}=\lim_{x\to 0^+}\frac{x^2+x}{x}=\lim_{x\to 0^+}(x+1)=1,$$

即

$$f'_-(0)=f'_+(0)=1,$$

故 $f(x)$ 在 $x=0$ 处可导，且 $f'(0)=1$.

例 2　判断函数 $f(x)=\begin{cases}x^3+2, & x<0,\\ 2x^2, & x\geqslant 0\end{cases}$ 在点 $x=0$ 处是否可导；若可导，求出 $f'(0)$.

解　由于

$$f(0)=0,\quad \lim_{x\to 0^-}f(x)=\lim_{x\to 0^-}(x^3+2)=2,\quad \lim_{x\to 0^+}f(x)=\lim_{x\to 0^+}2x^2=0,$$

即

$$\lim_{x\to 0^-}f(x)\neq\lim_{x\to 0^+}f(x),$$

因此 $f(x)$ 在 $x=0$ 处不连续，从而 $f(x)$ 在 $x=0$ 处不可导.

例 3　设函数 $f(x)=\begin{cases}x^3, & x\leqslant 1,\\ ax^2+bx, & x>1,\end{cases}$ 试确定 a,b 的值，使 $f(x)$ 在 $x=1$ 处可导，并求 $f'(1)$.

分析　因为可导一定连续，所以可根据连续和可导列出关于 a,b 的两个关系式，然后求出 a,b，最后由 $f'_-(1)=f'_+(1)=f'(1)$，求出 $f'(1)$.

解　因为 $f(x)$ 在 $x=1$ 处可导，所以在 $x=1$ 处连续．由于

$$f(1)=1,\quad \lim_{x\to 1^-}f(x)=\lim_{x\to 1^-}x^3=1,\quad \lim_{x\to 1^+}(ax^2+bx)=a+b,$$

因此

$$a+b=1,\quad 即\quad b=1-a.$$

又

$$f'_-(1)=\lim_{x\to 1^-}\frac{f(x)-f(1)}{x-1}=\lim_{x\to 1^-}\frac{x^3-1}{x-1}=\lim_{x\to 1^-}(x^2+x+1)=3,$$

$$\begin{aligned}f'_+(1)&=\lim_{x\to 1^+}\frac{f(x)-f(1)}{x-1}=\lim_{x\to 1^+}\frac{ax^2+bx-1}{x-1}\\&=\lim_{x\to 1^+}\frac{ax^2+(1-a)x-1}{x-1}=\lim_{x\to 1^+}\frac{(ax+1)(x-1)}{x-1}\\&=\lim_{x\to 1^+}(ax+1)=a+1.\end{aligned}$$

由 $f'_{-}(1) = f'_{+}(1)$，得

$$a+1=3, a=2, \quad 从而 \quad b=1-a=-1.$$

所以当 $a=2, b=-1$ 时，$f(x)$ 在 $x=1$ 处可导.

2. 利用导数定义求极限

例 4 求极限 $\lim\limits_{\Delta x \to 0} \dfrac{2^{x+\Delta x}-2^x}{\Delta x}$.

分析 令 $f(x)=2^x$，所求极限符合导数定义 $f'(x)=\lim\limits_{\Delta x \to 0} \dfrac{f(x+\Delta x)-f(x)}{\Delta x}$ 的形式，由此可求得该极限.

解 令 $f(x)=2^x$，由

$$f'(x)=\lim_{\Delta x \to 0} \frac{f(x+\Delta x)-f(x)}{\Delta x},$$

得

$$\lim_{\Delta x \to 0} \frac{2^{x+\Delta x}-2^x}{\Delta x}=(2^x)'=2^x \ln 2.$$

例 5 如果 $f(x)$ 在点 x_0 处可导，求 $\lim\limits_{\Delta x \to 0} \dfrac{f(x_0-3\Delta x)-f(x_0)}{\Delta x}$.

分析 因为 $f(x)$ 在点 x_0 处可导，可以把极限形式变形为导数定义

$$f'(x_0)=\lim_{\Delta x \to 0} \frac{f(x_0+\Delta x)-f(x_0)}{\Delta x}$$

的形式，利用导数定义求出极限.

解
$$\lim_{\Delta x \to 0} \frac{f(x_0-3\Delta x)-f(x_0)}{\Delta x}=\lim_{\Delta x \to 0}\left[\frac{f(x_0+(-3\Delta x))-f(x_0)}{-3\Delta x} \cdot (-3)\right]$$
$$=-3f'(x_0).$$

例 6 如果 $f(x)$ 在点 x_0 处可导，求 $\lim\limits_{\Delta x \to 0} \dfrac{f(x_0+2\Delta x)-f(x_0-\Delta x)}{\Delta x}$.

分析 因为 $f(x)$ 在点 x_0 处可导，可以把极限形式变形为导数定义

$$f'(x_0)=\lim_{\Delta x \to 0} \frac{f(x_0+\Delta x)-f(x_0)}{\Delta x}$$

的形式，利用导数定义求出极限；也可以把极限形式变形为

$$f'(x_0)=\lim_{x \to x_0} \frac{f(x)-f(x_0)}{x-x_0}$$

的形式求出极限.

解 **方法 1**
$$\lim_{\Delta x \to 0} \frac{f(x_0+2\Delta x)-f(x_0-\Delta x)}{\Delta x}$$
$$=\lim_{\Delta x \to 0}\left[\frac{f(x_0+2\Delta x)-f(x_0)}{\Delta x}-\frac{f(x_0-\Delta x)-f(x_0)}{\Delta x}\right]$$
$$=\lim_{\Delta x \to 0}\left[\frac{f(x_0+2\Delta x)-f(x_0)}{2\Delta x} \cdot 2\right]-\lim_{\Delta x \to 0}\left[\frac{f(x_0-\Delta x)-f(x_0)}{-\Delta x} \cdot (-1)\right]$$
$$=2f'(x_0)-[-f'(x_0)]=3f'(x_0).$$

方法 2
$$\lim_{\Delta x \to 0} \frac{f(x_0+2\Delta x)-f(x_0-\Delta x)}{\Delta x}$$

$$= \lim_{(x_0+2\Delta x)\to(x_0-\Delta x)} \frac{f(x_0+2\Delta x)-f(x_0-\Delta x)}{(x_0+2\Delta x)-(x_0-\Delta x)} \cdot 3$$
$$= 3f'(x_0).$$

3. 导数几何意义的应用

例 7　求曲线 $y = x^3$ 通过点 $(0, -16)$ 的切线方程.

分析　先检验曲线通过的点是否是切点，若是，直接套公式 $y - y_0 = f'(x_0)(x - x_0)$ 求解；若不是，需先确定切点，再求切线.

解　设切点为 (x_0, y_0)，则该点处切线的斜率为

$$k = y'\Big|_{x=x_0} = 3x^2\Big|_{x=x_0} = 3x_0^2,$$

故所求切线方程为

$$y - y_0 = 3x_0^2(x - x_0).$$

由于点 (x_0, y_0) 在曲线上，有 $y_0 = x_0^3$，因此有

$$y - x_0^3 = 3x_0^2(x - x_0).$$

又切线过点 $(0, -16)$，代入上式得

$$-16 - x_0^3 = -3x_0^3,$$

解得 $x_0 = 2$，从而

$$y_0 = x_0^3 = 8, \quad k = 3x_0^2 = 12.$$

故所求切线方程为

$$y - 8 = 12(x - 2),$$

即

$$12x - y - 16 = 0.$$

例 8　求曲线 $y = x^3 - 4x + 1$ 的切线方程，使得它与直线 $x + y = 0$ 平行.

分析　由所求切线与直线 $x+y=0$ 平行可得切点坐标，再套公式 $y - y_0 = f'(x_0)(x - x_0)$ 得切线方程.

解　设切点为 (x_0, y_0)，则该点处切线的斜率为

$$k = y'\Big|_{x=x_0} = (3x^2 - 4)\Big|_{x=x_0} = 3x_0^2 - 4.$$

因为所求切线与直线 $x + y = 0$ 平行，所以

$$3x_0^2 - 4 = -1,$$

解得 $x_0 = \pm 1$，代入 $y_0 = x_0^3 - 4x_0 + 1$ 中得切点坐标为 $(1, -2)$，$(-1, 4)$.

故所求切线方程为

$$y + 2 = -(x - 1) \quad 和 \quad y - 4 = -(x + 1),$$

即

$$x + y + 1 = 0 \quad 和 \quad x + y - 3 = 0.$$

4. 利用求导法则求导数

例 9　求下列函数的导数：

(1) $y = (\sqrt{2x} - 1)\dfrac{1}{\sqrt{x}}$；　　(2) $y = \dfrac{x^2 - \sqrt{x} + 1}{\sqrt{x}}$.

分析 可利用导数的积商运算法则求导，若先化为和差的形式，再求导，可使计算简便.

解 (1) $y=\sqrt{2}-x^{-\frac{1}{2}}$，

$$y'=(\sqrt{2})'-(x^{-\frac{1}{2}})'=\frac{1}{2}x^{-\frac{3}{2}}.$$

(2) $y=x^{\frac{3}{2}}-1+x^{-\frac{1}{2}}$，

$$y'=(x^{\frac{3}{2}})'+(x^{-\frac{1}{2}})'=\frac{3}{2}x^{\frac{1}{2}}-\frac{1}{2}x^{-\frac{3}{2}}.$$

例 10 求函数 $y=\left(\frac{1}{3}\right)^{4x}+(4x)^{\frac{1}{3}}$ 的导数.

分析 可利用复合函数的求导法则求导，求导时注意区分指数函数、对数函数的求导公式.

解 $y'=\left[\left(\frac{1}{3}\right)^{4x}\right]'+[(4x)^{\frac{1}{3}}]'=\left(\frac{1}{3}\right)^{4x}\ln\frac{1}{3}(4x)'+\frac{1}{3}(4x)^{-\frac{2}{3}}(4x)'$

$$=4\ln\frac{1}{3}\cdot\left(\frac{1}{3}\right)^{4x}+\frac{4}{3}(4x)^{-\frac{2}{3}}.$$

例 11 求函数 $y=x^2\tan\frac{1}{x}$ 的导数.

分析 可利用导数的四则运算法则和复合函数的求导法则求导.

解 $y'=2x\tan\frac{1}{x}+x^2\sec^2\frac{1}{x}\left(-\frac{1}{x^2}\right)=2x\tan\frac{1}{x}-\sec^2\frac{1}{x}.$

例 12 求函数 $y=\frac{x^2}{\cos^n x}$ 的导数.

分析 可利用导数的四则运算法则和复合函数的求导法则求导，若先化为积的形式，再求导，可使计算简便.

解 $y'=(x^2\cos^{-n}x)'=2x\cos^{-n}x+x^2(-n)\cos^{-n-1}x(\cos x)'$

$$=\frac{2x}{\cos^n x}+\frac{nx^2\sin x}{\cos^{n+1}x}.$$

例 13 求函数 $y=\sqrt{\frac{x}{1+x^2}}$ 的导数.

分析 先用复合函数的求导法则，再用导数的四则运算法则求导.

解 $y'=\frac{1}{2}\left(\frac{x}{1+x^2}\right)^{-\frac{1}{2}}\cdot\left(\frac{x}{1+x^2}\right)'=\frac{1}{2}\sqrt{\frac{1+x^2}{x}}\cdot\frac{1+x^2-x\cdot 2x}{(1+x^2)^2}$

$$=\frac{1}{2}\sqrt{\frac{1+x^2}{x}}\cdot\frac{1-x^2}{(1+x^2)^2}.$$

例 14 求函数 $y=\ln\frac{1+\sqrt{x}}{1-\sqrt{x}}$ 的导数.

分析 先利用对数的性质化简后再求导.

解 $y=\ln(1+\sqrt{x})-\ln(1-\sqrt{x})$，

$$y'=\frac{1}{1+\sqrt{x}}(1+\sqrt{x})'-\frac{1}{1-\sqrt{x}}(1-\sqrt{x})'=\frac{1}{2\sqrt{x}(1+\sqrt{x})}+\frac{1}{2\sqrt{x}(1-\sqrt{x})}.$$

例 15 求函数 $y=\arctan^2\sec 2x$ 的导数.

分析 运用复合函数的求导法则，分清复合结构，逐次由外层向内层对中间变量求导.

解　$y' = (\arctan^2 \sec 2x)' = 2\arctan \sec 2x \cdot (\arctan \sec 2x)'$

$$= 2\arctan \sec 2x \cdot \frac{1}{1+\sec^2 2x} \cdot (\sec 2x)'$$

$$= \frac{2\arctan \sec 2x}{1+\sec^2 2x} \cdot \sec 2x \cdot \tan 2x \cdot (2x)'$$

$$= \frac{4\arctan \sec 2x \cdot \sec 2x \cdot \tan 2x}{1+\sec^2 2x}.$$

例 16　设函数 $f(x)$ 可导，$y = f^2(2^x)$，求 y'.

分析　$y = f^2(2^x)$ 是带有抽象表达式的复合函数，利用复合函数的求导法则求导.

解　$y' = 2f(2^x) \cdot [f(2^x)]' = 2f(2^x) \cdot f'(2^x) \cdot (2^x)'$

$$= 2 \cdot 2^x \ln 2 \cdot f(2^x) \cdot f'(2^x) = 2^{x+1} \ln 2 \cdot f(2^x) \cdot f'(2^x).$$

例 17　求由方程 $\ln(x-y) - \sin \frac{y}{x} + \tan \frac{\pi}{4} = 0$ 所确定的隐函数的导数 $\frac{\mathrm{d}y}{\mathrm{d}x}$.

分析　本题考查由方程所确定的隐函数的导数，利用隐函数的求导法则求导.

解　方程两边同时对 x 求导，得

$$\frac{1}{x-y}(x-y)' - \cos \frac{y}{x} \cdot \left(\frac{y}{x}\right)' = 0,$$

$$\frac{1}{x-y}(1-y') - \cos \frac{y}{x} \cdot \left(\frac{y'x-y}{x^2}\right) = 0,$$

解出 y'，得

$$y' = \frac{x^2 + (xy - y^2)\cos \frac{y}{x}}{x^2 + (x^2 - xy)\cos \frac{y}{x}}.$$

例 18　求曲线 $x^2y^3 + \ln y = 1$ 在点 $P(1,1)$ 处的切线方程.

分析　先求由 $x^2y^3 + \ln y = 1$ 所确定的隐函数的导数，进而求得切线斜率，再代入公式 $y - y_0 = f'(x_0)(x - x_0)$ 中求得切线方程.

解　方程 $x^2y^3 + \ln y = 1$ 两边同时对 x 求导，得

$$2xy^3 + 3x^2y^2y' + \frac{1}{y}y' = 0,$$

解得

$$y' = -\frac{2xy^4}{3x^2y^3+1},$$

故所求切线的斜率为 $y'\Big|_{\substack{x=1\\y=1}} = -\frac{1}{2}$.

于是，在点 $P(1,1)$ 处的切线方程为

$$y - 1 = -\frac{1}{2}(x-1),\quad 即\quad x + 2y - 3 = 0.$$

例 19　设函数 $y = \frac{(1-2x)^3 \sqrt[5]{x+1}}{\sqrt[3]{(3x+2)^2}}$，求 y'.

分析　本题是求由多个函数的积、商、乘方、开方构成的函数的导数，可利用取对数求导法求导数，即先对等式两边同时取自然对数，化为隐函数，然后按照隐函数求导的方法求出导数.

解 等式两边同时取对数，得

$$\ln y=3\ln(1-2x)+\frac{1}{5}\ln(x+1)-\frac{2}{3}\ln(3x+2),$$

上式两边分别对 x 求导数，得

$$\frac{1}{y}y'=-\frac{6}{1-2x}+\frac{1}{5(x+1)}-\frac{2}{3x+2},$$

于是

$$y'=\frac{(1-2x)^3\sqrt[5]{x+1}}{\sqrt[3]{(3x+2)^2}}\left[-\frac{6}{1-2x}+\frac{1}{5(x+1)}-\frac{2}{3x+2}\right].$$

例 20 设函数 $y=(\ln x)^{\sin x}$，其中 $\ln x>0$，求 y'.

分析 本题是求幂指函数的导数，可利用取对数求导法计算导数；同时也可先利用对数恒等式把幂指函数化为以 e 为底的指数函数，然后按照复合函数的求导法则求出导数.

解 **方法 1** 等式两边同时取对数，得

$$\ln y=\sin x\cdot\ln(\ln x),$$

上式两边分别对 x 求导数，得

$$\frac{1}{y}y'=\cos x\cdot\ln(\ln x)+\frac{\sin x}{x\ln x},$$

于是

$$y'=(\ln x)^{\sin x}\left[\cos x\cdot\ln(\ln x)+\frac{\sin x}{x\ln x}\right].$$

方法 2 将函数化为以 e 为底的指数函数，即

$$y=(\ln x)^{\sin x}=\mathrm{e}^{\sin x\cdot\ln(\ln x)}.$$

对 x 求导，得

$$\begin{aligned}y'&=\mathrm{e}^{\sin x\cdot\ln(\ln x)}[\sin x\cdot\ln(\ln x)]'=\mathrm{e}^{\sin x\cdot\ln(\ln x)}\left[\cos x\cdot\ln(\ln x)+\frac{\sin x}{x\ln x}\right]\\&=(\ln x)^{\sin x}\left[\cos x\cdot\ln(\ln x)+\frac{\sin x}{x\ln x}\right].\end{aligned}$$

5. 高阶导数

例 21 已知 $y^{(n-2)}=\dfrac{x}{\ln x}$，求 $y^{(n)}$.

分析 由 $y^{(n-2)}$ 与 $y^{(n)}$ 的关系知，对 $y^{(n-2)}$ 进行两次求导，即可求得 $y^{(n)}$.

解 $y^{(n-1)}=\left(\dfrac{x}{\ln x}\right)'=\dfrac{\ln x-1}{\ln^2 x}$,

$$y^{(n)}=\left(\frac{\ln x-1}{\ln^2 x}\right)'=-\frac{1}{x\ln^2 x}+\frac{2}{x\ln^3 x}.$$

例 22 求函数 $y=\sin x$ 的 n 阶导数.

分析 本题是求函数的高阶导数，依次求导即可.

解 $y'=(\sin x)'=\cos x=\sin\left(x+\dfrac{\pi}{2}\right)$,

$$y''=\left[\sin\left(x+\frac{\pi}{2}\right)\right]'=\cos\left(x+\frac{\pi}{2}\right)=\sin\left(x+2\cdot\frac{\pi}{2}\right),$$

$$y''' = \left[\sin\left(x + 2\cdot\frac{\pi}{2}\right)\right]' = \cos\left(x + 2\cdot\frac{\pi}{2}\right) = \sin\left(x + 3\cdot\frac{\pi}{2}\right),$$

以此类推,有

$$y^{(n)} = (\sin x)^{(n)} = \sin\left(x + n\cdot\frac{\pi}{2}\right),\quad n = 1,2,\cdots.$$

类似地,有

$$(\cos x)^{(n)} = \cos\left(x + n\cdot\frac{\pi}{2}\right),\quad n = 1,2,\cdots.$$

例 23　设函数 $y = \ln(1+x)$,求 $y^{(n)}(0)$.

解　$y' = [\ln(1+x)]' = \dfrac{1}{1+x}$,

$$y'' = [(1+x)^{-1}]' = -(1+x)^{-2} = -\frac{1}{(1+x)^2},$$

$$y''' = [-(1+x)^{-2}]' = 2(1+x)^{-3} = \frac{2!}{(1+x)^3},$$

$$y^{(4)} = [2(1+x)^{-3}]' = -\frac{2\times 3}{(1+x)^4} = -\frac{3!}{(1+x)^4},$$

$$y^{(5)} = [-2\times 3(1+x)^{-4}]' = \frac{2\times 3\times 4}{(1+x)^5} = \frac{4!}{(1+x)^5},$$

以此类推,有

$$y^{(n)} = (-1)^{n-1}\frac{(n-1)!}{(1+x)^n},\quad n = 1,2,\cdots.$$

将 $x = 0$ 代入,得

$$y^{(n)}(0) = (-1)^{n-1}(n-1)!,\quad n = 1,2,\cdots.$$

例 24　求 n 次多项式函数 $y = a_0x^n + a_1x^{n-1} + \cdots + a_n$ 的各阶导数.

解　$y' = na_0x^{n-1} + (n-1)a_1x^{n-2} + \cdots + a_{n-1}$,

$$y'' = n(n-1)a_0x^{n-2} + (n-1)(n-2)a_1x^{n-3} + \cdots + 2a_{n-2},$$

可见每经过一次求导运算,多项式函数的次数就降低一次,继续求导得

$$y^{(n)} = n!a_0,$$

这是一个常数,因而

$$y^{(n+1)} = y^{(n+2)} = \cdots = 0.$$

这就是说,n 次多项式函数的一切高于 n 阶的导数都是 0.

例 25　设函数 $y = (x^2+1)^{10}(x^{10}+x+2)$,求 $y^{(31)}$.

解　此题显然不可以直接计算,y 作为 x 的多项式函数,最高次项为 x^{30},故由上题知 $y^{(30)} = 30!$,而 $y^{(31)} = 0$.

6. 利用微分法则求微分

例 26　求函数 $y = e^{\sin x}\cdot\cos 3x$ 的微分.

分析　先利用微分的运算法则求微分,遇到复合函数的微分,要分清复合结构,逐次由外层向内层对中间变量求微分. 也可由微分的定义 $dy = y'dx$,先求导数再求微分.

解　**方法 1**　$dy = \cos 3x\cdot d(e^{\sin x}) + e^{\sin x}\cdot d(\cos 3x)$

$$= \cos 3x\cdot e^{\sin x}d(\sin x) - e^{\sin x}\cdot\sin 3x d(3x)$$

$$= \cos 3x \cdot e^{\sin x}\cos x dx - 3e^{\sin x} \cdot \sin 3x dx.$$

方法 2 $y' = (e^{\sin x} \cdot \cos 3x)' = (e^{\sin x})'\cos 3x + e^{\sin x}(\cos 3x)'$

$$= e^{\sin x}(\sin x)'\cos 3x + e^{\sin x}(-\sin 3x)(3x)'$$

$$= e^{\sin x}\cos x\cos 3x - 3e^{\sin x}\sin 3x,$$

故由公式 $dy = y'dx$,得

$$dy = (e^{\sin x}\cos x\cos 3x - 3e^{\sin x}\sin 3x)dx.$$

例 27 求函数 $y = \tan^2(2x-5)$ 的微分.

分析 利用复合函数的微分法则求微分.

解 $dy = d[\tan^2(2x-5)] = 2\tan(2x-5)d[\tan(2x-5)]$

$$= 2\tan(2x-5)\sec^2(2x-5)d(2x-5)$$

$$= 4\tan(2x-5)\sec^2(2x-5)dx.$$

例 28 求由方程 $\arctan(xy) = \ln(1+x^2y^2)$ 所确定的隐函数的微分 dy 和导数$\frac{dy}{dx}$.

分析 利用微分法则可直接计算隐函数的微分和导数.

解 方程两边取微分,得

$$d[\arctan(xy)] = d[\ln(1+x^2y^2)],$$

利用一阶微分形式的不变性求微分,得

$$\frac{1}{1+(xy)^2}d(xy) = \frac{1}{1+x^2y^2}d(1+x^2y^2),$$

$$d(xy) = d(x^2y^2),$$

$$ydx + xdy = y^2d(x^2) + x^2d(y^2) = y^2 \cdot 2xdx + x^2 \cdot 2ydy,$$

解得

$$dy = \frac{2xy^2-y}{x-2x^2y}dx, \quad \frac{dy}{dx} = \frac{2xy^2-y}{x-2x^2y}.$$

例 29 在下列等式的左端括号中填入适当的函数,使等式成立:

(1) $d(\quad) = x^2dx$; (2) $d(\quad) = \sin 2xdx$.

解 (1) 填$\frac{x^3}{3}$.

因为

$$d(x^3) = 3x^2dx,$$

所以

$$x^2dx = \frac{1}{3}d(x^3) = d\left(\frac{x^3}{3}\right).$$

(2) 填$-\frac{1}{2}\cos 2x$.

因为

$$d(\cos 2x) = -2\sin 2xdx,$$

所以

$$\sin 2xdx = -\frac{1}{2}d(\cos 2x) = d\left(-\frac{1}{2}\cos 2x\right).$$

自　测　题

1. 选择题：

(1) 若 $f(x)$ 在点 x_0 处可导，则以下结论错误的是(　　)；

A. $f(x)$ 在点 x_0 处有极限　　B. $f(x)$ 在点 x_0 处连续

C. $f(x)$ 在点 x_0 处可微　　D. $f'(x_0)=\lim\limits_{x\to x_0}f(x)$ 必成立

(2) 函数 $f(x)=|2x|$ 在 $x=0$ 处的导数(　　)；

A. 等于 0　　B. 等于 2

C. 等于 -2　　D. 不存在

(3) 函数 $f(x)=\sqrt[3]{x}$ 在 $x=0$ 处(　　)；

A. 极限不存在　　B. 极限存在但不连续

C. 连续但不可导　　D. 可导

(4) 设 $f(x)=x+\cos x^2$，则 $f'(x)=$ (　　)；

A. $1-\sin x^2$　　B. $1+\sin x^2$

C. $1-\sin x^2\cdot 2x$　　D. $(1-\sin x^2)\cdot 2x$

(5) 设 $y=\sqrt{2}+\sin 2x$，则 $\mathrm{d}y=$ (　　).

A. $2\cos 2x\mathrm{d}x$　　B. $\left(2\cos 2x+\dfrac{1}{2\sqrt{2}}\right)\mathrm{d}x$

C. $2\sin 2x\mathrm{d}x$　　D. $\left(2\sin 2x+\dfrac{1}{2\sqrt{2}}\right)\mathrm{d}x$

2. 填空题：

(1) 已知 $f(x)=\ln x$，则 $\lim\limits_{\Delta x\to 0}\dfrac{\ln(x+\Delta x)-\ln x}{\Delta x}=$ ________；

(2) 已知 $f(x)=\begin{cases}x^2+1, & x\geqslant 1,\\ 2x, & x<1,\end{cases}$ 则 $f'_-(1)=$ ________，$f'_+(1)=$ ________；

(3) 曲线 $y=x\ln x$ 上点 $M(x,y)$ 处的切线平行于直线 $y=2x-3$，则点 M 的坐标为________；

(4) 设 $f(x)=x^4+\mathrm{e}^x$，则 $f^{(5)}(0)=$ ________；

(5) $\mathrm{e}^{0.01}\approx$ ________；

(6) 半径为 20 cm 的圆形金属片，加热后半径伸长了 0.05 cm，则该金属片的面积约增加________ cm^2(结果保留两位小数)；

(7) 设函数 $f(x)$ 可导，则当 x 在 $x=3$ 处有微小改变量 Δx 时，函数约改变了________.

3. 计算题：

(1) 设 $f(x)=\sqrt{1+\sin^2 x}$，求 $f'\left(\dfrac{\pi}{4}\right)$；

(2) 设 $y=x^{\sin x}$，其中 $x>0$，求 y'；

(3) 设 $y=\dfrac{(2x+3)\sqrt[4]{x-1}}{(x+1)^3}$,求 y';

(4) 设 $y=\ln(\cos 2x)+\sqrt{2}$,求 $\mathrm{d}y$;

(5) 设 $y=\ln 3+\sqrt{x^2-1}+\arctan 2x$,求 $\mathrm{d}y$.

4. 解答题:

(1) 求过曲线 $y=2x^3-8x+5$ 上横坐标为 1 的点的切线方程和法线方程;

(2) 求由方程 $x^2+\mathrm{e}^y-xy=0$ 所确定的隐函数的导数$\dfrac{\mathrm{d}y}{\mathrm{d}x}$;

(3) 求由方程 $x^2+y^3-2xy-1=0$ 所确定的隐函数的导数$\dfrac{\mathrm{d}y}{\mathrm{d}x}$.

5. 应用题:

(1) 若半径为 10 cm 的球的半径伸长 1 cm,则球的体积约扩大多少?

教材习题详解

1. 利用导数的定义解答下列各题:

(1) $f(x)=\sqrt{x-1}$,求 $f'(x)$; (2) $f(x)=\cos x$,求 $f'\left(\dfrac{\pi}{2}\right)$.

解 (1) $\Delta y=f(x+\Delta x)-f(x)=\sqrt{x+\Delta x-1}-\sqrt{x-1}$,于是

$$\frac{\Delta y}{\Delta x}=\frac{\sqrt{x+\Delta x-1}-\sqrt{x-1}}{\Delta x}=\frac{(\sqrt{x+\Delta x-1}-\sqrt{x-1})(\sqrt{x+\Delta x-1}+\sqrt{x-1})}{\Delta x(\sqrt{x+\Delta x-1}+\sqrt{x-1})}$$
$$=\frac{\Delta x}{\Delta x(\sqrt{x+\Delta x-1}+\sqrt{x-1})}=\frac{1}{\sqrt{x+\Delta x-1}+\sqrt{x-1}},$$

因此

$$f'(x)=\lim_{\Delta x\to 0}\frac{\Delta y}{\Delta x}=\lim_{\Delta x\to 0}\frac{1}{\sqrt{x+\Delta x-1}+\sqrt{x-1}}=\frac{1}{2\sqrt{x-1}}.$$

(2) $\Delta y=\cos(x+\Delta x)-\cos x=-2\sin\left(x+\dfrac{\Delta x}{2}\right)\sin\dfrac{\Delta x}{2}$,于是

$$\frac{\Delta y}{\Delta x}=\frac{-2\sin\left(x+\frac{\Delta x}{2}\right)\sin\frac{\Delta x}{2}}{\Delta x}=-\sin\left(x+\frac{\Delta x}{2}\right)\cdot\frac{\sin\frac{\Delta x}{2}}{\frac{\Delta x}{2}},$$

因此

$$f'(x)=\lim_{\Delta x\to 0}\frac{\Delta y}{\Delta x}=\lim_{\Delta x\to 0}\left[-\sin\left(x+\frac{\Delta x}{2}\right)\cdot\frac{\sin\frac{\Delta x}{2}}{\frac{\Delta x}{2}}\right]=-\sin x\cdot 1=-\sin x,$$

$$f'\left(\frac{\pi}{2}\right)=-\sin\frac{\pi}{2}=-1.$$

2. 求：

(1) $\lim\limits_{\Delta x\to 0}\dfrac{f(x_0+2\Delta x)-f(x_0)}{\Delta x}$　($f(x)$ 在点 x_0 处可导)；

(2) $\lim\limits_{\Delta x\to 0}\dfrac{\ln(2+\Delta x)-\ln 2}{\Delta x}$.

解　(1) $\lim\limits_{\Delta x\to 0}\dfrac{f(x_0+2\Delta x)-f(x_0)}{\Delta x}=\lim\limits_{\Delta x\to 0}\dfrac{2[f(x_0+2\Delta x)-f(x_0)]}{2\Delta x}=2f'(x_0)$.

(2) $\lim\limits_{\Delta x\to 0}\dfrac{\ln(2+\Delta x)-\ln 2}{\Delta x}=(\ln x)'\Big|_{x=2}=\dfrac{1}{x}\Big|_{x=2}=\dfrac{1}{2}$.

3. 已知 $f(x)=\begin{cases}x^2-1, & x\geqslant 1,\\ 2x, & x<1,\end{cases}$ 求 $f'_-(1)$，$f'_+(1)$.

解　$f(1)=1^2-1=0$，

$$f'_-(1)=\lim_{\Delta x\to 0^-}\frac{\Delta y}{\Delta x}=\lim_{\Delta x\to 0^-}\frac{f(1+\Delta x)-f(1)}{\Delta x}=\lim_{\Delta x\to 0^-}\frac{2(1+\Delta x)}{\Delta x}=-\infty,$$

$$f'_+(1)=\lim_{\Delta x\to 0^+}\frac{\Delta y}{\Delta x}=\lim_{\Delta x\to 0^+}\frac{f(1+\Delta x)-f(1)}{\Delta x}=\lim_{\Delta x\to 0^+}\frac{(1+\Delta x)^2-1}{\Delta x}$$

$$=\lim_{\Delta x\to 0^+}\frac{2\Delta x+\Delta x^2}{\Delta x}=\lim_{\Delta x\to 0^+}(2+\Delta x)=2.$$

4. 设 $f(x)=\begin{cases}x^2, & x\leqslant 1,\\ ax+b, & x>1,\end{cases}$ 试确定 a，b 的值，使 $f(x)$ 在 $x=1$ 处可导.

解　要确定待定常数 a，b 的值，必须有两个已知条件，一个是可导，一个是连续.

因为 $f(x)$ 在 $x=1$ 处可导，所以在 $x=1$ 处连续. 由于

$$f(1)=1,\quad \lim_{x\to 1^-}f(x)=\lim_{x\to 1^-}x^2=1,\quad \lim_{x\to 1^+}f(x)=\lim_{x\to 1^+}(ax+b)=a+b,$$

因此

$$a+b=1,\quad 即\quad b=1-a.$$

又

$$f'_-(1)=\lim_{x\to 1^-}\frac{f(x)-f(1)}{x-1}=\lim_{x\to 1^-}\frac{x^2-1}{x-1}=\lim_{x\to 1^-}(x+1)=2,$$

$$f'_+(1)=\lim_{x\to 1^+}\frac{f(x)-f(1)}{x-1}=\lim_{x\to 1^+}\frac{ax+b-1}{x-1}=\lim_{x\to 1^+}\frac{ax+1-a-1}{x-1}=a,$$

$$f'_-(1)=f'_+(1),$$

故 $a=2$，$b=1-a=-1$. 所以当 $a=2$，$b=-1$ 时，$f(x)$ 在 $x=1$ 处可导.

5. 函数 $y=\sqrt[3]{x}$ 在 $x=0$ 处是否连续，是否可导？

解　因为初等函数在其定义区间内连续，所以 $y=\sqrt[3]{x}$ 在 $x=0$ 处连续.

又因为

$$y'=(\sqrt[3]{x})'=\frac{1}{3}x^{-\frac{2}{3}}=\frac{1}{3\sqrt[3]{x^2}},$$

且 y' 在 $x=0$ 处无定义，所以 $y=\sqrt[3]{x}$ 在 $x=0$ 处不可导.

故 $y=\sqrt[3]{x}$ 在 $x=0$ 处连续但不可导.

6. 曲线 $y=x^4+4x+3$ 在哪一点处的切线平行于 x 轴？

解　由 $y'=(x^4+4x+3)'=4x^3+4=0$，得 $x=-1$.

又 $f(-1)=0$，故 $f(x)$ 在点 $(-1,0)$ 处的切线平行于 x 轴.

7. 求下列曲线在指定点处的切线方程和法线方程：

(1) $y=\dfrac{1}{x^2}$ 在点(1,1)； (2) $y=\ln x$ 在点(1,0).

解 (1) $y'=\left(\dfrac{1}{x^2}\right)'=(x^{-2})'=-2x^{-3}$，$y'\Big|_{x=1}=-2x^{-3}\Big|_{x=1}=-2$，

指定点处的切线方程为

$$y-1=-2(x-1),\quad 即\quad 2x+y-3=0.$$

指定点处的法线方程为

$$y-1=\frac{1}{2}(x-1),\quad 即\quad x-2y+1=0.$$

(2) $y'=(\ln x)'=\dfrac{1}{x}$，$y'\Big|_{x=1}=\dfrac{1}{x}\Big|_{x=1}=1$，

指定点处的切线方程为

$$y=x-1.$$

指定点处的法线方程为

$$y=-(x-1),\quad 即\quad y=1-x.$$

8. 求下列函数的导数：

(1) $y=2^x-3x^2-\dfrac{1}{x}+\sqrt{2}$； (2) $y=x^2(2+\sqrt{x})$；

(3) $y=\dfrac{x^5+\sqrt{x}+1}{x^3}$； (4) $y=\log_3\sqrt{x}+\cos\dfrac{\pi}{3}$；

(5) $y=\dfrac{2x^2-3x+4}{\sqrt{x}}$； (6) $y=\left(1-\sqrt{x}\right)\left(1+\dfrac{1}{\sqrt{x}}\right)$.

解 (1) $y'=(2^x)'-(3x^2)'-\left(\dfrac{1}{x}\right)'+(\sqrt{2})'=2^x\ln 2-6x+\dfrac{1}{x^2}$.

(2) $y'=(2x^2+x^{\frac{5}{2}})'=4x+\dfrac{5}{2}x^{\frac{3}{2}}$.

(3) $y'=(x^2+x^{-\frac{5}{2}}+x^{-3})'=2x-\dfrac{5}{2}x^{-\frac{7}{2}}-3x^{-4}$.

(4) $y'=\left(\dfrac{1}{2}\log_3 x+\cos\dfrac{\pi}{3}\right)'=\dfrac{1}{2x\ln 3}$.

(5) $y'=(2x^{\frac{3}{2}}-3x^{\frac{1}{2}}+4x^{-\frac{1}{2}})'=3x^{\frac{1}{2}}-\dfrac{3}{2}x^{-\frac{1}{2}}-2x^{-\frac{3}{2}}$.

(6) $y'=\left(1-\sqrt{x}+\dfrac{1}{\sqrt{x}}-1\right)'=(-x^{\frac{1}{2}}+x^{-\frac{1}{2}})'=-\dfrac{1}{2}x^{-\frac{1}{2}}-\dfrac{1}{2}x^{-\frac{3}{2}}=-\dfrac{1}{2\sqrt{x^3}}-\dfrac{1}{2\sqrt{x}}$.

9. 求下列函数的导数：

(1) $y=x^2\sin x$； (2) $y=x\ln x+\dfrac{\ln x}{x}$；

(3) $y=\ln x(\sin x-\cos x)$； (4) $y=\dfrac{\sin x}{1+\cos x}$；

(5) $y=\dfrac{\cot x}{1-x^2}$； (6) $y=(x^2+\sec x)\mathrm{e}^{-x}$；

(7) $y=x\sin x\ln x$； (8) $y=\sin 2x$.

解　(1) $y' = (x^2)'\sin x + x^2(\sin x)' = 2x\sin x + x^2\cos x.$

(2) $y' = (x\ln x)' + \left(\dfrac{\ln x}{x}\right)' = x'\ln x + x(\ln x)' + \dfrac{(\ln x)'x - \ln x \cdot x'}{x^2}$

$= \ln x + 1 + \dfrac{1-\ln x}{x^2}.$

(3) $y' = (\ln x)'(\sin x - \cos x) + \ln x(\sin x - \cos x)'$

$= \dfrac{1}{x}(\sin x - \cos x) + \ln x(\cos x + \sin x).$

(4) $y' = \left(\dfrac{\sin x}{1+\cos x}\right)' = \dfrac{\cos x(1+\cos x) - \sin x(-\sin x)}{(1+\cos x)^2}$

$= \dfrac{1+\cos x}{(1+\cos x)^2} = \dfrac{1}{1+\cos x}.$

(5) $y' = \left(\dfrac{\cot x}{1-x^2}\right)' = \dfrac{-\csc^2 x(1-x^2) - \cot x(-2x)}{(1-x^2)^2}$

$= \dfrac{-\csc^2 x(1-x^2) + 2x\cot x}{(1-x^2)^2}.$

(6) $y' = \left(\dfrac{x^2+\sec x}{e^x}\right)' = \dfrac{(2x+\sec x\tan x)e^x - (x^2+\sec x)e^x}{e^{2x}}$

$= (2x + \sec x\tan x - x^2 - \sec x)e^{-x}.$

(7) $y' = (x\sin x\ln x)' = x'\sin x\ln x + x(\sin x)'\ln x + x\sin x(\ln x)'$

$= \sin x\ln x + x\cos x\ln x + \sin x.$

(8) $y' = (2\sin x\cos x)' = 2(\sin x)'\cos x + 2\sin x(\cos x)'$

$= 2\cos^2 x - 2\sin^2 x = 2\cos 2x.$

10. 求下列各函数在指定点处的导数值：

(1) $f(t) = \dfrac{t-\sin t}{t+\sin t}$，求 $f'\left(\dfrac{\pi}{2}\right)$；

(2) $y = (1+x^3)\left(5-\dfrac{1}{x^2}\right)$，求 $y'\Big|_{x=1}$，$y'\Big|_{x=a}$；

(3) $y = \dfrac{\cos x}{2x^3+3}$，求 $y'\Big|_{x=\frac{\pi}{2}}$.

解　(1) $f'(t) = \left(\dfrac{t-\sin t}{t+\sin t}\right)' = \dfrac{(1-\cos t)(t+\sin t) - (t-\sin t)(1+\cos t)}{(t+\sin t)^2}$

$= \dfrac{2\sin t - 2t\cos t}{(t+\sin t)^2},$

$f'\left(\dfrac{\pi}{2}\right) = \dfrac{8}{(\pi+2)^2}.$

(2) $y' = 3x^2\left(5-\dfrac{1}{x^2}\right) + (1+x^3)(2x^{-3}) = 15x^2 + 2x^{-3} - 1,$

$y'\Big|_{x=1} = 16,\ y'\Big|_{x=a} = 15a^2 + 2a^{-3} - 1.$

(3) $y' = \left(\dfrac{\cos x}{2x^3+3}\right)' = \dfrac{-\sin x(2x^3+3) - 6x^2\cos x}{(2x^3+3)^2},$

$y'\Big|_{x=\frac{\pi}{2}} = -\dfrac{4}{12+\pi^3}.$

11. 求下列函数的导数：

(1) $y=(x^2+2x-3)^5$；　　(2) $y=\sqrt{1+\ln^2 x}$；

(3) $y=x^2\sin\dfrac{1}{x}$；　　(4) $y=(x+1)^2\arcsin 3x$；

(5) $y=\sin^2(\cos 3x)$；　　(6) $y=\ln\dfrac{x}{1-x}$；

(7) $y=\sin\cos^2(x^3+x)$；　　(8) $y=\ln(x+\sqrt{x^2+1})$；

(9) $y=\arctan(\ln x)$；　　(10) $y=(x\sin^2 x)^2$；

(11) $y=\ln[\ln(\ln x)]$.

解 (1) $y'=5(x^2+2x-3)^4(x^2+2x-3)'=10(x+1)(x^2+2x-3)^4$.

(2) $y'=\dfrac{1}{2\sqrt{1+\ln^2 x}}(1+\ln^2 x)'=\dfrac{2\ln x}{2\sqrt{1+\ln^2 x}}(\ln x)'=\dfrac{\ln x}{x\sqrt{1+\ln^2 x}}$.

(3) $y'=(x^2)'\sin\dfrac{1}{x}+x^2\left(\sin\dfrac{1}{x}\right)'=2x\sin\dfrac{1}{x}+x^2\cos\dfrac{1}{x}\left(\dfrac{1}{x}\right)'=2x\sin\dfrac{1}{x}-\cos\dfrac{1}{x}$.

(4) $$\begin{aligned}y'&=[(x+1)^2]'\arcsin 3x+(x+1)^2(\arcsin 3x)'\\&=2(x+1)\arcsin 3x+(x+1)^2\frac{1}{\sqrt{1-9x^2}}(3x)'\\&=2(x+1)\arcsin 3x+\frac{3(x+1)^2}{\sqrt{1-9x^2}}.\end{aligned}$$

(5) $$\begin{aligned}y'&=[\sin^2(\cos 3x)]'=2\sin(\cos 3x)\cdot[\sin(\cos 3x)]'\\&=2\sin(\cos 3x)\cdot\cos(\cos 3x)\cdot(\cos 3x)'\\&=2\sin(\cos 3x)\cdot\cos(\cos 3x)\cdot(-\sin 3x)\cdot(3x)'\\&=-3\sin(2\cos 3x)\cdot\sin 3x.\end{aligned}$$

(6) $y'=\left(\ln\dfrac{x}{1-x}\right)'=\dfrac{1-x}{x}\left(\dfrac{x}{1-x}\right)'=\dfrac{1-x}{x}\cdot\dfrac{1-x+x}{(1-x)^2}=\dfrac{1}{x(1-x)}$.

(7) $$\begin{aligned}y'&=[\sin\cos^2(x^3+x)]'=[\cos\cos^2(x^3+x)]\cdot[\cos^2(x^3+x)]'\\&=[\cos\cos^2(x^3+x)]\cdot 2[\cos(x^3+x)]\cdot[\cos(x^3+x)]'\\&=[\cos\cos^2(x^3+x)]\cdot 2[\cos(x^3+x)]\cdot[-\sin(x^3+x)]\cdot(x^3+x)'\\&=[\cos\cos^2(x^3+x)]\cdot 2[\cos(x^3+x)]\cdot[-\sin(x^3+x)]\cdot(3x^2+1)\\&=-(3x^2+1)[\cos\cos^2(x^3+x)]\cdot\sin[2(x^3+x)].\end{aligned}$$

(8) $$\begin{aligned}y'&=[\ln(x+\sqrt{x^2+1})]'=\frac{1}{x+\sqrt{x^2+1}}(x+\sqrt{x^2+1})'\\&=\frac{1}{x+\sqrt{x^2+1}}\left[1+\frac{1}{2\sqrt{x^2+1}}(x^2+1)'\right]\\&=\frac{1}{x+\sqrt{x^2+1}}\left(1+\frac{x}{\sqrt{x^2+1}}\right)=\frac{1}{\sqrt{x^2+1}}.\end{aligned}$$

(9) $y'=[\arctan(\ln x)]'=\dfrac{1}{1+\ln^2 x}(\ln x)'=\dfrac{1}{x(1+\ln^2 x)}$.

(10) $$\begin{aligned}y'&=[(x\sin^2 x)^2]'=2(x\sin^2 x)\cdot(x\sin^2 x)'\\&=2x\sin^2 x\cdot(\sin^2 x+x2\sin x\cos x)\\&=2x\sin^2 x\cdot(\sin^2 x+x\sin 2x).\end{aligned}$$

(11) $y' = \{\ln[\ln(\ln x)]\}' = \dfrac{1}{\ln(\ln x)}[\ln(\ln x)]'$

$= \dfrac{1}{\ln(\ln x)\cdot\ln x}(\ln x)' = \dfrac{1}{x\ln(\ln x)\cdot\ln x}.$

12. 设 $f(x)$ 可导,求下列函数的导数:

(1) $y = f(-x)$;　(2) $y = \ln f(e^x)$;

(3) $y = f^2(\sin^2 x)$;　(4) $y = f(e^x \sin x)$.

解　(1) $y' = [f(-x)]' = f'(-x)(-x)' = -f'(-x)$.

(2) $y' = [\ln f(e^x)]' = \dfrac{1}{f(e^x)}[f(e^x)]' = \dfrac{1}{f(e^x)}f'(e^x)\cdot(e^x)' = \dfrac{e^x}{f(e^x)}f'(e^x)$.

(3) $y' = [f^2(\sin^2 x)]' = 2f(\sin^2 x)\cdot[f(\sin^2 x)]'$

$= 2f(\sin^2 x)\cdot f'(\sin^2 x)\cdot(\sin^2 x)'$

$= 2f(\sin^2 x)\cdot f'(\sin^2 x)\cdot(2\sin x)(\sin x)'$

$= 2f(\sin^2 x)\cdot f'(\sin^2 x)\cdot 2\sin x\cos x$

$= 2f(\sin^2 x)\cdot f'(\sin^2 x)\cdot \sin 2x$.

(4) $y' = [f(e^x\sin x)]' = f'(e^x\sin x)(e^x\sin x)'$

$= f'(e^x\sin x)[(e^x)'\sin x + e^x(\sin x)']$

$= f'(e^x\sin x)(e^x\sin x + e^x\cos x)$.

13. 求下列方程所确定的隐函数的导数 y' 或指定点处的导数值:

(1) $x^3 + y^3 - 3xy = 0$;　(2) $e^y - xy = e$,求$\left.\dfrac{dy}{dx}\right|_{\substack{x=0\\y=1}}$;

(3) $e^{xy} + y\ln x = \cos 2x$;　(4) $\arctan(xy) = \ln(1 + x^2y^2)$.

解　(1) $3x^2 + 3y^2y' - 3(y + xy') = 0, (x - y^2)y' = x^2 - y, y' = \dfrac{x^2 - y}{x - y^2}$.

(2) $e^y y' - y - xy' = 0, y' = \dfrac{y}{e^y - x}, \left.\dfrac{dy}{dx}\right|_{\substack{x=0\\y=1}} = \dfrac{1}{e}$.

(3) $e^{xy}(xy)' + y'\ln x + y(\ln x)' = -2\sin 2x$,

$e^{xy}(y + xy') + y'\ln x + \dfrac{y}{x} = -2\sin 2x$,

$$y' = \frac{-2\sin 2x - \dfrac{y}{x} - ye^{xy}}{xe^{xy} + \ln x} = \frac{-2x\sin 2x - y - xye^{xy}}{x^2e^{xy} + x\ln x}.$$

(4) $\dfrac{1}{1 + (xy)^2}(xy)' = \dfrac{1}{1 + x^2y^2}(x^2y^2)', y + xy' = 2xy^2 + x^2(y^2)'$,

$y + xy' = 2xy^2 + x^2 2yy', y' = \dfrac{y - 2xy^2}{2x^2y - x}$.

14. 利用取对数求导法求下列函数的导数:

(1) $y = (\sin x)^x \quad (\sin x > 0)$;　(2) $y = (\cos x)^{\sin x} \quad (\cos x > 0)$;

(3) $y = \dfrac{(2x + 3)\sqrt[4]{x - 6}}{\sqrt[3]{x + 1}}$;　(4) $y = \dfrac{\sqrt{x + 2}(3 - x)}{(2x + 1)^5}$.

解　(1) $\ln y = x\ln\sin x$,

$\dfrac{1}{y}y' = \ln\sin x + x\dfrac{1}{\sin x}(\sin x)'$,

$$\frac{1}{y}y' = \ln\sin x + x\frac{1}{\sin x}\cos x,$$

$$y' = y(\ln\sin x + x\cot x) = (\sin x)^x(\ln\sin x + x\cot x).$$

(2) $\ln y = \sin x\ln\cos x$,

$$\frac{1}{y}y' = \cos x\ln\cos x + \sin x\frac{1}{\cos x}(\cos x)',$$

$$\frac{1}{y}y' = \cos x\ln\cos x - \frac{\sin^2 x}{\cos x},$$

$$y' = y\left(\cos x\ln\cos x - \frac{\sin^2 x}{\cos x}\right),$$

$$y' = (\cos x)^{\sin x}\left(\cos x\ln\cos x - \frac{\sin^2 x}{\cos x}\right).$$

(3) $\ln y = \ln(2x+3) + \frac{1}{4}\ln(x-6) - \frac{1}{3}\ln(x+1)$,

$$\frac{1}{y}y' = \frac{1}{2x+3}(2x+3)' + \frac{1}{4(x-6)}(x-6)' - \frac{1}{3(x+1)}(x+1)',$$

$$\frac{1}{y}y' = \frac{2}{2x+3} + \frac{1}{4(x-6)} - \frac{1}{3(x+1)},$$

$$y' = \frac{(2x+3)\sqrt[4]{x-6}}{\sqrt[3]{x+1}}\left[\frac{2}{2x+3} + \frac{1}{4(x-6)} - \frac{1}{3(x+1)}\right].$$

(4) $\ln y = \frac{1}{2}\ln(x+2) + \ln(3-x) - 5\ln(2x+1)$,

$$\frac{1}{y}y' = \frac{1}{2(x+2)}(x+2)' + \frac{1}{3-x}(3-x)' - \frac{5}{2x+1}(2x+1)',$$

$$\frac{1}{y}y' = \frac{1}{2(x+2)} - \frac{1}{3-x} - \frac{10}{2x+1},$$

$$y' = \frac{\sqrt{x+2}(3-x)}{(2x+1)^5}\left[\frac{1}{2(x+2)} - \frac{1}{3-x} - \frac{10}{2x+1}\right].$$

15. 求下列函数的高阶导数：

(1) $y = x\cos x$，求 $y''\left(\frac{\pi}{2}\right)$；

(2) $y = x^2\sin 2x$，求 y'''；

(3) $y = (x^3+1)^2$，求 y''；

(4) $y = e^{2x}$，求 $y^{(n)}$；

(5) $y = xe^x$，求 $y^{(n)}$；

(6) $y = \sin^2 x$，求 $y^{(n)}$.

解 (1) $y' = \cos x - x\sin x$,

$$y'' = -\sin x - (\sin x + x\cos x) = -2\sin x - x\cos x,$$

$$y''\left(\frac{\pi}{2}\right) = -2.$$

(2) $y' = 2x\sin 2x + 2x^2\cos 2x$,

$$y'' = 2\sin 2x + 8x\cos 2x - 4x^2\sin 2x,$$

$$y''' = 4\cos 2x + 8\cos 2x - 16x\sin 2x - 8x\sin 2x - 8x^2\cos 2x$$
$$= 12\cos 2x - 24x\sin 2x - 8x^2\cos 2x.$$

(3) $y' = 2(x^3+1)\cdot 3x^2 = 6x^2(x^3+1) = 6x^5 + 6x^2$,

$$y'' = 30x^4 + 12x.$$

(4) $y' = 2e^{2x}$,

$y'' = 4e^{2x} = 2^2 e^{2x}$,

$y''' = 8e^{2x} = 2^3 e^{2x}$,

……

$y^{(n)} = 2^n e^{2x}$.

(5) $y' = e^x + xe^x = (x+1)e^x$,

$y'' = e^x + (x+1)e^x = (x+2)e^x$,

$y''' = e^x + (x+2)e^x = (x+3)e^x$,

……

$y^{(n)} = (x+n)e^x$.

(6) $y' = 2\sin x\cos x = \sin 2x$,

$y'' = 2\cos 2x$,

$y''' = -2^2\sin 2x$,

$y^{(4)} = -2^3\cos 2x$,

$y^{(5)} = 2^4\sin 2x$,

……

$y^{(n)} = 2^{n-1}\sin\left[2x + (n-1)\dfrac{\pi}{2}\right]$.

16. 求下列函数的微分:

(1) $y = \dfrac{x}{1+x^2}$;　　(2) $y = \ln\cos x$;

(3) $y = \ln 2 + \sqrt{x^2-1} + \cos 5x$;　　(4) $y = \cos^2(2x-5)$;

(5) $y = \arctan\dfrac{1+x}{1-x}$;　　(6) $y = e^{2x}\cdot\sin\dfrac{x}{3}$.

解 (1) $dy = \left(\dfrac{x}{1+x^2}\right)'dx = \dfrac{1+x^2-2x^2}{(1+x^2)^2}dx = \dfrac{1-x^2}{(1+x^2)^2}dx$.

(2) $dy = (\ln\cos x)'dx = \dfrac{-\sin x}{\cos x}dx = -\tan x dx$.

(3) $dy = (\ln 2 + \sqrt{x^2-1} + \cos 5x)'dx = \left(\dfrac{x}{\sqrt{x^2-1}} - 5\sin 5x\right)dx$.

(4) $dy = [\cos^2(2x-5)]'dx = 2\cos(2x-5)[\cos(2x-5)]'dx$

$= -2\cos(2x-5)2\sin(2x-5)dx = -2\sin(4x-10)dx$.

(5) $dy = \left(\arctan\dfrac{1+x}{1-x}\right)'dx = \dfrac{1}{1+\left(\dfrac{1+x}{1-x}\right)^2}\left(\dfrac{1+x}{1-x}\right)'dx$

$= \dfrac{(1-x)^2}{2+2x^2}\cdot\dfrac{2}{(1-x)^2}dx = \dfrac{1}{1+x^2}dx$.

(6) $dy = \left(e^{2x}\cdot\sin\dfrac{x}{3}\right)'dx = \left(2e^{2x}\cdot\sin\dfrac{x}{3} + \dfrac{1}{3}e^{2x}\cdot\cos\dfrac{x}{3}\right)dx$

$= e^{2x}\left(2\sin\dfrac{x}{3} + \dfrac{1}{3}\cos\dfrac{x}{3}\right)dx$.

17. 求下列各题中的 $f(x)$：

(1) $\mathrm{d}f(x)=\mathrm{e}^{3x}\mathrm{d}x$；　　(2) $\mathrm{d}f(x)=\sin x\mathrm{d}x$；

(3) $\mathrm{d}f(x)=\dfrac{2}{1+x^2}\mathrm{d}x$；　　(4) $\mathrm{d}f(x)=\dfrac{1}{1+x}\mathrm{d}x$.

解　(1) 因为$\left(\dfrac{1}{3}\mathrm{e}^{3x}\right)'=\mathrm{e}^{3x}$，所以 $f(x)=\dfrac{1}{3}\mathrm{e}^{3x}$.

(2) 因为$(-\cos x)'=\sin x$，所以 $f(x)=-\cos x$.

(3) 因为$(2\arctan x)'=\dfrac{2}{1+x^2}$，所以 $f(x)=2\arctan x$.

(4) 因为$(\ln|1+x|)'=\dfrac{1}{1+x}$，所以 $f(x)=\ln|1+x|$.

18. 利用微分求下列各数的近似值：

(1) $\sqrt[4]{0.99}$；　　(2) $\mathrm{e}^{0.98}$；　　(3) $\arctan 1.05$；　　(4) $\ln 1.01$.

解　(1) $\sqrt[4]{0.99}=\sqrt[4]{1-0.01}\approx 1-\dfrac{1}{4}\times 0.01=0.997\,5$.

(2) $\mathrm{e}^{0.98}=\mathrm{e}^{1-0.02}=\mathrm{e}\cdot\mathrm{e}^{-0.02}\approx\mathrm{e}(1-0.02)=0.98\mathrm{e}$.

(3) 设 $f(x)=\arctan x$，则 $f'(x)=\dfrac{1}{1+x^2}$，取 $x_0=1$，$\Delta x=0.05$，于是

$$\begin{aligned}\arctan 1.05&=f(1+0.05)\approx f(1)+f'(1)\times 0.05\\&=\arctan 1+\frac{1}{1+1^2}\times 0.05=\frac{\pi}{4}+0.025\approx 0.810.\end{aligned}$$

(4) $\ln 1.01=\ln(1+0.01)\approx 0.01$.

19. 水管壁的横截面是一个圆环，设它的内径为 R_0，壁厚为 h，试用微分来计算这个圆环面积的近似值.

解　半径为 R 的圆的面积为 $S=\pi R^2$，$S'=2\pi R$，于是当 $R=R_0$，$\Delta R=h$ 时，面积的增量为

$$\Delta S\approx S'(R_0)\Delta R=2\pi R_0 h,$$

即圆环面积的近似值为 $2\pi R_0 h$.

20. 如果半径为 15 cm 的球的半径伸长 2 cm，那么球的体积约扩大多少？

解　半径为 r 的球的体积为 $V=\dfrac{4}{3}\pi r^3$，$V'=4\pi r^2$，于是当 $r_0=15$ cm，$\Delta r=2$ cm 时，体积的增量为

$$\Delta V\approx V'(r_0)\Delta r=4\pi\times 15^2\times 2=1\,800\pi\approx 5\,655.5(\mathrm{cm}^3).$$

第四章 微分中值定理和导数的应用

内容提要

一、基本概念

1. 函数的极值和最值

定义 4.1 设函数 $f(x)$ 在点 x_0 的某个邻域内有定义.

① 如果对该邻域内的任意点 $x(x \neq x_0)$，总有 $f(x) < f(x_0)$，则称 $f(x_0)$ 为函数 $f(x)$ 的**极大值**，并称点 x_0 为函数 $f(x)$ 的**极大值点**.

② 如果对该邻域内的任意点 $x(x \neq x_0)$，总有 $f(x) > f(x_0)$，则称 $f(x_0)$ 为函数 $f(x)$ 的**极小值**，并称点 x_0 为函数 $f(x)$ 的**极小值点**.

函数的极大值与极小值统称为函数的**极值**，极大值点与极小值点统称为函数的**极值点**.

定义 4.2 设函数 $y = f(x)$ 在闭区间 $[a,b]$ 上连续. 若存在点 $x_0 \in [a,b]$，使对于任意点 $x \in [a,b]$，均有 $f(x) \leqslant$（或 $\geqslant$）$f(x_0)$ 成立，则称 $f(x_0)$ 为函数 $f(x)$ 在区间 $[a,b]$ 上的**最大（小）值**，点 x_0 称为 $f(x)$ 在区间 $[a,b]$ 上的**最大（小）值点**.

函数的最大值和最小值统称为函数的**最值**，最大值点和最小值点统称为函数的**最值点**.

2. 曲线的凹向与拐点

定义 5.2 如果在某区间内，曲线弧位于其上任意一点处切线的上方，则称该曲线在这个区间内是**上凹**的；如果在某区间内，曲线弧位于其上任意一点处切线的下方，则称该曲线在这个区间内是**下凹**的.

定义 5.3 曲线上凹与下凹的分界点，称为该曲线的**拐点**.

3. 函数的作图

定义 5.4 如果曲线上的一点沿着曲线趋向无穷大时，该点与某条直线的距离趋于零，则称这条直线为该曲线的**渐近线**.

渐近线的分类：水平渐近线、垂直渐近线、斜渐近线.

确定曲线渐近线的方法如下：

① 水平渐近线：设曲线 $y = f(x)$，如果 $\lim\limits_{x \to \infty} f(x) = C$，则称直线 $y = C$ 为曲线 $y = f(x)$ 的**水平渐近线**.

② 垂直渐近线：设曲线 $y=f(x)$ 在点 x_0 处间断，且 $\lim\limits_{x\to x_0}f(x)=\infty$，则称直线 $x=x_0$ 为曲线 $y=f(x)$ 的**垂直渐近线**. 垂直渐近线的数目不受限制，如曲线 $y=\tan x$ 有无数多条垂直渐近线.

③ 斜渐近线：设曲线 $y=f(x)$，如果 $\lim\limits_{x\to\infty}\dfrac{f(x)}{x}=k(k\neq 0)$，$\lim\limits_{x\to\infty}[f(x)-kx]=b$，则称直线 $y=kx+b$ 为曲线 $y=f(x)$ 的**斜渐近线**.

在上述极限的自变量的变化过程中，$x\to\infty$ 包括 $x\to+\infty$，$x\to-\infty$，$x\to x_0$ 包括 $x\to x_0^-$，$x\to x_0^+$. 因此，完全可能同时出现两条斜渐近线.

4. 导数在经济分析中的应用

(1) 边际分析.

定义 6.1 产量增加一个单位时所增加的成本称为**边际成本**.

定义 6.2 多销售一个单位产品时所增加的销售收入称为**边际收入**.

定义 6.3 多销售一个单位产品时所增加(或减少)的利润称为**边际利润**.

(2) 弹性分析.

定义 6.4 对于函数 $y=f(x)$，如果极限 $\lim\limits_{\Delta x\to 0}\dfrac{\Delta y/y}{\Delta x/x}$ 存在，则称此极限值为函数 $y=f(x)$ 在点 x 处的**弹性**，记作 E.

需求函数是单调减少函数，需求弹性一般取负值；供给函数是单调增加函数，供给弹性一般取正值.

二、基本定理、重要公式及结论

1. 中值定理

这里所指的中值定理是指微分中值定理，包括三个定理和两个推论.

定理 1.1(罗尔(Rolle) 中值定理) 如果函数 $y=f(x)$ 满足下列条件：① 在闭区间 $[a,b]$ 上连续；② 在开区间 (a,b) 内可导；③ $f(a)=f(b)$，则在区间 (a,b) 内至少存在一点 ξ，使得

$$f'(\xi)=0.$$

注 罗尔中值定理的 3 个条件是充分非必要的，3 个条件缺一不可，否则定理的结论就不一定成立.

定理 1.2(拉格朗日(Lagrange) 中值定理) 如果函数 $y=f(x)$ 满足下列条件：① 在闭区间 $[a,b]$ 上连续；② 在开区间 (a,b) 内可导，则在开区间 (a,b) 内至少存在一点 ξ，使得

$$f'(\xi)=\frac{f(b)-f(a)}{b-a} \quad 或 \quad f(b)-f(a)=f'(\xi)(b-a).$$

上述两公式称为**拉格朗日中值公式**.

注 ① 上述公式也可写成 $f(x_2)-f(x_1)=f'(\xi)(x_2-x_1)$($\xi$ 介于 x_1,x_2 之间).

② 若在拉格朗日中值定理中补充条件 $f(a)=f(b)$，则拉格朗日中值定理就变为罗尔中值定理了. 容易看到，罗尔中值定理是拉格朗日中值定理的一个特例.

推论 1.1 如果函数 $y=f(x)$ 在区间 (a,b) 内任意一点的导数 $f'(x)$ 都等于零，则在 (a,b) 内 $f(x)$ 是一个常数.

推论 1.2 如果函数 $f(x)$ 与 $g(x)$ 在区间(a,b)内的导数处处相等,即 $f'(x)=g'(x)$,则 $f(x)$ 与 $g(x)$ 在区间(a,b)内只相差一个常数,即 $f(x)=g(x)+C$(C为任意常数).

定理 1.3(柯西(Cauchy)中值定理) 如果函数 $f(x)$ 与 $g(x)$ 都在闭区间$[a,b]$上连续,在开区间(a,b)内可导,且在(a,b)内 $g'(x)\neq 0$,则在(a,b)内至少存在一点 ξ,使得

$$\frac{f'(\xi)}{g'(\xi)}=\frac{f(b)-f(a)}{g(b)-g(a)}.$$

注 在柯西中值定理中,若 $g(x)=x$,则其就变成拉格朗日中值定理,由此可知拉格朗日中值定理是柯西中值定理的特例.

2. 洛必达(L'Hospital)法则

(1)$\left(\frac{0}{0}\text{型}\right)$洛必达法则 Ⅰ.

若函数 $f(x)$ 与 $g(x)$ 满足下列条件:① $\lim\limits_{x\to x_0}f(x)=0$,$\lim\limits_{x\to x_0}g(x)=0$;② $f(x)$ 与 $g(x)$ 在点 x_0 的某个邻域内(点 x_0 可除外)可导且 $g'(x)\neq 0$;③ $\lim\limits_{x\to x_0}\frac{f'(x)}{g'(x)}=A$(或$\infty$),则

$$\lim_{x\to x_0}\frac{f(x)}{g(x)}=\lim_{x\to x_0}\frac{f'(x)}{g'(x)}=A(\text{或}\infty).$$

(2)$\left(\frac{\infty}{\infty}\text{型}\right)$洛必达法则 Ⅱ.

若函数 $f(x)$ 与 $g(x)$ 满足条件:① $\lim\limits_{x\to x_0}f(x)=\infty$,$\lim\limits_{x\to x_0}g(x)=\infty$;② $f(x)$ 与 $g(x)$ 在点 x_0 的某个邻域内(点 x_0 可除外)可导且 $g'(x)\neq 0$;③ $\lim\limits_{x\to x_0}\frac{f'(x)}{g'(x)}=A$(或$\infty$),则

$$\lim_{x\to x_0}\frac{f(x)}{g(x)}=\lim_{x\to x_0}\frac{f'(x)}{g'(x)}=A(\text{或}\infty).$$

法则中 $x\to x_0$ 包括 $x\to x_0^-$,$x\to x_0^+$;$x\to\infty$ 包括 $x\to+\infty$,$x\to-\infty$.

注 使用时应注意:① $\lim\limits_{x\to x_0}\frac{f(x)}{g(x)}$ 必须是$\frac{0}{0}$型或$\frac{\infty}{\infty}$型.② 对分子、分母分别求导.③ 洛必达法则可以连续使用,即在使用洛必达法则后,所得极限经过化简后仍为$\frac{0}{0}$型或$\frac{\infty}{\infty}$型未定式极限,则可连续使用该法则.④ $\lim\frac{f'(x)}{g'(x)}\neq A$(或$\infty$),不能判定$\lim\frac{f(x)}{g(x)}$不存在.

洛必达法则是求未定式极限的一种有效的方法,但有时会失效,不能用洛必达法则求出的极限不一定不存在,可以用其他方法来计算.

(3) 其他型($0\cdot\infty$型,$\infty-\infty$型).

其他型未定式求极限的基本方法就是设法将它们化为$\frac{0}{0}$型或$\frac{\infty}{\infty}$型,再用洛必达法则来求极限.

3. 函数的单调性

定理 3.1 设函数 $f(x)$ 在区间(a,b)内可导.① 如果在(a,b)内,$f'(x)>0$,那么函数 $f(x)$ 在(a,b)内单调增加;② 如果在(a,b)内,$f'(x)<0$,那么函数 $f(x)$ 在(a,b)内单调减少.

注 这里需要说明的是:定理 3.1 是函数在某区间内单调增加(或减少)的充分条件,而

非必要条件.判断函数的单调性时,个别点处的一阶导数为零,不影响整个区域上的单调性的判断.

判断函数 $f(x)$ 单调性的步骤如下:

① 确定函数 $f(x)$ 的定义域;

② 求函数 $f(x)$ 的一阶导数 $f'(x)$;

③ 解出 $f'(x)$ 为零或不存在时所对应的 x 点;

④ 用以上 x 点将定义域分成若干区间,分别判定每个区间上 $f'(x)$ 的符号;

⑤ 由判定定理确定各个区间上函数的单调性.

4. 函数的极值和最值

(1) 极值存在的必要条件.

定理 4.1 如果 $f(x)$ 在点 x_0 处取得极值且在点 x_0 处可导,则 $f'(x_0)=0$.

这里需要说明:$f'(x_0)=0$ 只是 $f(x)$ 在点 x_0 处取得极值的必要条件,而非充要条件.如 $f(x)=x^3+1$ 在 $x=0$ 处,导数为零,但在该点处不取得极值;定理的条件之一是函数 $f(x)$ 在点 x_0 处可导,而函数在导数不存在(但连续)的点也有可能取得极值.如 $f(x)=|x|$ 在 $x=0$ 处连续但不可导,但在 $x=0$ 处函数取得极小值.

(2) 极值存在的充分条件(极值判别法).

定理 4.2(极值判别法 Ⅰ) 设函数 $f(x)$ 在点 x_0 的邻域内连续且可导(允许 $f'(x_0)$ 不存在).当 x 由小增大经过点 x_0 时,① 若 $f'(x)$ 的符号由正变负,则点 x_0 是极大值点;② 若 $f'(x)$ 的符号由负变正,则点 x_0 是极小值点;③ 若 $f'(x)$ 不变号,则点 x_0 不是极值点.

定理 4.3(极值判别法 Ⅱ) 设函数 $f(x)$ 在点 x_0 处有二阶导数,且 $f'(x_0)=0$,$f''(x_0)$ 存在.① 若 $f''(x_0)<0$,则函数 $f(x)$ 在点 x_0 处取得极大值;② 若 $f''(x_0)>0$,则函数 $f(x)$ 在点 x_0 处取得极小值;③ 若 $f''(x_0)=0$,则不能判定 $f(x_0)$ 是极大值还是极小值.

将极值存在的必要条件和充分条件结合起来,我们就可以求函数的极值了.

通过上述分析我们归纳出求函数 $f(x)$ 极值的步骤如下:

① 确定函数 $f(x)$ 的定义域;

② 求 $f(x)$ 的导数 $f'(x)$;

③ 解方程 $f'(x)=0$,求 $f(x)$ 在定义域内的所有驻点,并找出 $f(x)$ 在定义域内所有导数不存在的点;

④ 分别考查每一个驻点和导数不存在的点是否为极值点,是极大值点还是极小值点(可用极值判别法 Ⅰ 或 Ⅱ);

⑤ 求出各极值点处的函数值,即极值.

(3) 函数的最值.

在经济分析中,遇到的利润最大、成本最低、投资最省等问题,数学上就是函数的最大值和最小值问题.

最值一般分 3 种情况:闭区间上的连续函数一定有最大值和最小值,只需比较其驻点、不可导点和区间端点处的函数值即可,其中最大函数值就是最大值,最小函数值就是最小值;闭区间上的单调函数一定有最大值和最小值,而且最值一定在区间端点处取得;若函数在某区间(有限或无限,开或闭)上连续,且只有唯一的极值点,则此极值点必为最值点(适用于解应用题).

5. 利用导数研究函数

定理 5.1　设函数 $f(x)$ 在区间 (a,b) 内存在二阶导数. ① 若 $a<x<b$ 时，恒有 $f''(x)>0$，则曲线 $y=f(x)$ 在 (a,b) 内上凹；② 若 $a<x<b$ 时，恒有 $f''(x)<0$，则曲线 $y=f(x)$ 在 (a,b) 内下凹.

注　与驻点情况类似，使 $f''(x)=0$ 的点和使 $f''(x)$ 不存在所对应的点只是可能的拐点. 是否是拐点，还要根据 $f''(x)$ 在该点的左、右邻近是否异号来确定.

求曲线 $y=f(x)$ 拐点的步骤如下：

① 求函数 $f(x)$ 的二阶导数 $f''(x)$；

② 令 $f''(x)=0$，解出全部根，并求出所有使二阶导数不存在的点；

③ 对上面求出的每一个点，检查其左、右邻近 $f''(x)$ 的符号，如果异号，则该点为曲线 $y=f(x)$ 的拐点，如果同号，则该点不是曲线 $y=f(x)$ 的拐点.

6. 函数作图

描绘函数 $y=f(x)$ 图形的具体步骤如下：

① 确定函数 $f(x)$ 的定义域和值域；

② 确定函数曲线 $y=f(x)$ 关于坐标轴的对称性；

③ 判断函数 $f(x)$ 的单调区间，并求出极值；

④ 确定函数曲线 $y=f(x)$ 的凹向区间和拐点；

⑤ 求出函数曲线 $y=f(x)$ 的渐近线；

⑥ 求出函数曲线 $y=f(x)$ 和坐标轴的交点；

⑦ 列表讨论，并描绘出函数 $f(x)$ 的图形.

7. 弹性计算公式

$$E=\frac{x}{y}\frac{\mathrm{d}y}{\mathrm{d}x}=\frac{x}{y}f'(x).$$

教学基本要求

1. 了解中值定理的条件和结论.

2. 熟练掌握洛必达法则和 4 种未定式极限的定值方法，并结合第二章的极限计算方法，加强极限的计算技巧训练.

3. 熟练掌握用导数讨论函数的单调性、极值与最值、曲线的凹向及拐点的方法.

4. 熟练掌握求曲线的渐近线的方法，掌握函数作图的基本步骤和方法，会作某些简单函数的图形.

5. 掌握求解某些简单的经济应用问题(最大利润、最小成本等).

6. 会用拉格朗日中值定理或函数单调性证明不等式.

7. 了解边际与弹性的概念.

典型例题分析及求解

例 1　判别函数 $f(x)=\dfrac{1}{1+x^2}$ 在区间$[-2,2]$上是否满足罗尔中值定理的条件;若满足,结论中的 ξ 是什么?

解　因为 $f(x)=\dfrac{1}{1+x^2}$ 是初等函数,其定义域是$(-\infty,+\infty)$,所以 $f(x)=\dfrac{1}{1+x^2}$ 在$(-\infty,+\infty)$ 上连续,从而 $f(x)=\dfrac{1}{1+x^2}$ 在闭区间$[-2,2]$上连续.

又因为 $f'(x)=\dfrac{-2x}{(1+x^2)^2}$ 的定义域是$(-\infty,+\infty)$,所以 $f(x)=\dfrac{1}{1+x^2}$ 在$(-\infty,+\infty)$上可导,从而 $f(x)=\dfrac{1}{1+x^2}$ 在开区间$(-2,2)$ 内可导.

又 $f(-2)=f(2)=\dfrac{1}{5}$,由此可知,$f(x)=\dfrac{1}{1+x^2}$ 在区间$[-2,2]$ 上满足罗尔中值定理的条件. 由罗尔中值定理可知,在区间$(-2,2)$内至少存在一点 ξ,使得 $f'(\xi)=0$,即 $f'(\xi)=\dfrac{-2\xi}{(1+\xi^2)^2}=0$,解得 $\xi=0$. 因为 $0\in(-2,2)$,符合本题中罗尔中值定理的要求,所以 $\xi=0$.

例 2　判别函数 $y=\arctan x$ 在区间$[-1,1]$ 上是否满足拉格朗日中值定理的条件;若满足,结论中的 ξ 是什么?

解　因为 $y=\arctan x$ 是初等函数,其定义域为$(-\infty,+\infty)$,所以 $y=\arctan x$ 在闭区间$[-1,1]$ 上连续. 又因为 $y'=\dfrac{1}{1+x^2}$,其定义域为$(-\infty,+\infty)$,所以 $y=\arctan x$ 在开区间$(-1,1)$ 内可导.

因此,函数 $y=\arctan x$ 在区间$[-1,1]$ 上满足拉格朗日中值定理的条件,则在$(-1,1)$内存在一点 ξ,使得

$$f'(\xi)=\frac{f(1)-f(-1)}{1-(-1)}=\frac{\pi}{4},$$

即$\dfrac{1}{1+\xi^2}=\dfrac{\pi}{4}$,解得 $\xi=\pm\sqrt{\dfrac{4}{\pi}-1}$.

例 3　证明不等式:$\arctan x<x(x>0)$.

证明　令函数 $f(x)=x-\arctan x(x>0)$. 因为 $f(x)$ 是初等函数,其定义域为$(0,+\infty)$,所以 $f(x)$ 在闭区间$[0,x]$ 上连续.

又因为 $f'(x)=\dfrac{x^2}{1+x^2}$,其定义域为$(0,+\infty)$,所以 $f(x)$ 在开区间$(0,x)$ 内可导.

因此,$f(x)$ 在$[0,x]$上满足拉格朗日中值定理的条件,则在$(0,x)$ 内存在一点 ξ,使得

$$f'(\xi)=\frac{f(x)-f(0)}{x-0}=\frac{f(x)}{x},$$

即

$$f(x)=xf'(\xi)=x\frac{\xi^2}{1+\xi^2}.$$

由于 $x>0$，因此 $f(x)>0$，即 $\arctan x<x(x>0)$.

例 4　证明：函数 $y=\sin x-x$ 单调减少.

证明　$y'=\cos x-1$. 因 $-1\leqslant\cos x\leqslant 1$，则 $-2\leqslant\cos x-1\leqslant 0$，即

$$y'=\cos x-1\leqslant 0.$$

根据判定定理，函数 $y=\sin x-x$ 单调减少.

例 5　讨论函数 $f(x)=\mathrm{e}^{-x^2}$ 在其定义域上的单调性.

解　函数 $f(x)=\mathrm{e}^{-x^2}$ 的定义域为 $(-\infty,+\infty)$，$f'(x)=-2x\mathrm{e}^{-x^2}$，令 $f'(x)=0$，得驻点 $x=0$，没有 y' 不存在所对应的点.

用 $x=0$ 将函数的定义域分区、列表，如表 4-1 所示.

表 4-1

x	$(-\infty,0)$	0	$(0,+\infty)$
$f'(x)$	+	0	−
$f(x)$	↗		↘

由此可知，函数 $f(x)=\mathrm{e}^{-x^2}$ 在区间 $(-\infty,0)$ 内单调增加，在区间 $(0,+\infty)$ 内单调减少.

例 6　求下列极限：

(1) $\lim\limits_{x\to 0^+}x^2\mathrm{e}^{\frac{1}{x^2}}$；　　(2) $\lim\limits_{x\to 0^+}\dfrac{\ln\tan 7x}{\ln\tan 2x}$；

(3) $\lim\limits_{x\to\pi}\dfrac{\sin 3x}{\tan 5x}$；　　(4) $\lim\limits_{x\to 1^-}\ln x\ln(1-x)$；

(5) $\lim\limits_{x\to 1}\dfrac{x^4-2x^3+2x^2-2x+1}{x^4-3x^2+2x}$；　　(6) $\lim\limits_{x\to\infty}\dfrac{x+\sin x}{2x}$.

解　(1) $\lim\limits_{x\to 0^+}x^2\mathrm{e}^{\frac{1}{x^2}}=\lim\limits_{x\to 0^+}\dfrac{\mathrm{e}^{\frac{1}{x^2}}}{\frac{1}{x^2}}=\lim\limits_{x\to 0^+}\dfrac{\frac{-2}{x^3}\mathrm{e}^{\frac{1}{x^2}}}{\frac{-2}{x^3}}=\lim\limits_{x\to 0^+}\mathrm{e}^{\frac{1}{x^2}}=+\infty.$

(2) $$\lim_{x\to 0^+}\frac{\ln\tan 7x}{\ln\tan 2x}=\lim_{x\to 0^+}\frac{\frac{7\sec^2 7x}{\tan 7x}}{\frac{2\sec^2 2x}{\tan 2x}}=\frac{7}{2}\lim_{x\to 0^+}\frac{\tan 2x}{\tan 7x}\frac{\cos^2 2x}{\cos^2 7x}$$

$$=\frac{7}{2}\lim_{x\to 0^+}\frac{\tan 2x}{\tan 7x}=\frac{7}{2}\cdot\frac{2}{7}=1.$$

(3) $$\lim_{x\to\pi}\frac{\sin 3x}{\tan 5x}=\lim_{x\to\pi}\frac{3\cos 3x}{5\sec^2 5x}=\frac{3}{5}\lim_{x\to\pi}\cos 3x\cos^2 5x=-\frac{3}{5}.$$

(4) $$\lim_{x\to 1^-}\ln x\ln(1-x)=\lim_{x\to 1^-}\frac{\ln(1-x)}{\frac{1}{\ln x}}=\lim_{x\to 1^-}\frac{\frac{-1}{1-x}}{\frac{-\frac{1}{x}}{\ln^2 x}}=\lim_{x\to 1^-}\frac{x\ln^2 x}{1-x}$$

$$=\lim_{x\to 1^-}\frac{\ln^2 x+2\ln x}{-1}=0.$$

(5) $\lim\limits_{x\to 1}\dfrac{x^4-2x^3+2x^2-2x+1}{x^4-3x^2+2x}=\lim\limits_{x\to 1}\dfrac{4x^3-6x^2+4x-2}{4x^3-6x+2}$

$$=\lim\limits_{x\to 1}\frac{12x^2-12x+4}{12x^2-6}=\frac{2}{3}.$$

(6) $\lim\limits_{x\to\infty}\dfrac{x+\sin x}{2x}=\lim\limits_{x\to\infty}\dfrac{1+\cos x}{2}$，无法计算，不能用洛必达法则，正确做法如下：

$$\lim_{x\to\infty}\frac{x+\sin x}{2x}=\lim_{x\to\infty}\left(\frac{1}{2}+\frac{\sin x}{2x}\right)=\frac{1}{2}+\lim_{x\to\infty}\frac{\sin x}{2x}=\frac{1}{2}.$$

例 7　函数 $y=f(x)$ 在 $x=0$ 处二阶导数存在且 $f'(x)=0, f''(x)>0$，则有什么结果？(从驻点、极值点角度判断.)

解　根据极值的第二判别法，$f'(x)=0, f''(x)>0, x=0$ 是函数 $f(x)$ 的极小值点.

例 8　函数可能的极值点有几种？可能的极值点是否一定为极值点？极值和最值的关系如何判断？

解　函数可能的极值点为驻点或一阶导数不存在所对应的点；可能的极值点不一定就是极值点，需要判断；最值的可能位置为极值点或区间端点，是否为最值需要判断.

例 9　讨论函数 $f(x)=x^2\ln x$ 的极值与极值点.

分析　在求函数的极值时，应注意其定义域，当导数为零所解得的 x 点不在定义域内时应舍掉该点.

当函数只有驻点，没有导数不存在所对应的点时，求极值时可以用两种判别法求极值.

解　**方法 1**　函数 $f(x)$ 的定义域为 $(0,+\infty)$，

$$f'(x)=2x\ln x+x=x(2\ln x+1),$$

解方程 $f'(x)=0$，得 $x=0$(舍去)，$x=\dfrac{1}{\sqrt{e}}$，没有 $f'(x)$ 不存在所对应的点.

用 $x=\dfrac{1}{\sqrt{e}}$ 将函数的定义域分成两个子区间 $\left(0,\dfrac{1}{\sqrt{e}}\right)$，$\left(\dfrac{1}{\sqrt{e}},+\infty\right)$，由于导数 $f'(x)$ 在两个区间内部不变号，因此只需分析在每个区间的符号. 列表分析，如表 4－2 所示.

表 4－2

x	$\left(0,\dfrac{1}{\sqrt{e}}\right)$	$\dfrac{1}{\sqrt{e}}$	$\left(\dfrac{1}{\sqrt{e}},+\infty\right)$
$f'(x)$	$-$	0	$+$
$f(x)$	↘	极小值	↗

由此可知，函数 $f(x)=x^2\ln x$ 在其定义域内的极小值点为 $x=\dfrac{1}{\sqrt{e}}$，极小值为 $f\left(\dfrac{1}{\sqrt{e}}\right)=-\dfrac{1}{2e}$.

方法 2　函数 $f(x)$ 的定义域为 $(0,+\infty)$，

$$f'(x)=2x\ln x+x=x(2\ln x+1),$$

解方程 $f'(x)=0$，得 $x=0$(舍去)，$x=\dfrac{1}{\sqrt{e}}$，没有 $f'(x)$ 不存在所对应的点.

$$f''(x)=2\ln x+3,\quad f''\left(\frac{1}{\sqrt{e}}\right)=2>0,$$

由判别法可得，函数 $f(x)=x^2\ln x$ 在其定义域内的极小值点为 $x=\frac{1}{\sqrt{e}}$，极小值为 $f\left(\frac{1}{\sqrt{e}}\right)=-\frac{1}{2e}$.

例 10 求函数 $y=2^x$ 在区间[1,5]上的最大值和最小值.

解 $y'=2^x\ln 2$，在区间[1,5]上，$y'=2^x\ln 2>0$，函数单调增加. 又 $f(1)=2,f(5)=32$，因此函数 $y=2^x$ 在区间[1,5]上的最大值为 $f(5)=32$，最小值为 $f(1)=2$.

例 11 某个体户以 10 元 / 条的进价购买一批牛仔裤，假如此牛仔裤的需求函数是 $q=40-2p$，问：该个体户获得最大利润时的销售价是多少？销售量是多少？

解 设销售价为 p 时利润最大，则

总成本函数为 $C(p)=10q=10(40-2p)=400-20p$，

总收入函数为 $R(p)=pq=p(40-2p)=40p-2p^2$，

总利润函数为 $L(p)=R(p)-C(p)=-2p^2+60p-400$.

$L'(p)=-4p+60$，令 $L'(p)=0$，得驻点 $p=15$.

$L''(p)=-4$，在驻点处 $L''(15)=-4<0$，$p=15$ 是唯一的驻点且为唯一的极大值点，因此当 $p=15$ 时利润最大，此时的销售量为 $q=40-2p=10$(条).

例 12 判断曲线 $y=x^2+2x+2$ 的凹向和拐点.

解 函数 $y=x^2+2x+2$ 的定义域为$(-\infty,+\infty)$，

$$y'=2x+2,\quad y''=2,$$

在定义域内 $y''=2>0$，由判定定理可知，曲线 $y=x^2+2x+2$ 在其定义域内是上凹的，无拐点.

例 13 判断曲线 $y=xe^{-x}$ 的凹向和拐点.

解 函数 $y=xe^{-x}$ 的定义域为$(-\infty,+\infty)$，又

$$y'=(1-x)e^{-x},\quad y''=(x-2)e^{-x}.$$

令 $y''=0$，得 $x=2$，没有 y'' 不存在所对应的点. 当 $x>2$ 时，$y''>0$；当 $x<2$ 时，$y''<0$，故点$(2,2e^{-2})$是曲线 $y=xe^{-x}$ 的拐点，且在$(2,+\infty)$内曲线上凹，在$(-\infty,2)$内曲线下凹.

例 14 判断下列曲线有无拐点：

(1) $y=x^2+2x+2$； (2) $y=(x-4)^{\frac{5}{3}}$； (3) $y=x+\frac{1}{x}$.

解 (1) $y'=2x+2,y''=2$，在定义域内 $y''=2>0$，曲线上凹、无拐点.

(2) $y'=\frac{5}{3}(x-4)^{\frac{2}{3}},y''=\frac{10}{9}(x-4)^{-\frac{1}{3}}=\frac{10}{9\sqrt[3]{x-4}}$，$y''$ 不存在所对应的点为 $x=4$. 当 $x>4$ 时，$y''>0$；当 $x<4$ 时，$y''<0$，则$(4,0)$是曲线的拐点.

(3) $y'=1-\frac{1}{x^2},y''=\frac{2}{x^3}$，$y''$ 不存在所对应的点为 $x=0$. 当 $x>0$ 时，$y''>0$；当 $x<0$ 时，$y''<0$，但函数在 $x=0$ 处无定义，故曲线无拐点.

例 15 求下列曲线的渐近线：

(1) $y = \dfrac{x^3}{x^2 + 2x - 3}$;　　(2) $y = e^{-x^2}$.

解　(1) 由于$\lim\limits_{x \to \infty} \dfrac{x^3}{x^2 + 2x - 3} = \infty$，因此所给曲线无水平渐近线.

$x = -3, x = 1$ 为其间断点，又

$\lim\limits_{x \to -3} \dfrac{x^3}{x^2 + 2x - 3} = \infty$，故 $x = -3$ 为其垂直渐近线；

$\lim\limits_{x \to 1} \dfrac{x^3}{x^2 + 2x - 3} = \infty$，故 $x = 1$ 为其垂直渐近线.

$$k = \lim_{x \to \infty} \frac{f(x)}{x} = \lim_{x \to \infty} \frac{x^2}{x^2 + 2x - 3} = 1,$$

$$b = \lim_{x \to \infty}[f(x) - x] = \lim_{x \to \infty} \frac{-2x^2 + 3x}{x^2 + 2x - 3} = -2,$$

故 $y = x - 2$ 为其斜渐近线.

(2) $\lim\limits_{x \to \infty} e^{-x^2} = 0$，故 $y = 0$ 为所给曲线的水平渐近线；由于函数 $y = e^{-x^2}$ 无间断点，因此无垂直渐近线.

例 16　某公司每天生产 x 个单位某产品的总成本函数为 $C(x) = 2\,000 + 450x + 0.02x^2$. 如果每个单位的销售价为490元，求：(1) 边际成本；(2) 边际收入；(3) 边际利润；(4) 边际利润为零时的产量.

解　总收入函数为 $R(x) = 490x$，总利润函数为

$$L(x) = R(x) - C(x) = -0.02x^2 + 40x - 2\,000.$$

(1) 边际成本为 $C'(x) = 450 + 0.04x$.

(2) 边际收入为 $R'(x) = 490$.

(3) 边际利润为 $L'(x) = R'(x) - C'(x) = -0.04x + 40$.

(4) 边际利润为零，即

$$L'(x) = R'(x) - C'(x) = -0.04x + 40 = 0,$$

得 $x = 1\,000$，即边际利润为零时的产量为 1 000 个单位.

自 测 题

1. 选择题：

(1) 在下列函数中，在$[-1,1]$上满足罗尔中值定理条件的是(　　)；

A. $y = e^x$　　B. $y = |x|$　　C. $y = 1 - x^2$　　D. $y = \dfrac{1}{1 - x^2}$

(2) 函数 $f(x) = x^2 - 2x + 3$ 在区间$[0,2]$上满足罗尔中值定理的条件，则定理中的 ξ 是(　　)；

A. -1　　B. 1　　C. -3　　D. 0

(3) 下列函数在给定区间上不满足拉格朗日中值定理条件的是(　　)；

A. $y = \dfrac{2x}{1 + x^2}, [-1,1]$　　B. $y = 4x^3 - 5x^2 + x - 2, [0,1]$

C. $y=|x|,[-1,2]$　　D. $y=\ln(1+x^2),[0,3]$

(4) 函数 $f(x)=\dfrac{1}{x-1}$ 满足拉格朗日中值定理条件的区间是(　　)；

A. $[0,2]$　　B. $[-1,1]$　　C. $[1,2]$　　D. $[2,3]$

(5) 在下列极限中，能用洛必达法则的是(　　)；

A. $\lim\limits_{x\to 0}\dfrac{x^2\sin\dfrac{1}{x}}{\sin x}$　　B. $\lim\limits_{x\to\infty}\dfrac{x-\sin x}{x+\sin x}$

C. $\lim\limits_{x\to+\infty}x\left(\dfrac{\pi}{2}-\arctan x\right)$　　D. $\lim\limits_{x\to 0}\dfrac{1-\cos x}{1+x^2}$

(6) 函数 $f(x)=x^2-1$ 的单调增加区间是(　　)；

A. $(-\infty,0)$　　B. $(0,+\infty)$　　C. $(-1,+\infty)$　　D. $(-\infty,1)$

(7) 函数 $y=x^2-1$ 在区间 $(-\infty,+\infty)$ 上的极小值点为(　　)；

A. $x=0$　　B. $x=1$　　C. $x=2$　　D. $x=3$

(8) 函数 $f(x)=x^3+1$ 在区间 $[-1,2]$ 上的最大值为(　　)；

A. 0　　B. 1　　C. 9　　D. 28

(9) 曲线 $y=x^3$ 上的拐点坐标是(　　)；

A. $(-1,-1)$　　B. $(0,0)$　　C. $(1,1)$　　D. $(2,8)$

(10) 若函数 $y=f(x)$ 在区间 (a,b) 内有 $f'(x)>0,f''(x)<0$，则曲线 $y=f(x)$ 在此区间内(　　)；

A. 下降且上凹　　B. 下降且下凹　　C. 上升且上凹　　D. 上升且下凹

(11) 曲线 $y=\dfrac{3x^2+2}{x^2-1}$ 的水平渐近线为(　　)；

A. $x=3$　　B. $y=3$　　C. $x=-1$　　D. $y=0$

(12) 曲线 $y=\dfrac{x^3}{x^2-1}$ 的垂直渐近线为(　　)；

A. $x=1$　　B. $x=-1$　　C. $x=1,x=-1$　　D. 无垂直渐近线

(13) 曲线 $y=\dfrac{x^2}{2x-1}$ 的渐近线为(　　)；

A. $x=\dfrac{1}{2}$　　B. $y=\dfrac{1}{2}x+\dfrac{1}{4}$

C. $x=-\dfrac{1}{2},y=\dfrac{1}{2}x-\dfrac{1}{4}$　　D. $x=\dfrac{1}{2},y=\dfrac{1}{2}x+\dfrac{1}{4}$

(14) 设生产 x 个单位某产品的总成本函数为 $C(x)=9+\dfrac{x^2}{12}$，则生产 6 个单位该产品时的边际成本是(　　)；

A. 1　　B. 2　　C. 3　　D. 4

(15) 函数 $y=e^{kx}$ 的弹性是(　　).

A. k　　B. kx　　C. e^x　　D. e^{kx}

2. 填空题：

(1) 函数 $y=x^2$ 在 $[-1,2]$ 上满足拉格朗日中值定理的条件，则定理结论中的 $\xi=$ ________；

(2) $\lim\limits_{x\to 0}\dfrac{\sin 4x}{\sin 2x}=$ __________；

(3) $\lim\limits_{x\to 0}\dfrac{e^x-1}{x}=$ __________；

(4) 设函数 $f(x)$ 二次可导，且 $f(0)=0, f'(0)=1, f''(0)=2$，则 $\lim\limits_{x\to 0}\dfrac{f(x)-x}{x^2}=$ __________；

(5) 函数 $y=(x-1)^2+1$ 的驻点是__________；

(6) 函数 $y=x^2-2x-3$ 在区间$[-1,2]$上的最大值为__________；

(7) 曲线 $y=\dfrac{x^2}{x+1}$ 的垂直渐近线是__________；

(8) 设总成本函数为 $C(q)=\dfrac{1}{2}q^2+3q+70$,则边际成本为__________；

(9) 设生产某种产品 q 个单位时的总收入函数为 $R(q)=100q-0.01q^2$,则生产 200 个单位该产品时的边际收入为__________；

(10) 设某商品的需求函数为 $Q=150-2p^2$,则 $p=5$ 时的需求弹性 $E_d=$ __________.

3. 解答题：

(1) 求 $\lim\limits_{x\to 0}\dfrac{x-\sin x}{x^2}$.

(2) 设函数 $y=e^x-x-1$,求该函数的单调区间、极值.

(3) 设函数 $y=\dfrac{x^2}{x-1}$,求:① 该函数的单调区间、极值;② 函数曲线的凹向区间、拐点.

(4) 设函数 $y=3x^2-x^3$. ① 确定该函数的单调区间,并求极值;② 确定函数曲线的凹向区间及拐点.

(5) 描绘函数 $f(x)=x^3-6x^2+9x$ 的图形.

4. 应用题：

(1) 设某商品每天生产 q 个单位时的固定成本为 20 元，边际成本为 $C'(q)=0.04q+2$(元/单位). 若这种商品的单价为 18 元,且可全部售出,求总成本函数、总收入函数、总利润函数.

(2) 设某商品的需求函数为 $q=18-\dfrac{p}{4}$,q 为需求量(单位:kg),p 为价格(单位:元/kg),又设工厂生产此种商品的总成本函数为 $C(q)=120+2q+q^2$,问:当产量 q 为多少时,可使工厂的总利润最大?并求出最大利润.

(3) 某企业生产某种产品 q 个单位的总成本为 $C(q)=3+q$(单位:万元),而该商品的需求函数为 $q=7-p$. 为了提高经济效益,问:生产多少单位该产品时,才能使总利润达到最大?并求出最大利润.

5. 证明题：

(1) 证明:函数 $y=x-\sin x$ 在 $(-\infty,+\infty)$ 内单调增加.

(2) 证明不等式：

① $e^x>ex\quad(x>1)$；

② $x>\ln(1+x)>\dfrac{x}{1+x}\quad(x>0)$.

教材习题详解

1. 判别函数 $f(x)=x\sqrt{6-x}$ 在区间$[0,6]$上是否满足罗尔中值定理的条件；若满足，结论中的 ξ 是什么？

解　因为 $f(x)=x\sqrt{6-x}$ 是初等函数，其定义域是$(-\infty,6]$，所以 $f(x)=x\sqrt{6-x}$ 在$(-\infty,6]$上连续，从而 $f(x)=x\sqrt{6-x}$ 在闭区间$[0,6]$上连续.

又因为 $f'(x)=\dfrac{12-3x}{2\sqrt{6-x}}$ 的定义域是$(-\infty,6)$，所以 $f(x)=x\sqrt{6-x}$ 在$(-\infty,6)$内可导，从而 $f(x)=x\sqrt{6-x}$ 在开区间$(0,6)$内可导.

又 $f(0)=f(6)=0$，由此可知，$f(x)=x\sqrt{6-x}$ 在区间$[0,6]$上满足罗尔中值定理的条件. 由罗尔中值定理可知，在区间$(0,6)$内至少存在一点 ξ，使得 $f'(\xi)=0$，即 $f'(\xi)=\dfrac{12-3\xi}{2\sqrt{6-\xi}}=0$，解得 $\xi=4$. 因为 $4\in(0,6)$，符合本题中罗尔中值定理的要求，所以 $\xi=4$.

2. 判别函数 $f(x)=x^3-6x^2+11x-6$ 在区间$[0,3]$上是否满足拉格朗日中值定理的条件；若满足，结论中的 ξ 是什么？

解　在闭区间$[0,3]$上，函数 $f(x)=x^3-6x^2+11x-6$ 有意义，这是一个初等函数，从而是连续函数；$f(x)$ 在开区间$(0,3)$内可导，其导数为 $f'(x)=3x^2-12x+11$，因此 $f(x)$ 满足拉格朗日中值定理的条件.

由拉格朗日中值定理可知，在区间$(0,3)$内至少存在一点 ξ，使得 $f'(\xi)=\dfrac{f(3)-f(0)}{3-0}$，即 $3\xi^2-12\xi+11=2$，解得 $\xi_1=1$，$\xi_2=3$. 因为 $1\in(0,3)$，而 $3\notin(0,3)$，根据拉格朗日中值定理的要求，所以 $\xi=1$.

3. 证明下列不等式：

(1) $e^x>1+x\quad(x>0)$；

(2) $e^{-x}>1-x\quad(x>0)$；

(3) $\dfrac{x}{1+x^2}<\arctan x<x\quad(x>0)$.

证明　(1) **方法 1**　令 $f(x)=e^x-x-1$. 函数 $f(x)$ 是初等函数，在其定义域$(-\infty,+\infty)$上连续，因而在闭区间$[0,x]$上连续. 由 $f'(x)=e^x-1$，可知 $f(x)$ 在开区间$(0,x)$内可导. 因此 $f(x)$ 在区间$[0,x]$上满足拉格朗日中值定理的条件，至少存在一点 $\xi(0<\xi<x)$，使得

$$f(x)-f(0)=f'(\xi)(x-0).$$

又 $f(0)=0$，$f'(\xi)=e^{\xi}-1$，得 $f(x)=x(e^{\xi}-1)$.

又因 $x>0$，则 $\xi>0$，$e^{\xi}-1>0$，故 $f(x)=x(e^{\xi}-1)>0$，因此

$$f(x)=e^x-x-1>0,\quad 即\quad e^x>1+x\quad(x>0).$$

方法 2　令 $f(x)=e^x-x-1$，则 $f'(x)=e^x-1$.

当 $x>0$ 时，$f'(x)>0$，可知 $f(x)=e^x-x-1$ 在$[0,+\infty)$上单调增加，有 $f(x)>f(0)=0$，

$f(x)=e^x-x-1>0$,即 $e^x>1+x(x>0)$.

(2) 令 $f(x)=e^{-x}+x-1$,则 $f'(x)=-e^{-x}+1$.

当 $x>0$ 时,$f'(x)>0$,可知 $f(x)=e^{-x}+x-1$ 在$[0,+\infty)$ 上单调增加,有 $f(x)>f(0)=0$,$f(x)=e^{-x}+x-1>0$,即 $e^{-x}>1-x(x>0)$.

(3) 令 $f(x)=\arctan x$. 函数 $f(x)$ 是基本初等函数,在其定义域$(-\infty,+\infty)$ 上连续,因而在闭区间$[0,x]$ 上连续. 由 $f'(x)=\dfrac{1}{1+x^2}$,可知 $f(x)$ 在开区间$(0,x)$ 内可导.

因此 $f(x)$ 在区间$[0,x]$ 上满足拉格朗日中值定理的条件,至少存在一点 $\xi(0<\xi<x)$,使得 $f(x)-f(0)=f'(\xi)(x-0)$. 又 $f(0)=0$,$f'(\xi)=\dfrac{1}{1+\xi^2}$,得 $f(x)=\dfrac{x}{1+\xi^2}$.

又 $0<\xi<x$,因此$\dfrac{x}{1+x^2}<\dfrac{x}{1+\xi^2}<x$,即$\dfrac{x}{1+x^2}<\arctan x<x(x>0)$.

4. 证明函数 $y=x-\ln(1+x^2)$ 单调增加.

证明　函数 $y=x-\ln(1+x^2)$ 的定义域为$(-\infty,+\infty)$,而 $y'=\dfrac{(x-1)^2}{1+x^2}$ 在$(-\infty,+\infty)$ 上有 $y'=\dfrac{(x-1)^2}{1+x^2}\geqslant 0$(仅当 $x=1$ 时,$y'=0$,不影响函数在整个区间上的单调性),从而函数 $y=x-\ln(1+x^2)$ 在$(-\infty,+\infty)$ 上单调增加.

5. 讨论函数 $f(x)=x^4-2x^2+2$ 在其定义域上的单调性.

解　函数 $f(x)=x^4-2x^2+2$ 的定义域为$(-\infty,+\infty)$,

$$f'(x)=4x^3-4x=4x(x+1)(x-1).$$

解方程 $f'(x)=0$,得 $x=-1$,$x=0$,$x=1$,没有 $f'(x)$ 不存在所对应的点.

用 $x=-1$,$x=0$,$x=1$ 将函数的定义域分成 4 个子区间:$(-\infty,-1)$,$(-1,0)$,$(0,1)$,$(1,+\infty)$,由于导数 $f'(x)$ 在 4 个区间内部不变号,因此只需分析在每个区间的符号.

列表分析,如表 4-3 所示.

表 4-3

x	$(-\infty,-1)$	-1	$(-1,0)$	0	$(0,1)$	1	$(1,+\infty)$
$x+1$	$-$	0	$+$		$+$		$+$
$x-1$	$-$		$-$		$-$	0	$+$
$f'(x)$	$-$	0	$+$	0	$-$	0	$+$
$f(x)$	↘		↗		↘		↗

由此可知,$f(x)$ 在区间$(-1,0)$,$(1,+\infty)$ 内单调增加,在区间$(-\infty,-1)$,$(0,1)$ 内单调减少.

6. 讨论函数 $f(x)=\dfrac{x}{1+x^2}$ 在其定义域上的单调性.

解　函数 $f(x)=\dfrac{x}{1+x^2}$ 的定义域为$(-\infty,+\infty)$,

$$f'(x)=\frac{1-x^2}{(1+x^2)^2}=\frac{(1+x)(1-x)}{(1+x^2)^2}.$$

在$(-\infty,+\infty)$ 上,$(1+x^2)^2>0$,不影响 $f'(x)$ 的符号,故判断 $f'(x)$ 的符号时不必考虑.

解方程 $f'(x)=0$,得 $x=-1$,$x=1$,没有 $f'(x)$ 不存在所对应的点.

用 $x=-1$,$x=1$ 将函数的定义域分成 3 个子区间:$(-\infty,-1)$,$(-1,1)$,$(1,+\infty)$,由于导

数 $f'(x)$ 在 3 个区间内部不变号,因此只需分析在每个区间的符号.

列表分析,如表 4 - 4 所示.

表 4 - 4

x	$(-\infty,-1)$	-1	$(-1,1)$	1	$(1,+\infty)$
$f'(x)$	$-$	0	$+$	0	$-$
$f(x)$	↘		↗		↘

由此可知,$f(x)$ 在区间$(-1,1)$ 内单调增加,在区间$(-\infty,-1)$,$(1,+\infty)$ 内单调减少.

7. 讨论函数 $f(x)=\dfrac{e^x}{1+x}$ 在其定义域上的单调性.

解　函数 $f(x)=\dfrac{e^x}{1+x}$ 的定义域为$(-\infty,-1)\cup(-1,+\infty)$,

$$f'(x)=\frac{xe^x}{(1+x)^2}.$$

在定义域上$(1+x)^2>0$,$e^x>0$,不影响 $f'(x)$ 的符号,故判断 $f'(x)$ 的符号时不必考虑.

解方程 $f'(x)=0$,得 $x=0$;$x=-1$ 时,$f'(x)$ 不存在.

用 $x=-1$,$x=0$ 将函数的定义域分成 3 个子区间:$(-\infty,-1)$,$(-1,0)$,$(0,+\infty)$,由于导数 $f'(x)$ 在 3 个区间内部不变号,因此只需分析在每个区间的符号.

列表分析,如表 4 - 5 所示.

表 4 - 5

x	$(-\infty,-1)$	-1	$(-1,0)$	0	$(0,+\infty)$
$f'(x)$	$-$	0	$-$	0	$+$
$f(x)$	↘		↘		↗

由此可知,$f(x)$ 在区间$(0,+\infty)$ 内单调增加,在区间$(-\infty,-1)$,$(-1,0)$ 内单调减少.

8. 讨论函数 $f(x)=x^3-3x^2+7$ 在其定义域上的极值.

解　函数 $f(x)=x^3-3x^2+7$ 的定义域为$(-\infty,+\infty)$,

$$f'(x)=3x^2-6x=3x(x-2).$$

解方程 $f'(x)=0$,得 $x=0$,$x=2$,没有 $f'(x)$ 不存在所对应的点.

用 $x=0$,$x=2$ 将函数的定义域分成 3 个子区间:$(-\infty,0)$,$(0,2)$,$(2,+\infty)$,由于导数 $f'(x)$ 在 3 个区间内部不变号,因此只需分析在每个区间的符号.

列表分析,如表 4 - 6 所示.

表 4 - 6

x	$(-\infty,0)$	0	$(0,2)$	2	$(2,+\infty)$
$f'(x)$	$+$	0	$-$	0	$+$
$f(x)$	↗	极大值	↘	极小值	↗

由此可知,函数 $f(x)$ 在其定义域上的极大值为 $f(0)=7$,极小值为 $f(2)=3$.

9. 讨论函数 $f(x)=\dfrac{x}{1+x^2}$ 在其定义域上的极值.

解　函数 $f(x)=\dfrac{x}{1+x^2}$ 的定义域为$(-\infty,+\infty)$,

$$f'(x)=\frac{1-x^2}{(1+x^2)^2}.$$

解方程 $f'(x)=0$,得 $x=-1,x=1$,没有 $f'(x)$ 不存在所对应的点.

用 $x=-1,x=1$ 将函数的定义域分成 3 个子区间:$(-\infty,-1),(-1,1),(1,+\infty)$,由于导数 $f'(x)$ 在 3 个区间内部不变号,因此只需分析在每个区间的符号.

列表分析,如表 4-7 所示.

表 4-7

x	$(-\infty,-1)$	-1	$(-1,1)$	1	$(1,+\infty)$
$f'(x)$	$-$	0	$+$	0	$-$
$f(x)$	↘	极小值	↗	极大值	↘

由此可知,$f(x)$ 在其定义域上的极大值为 $f(1)=\frac{1}{2}$,极小值为 $f(-1)=-\frac{1}{2}$.

10. 讨论函数 $f(x)=\frac{x^3}{(x-1)^2}$ 在其定义域上的极值.

解　函数 $f(x)=\frac{x^3}{(x-1)^2}$ 的定义域为 $(-\infty,1)\cup(1,+\infty)$,

$$f'(x)=\frac{x^2(x-3)}{(x-1)^3}.$$

解方程 $f'(x)=0$,得 $x=0,x=3$;$x=1$ 时,$f'(x)$ 不存在.

用 $x=0,x=1,x=3$ 将函数的定义域分成 4 个子区间:$(-\infty,0),(0,1),(1,3),(3,+\infty)$,由于导数 $f'(x)$ 在 4 个区间内部不变号,因此只需分析在每个区间的符号.

列表分析,如表 4-8 所示.

表 4-8

x	$(-\infty,0)$	0	$(0,1)$	1	$(1,3)$	3	$(3,+\infty)$
$f'(x)$	$+$	0	$+$		$-$		$+$
$f(x)$	↗	无极值	↗	不存在	↘	极小值	↗

由此可知,$f(x)$ 在其定义域上的极小值为 $f(3)=\frac{27}{4}$.

11. 求下列极限:

(1) $\lim\limits_{x\to 0}\frac{\sin x}{5x}$;　(2) $\lim\limits_{x\to 1}\frac{x^2-1}{2x^2-x-1}$;

(3) $\lim\limits_{x\to 0}\frac{e^x-1}{x^2-x}$;　(4) $\lim\limits_{x\to 0}\frac{e^x-e^{-x}-2x}{x-\sin x}$;

(5) $\lim\limits_{x\to 2}\frac{x^4-16}{x-2}$;　(6) $\lim\limits_{x\to\infty}\frac{x^3}{e^{x^2}}$;

(7) $\lim\limits_{x\to+\infty}x\left(\frac{\pi}{2}-\arctan x\right)$;　(8) $\lim\limits_{x\to 1}\left(\frac{x}{x-1}-\frac{1}{\ln x}\right)$;

(9) $\lim\limits_{x\to 0}\left(\frac{1}{x}-\frac{1}{e^x-1}\right)$;　(10) $\lim\limits_{x\to 0^+}x^n\ln x$.

解　(1) $\lim\limits_{x\to 0}\frac{\sin x}{5x}=\lim\limits_{x\to 0}\frac{\cos x}{5}=\frac{1}{5}$.

(2) $\lim\limits_{x\to 1}\dfrac{x^2-1}{2x^2-x-1}=\lim\limits_{x\to 1}\dfrac{2x}{4x-1}=\dfrac{2}{3}$.

(3) $\lim\limits_{x\to 0}\dfrac{e^x-1}{x^2-x}=\lim\limits_{x\to 0}\dfrac{e^x}{2x-1}=-1$.

(4) $\lim\limits_{x\to 0}\dfrac{e^x-e^{-x}-2x}{x-\sin x}=\lim\limits_{x\to 0}\dfrac{e^x+e^{-x}-2}{1-\cos x}=\lim\limits_{x\to 0}\dfrac{e^x-e^{-x}}{\sin x}=\lim\limits_{x\to 0}\dfrac{e^x+e^{-x}}{\cos x}=2$.

(5) $\lim\limits_{x\to 2}\dfrac{x^4-16}{x-2}=\lim\limits_{x\to 2}4x^3=32$.

(6) $\lim\limits_{x\to\infty}\dfrac{x^3}{e^{x^2}}=\lim\limits_{x\to\infty}\dfrac{3x^2}{2xe^{x^2}}=\lim\limits_{x\to\infty}\dfrac{3x}{2e^{x^2}}=\lim\limits_{x\to\infty}\dfrac{3}{4xe^{x^2}}=0$.

(7) $\lim\limits_{x\to+\infty}x\left(\dfrac{\pi}{2}-\arctan x\right)=\lim\limits_{x\to+\infty}\dfrac{\left(\dfrac{\pi}{2}-\arctan x\right)}{\dfrac{1}{x}}=\lim\limits_{x\to+\infty}\dfrac{-\dfrac{1}{1+x^2}}{-\dfrac{1}{x^2}}$

$$=\lim_{x\to+\infty}\frac{x^2}{1+x^2}=\lim_{x\to+\infty}\frac{2x}{2x}=1.$$

(8) $\lim\limits_{x\to 1}\left(\dfrac{x}{x-1}-\dfrac{1}{\ln x}\right)=\lim\limits_{x\to 1}\dfrac{x\ln x-x+1}{(x-1)\ln x}=\lim\limits_{x\to 1}\dfrac{\ln x}{\ln x+1-\dfrac{1}{x}}$

$$=\lim_{x\to 1}\frac{x\ln x}{x\ln x+x-1}=\lim_{x\to 1}\frac{\ln x+1}{\ln x+2}=\frac{1}{2}.$$

(9) $\lim\limits_{x\to 0}\left(\dfrac{1}{x}-\dfrac{1}{e^x-1}\right)=\lim\limits_{x\to 0}\dfrac{e^x-x-1}{x(e^x-1)}=\lim\limits_{x\to 0}\dfrac{e^x-1}{xe^x+e^x-1}$

$$=\lim_{x\to 0}\frac{e^x}{xe^x+2e^x}=\lim_{x\to 0}\frac{1}{x+2}=\frac{1}{2}.$$

(10) $\lim\limits_{x\to 0^+}x^n\ln x=\lim\limits_{x\to 0^+}\dfrac{\ln x}{x^{-n}}=-\lim\limits_{x\to 0^+}\dfrac{1}{n}x^n=0$.

12. 设函数 $f(x)$ 二次可导，且 $f(0)=0,f'(0)=1,f''(0)=2$，试求 $\lim\limits_{x\to 0}\dfrac{f(x)-x}{x^2}$.

解　$\lim\limits_{x\to 0}\dfrac{f(x)-x}{x^2}=\lim\limits_{x\to 0}\dfrac{f'(x)-1}{2x}=\lim\limits_{x\to 0}\dfrac{f''(x)}{2}=1$.

13. 判断下列极限能否使用洛必达法则：

(1) $\lim\limits_{x\to 0}\dfrac{e^x-1}{3x}$；　　(2) $\lim\limits_{x\to\infty}\dfrac{x+\cos x}{1+x}$；

(3) $\lim\limits_{x\to\infty}\dfrac{x+\sin x}{2x}$；　　(4) $\lim\limits_{x\to 0}\dfrac{\sin 3x}{\tan 2x}$.

解　(1) $\lim\limits_{x\to 0}\dfrac{e^x-1}{3x}=\lim\limits_{x\to 0}\dfrac{e^x}{3}=\dfrac{1}{3}$，能用.

(2) $\lim\limits_{x\to\infty}\dfrac{x+\cos x}{1+x}=\lim\limits_{x\to\infty}\dfrac{1-\sin x}{1}=\lim\limits_{x\to\infty}(1-\sin x)$，无法确定，不能用.

(3) $\lim\limits_{x\to\infty}\dfrac{x+\sin x}{2x}=\lim\limits_{x\to\infty}\dfrac{1+\cos x}{2}$，无法确定，不能用.

(4) $\lim\limits_{x\to 0}\dfrac{\sin 3x}{\tan 2x}=\lim\limits_{x\to 0}\dfrac{3\cos 3x}{2\sec^2 2x}=\dfrac{3}{2}\lim\limits_{x\to 0}\cos 3x\cos^2 2x=\dfrac{3}{2}$，能用.

14. 判断函数 $f(x)=x^2e^{-x}$ 的单调性，并求极值.

解　函数 $f(x)=x^2\mathrm{e}^{-x}$ 的定义域为$(-\infty,+\infty)$，

$$f'(x)=x(2-x)\mathrm{e}^{-x}.$$

解方程 $f'(x)=0$，得 $x=0,x=2$，没有 $f'(x)$ 不存在所对应的点.

用 $x=0,x=2$ 将函数的定义域分成 3 个子区间：$(-\infty,0),(0,2),(2,+\infty)$，由于导数 $f'(x)$ 在 3 个区间内部不变号，因此只需分析在每个区间的符号.

列表分析，如表 4-9 所示.

表 4-9

x	$(-\infty,0)$	0	$(0,2)$	2	$(2,+\infty)$
$f'(x)$	$-$	0	$+$	0	$-$
$f(x)$	↘	极小值	↗	极大值	↘

由此可知，$f(x)$ 在区间$(0,2)$内单调增加，在区间$(-\infty,0),(2,+\infty)$内单调减少. $f(x)$ 在其定义域上的极大值为 $f(2)=\dfrac{4}{\mathrm{e}^2}$，极小值为 $f(0)=0$.

15. 判断函数 $f(x)=\dfrac{x^2}{x-1}$ 的单调性，并求极值.

解　函数 $f(x)=\dfrac{x^2}{x-1}$ 的定义域为$(-\infty,1),(1,+\infty)$，

$$f'(x)=\frac{x(x-2)}{(x-1)^2}.$$

解方程 $f'(x)=0$，得 $x=0,x=2$；$x=1$ 时，$f'(x)$ 不存在.

用 $x=0,x=1,x=2$ 将函数的定义域分成 4 个子区间：$(-\infty,0),(0,1),(1,2),(2,+\infty)$，由于导数 $f'(x)$ 在 4 个区间内部不变号，因此只需分析在每个区间的符号.

列表分析，如表 4-10 所示.

表 4-10

x	$(-\infty,0)$	0	$(0,1)$	1	$(1,2)$	2	$(2,+\infty)$
$f'(x)$	$+$	0	$-$		$-$		$+$
$f(x)$	↗	极大值	↘	不存在	↘	极小值	↗

由此可知，$f(x)$ 在区间$(-\infty,0),(2,+\infty)$内单调增加，在区间$(0,1),(1,2)$内单调减少. $f(x)$ 在其定义域上的极大值为 $f(0)=0$，极小值为 $f(2)=4$.

16. 求函数 $f(x)=x^3-6x^2+9x-9$ 在区间$[-1,4]$上的最大值和最小值.

解　$f'(x)=3x^2-12x+9=3(x^2-4x+3)=3(x-1)(x-3)$.

令 $f'(x)=0$，得 $x=1,x=3$.

计算出 $f(1)=-5,f(3)=-9$，再算出 $f(-1)=-25,f(4)=-5$.

比较得 $f(x)$ 在区间$[-1,4]$上的最大值为 $f(1)=f(4)=-5$，最小值为 $f(-1)=-25$.

17. 某企业生产每批某种产品 x 个单位的总成本是 $C(x)=3+x$（单位：万元），得到的总收入为 $R(x)=7x-x^2$. 为了提高经济效益，问：每批生产多少个单位该种产品，才能使总利润最大？

解　由题意得总利润函数为

$$L(x)=R(x)-C(x)=-x^2+6x-3.$$

$L'(x)=-2x+6$，令 $L'(x)=0$，得 $x=3$.

$L''(x) = -2 < 0, L''(3) = -2 < 0$，即当 $x = 3$ 时，函数 $L(x)$ 取得极大值. 又因为 $x = 3$ 是唯一的极值点，所以也是最大值点，即每批生产 3 个单位该种产品时取得最大利润.

18. 设某商品每天的需求函数是 $p(q) = 10 - 0.01q$. 某工厂每天生产该商品 q 个单位的总成本是 $C(q) = 100 + 4q$. 试问：该工厂每天产量为多少时，可使总利润最大？此时商品的价格和最大利润是多少？

解　由题意得总收入函数为

$$R(q) = pq = (10 - 0.01q)q = 10q - 0.01q^2.$$

总利润函数为

$$L(q) = R(q) - C(q) = -0.01q^2 + 6q - 100.$$

$L'(q) = -0.02q + 6$，令 $L'(q) = 0$，得 $q = 300$.

$L''(q) = -0.02 < 0, L''(300) = -0.02 < 0$，即当 $q = 300$ 时，函数 $L(x)$ 取得极大值. 又因为 $q = 300$ 是唯一的极值点，所以也是最大值点，即产量为 300 个单位时取得最大利润，最大利润是 $L(300) = 800$ 元，此时商品的价格为 $p = 7$(元).

19. 判断曲线 $f(x) = xe^{-x}$ 的凹向，并求拐点.

解　函数 $f(x) = xe^{-x}$ 的定义域为$(-\infty, +\infty)$，

$$f'(x) = (1 - x)e^{-x}, \quad f''(x) = (x - 2)e^{-x}.$$

令 $f''(x) = 0$，得 $x = 2$，没有使 $f''(x)$ 不存在所对应的点.

用 $x = 2$ 将函数的定义域分区，由于 $f''(x)$ 在各个区间内符号不变，因此只需判断其在各个区间上的符号. 列表分析，如表 4-11 所示.

表 4-11

x	$(-\infty, 2)$	2	$(2, +\infty)$
$f''(x)$	$-$	0	$+$
$f(x)$	$\cap$	拐点$(2, 2e^{-2})$	$\cup$

由此可知，曲线 $f(x) = xe^{-x}$ 在$(2, +\infty)$ 内上凹，在区间$(-\infty, 2)$ 内下凹，拐点是$(2, 2e^{-2})$.

20. 判断曲线 $f(x) = \ln(x^2 + 1)$ 的凹向，并求拐点.

解　函数 $f(x) = \ln(x^2 + 1)$ 的定义域为$(-\infty, +\infty)$，

$$f'(x) = \frac{2x}{x^2 + 1}, \quad f''(x) = \frac{2(1 + x)(1 - x)}{(x^2 + 1)^2}.$$

令 $f''(x) = 0$，得 $x = -1, x = 1$，没有使 $f''(x)$ 不存在所对应的点.

用 $x = -1, x = 1$ 将函数的定义域分区，由于 $f''(x)$ 在各个区间内符号不变，因此只需判断其在各个区间上的符号. 列表分析，如表 4-12 所示.

表 4-12

x	$(-\infty, -1)$	-1	$(-1, 1)$	1	$(1, +\infty)$
$f''(x)$	$-$	0	$+$	0	$-$
$f(x)$	$\cap$	拐点$(-1, \ln 2)$	$\cup$	拐点$(1, \ln 2)$	$\cap$

由此可知，曲线 $f(x) = \ln(x^2 + 1)$ 在区间$(-1, 1)$ 内上凹，在区间$(-\infty, -1)$，$(1, +\infty)$ 内下凹，拐点是$(-1, \ln 2)$，$(1, \ln 2)$.

21. 判断曲线 $f(x) = x^3 - 3x$ 的凹向，并求拐点.

解　函数 $f(x) = x^3 - 3x$ 的定义域为$(-\infty, +\infty)$，

$$f'(x)=3x^2-3,\quad f''(x)=6x.$$

令 $f''(x)=0$,得 $x=0$,没有使 $f''(x)$ 不存在所对应的点.

用 $x=0$ 将函数的定义域分区,由于 $f''(x)$ 在各个区间内符号不变,因此只需判断其在各个区间上的符号.列表分析,如表 4-13 所示.

表 4-13

x	$(-\infty,0)$	0	$(0,+\infty)$
$f''(x)$	$-$	0	$+$
$f(x)$	$\cap$	拐点(0,0)	$\cup$

由此可知,曲线 $f(x)=x^3-3x$ 在 $(0,+\infty)$ 内上凹,在区间 $(-\infty,0)$ 内下凹,拐点是(0,0).

22. 判断曲线 $f(x)=x^3-6x^2+9x+1$ 的凹向,并求拐点.

解 函数 $f(x)=x^3-6x^2+9x+1$ 的定义域为 $(-\infty,+\infty)$,

$$f'(x)=3x^2-12x+9,\quad f''(x)=6x-12=6(x-2).$$

令 $f''(x)=0$,得 $x=2$,没有使 $f''(x)$ 不存在所对应的点.

用 $x=0$ 将函数的定义域分区,由于 $f''(x)$ 在各个区间内符号不变,因此只需判断其在各个区间上的符号.列表分析,如表 4-14 所示.

表 4-14

x	$(-\infty,2)$	2	$(2,+\infty)$
$f''(x)$	$-$	0	$+$
$f(x)$	$\cap$	拐点(2,3)	$\cup$

由此可知,曲线 $f(x)=x^3-6x^2+9x+1$ 在区间 $(2,+\infty)$ 内上凹,在区间 $(-\infty,2)$ 内下凹,拐点是(2,3).

23. 求下列曲线的渐近线:

(1) $y=\dfrac{e^x}{1+x}$; (2) $y=\dfrac{x^2}{x-1}$.

解 (1) 因为 $\lim\limits_{x\to-\infty}\dfrac{e^x}{1+x}=0$,所以 $y=0$ 是所给曲线的水平渐近线.

因为 $\lim\limits_{x\to-1}\dfrac{e^x}{1+x}=\infty$,所以 $x=-1$ 是所给曲线的垂直渐近线.

(2) 因为 $\lim\limits_{x\to1}\dfrac{x^2}{x-1}=\infty$,所以 $x=1$ 是所给曲线的垂直渐近线.

又因为

$$k=\lim_{x\to\infty}\frac{f(x)}{x}=\lim_{x\to\infty}\frac{x}{x-1}=1,$$

$$b=\lim_{x\to\infty}[f(x)-x]=\lim_{x\to\infty}\frac{x}{x-1}=1,$$

所以 $y=x+1$ 是所给曲线的斜渐近线.

24. 判断函数 $f(x)=\dfrac{x^2}{2x-1}$ 的单调性、凹向,并求极值、拐点及渐近线.

解 (1) 函数 $f(x)$ 的定义域为 $\left(-\infty,\dfrac{1}{2}\right)\cup\left(\dfrac{1}{2},+\infty\right)$.

(2) $f'(x)=\dfrac{2x(x-1)}{(2x-1)^2}$，令 $f'(x)=0$，得 $x=0,x=1$；$x=\dfrac{1}{2}$ 时，$f'(x)$ 不存在.

$f''(x)=\dfrac{2}{(2x-1)^3}$，没有二阶导数为零所对应的点；$x=\dfrac{1}{2}$ 时，$f''(x)$ 不存在.

(3) 用上述点分区、列表，如表 4 - 15 所示.

表 4 - 15

x	$(-\infty,0)$	0	$\left(0,\dfrac{1}{2}\right)$	$\dfrac{1}{2}$	$\left(\dfrac{1}{2},1\right)$	1	$(1,+\infty)$
$f'(x)$	$+$	0	$-$		$-$	0	$+$
$f''(x)$	$-$		$-$	0	$+$		$+$
$f(x)$	$\nearrow\cap$	极大值 $f(0)=0$	$\searrow\cap$	不存在	$\searrow\cup$	极小值 $f(1)=1$	$\nearrow\cup$

由此可知，$f(x)$ 在区间$(-\infty,0)$，$(1,+\infty)$ 内单调增加，在区间$\left(0,\dfrac{1}{2}\right)$，$\left(\dfrac{1}{2},1\right)$内单调减少，极大值为 $f(0)=0$，极小值为 $f(1)=1$. 函数曲线在区间$\left(\dfrac{1}{2},+\infty\right)$内上凹，在区间$\left(-\infty,\dfrac{1}{2}\right)$内下凹，无拐点.

(4) 因$\lim\limits_{x\to\infty}\dfrac{x^2}{2x-1}=\infty$，故函数曲线无水平渐近线.

又因$\lim\limits_{x\to\frac{1}{2}}\dfrac{x^2}{2x-1}=\infty$，故函数曲线有垂直渐近线 $x=\dfrac{1}{2}$. 同时，

$$k=\lim_{x\to\infty}\frac{f(x)}{x}=\lim_{x\to\infty}\frac{x}{2x-1}=\frac{1}{2},\quad b=\lim_{x\to\infty}\left[f(x)-\frac{1}{2}x\right]=\lim_{x\to\infty}\frac{x}{4x-2}=\frac{1}{4},$$

故函数曲线有斜渐近线 $y=\dfrac{1}{2}x+\dfrac{1}{4}$.

综上所述，曲线有垂直渐近线 $x=\dfrac{1}{2}$，斜渐近线 $y=\dfrac{1}{2}x+\dfrac{1}{4}$.

25. 描绘函数 $f(x)=x-\ln(x+1)$ 的图形.

解　(1) 函数 $f(x)$ 的定义域为$(-1,+\infty)$.

(2) 函数 $f(x)$ 不具有奇偶性，曲线无对称性.

(3) 令 $f(x)=0$，得 $x=0$，则曲线与坐标轴有一个交点$(0,0)$.

(4) $f'(x)=\dfrac{x}{x+1}$，令 $f'(x)=0$，得 $x=0$；$x=-1$ 时，$f'(x)$ 不存在.

$f''(x)=\dfrac{1}{(x+1)^2}$，没有二阶导数为零所对应的点；$x=-1$ 时，$f''(x)$ 不存在.

(5) 用上述点分区、列表，如表 4 - 16 所示.

表 4 - 16

x	-1	$(-1,0)$	0	$(0,+\infty)$
$f'(x)$		$-$	0	$+$
$f''(x)$		$+$		$+$
$f(x)$	不存在	$\searrow\cup$	极小值 $f(0)=0$	$\nearrow\cup$

(6) 因 $\lim\limits_{x\to -1^+} f(x) = \lim\limits_{x\to -1^+}[x-\ln(x+1)] = +\infty$,故曲线有垂直渐近线 $x=-1$.

(7) 作图(见图 4-1).

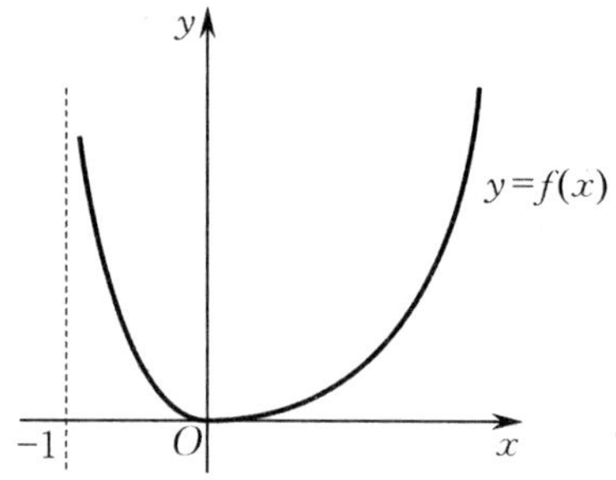

图 4-1

26. 已知某商品的需求函数为 $Q = 64 - \dfrac{1}{2}p^2$,其中 Q 为需求量(单位:吨),p 为价格(单位:万元),求当价格 $p=5$ 时的边际需求与需求弹性,并说明它们的经济含义.

解 边际需求为 $Q' = -p$,当 $p=5$ 时的边际需求为 $Q'=-5$.

其经济含义是:当价格为 5 万元时,若价格上涨 1 个单位,则需求量减少 5 个单位.

$$E_d(p) = \frac{p}{Q}\frac{dQ}{dP} = \frac{-p^2}{64-\frac{1}{2}p^2} = \frac{-2p^2}{128-p^2},\quad E_d(5) = -0.49.$$

其经济含义是:当价格为 5 万元时,若价格增加 1%,则需求量减少 0.49%.

第五章　不 定 积 分

内 容 提 要

一、基本概念

1. 原函数

定义 1.1　设 $f(x)$ 是定义在区间 (a,b) 内的一个已知函数. 如果存在函数 $F(x)$，使对于任意的 $x \in (a,b)$，都有 $F'(x)=f(x)$ 或 $\mathrm{d}F(x)=f(x)\mathrm{d}x$，则称 $F(x)$ 是 $f(x)$ 在 (a,b) 内的一个**原函数**.

2. 不定积分

定义 1.2　设 $F(x)$ 是 $f(x)$ 的一个原函数，则称 $f(x)$ 的全部原函数 $F(x)+C$ 为 $f(x)$ 的**不定积分**，记作 $\int f(x)\mathrm{d}x$，即 $\int f(x)\mathrm{d}x = F(x)+C$（$C$ 为任意常数），其中 C 称为**积分常数**.

3. 不定积分的几何意义

若 $F(x)$ 是 $f(x)$ 的一个原函数，则有 $\int f(x)\mathrm{d}x = F(x)+C$（$C$ 为任意常数）. 对于每一个给定的常数 C，$y=F(x)+C$ 都表示坐标平面上一条确定的曲线，称此曲线为 $f(x)$ 的一条积分曲线. 因为 C 可以任意取值，所以 $\int f(x)\mathrm{d}x$ 代表的是一族积分曲线，而其中任意一条积分曲线都可以由曲线 $y=F(x)$ 沿着 y 轴上、下平移得到. 或者说，在这一族积分曲线中每一条积分曲线上横坐标相同点处所作的曲线的切线都是相互平行的（见图 5－1）.

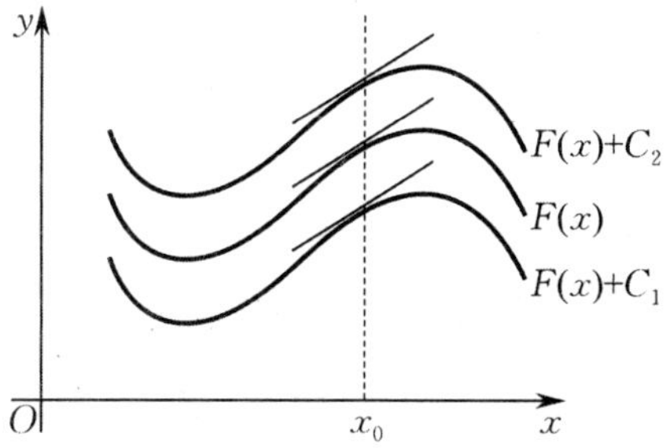

图 5－1

4. 微分方程

定义 5.1　含有未知函数的导数（或微分）的方程称为**微分方程**，其中未知函数是一元函数的微分方程称为**常微分方程**. 微分方程中出现的未知函数导数（或微分）的最高阶数称为该微分方程的**阶**.

一阶微分方程的一般形式为 $F(x,y,y')=0$.

定义 5.2　如果将一个函数代入微分方程后,使得方程两端恒等,则称此函数为原微分方程的**解**.

微分方程的解包括通解和特解. 具体而言,如果一阶微分方程的解中含有一个任意常数,则称此类解为该一阶微分方程的**通解**. 如果该一阶微分方程的解中不含有任意常数,则称此类解为该一阶微分方程的**特解**,也就是通解中的常数是确定数值的解. 为确定任意常数的值,需有初始条件,即 $x = x_0$ 时 $y = y_0$,记为 $y(x_0) = y_0$ 或 $y\Big|_{x=x_0} = y_0$.

5. 可分离变量的微分方程

定义 5.3　如果一阶微分方程 $F(x,y,y') = 0$ 可化为 $g(y)\mathrm{d}y = f(x)\mathrm{d}x$ 的形式,则称 $F(x,y,y') = 0$ 为**可分离变量的微分方程**,$g(y)\mathrm{d}y = f(x)\mathrm{d}x$ 称为**已分离的微分方程**.

首先将一阶微分方程 $F(x,y,y') = 0$ 化为 $g(y)\mathrm{d}y = f(x)\mathrm{d}x$ 的形式,然后对 $g(y)\mathrm{d}y = f(x)\mathrm{d}x$ 两边积分,得 $\int g(y)\mathrm{d}y = \int f(x)\mathrm{d}x + C$,即可得到通解,再根据其初始条件,可以得到其特解.

在这里为了使通解的形式简单,我们可以根据问题特点把任意常数写成某种特殊形式.

6. 一阶线性微分方程

定义 5.4　未知函数及其导数都是一次的一阶微分方程称为**一阶线性微分方程**,其一般形式为

$$y' + p(x)y = q(x).$$

若 $q(x) \equiv 0$,上式变为

$$y' + p(x)y = 0 \quad (\text{一阶齐次线性微分方程});$$

若 $q(x) \neq 0$,上式变为

$$y' + p(x)y = q(x) \quad (\text{一阶非齐次线性微分方程}).$$

7. 求 $y' + p(x)y = q(x)$ 的通解的步骤

一阶非齐次线性微分方程的通解可利用常数变易法得到,其具体步骤如下:

① 求 $y' + p(x)y = 0$ 的通解:$y = C\mathrm{e}^{-\int p(x)\mathrm{d}x}$;

② 将 C 换为待定函数,即 $C = u(x)$;

③ 设微分方程 $y' + p(x)y = q(x)$ 的通解为 $y = u(x)\mathrm{e}^{-\int p(x)\mathrm{d}x}$,并求 y';

④ 将 y 及 y' 代入微分方程 $y' + p(x)y = q(x)$,得到 $u'(x)$,两边积分得到 $u(x)$;

⑤ 将 $u(x)$ 代入 $y = u(x)\mathrm{e}^{-\int p(x)\mathrm{d}x}$,得微分方程 $y' + p(x)y = q(x)$ 的通解为

$$y = \mathrm{e}^{-\int p(x)\mathrm{d}x}\left(\int q(x)\mathrm{e}^{\int p(x)\mathrm{d}x}\mathrm{d}x + C\right).$$

二、重要公式、定理及结论

1. 原函数存在原理

如果被积函数 $f(x)$ 在某区间上连续,则 $f(x)$ 在此区间上一定有原函数. 由于初等函数在其定义区间内都连续,因此初等函数在其定义区间都有原函数.

2. 不定积分的基本性质

性质 2.1　求不定积分和求导数(或微分)互为逆运算.

① $\left[\int f(x)\mathrm{d}x\right]' = f(x)$ 或 $\mathrm{d}\left[\int f(x)\mathrm{d}x\right] = f(x)\mathrm{d}x$；

② $\int F'(x)\mathrm{d}x = F(x) + C$ 或 $\int \mathrm{d}F(x) = F(x) + C$，

即不定积分的导数(或微分)等于被积函数(或被积表达式)；一个函数的导数(或微分)的不定积分与这个函数只相差一个常数.

性质 2.2 被积表达式中的非零常数因子,可以移到积分号前,即

$$\int kf(x)\mathrm{d}x = k\int f(x)\mathrm{d}x \quad (k \neq 0, k \text{ 为常数}).$$

性质 2.3 两个函数代数和的不定积分,等于这两个函数不定积分的代数和,即

$$\int [f(x) \pm g(x)]\mathrm{d}x = \int f(x)\mathrm{d}x \pm \int g(x)\mathrm{d}x.$$

性质 2.3 可以推广到有限个函数代数和的情形：

$$\int [f_1(x) \pm f_2(x) \pm \cdots \pm f_n(x)]\mathrm{d}x = \int f_1(x)\mathrm{d}x \pm \int f_2(x)\mathrm{d}x \pm \cdots \pm \int f_n(x)\mathrm{d}x.$$

3. 基本积分公式

① $\int k\mathrm{d}x = kx + C \quad (k \text{ 为常数})$；

② $\int x^\alpha \mathrm{d}x = \dfrac{1}{\alpha+1}x^{\alpha+1} + C \quad (\alpha \neq -1)$；

③ $\int \dfrac{1}{x}\mathrm{d}x = \ln|x| + C \quad (x \neq 0)$；

④ $\int a^x \mathrm{d}x = \dfrac{1}{\ln a}a^x + C \quad (a > 0, a \neq 1)$；

⑤ $\int \mathrm{e}^x \mathrm{d}x = \mathrm{e}^x + C$；

⑥ $\int \sin x\mathrm{d}x = -\cos x + C$；

⑦ $\int \cos x\mathrm{d}x = \sin x + C$；

⑧ $\int \sec^2 x\mathrm{d}x = \tan x + C$；

⑨ $\int \csc^2 x\mathrm{d}x = -\cot x + C$；

⑩ $\int \dfrac{1}{\sqrt{1-x^2}}\mathrm{d}x = \arcsin x + C$；

⑪ $\int \dfrac{1}{1+x^2}\mathrm{d}x = \arctan x + C$；

⑫ $\int \sec x\tan x\mathrm{d}x = \sec x + C$；

⑬ $\int \csc x\cot x\mathrm{d}x = -\csc x + C$.

4. 换元积分公式

① 设所求的不定积分可写成 $\int f[\Phi(x)]\Phi'(x)\mathrm{d}x$ 或 $\int f[\Phi(x)]\mathrm{d}[\Phi(x)]$ 的形式,引入新变量 t,令 $t = \Phi(x)$,则所求不定积分化为 $\int f(t)\mathrm{d}t$. 如果 $f(t)$,$\Phi(x)$,$\Phi'(x)$ 都是连续函数,并且容易求出 $f(t)$ 的一个原函数 $F(t)$,则

$$\int f[\Phi(x)]\Phi'(x)\mathrm{d}x = \int f[\Phi(x)]\mathrm{d}[\Phi(x)] = \int f(t)\mathrm{d}t = F(t) + C,$$

即

$$\int f[\Phi(x)]\Phi'(x)\mathrm{d}x = F[\Phi(x)] + C.$$

② 若不定积分 $\int f(x)\mathrm{d}x$ 不易直接应用基本积分表来计算,可引入新变量 t,并选择代换 $x = \Phi(t)$,其中 $\Phi(t)$ 可导,且 $\Phi'(t)$ 连续,则

$$\int f(x)\mathrm{d}x = \int f[\Phi(t)]\mathrm{d}[\Phi(t)] = \int f[\Phi(t)]\Phi'(t)\mathrm{d}t.$$

若容易得到$\int f[\Phi(t)]\Phi'(t)\mathrm{d}t = F(t)+C$，而 $x=\Phi(t)$ 的反函数 $t=\Phi^{-1}(x)$ 存在且可导，将 $t=\Phi^{-1}(x)$ 代入 $F(t)$，回到原积分变量，则有

$$\int f(x)\mathrm{d}x = F[\Phi^{-1}(x)]+C.$$

③ 设 $u=u(x)$，$v=v(x)$ 具有连续导数，据乘积微分公式 $\mathrm{d}(uv)=v\mathrm{d}u+u\mathrm{d}v$，得

$$u\mathrm{d}v = \mathrm{d}(uv) - v\mathrm{d}u,$$

两边积分，得

$$\int u\mathrm{d}v = uv - \int v\mathrm{d}u.$$

5. 一些常用的结论

① $\int \tan x\mathrm{d}x = -\ln|\cos x|+C$；　② $\int \cot x\mathrm{d}x = \ln|\sin x|+C$；

③ $\int \sec x\mathrm{d}x = \ln|\sec x+\tan x|+C$；　④ $\int \csc x\mathrm{d}x = \ln|\csc x-\cot x|+C$；

⑤ $\int \frac{1}{a^2+x^2}\mathrm{d}x = \frac{1}{a}\arctan\frac{x}{a}+C$；　⑥ $\int \frac{1}{x^2-a^2}\mathrm{d}x = \frac{1}{2a}\ln\left|\frac{x-a}{x+a}\right|+C$；

⑦ $\int \frac{1}{a^2-x^2}\mathrm{d}x = \frac{1}{2a}\ln\left|\frac{a+x}{a-x}\right|+C$；　⑧ $\int \frac{1}{\sqrt{a^2-x^2}}\mathrm{d}x = \arcsin\frac{x}{a}+C$；

⑨ $\int \frac{1}{x^2\pm a^2}\mathrm{d}x = \ln|x+\sqrt{x^2\pm a^2}|+C.$

6. 一阶线性微分方程的通解

一阶齐次线性微分方程 $y'+p(x)y=0$ 的通解为

$$y = C\mathrm{e}^{-\int p(x)\mathrm{d}x}.$$

一阶非齐次线性微分方程 $y'+p(x)y=q(x)$ 的通解为

$$y = \mathrm{e}^{-\int p(x)\mathrm{d}x}\left(\int q(x)\mathrm{e}^{\int p(x)\mathrm{d}x}\mathrm{d}x+C\right).$$

教学基本要求

1. 理解原函数、不定积分的概念.
2. 掌握不定积分的性质，熟练掌握不定积分的基本公式.
3. 熟练掌握不定积分的计算方法.
4. 了解基础的微分方程及求解.

典型例题分析及求解

例 1 若 $f(x)$ 的一个原函数是 x^4，求 $f(x)$.

解 由题意知 $f(x)=4x^3$.

例 2 求 $\int d[f(x)]$ 及 $d\int f(x)dx$.

解 $\int d[f(x)]=f(x)+C$，$d\int f(x)dx=f(x)dx$.

例 3 设一曲线通过点$(-1,2)$，且该曲线上任意一点处切线的斜率等于该点横坐标的倒数，求此曲线方程.

解 设所求曲线方程为 $y=f(x)$，由题意有 $y'=\dfrac{1}{x}$，故

$$y=\int\frac{1}{x}dx=\ln|x|+C.$$

又因为该曲线通过点$(-1,2)$，代入上式得 $2=0+C$，所以 $C=2$. 于是所求曲线方程为

$$y=\ln|x|+2.$$

例 4 求下列不定积分：

(1) $\displaystyle\int\frac{x^2}{1+x^2}dx$； (2) $\displaystyle\int\frac{1}{4-x^2}dx$；

(3) $\displaystyle\int\frac{1}{\sqrt{3-2x}}dx$； (4) $\displaystyle\int\frac{x}{\sqrt{x-3}}dx$；

(5) $\displaystyle\int\frac{1}{\sqrt{4-x^2}}dx$； (6) $\displaystyle\int x\arctan x\,dx$；

(7) $\displaystyle\int e^x\sin x\,dx$； (8) $\displaystyle\int\arctan\sqrt{x}\,dx$.

解 (1) $\displaystyle\int\frac{x^2}{1+x^2}dx=\int\frac{1+x^2-1}{1+x^2}dx=\int\left(1-\frac{1}{1+x^2}\right)dx=x-\arctan x+C.$

(2)
$$\begin{aligned}\int\frac{1}{4-x^2}dx&=\int\frac{1}{(2+x)(2-x)}dx=\frac{1}{4}\int\left(\frac{1}{2+x}+\frac{1}{2-x}\right)dx\\&=\frac{1}{4}\left(\int\frac{1}{2+x}dx+\int\frac{1}{2-x}dx\right)=\frac{1}{4}(\ln|2+x|-\ln|2-x|)+C\\&=\frac{1}{4}\ln\left|\frac{2+x}{2-x}\right|+C.\end{aligned}$$

(3) $\displaystyle\int\frac{1}{\sqrt{3-2x}}dx=-\frac{1}{2}\int\frac{1}{\sqrt{3-2x}}d(3-2x)=-\sqrt{3-2x}+C.$

(4) 设 $t=\sqrt{x-3}$，则 $x=t^2+3$，$dx=2tdt$. 于是

$$\begin{aligned}\int\frac{x}{\sqrt{x-3}}dx&=\int\frac{t^2+3}{t}\cdot 2tdt=2\int(t^2+3)dt=2\left(\frac{1}{3}t^3+3t\right)+C\\&=\frac{2}{3}(\sqrt{x-3})^3+6\sqrt{x-3}+C=\frac{2}{3}(x+6)\sqrt{x-3}+C.\end{aligned}$$

(5) $\int \frac{1}{\sqrt{4-x^2}}\mathrm{d}x = \frac{1}{2}\int \frac{1}{\sqrt{1-\left(\frac{x}{2}\right)^2}}\mathrm{d}x = \int \frac{1}{\sqrt{1-\left(\frac{x}{2}\right)^2}}\mathrm{d}\left(\frac{x}{2}\right) = \arcsin\frac{x}{2} + C.$

(6) $\int x\arctan x\mathrm{d}x = \int \arctan x\mathrm{d}\left(\frac{1}{2}x^2\right) = \frac{1}{2}x^2\arctan x - \int \frac{1}{2}x^2\mathrm{d}(\arctan x)$

$$= \frac{1}{2}x^2\arctan x - \frac{1}{2}\int \frac{x^2}{1+x^2}\mathrm{d}x = \frac{1}{2}x^2\arctan x - \frac{1}{2}\int\left(1-\frac{1}{1+x^2}\right)\mathrm{d}x$$

$$= \frac{1}{2}x^2\arctan x - \frac{1}{2}x + \frac{1}{2}\arctan x + C.$$

(7) $\int \mathrm{e}^x\sin x\mathrm{d}x = \int \sin x\mathrm{d}(\mathrm{e}^x) = \mathrm{e}^x\sin x - \int \mathrm{e}^x\cos x\mathrm{d}x$

$$= \mathrm{e}^x\sin x - \int\cos x\mathrm{d}(\mathrm{e}^x) = \mathrm{e}^x\sin x - \mathrm{e}^x\cos x - \int \mathrm{e}^x\sin x\mathrm{d}x.$$

将$\int \mathrm{e}^x\sin x\mathrm{d}x$ 移项，得

$$2\int \mathrm{e}^x\sin x\mathrm{d}x = \mathrm{e}^x(\sin x - \cos x) + C,$$

因此

$$\int \mathrm{e}^x\sin x\mathrm{d}x = \frac{1}{2}\mathrm{e}^x(\sin x - \cos x) + C.$$

(8) 设 $t=\sqrt{x}$，则 $x=t^2$，$\mathrm{d}x = 2t\mathrm{d}t$. 于是

$$\int \arctan\sqrt{x}\,\mathrm{d}x = \int 2t\arctan t\mathrm{d}t = \int\arctan t\mathrm{d}(t^2) = t^2\arctan t - \int\frac{t^2}{1+t^2}\mathrm{d}t$$

$$= t^2\arctan t - \int\left(1-\frac{1}{1+t^2}\right)\mathrm{d}t = t^2\arctan t - t + \arctan t + C$$

$$= x\arctan\sqrt{x} - \sqrt{x} + \arctan\sqrt{x} + C.$$

例 5 求下列不定积分：

(1) $\int x\tan^2 x\mathrm{d}x$； (2) $\int x\arctan\sqrt{x}\,\mathrm{d}x$；

(3) $\int\frac{1}{(x+1)(x+2)(x+3)}\mathrm{d}x.$

解 (1) $\int x\tan^2 x\mathrm{d}x = \int x(\sec^2 x - 1)\mathrm{d}x = \int(x\sec^2 x - x)\mathrm{d}x = \int x\sec^2 x\mathrm{d}x - \int x\mathrm{d}x$

$$= \int x\mathrm{d}(\tan x) - \int x\mathrm{d}x = \left(x\tan x - \int\tan x\mathrm{d}x\right) - \frac{1}{2}x^2$$

$$= x\tan x + \ln|\cos x| - \frac{1}{2}x^2 + C.$$

(2) 设 $t=\sqrt{x}$，则 $x=t^2$，$\mathrm{d}x=2t\mathrm{d}t$. 于是

$$\int x\arctan\sqrt{x}\,\mathrm{d}x = 2\int t^3\arctan t\mathrm{d}t = \frac{1}{2}\int\arctan t\mathrm{d}(t^4)$$

$$= \frac{1}{2}\left(t^4\arctan t - \int\frac{t^4}{1+t^2}\mathrm{d}t\right) = \frac{1}{2}\left[t^4\arctan t - \int\frac{(t^4-1)+1}{1+t^2}\mathrm{d}t\right]$$

$$= \frac{1}{2}\left[t^4\arctan t - \int\left(t^2-1+\frac{1}{1+t^2}\right)\mathrm{d}t\right]$$

$$=\frac{1}{2}\left(t^4\arctan t-\frac{1}{3}t^3+t-\arctan t\right)+C$$
$$=\frac{1}{2}t^4\arctan t-\frac{1}{6}t^3+\frac{1}{2}t-\frac{1}{2}\arctan t+C$$
$$=\frac{1}{2}x^2\arctan\sqrt{x}-\frac{1}{6}x^{\frac{3}{2}}+\frac{1}{2}\sqrt{x}-\frac{1}{2}\arctan\sqrt{x}+C.$$

(3) 设$\dfrac{1}{(x+1)(x+2)(x+3)}=\dfrac{A}{x+1}+\dfrac{B}{x+2}+\dfrac{C}{x+3}$,则

$$\frac{1}{(x+1)(x+2)(x+3)}=\frac{(A+B+C)x^2+(5A+4B+3C)x+(6A+3B+2C)}{(x+1)(x+2)(x+3)}.$$

根据同次幂前系数相同,可知

$$\begin{cases}A+B+C=0,\\5A+4B+3C=0,\\6A+3B+2C=1,\end{cases}$$

解得 $A=\frac{1}{2},B=-1,C=\frac{1}{2}$. 于是

$$\int\frac{1}{(x+1)(x+2)(x+3)}\mathrm{d}x=\int\left[\frac{1}{2(x+1)}-\frac{1}{x+2}+\frac{1}{2(x+3)}\right]\mathrm{d}x$$
$$=\ln\frac{\sqrt{(x+1)(x+3)}}{x+2}+C.$$

例 6 求微分方程 $y'-2xy=\mathrm{e}^{x^2}\cos x$ 的通解.

解 **方法 1** (1) 一阶齐次线性微分方程 $y'-2xy=0$ 的通解为

$$y=C\mathrm{e}^{-\int p(x)\mathrm{d}x},\quad 即\quad y=C\mathrm{e}^{\int 2x\mathrm{d}x}=C\mathrm{e}^{x^2}.$$

(2) 令 $C=u(x)$.

(3) 设 $y'-2xy=\mathrm{e}^{x^2}\cos x$ 的通解为 $y=u(x)\mathrm{e}^{x^2}$,则

$$y'=u'(x)\mathrm{e}^{x^2}+2xu(x)\mathrm{e}^{x^2}.$$

(4) 将 y 及 y' 代入原微分方程,得

$$u'(x)\mathrm{e}^{x^2}+2xu(x)\mathrm{e}^{x^2}-2xu(x)\mathrm{e}^{x^2}=\mathrm{e}^{x^2}\cos x,$$

即 $u'(x)=\cos x$,两边积分得 $u(x)=\sin x+C$.

(5) 将 $u(x)=\sin x+C$ 代入 $y=u(x)\mathrm{e}^{x^2}$,得所求通解为

$$y=\mathrm{e}^{x^2}(\sin x+C).$$

方法 2 由 $p(x)=-2x,q(x)=\mathrm{e}^{x^2}\cos x$,根据一阶非齐次线性微分方程的通解公式得

$$y=\mathrm{e}^{-\int p(x)\mathrm{d}x}\left(\int q(x)\mathrm{e}^{\int p(x)\mathrm{d}x}\mathrm{d}x+C\right)=\mathrm{e}^{x^2}\left(\int\mathrm{e}^{x^2}\cos x\mathrm{e}^{-x^2}\mathrm{d}x+C\right)$$
$$=\mathrm{e}^{x^2}\left(\int\cos x\mathrm{d}x+C\right)=\mathrm{e}^{x^2}(\sin x+C).$$

例 7 求微分方程 $y'+2y=\mathrm{e}^x$ 在初始条件 $y\Big|_{x=0}=\frac{1}{3}$ 下的特解.

解 **方法 1** (1) 一阶齐次线性微分方程 $y'+2y=0$ 的通解为

$$y=C\mathrm{e}^{-\int p(x)\mathrm{d}x},\quad 即\quad y=C\mathrm{e}^{-\int 2\mathrm{d}x}=C\mathrm{e}^{-2x}.$$

(2) 令 $C=u(x)$.

(3) 设 $y'+2y=\mathrm{e}^x$ 的通解为 $y=u(x)\mathrm{e}^{-2x}$,则

$$y' = u'(x)e^{-2x} - 2u(x)e^{-2x}.$$

(4) 将 y 及 y' 代入原微分方程，得

$$u'(x)e^{-2x} - 2u(x)e^{-2x} + 2u(x)e^{-2x} = e^{x},$$

即 $u'(x) = e^{3x}$，两边积分得 $u(x) = \frac{1}{3}e^{3x} + C$.

(5) 将 $u(x) = \frac{1}{3}e^{3x} + C$ 代入 $y = u(x)e^{-2x}$，得所求通解为

$$y = \left(\frac{1}{3}e^{3x} + C\right)e^{-2x} = \frac{1}{3}e^{x} + Ce^{-2x}.$$

(6) 由初始条件 $y\Big|_{x=0} = \frac{1}{3}$，知 $C = 0$，因此 $y' + 2y = e^{x}$ 在初始条件 $y\Big|_{x=0} = \frac{1}{3}$ 下的特解为

$$y = \frac{1}{3}e^{x}.$$

方法 2 由 $p(x) = 2, q(x) = e^{x}$，根据一阶非齐次线性微分方程的通解公式得

$$y = e^{-\int p(x)dx}\left(\int q(x)e^{\int p(x)dx}dx + C\right) = e^{-2x}\left(\int e^{x}e^{2x}dx + C\right) = e^{-2x}\left(\int e^{3x}dx + C\right)$$

$$= e^{-2x}\left(\frac{1}{3}e^{3x} + C\right) = \frac{1}{3}e^{x} + Ce^{-2x}.$$

由初始条件 $y\Big|_{x=0} = \frac{1}{3}$，知 $C = 0$，因此 $y' + 2y = e^{x}$ 在初始条件 $y\Big|_{x=0} = \frac{1}{3}$ 下的特解为

$$y = \frac{1}{3}e^{x}.$$

自 测 题

1. 选择题：

(1) 若 $\int f(x)dx = x^2 + \sin x + C$，则 $f(x) = ($ $)$；

A. $x + 2\sin x$　　B. $2x + \sin x$

C. $x + 2\cos x$　　D. $2x + \cos x$

(2) 函数 $\cos 2x$ 的一个原函数为(　　)；

A. $\frac{1}{2}\sin 2x$　　B. $2\sin\frac{x}{2}$

C. $\frac{1}{2}\cos 2x$　　D. $2\cos\frac{1}{2}x$

(3) 经过点(1,2)，且切线斜率为 $2x$ 的曲线方程为(　　)；

A. $y = x^2 + 1$　　B. $y = x^3$

C. $y = x^2$　　D. $y = x^3 + 1$

(4) 下列等式正确的是(　　)；

A. $d\left[\int f(x)dx\right] = f(x)$　　B. $\int f'(x)dx = f(x)$

C. $\int \mathrm{d}f(x) = f(x) + C$　　D. $\left(\int f(x)\mathrm{d}x\right)' = f(x) + C$

(5) $\int \mathrm{d}[\sin(3-5x)] = ($　　$)$；

A. $\sin(3-5x) + C$　　B. $-\frac{1}{5}\cos(3-5x) + C$

C. $\cos(3-5x) + C$　　D. $-\frac{1}{5}\sin(3-5x) + C$

(6) 下列凑微分正确的是(　　)；

A. $\ln x\mathrm{d}x = \mathrm{d}\left(\frac{1}{x}\right)$　　B. $\frac{1}{\sqrt{1-x^2}} = \mathrm{d}(\sin x)$

C. $\mathrm{e}^x\mathrm{d}x = \mathrm{d}(\mathrm{e}^x)$　　D. $\frac{1}{x}\mathrm{d}x = \mathrm{d}\left(-\frac{1}{x^2}\right)$

(7) 如果 $F_1(x)$ 和 $F_2(x)$ 是 $f(x)$ 的两个不同的原函数，则 $\int[F_1(x) - F_2(x)]\mathrm{d}x$ 是(　　)；

A. $f(x) + C$　　B. 0　　C. 一次函数　　D. 常数

(8) $\int x\mathrm{e}^{-x}\mathrm{d}x = ($　　$)$；

A. $(x-1)\mathrm{e}^x + C$　　B. $(x-1)\mathrm{e}^x$

C. $(x+1)\mathrm{e}^x$　　D. $-(x+1)\mathrm{e}^{-x} + C$

(9) 微分方程 $y' - 3x^2 = 0$ 的通解为(　　)；

A. $y = x^3 + C$　　B. $y = x^3$

C. $y = 6x + C$　　D. $y = 6x$

(10) 在下列函数中，(　　)是微分方程 $y' - 4x^3 = 0$ 的特解.

A. $y = x^4 + C$　　B. $y = x^4$

C. $y = 12x^2 + C$　　D. $y = 12x^2$

2. 填空题：

(1) $\left(\int x^2\cos x\mathrm{d}x\right)' =$ __________，$\mathrm{d}\left(\int x^2\cos x\mathrm{d}x\right) =$ __________；

(2) 设 $F'(x) = f(x)$，则 $\int f(x+1)\mathrm{d}x =$ __________；

(3) 设 $\int f(x)\mathrm{d}x = F(x) + C$，则 $\int f(2x+1)\mathrm{d}x =$ __________；

(4) 函数 $f(x) = x^2$ 的积分曲线通过点 $(-1,2)$，则这条积分曲线在该点的切线方程为__________；

(5) $\int \frac{1}{4+x^2}\mathrm{d}x =$ __________；

(6) $\int \frac{1}{\sqrt{9-x^2}}\mathrm{d}x =$ __________；

(7) $\int \mathrm{e}^{f(x)}f'(x)\mathrm{d}x =$ __________；

(8) 若 $f'(x) = x^2$ 且 $f(1) = 1$，则 $f(x) =$ __________；

(9) 若 $f(x)$ 的一个原函数是 $\frac{\sin x}{x}$，则 $\int xf'(x)\mathrm{d}x =$ ________；

(10) 微分方程 $xy' + y = 0$ 的通解是________.

3. 求下列不定积分：

(1) $\int (x^2 - 1)(2x + 1)\mathrm{d}x$；

(2) $\int x(1 + x^2)^2\mathrm{d}x$；

(3) $\int \frac{1}{x(1 + \ln x)}\mathrm{d}x$；

(4) $\int \frac{1}{1 + \sqrt{3 - x}}\mathrm{d}x$；

(5) $\int \frac{x^2}{\sqrt{1 - x^2}}\mathrm{d}x$；

(6) $\int \mathrm{e}^x \sin x\mathrm{d}x$；

(7) $\int x^2 \sin 2x\mathrm{d}x$；

(8) $\int x^2 \cos x\mathrm{d}x$.

4. 求微分方程 $y' - \mathrm{e}^y \sin x = 0$ 的通解.

5. 求微分方程 $y' = 2x(y + 1)$ 的通解.

6. 求微分方程 $y' + 2xy = 2x\mathrm{e}^{-x^2}$ 的通解.

7. 求微分方程 $(1 + x^2)y' - 2xy = (1 + x^2)^2$ 的通解.

教材习题详解

1. 已知 $\int f(x)\mathrm{d}x = x^2 - \cos x + \ln 3 + C$，求 $f(x)$.

解 $f(x) = (x^2 - \cos x + \ln 3 + C)' = 2x + \sin x$.

2. 设 $F'(x) = f(x)$，求 $\int f(3x - 2)\mathrm{d}x$.

解 因 $F'(x) = f(x)$，则 $\int f(x)\mathrm{d}x = F(x) + C$，故

$$\int f(3x - 2)\mathrm{d}x = \frac{1}{3}\int f(3x - 2)\mathrm{d}(3x - 2) = \frac{1}{3}F(3x - 2) + C.$$

3. 计算 $\mathrm{d}\left(\int \mathrm{e}^x \cos 2x\mathrm{d}x\right)$.

解 根据不定积分的性质，

$$\mathrm{d}\left(\int \mathrm{e}^x \cos 2x\mathrm{d}x\right) = \mathrm{e}^x \cos 2x\mathrm{d}x.$$

4. 若 $f(x)$ 的一个原函数是 e^x，求 $\int f(x)\mathrm{d}x$.

解 因 $f(x)$ 的一个原函数是 e^x，故 $\int f(x)\mathrm{d}x = \mathrm{e}^x + C$.

5. 若 $f(x)$ 的一个原函数是 x^2，求 $f(x)$.

解 因 $f(x)$ 的一个原函数是 x^2，则 $\int f(x)\mathrm{d}x = x^2 + C$，故

$$f(x) = (x^2 + C)' = 2x.$$

6. 设曲线通过点$(-1,2)$，且曲线上任意一点处切线的斜率等于该点横坐标的倒数，求此曲线

方程.

解 设所求曲线方程为 $y=f(x)$. 因该曲线上任意一点处切线的斜率等于该点横坐标的倒数,根据导数的几何意义,有 $y'=\frac{1}{x}$,则 $y=\int\frac{1}{x}\mathrm{d}x=\ln|x|+C$.

又因该曲线通过点$(-1,2)$,有 $2=\ln|-1|+C=C$,故所求曲线方程为 $y=\ln|x|+2$.

7. 求下列不定积分:

(1) $\int\frac{x^4+1}{x^2+1}\mathrm{d}x$; (2) $\int\sin^2 x\mathrm{d}x$;

(3) $\int\frac{x^4-x^2}{1+x^2}\mathrm{d}x$; (4) $\int\frac{1+\sin 2x}{\sin x+\cos x}\mathrm{d}x$;

(5) $\int\frac{\cos 2x}{\sin^2 x\cos^2 x}\mathrm{d}x$; (6) $\int\frac{\mathrm{e}^{2x}-1}{\mathrm{e}^x+1}\mathrm{d}x$;

(7) $\int\frac{x^3+x-1}{x^2(1+x^2)}\mathrm{d}x$.

解 (1) $$\int\frac{x^4+1}{x^2+1}\mathrm{d}x=\int\frac{x^4-1+2}{x^2+1}\mathrm{d}x=\int\left(\frac{x^4-1}{x^2+1}+\frac{2}{x^2+1}\right)\mathrm{d}x=\int\frac{x^4-1}{x^2+1}\mathrm{d}x+\int\frac{2}{x^2+1}\mathrm{d}x$$
$$=\int\frac{(x^2+1)(x^2-1)}{x^2+1}\mathrm{d}x+\int\frac{2}{x^2+1}\mathrm{d}x=\int(x^2-1)\mathrm{d}x+\int\frac{2}{x^2+1}\mathrm{d}x$$
$$=\int(x^2-1)\mathrm{d}x+2\int\frac{1}{x^2+1}\mathrm{d}x=\frac{1}{3}x^3-x+2\arctan x+C.$$

(2) $$\int\sin^2 x\mathrm{d}x=\int\frac{1-\cos 2x}{2}\mathrm{d}x=\frac{1}{2}x-\frac{1}{4}\sin 2x+C.$$

(3) $$\int\frac{x^4-x^2}{1+x^2}\mathrm{d}x=\int\frac{x^4+x^2-2x^2}{1+x^2}\mathrm{d}x=\int\frac{x^2(x^2+1)-2(1+x^2)+2}{1+x^2}\mathrm{d}x$$
$$=\int\left(x^2-2+\frac{2}{1+x^2}\right)\mathrm{d}x=\frac{1}{3}x^3-2x+2\arctan x+C.$$

(4) $$\int\frac{1+\sin 2x}{\sin x+\cos x}\mathrm{d}x=\int\frac{\sin^2 x+\cos^2 x+2\sin x\cos x}{\sin x+\cos x}\mathrm{d}x=\int\frac{(\sin x+\cos x)^2}{\sin x+\cos x}\mathrm{d}x$$
$$=\int(\sin x+\cos x)\mathrm{d}x=-\cos x+\sin x+C.$$

(5) $$\int\frac{\cos 2x}{\sin^2 x\cos^2 x}\mathrm{d}x=\int\frac{\cos^2 x-\sin^2 x}{\sin^2 x\cos^2 x}\mathrm{d}x=\int\left(\frac{\cos^2 x}{\sin^2 x\cos^2 x}-\frac{\sin^2 x}{\sin^2 x\cos^2 x}\right)\mathrm{d}x$$
$$=\int\left(\frac{1}{\sin^2 x}-\frac{1}{\cos^2 x}\right)\mathrm{d}x=\int(\csc^2 x-\sec^2 x)\mathrm{d}x=-\cot x-\tan x+C.$$

(6) $$\int\frac{\mathrm{e}^{2x}-1}{\mathrm{e}^x+1}\mathrm{d}x=\int\frac{(\mathrm{e}^x+1)(\mathrm{e}^x-1)}{\mathrm{e}^x+1}\mathrm{d}x=\int(\mathrm{e}^x-1)\mathrm{d}x=\mathrm{e}^x-x+C.$$

(7) $$\int\frac{x^3+x-1}{x^2(1+x^2)}\mathrm{d}x=\int\frac{x(x^2+1)-1}{x^2(1+x^2)}\mathrm{d}x=\int\left[\frac{1}{x}-\frac{1}{x^2(1+x^2)}\right]\mathrm{d}x$$
$$=\int\left(\frac{1}{x}-\frac{1}{x^2}+\frac{1}{1+x^2}\right)\mathrm{d}x=\ln|x|+\frac{1}{x}+\arctan x+C.$$

8. 求下列不定积分:

(1) $\int(3x-2)^8\mathrm{d}x$; (2) $\int\frac{1}{\mathrm{e}^x-\mathrm{e}^{-x}}\mathrm{d}x$;

(3) $\int\frac{x}{\sqrt{1-2x^2}}\mathrm{d}x$; (4) $\int\frac{1}{x(1-\ln x)}\mathrm{d}x$;

(5) $\int \frac{1}{x^2-x-6}dx$.

解　(1) $\int (3x-2)^8 dx = \frac{1}{3}\int (3x-2)^8 d(3x-2) = \frac{1}{3}\cdot\frac{1}{9}(3x-2)^9 + C$

$$= \frac{1}{27}(3x-2)^9 + C.$$

(2) $\int \frac{1}{e^x-e^{-x}}dx = \int \frac{e^x}{e^{2x}-1}dx = \int \frac{1}{(e^x)^2-1}d(e^x) = \frac{1}{2}\ln\left|\frac{e^x-1}{e^x+1}\right| + C.$

(3) $\int \frac{x}{\sqrt{1-2x^2}}dx = -\frac{1}{4}\int \frac{1}{\sqrt{1-2x^2}}d(1-2x^2) = -\frac{1}{4}\cdot 2\sqrt{1-2x^2} + C$

$$= -\frac{1}{2}\sqrt{1-2x^2} + C.$$

(4) $\int \frac{1}{x(1-\ln x)}dx = -\int \frac{1}{1-\ln x}d(1-\ln x) = -\ln|1-\ln x| + C.$

(5) $\int \frac{1}{x^2-x-6}dx = \int \frac{1}{(x-3)(x+2)}dx = \frac{1}{5}\int\left(\frac{1}{x-3}-\frac{1}{x+2}\right)dx$

$$= \frac{1}{5}(\ln|x-3|-\ln|x+2|)+C = \frac{1}{5}\ln\left|\frac{x-3}{x+2}\right| + C.$$

9. 求下列不定积分：

(1) $\int x^2\sqrt{x-1}\,dx$;　　(2) $\int \frac{1}{x^2\sqrt{1-x^2}}dx$;

(3) $\int \frac{\sqrt{1-x^2}}{x}dx$;　　(4) $\int \frac{1}{x(1+\sqrt{x})}dx$;

(5) $\int \frac{1}{\sqrt{x}+\sqrt[3]{x}}dx$;　　(6) $\int \sqrt{1+e^x}\,dx$;

(7) $\int x\sqrt{4-x^2}\,dx$.

解　(1) 令 $\sqrt{x-1}=t$，则 $x=t^2+1$，$dx=2tdt$. 于是

$$\int x^2\sqrt{x-1}\,dx = \int (t^2+1)^2 t\cdot 2tdt = \int (2t^6+4t^4+2t^2)dt$$

$$= \frac{2}{7}t^7+\frac{4}{5}t^5+\frac{2}{3}t^3+C = \frac{2}{7}(x-1)^{\frac{7}{2}}+\frac{4}{5}(x-1)^{\frac{5}{2}}+\frac{2}{3}(x-1)^{\frac{3}{2}}+C.$$

(2) 令 $x=\sin t$，则 $dx=\cos tdt$. 于是

$$\int \frac{1}{x^2\sqrt{1-x^2}}dx = \int \frac{\cos t}{\sin^2 t\cos t}dt = \int \frac{1}{\sin^2 t}dt = \int \csc^2 t\,dt$$

$$= -\cot t + C = -\frac{\sqrt{1-x^2}}{x} + C.$$

(3) 令 $x=\sin t$，则 $dx=\cos tdt$. 于是

$$\int \frac{\sqrt{1-x^2}}{x}dx = \int \frac{\cos t}{\sin t}\cos tdt = \int \frac{\cos^2 t}{\sin t}dt = \int \frac{1-\sin^2 t}{\sin t}dt$$

$$= \int\left(\frac{1}{\sin t}-\sin t\right)dt = \ln|\csc t-\cot t| + \cos t + C$$

$$= \ln\left|\frac{1}{x}-\frac{\sqrt{1-x^2}}{x}\right| + \sqrt{1-x^2} + C.$$

(4) 令$\sqrt{x}=t$,则 $x=t^2$,$\mathrm{d}x=2t\mathrm{d}t$. 于是

$$\int\frac{1}{x(1+\sqrt{x})}\mathrm{d}x=2\int\frac{t}{t^2(1+t)}\mathrm{d}t=2\int\frac{1}{t(1+t)}\mathrm{d}t=2\int\left(\frac{1}{t}-\frac{1}{1+t}\right)\mathrm{d}t$$

$$=2\ln\left|\frac{t}{1+t}\right|+C=2\ln\left|\frac{\sqrt{x}}{1+\sqrt{x}}\right|+C.$$

(5) 令$\sqrt[6]{x}=t$,则 $x=t^6$,$\sqrt{x}=t^3$,$\sqrt[3]{x}=t^2$,$\mathrm{d}x=6t^5\mathrm{d}t$. 于是

$$\int\frac{1}{\sqrt{x}+\sqrt[3]{x}}\mathrm{d}x=6\int\frac{t^3}{t+1}\mathrm{d}t=6\int\frac{(t^3+1)-1}{t+1}\mathrm{d}t=6\int\left(t^2-t+1-\frac{1}{t+1}\right)\mathrm{d}t$$

$$=2t^3-3t^2+6t-6\ln|t+1|+C=2x^{\frac{1}{2}}-3x^{\frac{1}{3}}+6x^{\frac{1}{6}}-6\ln|x^{\frac{1}{6}}+1|+C.$$

(6) 令 $\sqrt{1+\mathrm{e}^x}=t$,则 $x=\ln(t^2-1)$,$\mathrm{d}x=\dfrac{2t}{t^2-1}\mathrm{d}t$. 于是

$$\int\sqrt{1+\mathrm{e}^x}\,\mathrm{d}x=\int t\frac{2t}{t^2-1}\mathrm{d}t=2\int\frac{t^2}{t^2-1}\mathrm{d}t=2\int\left(1+\frac{1}{t^2-1}\right)\mathrm{d}t$$

$$=2t+\ln\left|\frac{t-1}{t+1}\right|+C=2\sqrt{1+\mathrm{e}^x}+\ln\left|\frac{\sqrt{1+\mathrm{e}^x}-1}{\sqrt{1+\mathrm{e}^x}+1}\right|+C.$$

(7) 令 $x=2\sin t$,则 $\mathrm{d}x=2\cos t\mathrm{d}t$. 于是

$$\int x\sqrt{4-x^2}\,\mathrm{d}x=8\int\sin t\cos^2t\mathrm{d}t=-8\int\cos^2t\mathrm{d}(\cos t)=-\frac{8}{3}\cos^3t+C$$

$$=-\frac{8}{3}\left(\frac{\sqrt{4-x^2}}{2}\right)^3+C=-\frac{1}{3}(4-x^2)^{\frac{3}{2}}+C.$$

10. 求下列不定积分:

(1) $\int x\mathrm{e}^x\mathrm{d}x$;　　(2) $\int x^2\mathrm{e}^x\mathrm{d}x$;

(3) $\int\arcsin x\mathrm{d}x$;　　(4) $\int x\cos x\mathrm{d}x$;

(5) $\int 4x\sin x\cos x\mathrm{d}x$;　　(6) $\int 2x\sec^2x\mathrm{d}x$;

(7) $\int x^2\arctan\sqrt{x}\,\mathrm{d}x$;　　(8) $\int\mathrm{e}^x\cos x\mathrm{d}x$.

解 (1) $\int x\mathrm{e}^x\mathrm{d}x=\int x\mathrm{d}(\mathrm{e}^x)=x\mathrm{e}^x-\int\mathrm{e}^x\mathrm{d}x=x\mathrm{e}^x-\mathrm{e}^x+C.$

(2) $$\int x^2\mathrm{e}^x\mathrm{d}x=\int x^2\mathrm{d}(\mathrm{e}^x)=x^2\mathrm{e}^x-2\int x\mathrm{e}^x\mathrm{d}x=x^2\mathrm{e}^x-2\int x\mathrm{d}(\mathrm{e}^x)$$

$$=x^2\mathrm{e}^x-2\left(x\mathrm{e}^x-\int\mathrm{e}^x\mathrm{d}x\right)=x^2\mathrm{e}^x-2x\mathrm{e}^x+2\mathrm{e}^x+C$$

$$=(x^2-2x+2)\mathrm{e}^x+C.$$

(3) $$\int\arcsin x\mathrm{d}x=x\arcsin x-\int\frac{x}{\sqrt{1-x^2}}\mathrm{d}x=x\arcsin x+\frac{1}{2}\int\frac{1}{\sqrt{1-x^2}}\mathrm{d}(1-x^2)$$

$$=x\arcsin x+\frac{1}{2}\times 2\sqrt{1-x^2}+C=x\arcsin x+\sqrt{1-x^2}+C.$$

(4) $\int x\cos x\mathrm{d}x=\int x\mathrm{d}(\sin x)=x\sin x-\int\sin x\mathrm{d}x=x\sin x+\cos x+C.$

(5) $\int 4x\sin x\cos x\mathrm{d}x=2\int x\sin 2x\mathrm{d}x=\int x\mathrm{d}(-\cos 2x)$

$$=-x\cos 2x+\int\cos 2x\mathrm{d}x=-x\cos 2x+\frac{1}{2}\sin 2x+C.$$

(6) $\int 2x\sec^2 x\mathrm{d}x=2\int x\mathrm{d}(\tan x)=2\left(x\tan x-\int\tan x\mathrm{d}x\right)=2x\tan x+2\ln|\cos x|+C.$

(7) 设$\sqrt{x}=t$，则 $x=t^2$，$\mathrm{d}x=2t\mathrm{d}t$. 于是

$$\int x^2\arctan\sqrt{x}\mathrm{d}x=2\int t^5\arctan t\mathrm{d}t=\frac{1}{3}\int\arctan t\mathrm{d}(t^6)$$

$$=\frac{1}{3}\left(t^6\arctan t-\int\frac{t^6}{1+t^2}\mathrm{d}t\right)=\frac{1}{3}\left(t^6\arctan t-\int\frac{t^6-1+1}{1+t^2}\mathrm{d}t\right)$$

$$=\frac{1}{3}\left[t^6\arctan t-\int\left(t^4-t^2+1-\frac{1}{1+t^2}\right)\mathrm{d}t\right]$$

$$=\frac{1}{3}t^6\arctan t-\frac{1}{3}\left(\frac{1}{5}t^5-\frac{1}{3}t^3+t-\arctan t\right)+C$$

$$=\frac{1}{3}t^6\arctan t-\frac{1}{15}t^5+\frac{1}{9}t^3-\frac{1}{3}t+\frac{1}{3}\arctan t+C$$

$$=\frac{1}{3}x^3\arctan\sqrt{x}-\frac{1}{15}x^{\frac{5}{2}}+\frac{1}{9}x^{\frac{3}{2}}-\frac{1}{3}x^{\frac{1}{2}}+\frac{1}{3}\arctan\sqrt{x}+C.$$

(8) $\int \mathrm{e}^x\cos x\mathrm{d}x=\int\cos x\mathrm{d}(\mathrm{e}^x)=\mathrm{e}^x\cos x+\int\mathrm{e}^x\sin x\mathrm{d}x=\mathrm{e}^x\cos x+\int\sin x\mathrm{d}(\mathrm{e}^x)$

$$=\mathrm{e}^x\cos x+\left(\mathrm{e}^x\sin x-\int\mathrm{e}^x\cos x\mathrm{d}x\right)=\mathrm{e}^x\cos x+\mathrm{e}^x\sin x-\int\mathrm{e}^x\cos x\mathrm{d}x,$$

得

$$2\int\mathrm{e}^x\cos x\mathrm{d}x=\mathrm{e}^x\cos x+\mathrm{e}^x\sin x+C_1,$$

因此

$$\int\mathrm{e}^x\cos x\mathrm{d}x=\frac{1}{2}(\mathrm{e}^x\cos x+\mathrm{e}^x\sin x)+C\quad\left(C=\frac{1}{2}C_1\right).$$

11. 求下列微分方程的通解：

(1) $y'=\dfrac{1}{y}$；　　(2) $y'=2x(y+3)$；

(3) $y'=\mathrm{e}^{x-y}$；　　(4) $y^2\mathrm{d}x+x^2\mathrm{d}y=0$.

解 (1) 原微分方程可写为

$$\frac{\mathrm{d}y}{\mathrm{d}x}=\frac{1}{y},\quad 即\quad y\mathrm{d}y=\mathrm{d}x,$$

两边积分，$\int y\mathrm{d}y=\int\mathrm{d}x+C_1$，得所求通解为

$$\frac{1}{2}y^2=x+C_1,\quad 即\quad y^2=2x+C\quad(C=2C_1).$$

(2) 原微分方程可写为

$$\frac{\mathrm{d}y}{\mathrm{d}x}=2x(y+3),\quad 即\quad \frac{1}{y+3}\mathrm{d}y=2x\mathrm{d}x,$$

两边积分，$\int\frac{1}{y+3}\mathrm{d}y=\int 2x\mathrm{d}x+C_1$，得所求通解为

$$\ln|y+3|=x^2+C_1,\quad 即\quad y=C\mathrm{e}^{x^2}-3\quad(C=\pm\mathrm{e}^{C_1}).$$

(3) 原微分方程可写为

$$\frac{dy}{dx}=\frac{e^x}{e^y}, \quad 即 \quad e^y dy = e^x dx,$$

两边积分，$\int e^y dy = \int e^x dx + C$，得所求通解为

$$e^y = e^x + C.$$

(4) 原微分方程可写为

$$x^2 dy = -y^2 dx, \quad 即 \quad \frac{1}{y^2}dy = -\frac{1}{x^2}dx,$$

两边积分，$\int \frac{1}{y^2}dy = -\int \frac{1}{x^2}dx + C_1$，得所求通解为

$$-\frac{1}{y} = \frac{1}{x} + C_1, \quad 即 \quad \frac{1}{x}+\frac{1}{y} = C \quad (C = -C_1).$$

12. 解下列微分方程：

(1) $y' + \frac{1}{x^2}y = 0$； (2) $y' + 3y = e^{2x}$；

(3) $y' - \frac{1}{x}y = 1$； (4) $y' - \frac{2x}{1+x^2}y = 1 + x^2$.

解 (1) **方法 1** 原微分方程可写为

$$\frac{dy}{dx} = -\frac{y}{x^2}, \quad 即 \quad \frac{1}{y}dy = -\frac{1}{x^2}dx,$$

两边积分，$\int \frac{1}{y}dy = -\int \frac{1}{x^2}dx + C_1$，得所求通解为

$$\ln|y| = \frac{1}{x} + C_1, \quad 即 \quad y = Ce^{\frac{1}{x}} \quad (C = \pm e^{C_1}).$$

方法 2 由 $p(x) = \frac{1}{x^2}$，根据一阶齐次线性微分方程的通解公式得

$$y = Ce^{-\int p(x)dx} = Ce^{\frac{1}{x}}.$$

(2) **方法 1** ① 一阶齐次线性微分方程 $y' + 3y = 0$ 的通解为

$$y = Ce^{-\int p(x)dx}, \quad 即 \quad y = Ce^{-\int 3dx} = Ce^{-3x}.$$

② 令 $C = u(x)$.

③ 设 $y' + 3y = e^{2x}$ 的通解为 $y = u(x)e^{-3x}$，则 $y' = u'(x)e^{-3x} - 3u(x)e^{-3x}$.

④ 将 y 及 y' 代入原微分方程，得

$$u'(x)e^{-3x} - 3u(x)e^{-3x} + 3u(x)e^{-3x} = e^{2x}, \quad 即 \quad u'(x) = e^{5x},$$

两边积分得 $u(x) = \frac{1}{5}e^{5x} + C$.

⑤ 将 $u(x) = \frac{1}{5}e^{5x} + C$ 代入 $y = u(x)e^{-3x}$，得所求通解为

$$y = \left(\frac{1}{5}e^{5x} + C\right)e^{-3x} = \frac{1}{5}e^{2x} + Ce^{-3x}.$$

方法 2 由 $p(x) = 3, q(x) = e^{2x}$，根据一阶非齐次线性微分方程的通解公式得

$$y = e^{-\int p(x)dx}\left(\int q(x)e^{\int p(x)dx}dx + C\right) = e^{-3x}\left(\int e^{2x}e^{3x}dx + C\right) = e^{-3x}\left(\int e^{5x}dx + C\right)$$

$$= e^{-3x}\left(\frac{1}{5}e^{5x} + C\right) = \frac{1}{5}e^{2x} + Ce^{-3x}.$$

(3) 由 $p(x)=-\dfrac{1}{x}$，$q(x)=1$，根据一阶非齐次线性微分方程的通解公式得

$$y=\mathrm{e}^{-\int p(x)\mathrm{d}x}\left(\int q(x)\mathrm{e}^{\int p(x)\mathrm{d}x}\mathrm{d}x+C\right)=\mathrm{e}^{\ln x}\left(\int \mathrm{e}^{-\ln x}\mathrm{d}x+C\right)$$

$$=x\left(\int \frac{1}{x}\mathrm{d}x+C\right)=x(\ln x+C)=x\ln x+Cx.$$

(4) 由 $p(x)=-\dfrac{2x}{1+x^2}$，$q(x)=1+x^2$，根据一阶非齐次线性微分方程的通解公式得

$$y=\mathrm{e}^{-\int p(x)\mathrm{d}x}\left(\int q(x)\mathrm{e}^{\int p(x)\mathrm{d}x}\mathrm{d}x+C\right)=\mathrm{e}^{\ln(x^2+1)}\left[\int(1+x^2)\mathrm{e}^{-\ln(x^2+1)}\mathrm{d}x+C\right]$$

$$=(x^2+1)\left(\int \mathrm{d}x+C\right)=(x^2+1)(x+C).$$

第六章　定　积　分

内容提要

一、基本概念

1. 定积分的概念

定义 1.1　设函数 $f(x)$ 在区间 $[a,b]$ 上有定义，在 $[a,b]$ 内任意插入 $n-1$ 个分点：

$$a = x_0 < x_1 < x_2 < \cdots < x_{n-1} < x_n = b,$$

将区间 $[a,b]$ 分为 n 个小区间 $[x_{i-1},x_i]\,(i=1,2,\cdots,n)$，各小区间的长度为

$$\Delta x_i = x_i - x_{i-1}\quad(i=1,2,\cdots,n).$$

任取一点 $\xi_i \in [x_{i-1},x_i]$，做乘积 $f(\xi_i)\Delta x_i\,(i=1,2,\cdots,n)$，再做和

$$S_n = \sum_{i=1}^{n} f(\xi_i)\Delta x_i.$$

令 $\lambda = \max\limits_{1\leqslant i\leqslant n}\{\Delta x_i\} \to 0$（这时 $n\to\infty$），如果总和 S_n 的极限存在，且极限值与 $[a,b]$ 的分割以及点 ξ_i 的选取无关，则称函数 $f(x)$ 在区间 $[a,b]$ 上**可积**，称此极限值为函数 $f(x)$ 在区间 $[a,b]$ 上的**定积分**，记作 $\int_a^b f(x)\mathrm{d}x$，即

$$\int_a^b f(x)\mathrm{d}x = \lim_{\lambda\to 0}\sum_{i=1}^{n} f(\xi_i)\Delta x_i.$$

在定积分的定义中，规定：

① 当 $a=b$ 时，$\int_a^a f(x)\mathrm{d}x = 0$；

② $\int_a^b f(x)\mathrm{d}x = -\int_b^a f(x)\mathrm{d}x$.

定积分 $\int_a^b f(x)\mathrm{d}x$ 的几何意义是由曲线 $y=f(x)$，直线 $x=a$，$x=b$ 及 x 轴所围成的平面图形的面积的代数和，即 $\int_a^b f(x)\mathrm{d}x = S_1 - S_2 + S_3 - S_4 + S_5$，如图 6－1 所示.

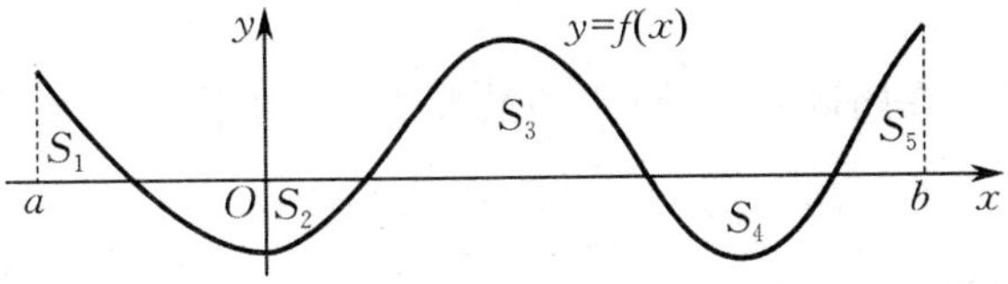

图 6－1

2. 变上限定积分

设函数 $f(x)$ 在区间 $[a,b]$ 上连续，则对于每一个给定的 $x\in[a,b]$，定积分 $\int_a^x f(t)\mathrm{d}t$ 都有一个确定的值与之对应，因此它在区间 $[a,b]$ 上定义了一个函数，记为

$$\Phi(x)=\int_a^x f(t)\mathrm{d}t,\quad x\in[a,b],$$

称为**变上限定积分**.

3. 无限区间上的广义积分

定义 4.1 设函数 $f(x)$ 在区间 $[a,+\infty)$ 上连续. 取 $b>a$，如果极限

$$\lim_{b\to+\infty}\int_a^b f(x)\mathrm{d}x$$

存在，则称此极限为 $f(x)$ 在区间 $[a,+\infty)$ 上的**广义积分**，记为

$$\int_a^{+\infty} f(x)\mathrm{d}x=\lim_{b\to+\infty}\int_a^b f(x)\mathrm{d}x.$$

此时也称**广义积分** $\int_a^{+\infty} f(x)\mathrm{d}x$ **存在**或**收敛**. 如果上述极限不存在，则称广义积分 $\int_a^{+\infty} f(x)\mathrm{d}x$ **发散**.

类似地，可以定义 $\int_{-\infty}^b f(x)\mathrm{d}x$ 和 $\int_{-\infty}^{+\infty} f(x)\mathrm{d}x$ 及其敛散性.

二、基本定理、重要公式及结论

1. 定积分存在定理

结论 1 若函数 $f(x)$ 在区间 $[a,b]$ 上连续，则 $f(x)$ 在 $[a,b]$ 上可积.

结论 2 若函数 $f(x)$ 在区间 $[a,b]$ 上只有有限个间断点且有界，则 $f(x)$ 在 $[a,b]$ 上可积.

2. 定积分的性质

性质 1.1 $\int_a^b[f(x)\pm g(x)]\mathrm{d}x=\int_a^b f(x)\mathrm{d}x\pm\int_a^b g(x)\mathrm{d}x.$

性质 1.2 $\int_a^b kf(x)\mathrm{d}x=k\int_a^b f(x)\mathrm{d}x$ （k 是常数）.

性质 1.3 $\int_a^b f(x)\mathrm{d}x=\int_a^c f(x)\mathrm{d}x+\int_c^b f(x)\mathrm{d}x.$

性质 1.4 $\int_a^b 1\mathrm{d}x=b-a.$

性质 1.5 若 $f(x)\geqslant 0(a\leqslant x\leqslant b)$，则 $\int_a^b f(x)\mathrm{d}x\geqslant 0.$

推论 1.1 若 $f(x)\leqslant g(x)(a\leqslant x\leqslant b)$，则 $\int_a^b f(x)\mathrm{d}x\leqslant\int_a^b g(x)\mathrm{d}x.$

性质 1.6 设 $f(x)$ 在闭区间 $[a,b]$ 上的最大值与最小值分别为 M 与 m，则

$$m(b-a)\leqslant\int_a^b f(x)\mathrm{d}x\leqslant M(b-a).$$

性质 1.7 如果函数 $f(x)$ 在区间 $[a,b]$ 上连续，则在 $[a,b]$ 内至少存在一点 ξ，使得

$$\int_a^b f(x)\mathrm{d}x = f(\xi)(b-a).$$

3. 微积分基本定理

定理 2.2(原函数存在定理)　如果 $f(x)$ 在区间 $[a,b]$ 上连续，则 $f(x)$ 在区间 $[a,b]$ 上的原函数一定存在，且变上限定积分

$$\Phi(x) = \int_a^x f(t)\mathrm{d}t$$

就是 $f(x)$ 在区间 $[a,b]$ 上的一个原函数，即

$$\Phi'(x) = \left[\int_a^x f(t)\mathrm{d}t\right]' = f(x),\quad x \in [a,b].$$

设 $g(x)$ 在区间 $[a,b]$ 上可导，则

$$\left[\int_a^{g(x)} f(t)\mathrm{d}t\right]' = f[g(x)]\cdot g'(x).$$

定理 2.3(牛顿-莱布尼茨公式)　设 $F(x)$ 是连续函数 $f(x)$ 在区间 $[a,b]$ 上的一个原函数，则

$$\int_a^b f(x)\mathrm{d}x = F(x)\Big|_a^b = F(b) - F(a).$$

牛顿-莱布尼茨公式成立的条件是被积函数在积分区间上连续，否则不能用此公式.

4. 定积分的计算

定理 3.1　设函数 $f(x)$ 在区间 $[a,b]$ 上连续，单值函数 $x=\varphi(t)$ 在 $[\alpha,\beta]$ 上有连续导数，当 t 在 $[\alpha,\beta]$ 上变动时，$\varphi(t)$ 的值在 $[a,b]$ 上变化，且 $\varphi(\alpha)=a$，$\varphi(\beta)=b$，则有定积分的换元积分公式：

$$\int_a^b f(x)\mathrm{d}x = \int_\alpha^\beta f[\varphi(t)]\varphi'(t)\mathrm{d}t.$$

结论 3　设 $f(x)$ 在区间 $[-a,a]\,(a>0)$ 上连续.

(1) 若 $f(x)$ 是区间 $[-a,a]$ 上的奇函数，则 $\int_{-a}^a f(x)\mathrm{d}x = 0$；

(2) 若 $f(x)$ 是区间 $[-a,a]$ 上的偶函数，则 $\int_{-a}^a f(x)\mathrm{d}x = 2\int_0^a f(x)\mathrm{d}x$.

定理 3.2　设函数 $u(x)$，$v(x)$ 在区间 $[a,b]$ 上有连续导数 $u'(x)$，$v'(x)$，则有定积分的分部积分公式：

$$\int_a^b u(x)\mathrm{d}[v(x)] = u(x)v(x)\Big|_a^b - \int_a^b v(x)\mathrm{d}[u(x)].$$

5. 定积分的应用

(1) 平面图形的面积.

用定积分计算平面图形的面积是定积分的重要应用之一.

当围成平面图形的边界曲线的函数形式不同时(见图 6-2，图 6-3)，可由下列公式计算其面积：

$$S = \int_a^b [f(x) - g(x)]\mathrm{d}x;\quad S = \int_c^d [\varphi(y) - \psi(y)]\mathrm{d}y.$$

(2) 经济应用(已知边际函数求总函数).

已知边际成本为 $C'(q)$，边际收入为 $R'(q)$，则

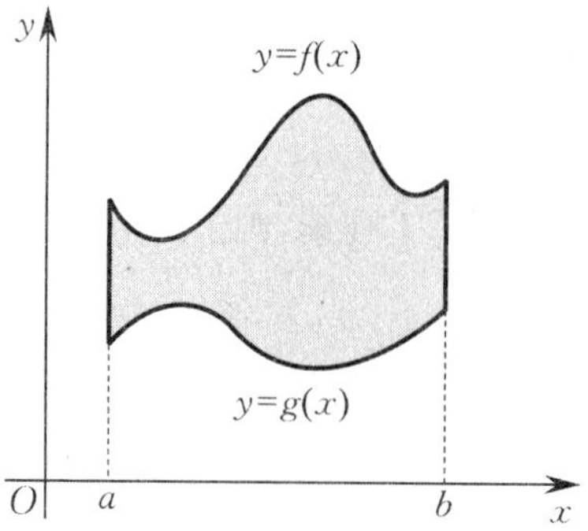

图 6－2

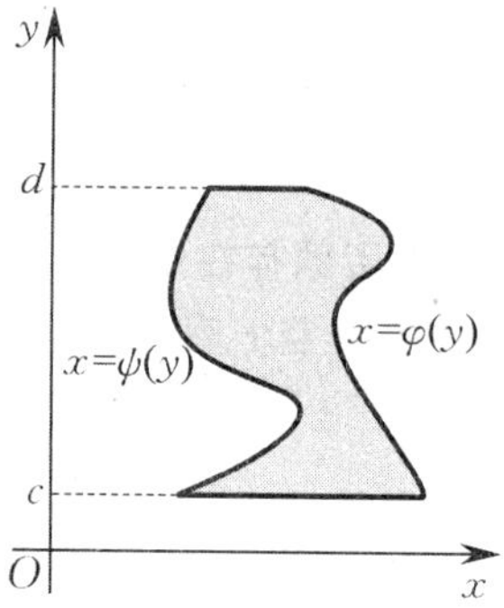

图 6－3

总成本函数为 $C(q)=\int_0^q C'(q)\mathrm{d}q+C_0$；

总收入函数为 $R(q)=\int_0^q R'(q)\mathrm{d}q$；

总利润函数为 $L(q)=\int_0^q [R'(q)-C'(q)]\mathrm{d}q-C_0$，

公式中 C_0 是固定成本.

教学基本要求

1. 理解定积分的概念与几何意义.
2. 掌握定积分的基本性质及积分中值定理.
3. 理解变上限定积分是积分上限的函数，掌握对变上限定积分求导数的方法.
4. 能熟练地运用牛顿-莱布尼茨公式计算定积分.
5. 熟练掌握定积分的换元积分法和分部积分法.
6. 了解无限区间上的广义积分的概念，会计算较简单的广义积分.
7. 会利用定积分计算平面图形的面积.
8. 了解定积分的经济应用.

典型例题分析及求解

例 1　设 $f(x)$ 是区间 $[a,b]$ 上的连续函数，则 $\int_a^b f(x)\mathrm{d}x-\int_a^b f(t)\mathrm{d}t$ 的值(　　).

A. <0　　B. $=0$　　C. >0　　D. 不能确定

解　由于定积分 $\int_a^b f(x)\mathrm{d}x$ 与积分变量所用字母无关，因此

$$\int_a^b f(x)\mathrm{d}x-\int_a^b f(t)\mathrm{d}t=\int_a^b f(x)\mathrm{d}x-\int_a^b f(x)\mathrm{d}x=0,$$

选 B.

例 2　下列积分中能用牛顿-莱布尼茨公式计算的是(　　).

A. $\int_{-1}^{1}\frac{dx}{|x|}$　　B. $\int_{\frac{1}{e}}^{1}\frac{dx}{x\ln x}$

C. $\int_{-1}^{1}\frac{dx}{\sqrt{4-x^2}}$　　D. $\int_{-1}^{1}\frac{dx}{\sqrt{x^2-1}}$

解　仅有选项 C 的被积函数是其积分区间$[-1,1]$上的连续函数,其他被积函数在其积分区间上均不连续,选 C.

例 3　下列广义积分收敛的是(　　).

A. $\int_{1}^{+\infty}\frac{1}{\sqrt{x}}dx$　　B. $\int_{1}^{+\infty}\frac{1}{x^2}dx$　　C. $\int_{1}^{+\infty}\sqrt{x}\,dx$　　D. $\int_{1}^{+\infty}\frac{1}{x}dx$

解　$\int_{1}^{+\infty}\frac{1}{x^{\lambda}}dx$ 当 $\lambda>1$ 时收敛,在选项 B 中,$\lambda=2$,故选 B.

例 4　比较定积分$\int_0^1\left(\frac{1}{3}\right)^x dx$与$\int_0^1\left(\frac{1}{3}\right)^{x^2}dx$的大小.

解　在区间$[0,1]$上,$x\geqslant x^2$,且只有在 $x=0$ 和 $x=1$ 两点处 $x=x^2$,因此

$$\int_0^1\left(\frac{1}{3}\right)^x dx<\int_0^1\left(\frac{1}{3}\right)^{x^2}dx.$$

例 5　计算下列定积分:

(1) $\int_0^{\pi}\sqrt{1-\sin^2 x}\,dx$;　　(2) $\int_0^{\frac{\pi}{2}}\cos^5 x\sin 2x\,dx$;

(3) $\int_4^9\frac{\sqrt{x}}{\sqrt{x}-1}dx$;　　(4) $\int_0^a\sqrt{a^2-x^2}\,dx\quad(a>0)$;

(5) $\int_0^{\frac{\pi}{2}}e^x\sin x\,dx$;　　(6) $\int_0^1 x\arcsin x\,dx$.

解　(1)
$$\begin{aligned}\int_0^{\pi}\sqrt{1-\sin^2 x}\,dx&=\int_0^{\pi}|\cos x|\,dx=\int_0^{\frac{\pi}{2}}\cos x\,dx+\int_{\frac{\pi}{2}}^{\pi}(-\cos x)\,dx\\&=\sin x\Big|_0^{\frac{\pi}{2}}-\sin x\Big|_{\frac{\pi}{2}}^{\pi}\\&=\left(\sin\frac{\pi}{2}-\sin 0\right)-\left(\sin\pi-\sin\frac{\pi}{2}\right)=2.\end{aligned}$$

(2)
$$\begin{aligned}\int_0^{\frac{\pi}{2}}\cos^5 x\sin 2x\,dx&=2\int_0^{\frac{\pi}{2}}\cos^6 x\sin x\,dx=-2\int_0^{\frac{\pi}{2}}\cos^6 x\,d(\cos x)\\&=-\frac{2}{7}\cos^7 x\Big|_0^{\frac{\pi}{2}}=\frac{2}{7}.\end{aligned}$$

(3) 令$\sqrt{x}=t$,则 $x=t^2$,$dx=2t\,dt$,且当 $x=4$ 时,$t=2$;当 $x=9$ 时,$t=3$. 于是

$$\begin{aligned}\int_4^9\frac{\sqrt{x}}{\sqrt{x}-1}dx&=\int_2^3\frac{2t^2\,dt}{t-1}=2\int_2^3\frac{t^2-1+1}{t-1}dt=2\int_2^3\left(1+t+\frac{1}{t-1}\right)dt\\&=2\left(t+\frac{1}{2}t^2+\ln|t-1|\right)\Big|_2^3=7+\ln 2.\end{aligned}$$

(4) 令 $x=a\sin t$,则 $dx=a\cos t\,dt$,且当 $x=0$ 时,$t=0$;当 $x=a$ 时,$t=\frac{\pi}{2}$. 于是

$$\int_0^a \sqrt{a^2-x^2}\,dx = \int_0^{\frac{\pi}{2}} \sqrt{a^2-a^2\sin^2 t}\cdot a\cos t\,dt = a^2\int_0^{\frac{\pi}{2}}\cos^2 t\,dt$$
$$= \frac{a^2}{2}\int_0^{\frac{\pi}{2}}(1+\cos 2t)\,dt = \frac{a^2}{2}\left(t+\frac{1}{2}\sin 2t\right)\Big|_0^{\frac{\pi}{2}} = \frac{\pi}{4}a^2.$$

(5) $$\int_0^{\frac{\pi}{2}} e^x\sin x\,dx = \int_0^{\frac{\pi}{2}}\sin x\,d(e^x) = e^x\sin x\Big|_0^{\frac{\pi}{2}} - \int_0^{\frac{\pi}{2}} e^x\,d(\sin x) = e^{\frac{\pi}{2}} - \int_0^{\frac{\pi}{2}} e^x\cos x\,dx$$
$$= e^{\frac{\pi}{2}} - \int_0^{\frac{\pi}{2}}\cos x\,d(e^x) = e^{\frac{\pi}{2}} - e^x\cos x\Big|_0^{\frac{\pi}{2}} + \int_0^{\frac{\pi}{2}} e^x\,d(\cos x)$$
$$= e^{\frac{\pi}{2}} + 1 - \int_0^{\frac{\pi}{2}} e^x\sin x\,dx.$$

移项，合并同类项得

$$\int_0^{\frac{\pi}{2}} e^x\sin x\,dx = \frac{1}{2}(e^{\frac{\pi}{2}}+1).$$

(6) 先用定积分的分部积分法，再用定积分的换元积分法. 设 $x=\sin t$，

$$\int_0^1 x\arcsin x\,dx = \frac{1}{2}\int_0^1\arcsin x\,d(x^2) = \frac{1}{2}x^2\arcsin x\Big|_0^1 - \frac{1}{2}\int_0^1\frac{x^2}{\sqrt{1-x^2}}dx$$
$$= \frac{\pi}{4} - \frac{1}{2}\int_0^{\frac{\pi}{2}}\frac{\sin^2 t}{\sqrt{1-\sin^2 t}}\cdot\cos t\,dt = \frac{\pi}{4} - \frac{1}{2}\int_0^{\frac{\pi}{2}}\sin^2 t\,dt$$
$$= \frac{\pi}{4} - \frac{1}{2}\int_0^{\frac{\pi}{2}}\frac{1-\cos 2t}{2}dt = \frac{\pi}{4} - \frac{1}{4}\left(t-\frac{1}{2}\sin 2t\right)\Big|_0^{\frac{\pi}{2}}$$
$$= \frac{\pi}{4} - \frac{1}{4}\left(\frac{\pi}{2}-0\right) = \frac{\pi}{8}.$$

例 6　求由曲线 $y^2=2x$ 和直线 $y=x-4$ 所围成的平面图形的面积.

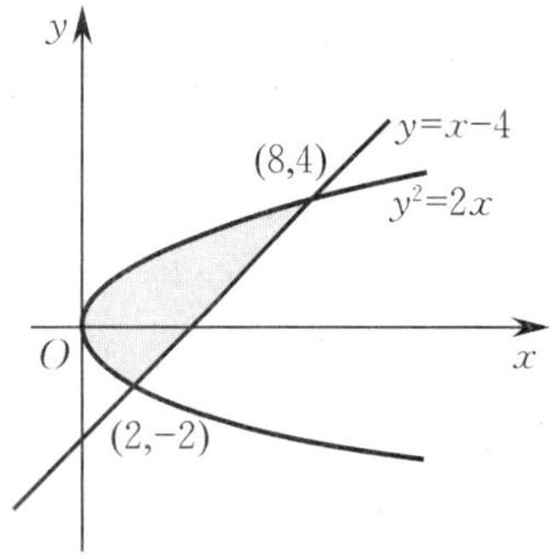

图 6-4

解　画出草图，如图 6-4 所示. 求出曲线 $y^2=2x$ 和直线 $y=x-4$ 的交点坐标分别为 (8,4) 和 (2，−2)，则所求面积为

$$S = \int_{-2}^4\left(y+4-\frac{y^2}{2}\right)dy = \left(\frac{y^2}{2}+4y-\frac{y^3}{6}\right)\Big|_{-2}^4 = 18.$$

如果以 x 为积分变量，则所求面积为

$$S = \int_0^2[\sqrt{2x}-(-\sqrt{2x})]\,dx + \int_2^8[\sqrt{2x}-(x-4)]\,dx$$
$$= \frac{4\sqrt{2}}{3}x^{\frac{3}{2}}\Big|_0^2 + \left(\frac{2\sqrt{2}}{3}x^{\frac{3}{2}} - \frac{x^2}{2} + 4x\right)\Big|_2^8 = 18.$$

例 7　已知边际成本函数为 $C'(x)=4x+3$，固定成本为 2，求：(1) 总成本函数；(2) 产量由 2 个单位增至 6 个单位时，总成本增加了多少？

解　(1) 总成本函数为

$$C(x) = C_0 + \int_0^x C'(x)\,dx = 2 + \int_0^x(4x+3)\,dx = 2x^2+3x+2.$$

(2) 产量由 2 个单位增至 6 个单位时，总成本的增量为

$$\Delta C = \int_2^6 C'(x)\,dx = \int_2^6(4x+3)\,dx = (2x^2+3x)\Big|_2^6 = 76.$$

自　测　题

1. 选择题：

(1) 下列定积分正确的是(　　)；

A. $\int_{-1}^{1} x^2 \mathrm{d}x = \frac{3}{2}$　　B. $\int_{-1}^{1} \frac{1}{x^2}\mathrm{d}x = 2$

C. $\int_{-1}^{1} x\mathrm{d}x = 2$　　D. $\int_{-1}^{1} \mathrm{d}x = 2$

(2) 设 $I_1 = \int_0^1 x\mathrm{d}x, I_2 = \int_0^1 x^2\mathrm{d}x$，则(　　)；

A. $I_1 \geqslant I_2$　　B. $I_1 > I_2$　　C. $I_1 \leqslant I_2$　　D. $I_1 < I_2$

(3) 设 $f(x)$ 是区间$[a,b]$上的连续函数，则$\int_a^b f(x)\mathrm{d}x - \int_a^b f(u)\mathrm{d}u$ 的值(　　)；

A. <0　　B. $=0$　　C. >0　　D. 不能确定

(4) $\int_{-2}^{3} |x-1|\mathrm{d}x =$ (　　)；

A. $\int_{-2}^{1}(x-1)\mathrm{d}x + \int_{1}^{3}(1-x)\mathrm{d}x$

B. $\int_{-2}^{1}(1-x)\mathrm{d}x + \int_{1}^{3}(x-1)\mathrm{d}x$

C. $\int_{-2}^{-1}(1-x)\mathrm{d}x + \int_{-1}^{3}(x-1)\mathrm{d}x$

D. $\int_{-2}^{-1}(x-1)\mathrm{d}x + \int_{-1}^{3}(1-x)\mathrm{d}x$

(5) 下列广义积分收敛的是(　　)；

A. $\int_1^{+\infty} \frac{1}{x}\mathrm{d}x$　　B. $\int_1^{+\infty} \sqrt{x}\mathrm{d}x$　　C. $\int_1^{+\infty} \frac{1}{x^2}\mathrm{d}x$　　D. $\int_1^{+\infty} \frac{1}{\sqrt{x}}\mathrm{d}x$

(6) 下列定积分中能用牛顿-莱布尼茨公式计算的是(　　)；

A. $\int_{-1}^{1} \frac{\mathrm{d}x}{|x|}$　　B. $\int_{\frac{1}{\mathrm{e}}}^{1} \frac{\mathrm{d}x}{x\ln x}$

C. $\int_{-1}^{1} \frac{\mathrm{d}x}{\sqrt{4-x^2}}$　　D. $\int_{-1}^{1} \frac{\mathrm{d}x}{\sqrt{x^2-1}}$

(7) 由曲线 $y=f(x)$，直线 $x=a, x=b(a<b)$ 及 x 轴所围成的平面图形的面积为(　　).

A. $\int_a^b f(x)\mathrm{d}x$　　B. $\int_a^b |f(x)|\mathrm{d}x$

C. $\left|\int_a^b f(x)\mathrm{d}x\right|$　　D. $-\int_a^b f(x)\mathrm{d}x$

2. 填空题：

(1) $\left(\int_0^1 \sqrt{1-x^2}\mathrm{d}x\right)' =$ __________；

(2) $\int_a^b f(x)\mathrm{d}x + \int_b^a f(x)\mathrm{d}x =$ __________；

(3) 由定积分的几何意义，$\int_0^1 \sqrt{1-x^2}\,dx =$ ________；

(4) 估计定积分的值：________ $< \int_0^1 e^{x^2}\,dx <$ ________；

(5) $\frac{d}{dx}\int_0^x e^t \cos t\,dt =$ ________；

(6) $\lim\limits_{x\to 0}\frac{\int_0^x \sin t^2\,dt}{x^3} =$ ________；

(7) $\int_{-1}^1 x^2 \sin x\,dx =$ ________.

3. 解答题：

(1) $\int_{-1}^7 \frac{1}{\sqrt{4+3x}}\,dx$；

(2) $\int_1^e \frac{1+\ln x}{x}\,dx$；

(3) $\int_0^1 \frac{\sqrt{x}}{1+x}\,dx$；

(4) $\int_{-1}^1 (x+2)\sqrt{1-x^2}\,dx$；

(5) $\int_0^1 x e^{-x}\,dx$；

(6) $\int_0^1 \arctan x\,dx$；

(7) $\int_e^{+\infty} \frac{1}{x(\ln x)^2}\,dx$.

4. 应用题：

(1) 求由曲线 $y = x^3$ 和直线 $y = x$ 所围成的平面图形的面积.

(2) 已知某商品的需求函数为 $Q = 150 - \frac{1}{3}p$，生产该商品的边际成本为 $C'(Q) = 0.8Q + 42$(元 / 单位)，固定成本为 $C_0 = 1\,240$(元)，问：产量为多少时，获利最大？最大利润是多少？

教材习题详解

1. 说明下列定积分的几何意义，并指出其值：

(1) $\int_0^1 (2x+1)\,dx$；

(2) $\int_0^{2\pi} \sin x\,dx$.

解 (1) 该定积分的几何意义是图 6 - 5 所示阴影面积，因此

$$\int_0^1 (2x+1)\,dx = \frac{1}{2}\times(1+3)\times 1 = 2.$$

(2) 该定积分的几何意义是图 6 - 6 所示阴影面积的代数和，由对称性知

$$\int_0^{2\pi} \sin x\,dx = 0.$$

2. 不计算比较下列积分值的大小：

(1) $\int_0^1 x\,dx$ 与 $\int_0^1 x^3\,dx$；

(2) $\int_1^3 x^2\,dx$ 与 $\int_1^3 x^3\,dx$.

解 (1) 由定积分的性质可知，在区间(0,1) 内 $x > x^3$，因此 $\int_0^1 x\,dx > \int_0^1 x^3\,dx$.

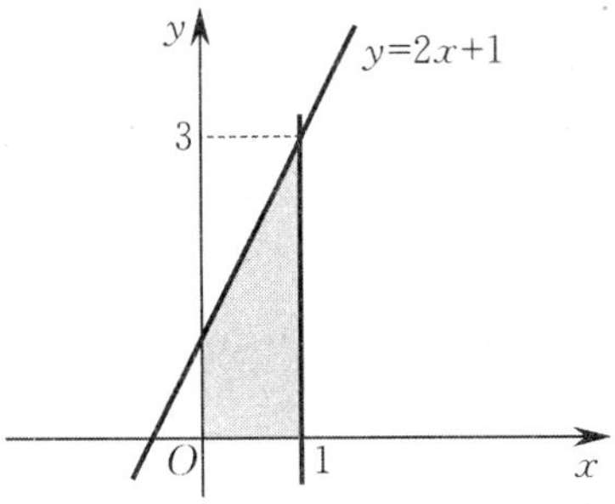

图 6－5

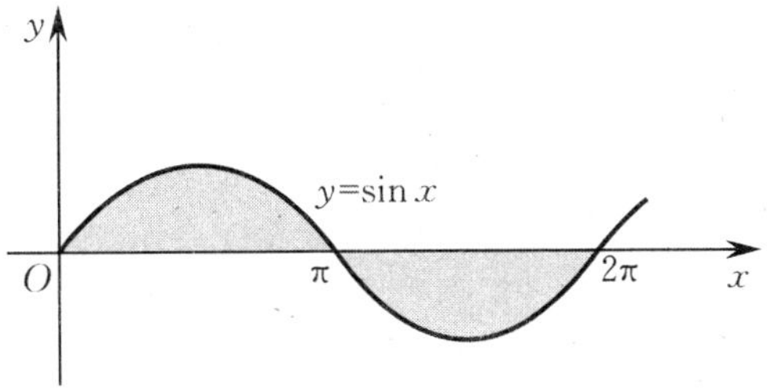

图 6－6

(2) 由定积分的性质可知，在区间(1,3) 内 $x^2 < x^3$，因此$\int_1^3 x^2\,dx < \int_1^3 x^3\,dx$.

3. 不计算估计下列定积分的值：

(1) $\int_0^1 (1+x^2)\,dx$；　　(2) $\int_{\frac{\pi}{2}}^{\pi} (1+\sin^2 x)\,dx$.

解 (1) 因为在区间[0,1]上 $1+x^2$ 的最大值为 2，最小值为 1，所以由定积分的估值定理可知

$$1 \leqslant \int_0^1 (1+x^2)\,dx \leqslant 2.$$

(2) 因为在区间$\left[\frac{\pi}{2},\pi\right]$上 $1+\sin^2 x$ 的最大值为 2，最小值为 1，所以由定积分的估值定理可知

$$\frac{\pi}{2} \leqslant \int_{\frac{\pi}{2}}^{\pi} (1+\sin^2 x)\,dx \leqslant \pi.$$

4. 求下列函数的导数：

(1) $f(x) = \int_0^x e^{-t^2}\,dt$；　　(2) $f(x) = \int_{\sqrt{x}}^1 \sqrt{1+t^2}\,dt$；

(3) $f(x) = \int_{\cos x}^{\sin x} (1-t^2)\,dt$；　　(4) $f(x) = \int_x^{e^x} \ln(1+t^2)\,dt$.

解 (1) $f'(x) = \frac{d}{dx}\int_0^x e^{-t^2}\,dt = e^{-x^2}$.

(2) 由于 $f(x) = \int_{\sqrt{x}}^1 \sqrt{1+t^2}\,dt = -\int_1^{\sqrt{x}} \sqrt{1+t^2}\,dt$，因此

$$f'(x) = -\frac{d}{dx}\int_1^{\sqrt{x}} \sqrt{1+t^2}\,dt = -\sqrt{1+x}\cdot\frac{1}{2\sqrt{x}} = -\frac{1}{2}\sqrt{\frac{1}{x}+1}.$$

(3) 由于

$$\begin{aligned} f(x) &= \int_{\cos x}^{\sin x} (1-t^2)\,dt = \int_{\cos x}^{0} (1-t^2)\,dt + \int_0^{\sin x} (1-t^2)\,dt \\ &= -\int_0^{\cos x} (1-t^2)\,dt + \int_0^{\sin x} (1-t^2)\,dt, \end{aligned}$$

因此

$$\begin{aligned} f'(x) &= \frac{d}{dx}\left[-\int_0^{\cos x} (1-t^2)\,dt\right] + \frac{d}{dx}\left[\int_0^{\sin x} (1-t^2)\,dt\right] \\ &= -(1-\cos^2 x)\cdot(-\sin x) + (1-\sin^2 x)\cdot\cos x = \sin^3 x + \cos^3 x. \end{aligned}$$

(4) 由于

$$f(x)=\int_x^0 \ln(1+t^2)\mathrm{d}t+\int_0^{e^x}\ln(1+t^2)\mathrm{d}t=-\int_0^x \ln(1+t^2)\mathrm{d}t+\int_0^{e^x}\ln(1+t^2)\mathrm{d}t,$$

因此

$$f'(x)=\frac{\mathrm{d}}{\mathrm{d}x}\left[-\int_0^x \ln(1+t^2)\mathrm{d}t\right]+\frac{\mathrm{d}}{\mathrm{d}x}\left[\int_0^{e^x}\ln(1+t^2)\mathrm{d}t\right]$$
$$=-\ln(1+x^2)+\ln(1+e^{2x})e^x=e^x\ln(1+e^{2x})-\ln(1+x^2).$$

5. 求下列极限：

(1) $\lim\limits_{x\to0}\dfrac{1}{x^3}\displaystyle\int_0^x \sin t^2\mathrm{d}t$；　(2) $\lim\limits_{x\to0}\dfrac{1}{x^2}\displaystyle\int_0^x \arctan t\mathrm{d}t$；

(3) $\lim\limits_{x\to0}\dfrac{1}{x^3}\displaystyle\int_0^x (\sqrt{1+t^2}-\sqrt{1-t^2})\mathrm{d}t$；(4) $\lim\limits_{x\to0}\dfrac{\int_0^x 2t\cos t\mathrm{d}t}{1-\cos x}$.

解　(1) 当 $x\to0$ 时，所求极限为 $\frac{0}{0}$ 型未定式，利用洛必达法则，有

$$\lim_{x\to0}\frac{1}{x^3}\int_0^x \sin t^2\mathrm{d}t=\lim_{x\to0}\frac{\sin x^2}{3x^2}=\frac{1}{3}\lim_{x\to0}\frac{\sin x^2}{x^2}=\frac{1}{3}.$$

(2) 当 $x\to0$ 时，所求极限为 $\frac{0}{0}$ 型未定式，利用洛必达法则，有

$$\lim_{x\to0}\frac{1}{x^2}\int_0^x \arctan t\mathrm{d}t=\lim_{x\to0}\frac{\arctan x}{2x}=\frac{1}{2}\lim_{x\to0}\frac{\arctan x}{x}$$
$$=\frac{1}{2}\lim_{x\to0}\frac{\frac{1}{1+x^2}}{1}=\frac{1}{2}.$$

(3) 当 $x\to0$ 时，所求极限为 $\frac{0}{0}$ 型未定式，利用洛必达法则，有

$$\lim_{x\to0}\frac{1}{x^3}\int_0^x (\sqrt{1+t^2}-\sqrt{1-t^2})\mathrm{d}t=\lim_{x\to0}\frac{\sqrt{1+x^2}-\sqrt{1-x^2}}{3x^2}$$
$$=\lim_{x\to0}\frac{(\sqrt{1+x^2}-\sqrt{1-x^2})(\sqrt{1+x^2}+\sqrt{1-x^2})}{3x^2(\sqrt{1+x^2}+\sqrt{1-x^2})}$$
$$=\lim_{x\to0}\frac{1+x^2-1+x^2}{3x^2(\sqrt{1+x^2}+\sqrt{1-x^2})}$$
$$=\frac{1}{3}\lim_{x\to0}\frac{2}{\sqrt{1+x^2}+\sqrt{1-x^2}}=\frac{1}{3}\times1=\frac{1}{3}.$$

(4) 当 $x\to0$ 时，所求极限为 $\frac{0}{0}$ 型未定式，利用洛必达法则，有

$$\lim_{x\to0}\frac{\int_0^x 2t\cos t\mathrm{d}t}{1-\cos x}=\lim_{x\to0}\frac{2x\cos x}{\sin x}=2\lim_{x\to0}\left(\frac{x}{\sin x}\cdot\cos x\right)=2.$$

6. 用牛顿-莱布尼茨公式计算下列定积分：

(1) $\displaystyle\int_0^1\sqrt{x}\,\mathrm{d}x$；　(2) $\displaystyle\int_{-1}^1(e^x-e^{-x})\mathrm{d}x$；

(3) $\displaystyle\int_1^e\frac{\ln x}{x}\mathrm{d}x$；　(4) $\displaystyle\int_0^{\frac{\pi}{2}}\left|\frac{1}{2}-\sin x\right|\mathrm{d}x$；

(5) $\displaystyle\int_{\frac{\pi}{4}}^{\frac{\pi}{3}}\frac{1}{\sin^2x\cos^2x}\mathrm{d}x$；　(6) $\displaystyle\int_{-1}^1\frac{1}{\sqrt{4-x^2}}\mathrm{d}x$；

(7) $\int_0^5 |1-x|\,dx$；(8) $\int_1^4 \left(\frac{\sqrt{x}-1}{\sqrt{x}}\right)^2 dx$.

解 (1) $\int_0^1 \sqrt{x}\,dx = \frac{2}{3}x^{\frac{3}{2}}\Big|_0^1 = \frac{2}{3}$.

(2) **方法 1** $\int_{-1}^1 (e^x - e^{-x})dx = (e^x + e^{-x})\Big|_{-1}^1 = 0$.

方法 2 由于 $f(x) = e^x - e^{-x}$ 为奇函数，因此 $\int_{-1}^1 (e^x - e^{-x})dx = 0$.

(3) $\int_1^e \frac{\ln x}{x}dx = \int_1^e \ln x\,d(\ln x) = \frac{1}{2}(\ln x)^2\Big|_1^e = \frac{1}{2}$.

(4) $\int_0^{\frac{\pi}{2}} \left|\frac{1}{2} - \sin x\right| dx = \int_0^{\frac{\pi}{6}} \left(\frac{1}{2} - \sin x\right)dx + \int_{\frac{\pi}{6}}^{\frac{\pi}{2}} \left(\sin x - \frac{1}{2}\right)dx$

$$= \left(\frac{1}{2}x + \cos x\right)\Big|_0^{\frac{\pi}{6}} - \left(\frac{1}{2}x + \cos x\right)\Big|_{\frac{\pi}{6}}^{\frac{\pi}{2}} = \sqrt{3} - 1 - \frac{\pi}{12}.$$

(5) $\int_{\frac{\pi}{4}}^{\frac{\pi}{3}} \frac{1}{\sin^2 x\cos^2 x}dx = \int_{\frac{\pi}{4}}^{\frac{\pi}{3}} \frac{\sin^2 x + \cos^2 x}{\sin^2 x\cos^2 x}dx = \int_{\frac{\pi}{4}}^{\frac{\pi}{3}} \left(\frac{1}{\cos^2 x} + \frac{1}{\sin^2 x}\right)dx$

$$= \int_{\frac{\pi}{4}}^{\frac{\pi}{3}} \sec^2 x\,dx + \int_{\frac{\pi}{4}}^{\frac{\pi}{3}} \csc^2 x\,dx = \tan x\Big|_{\frac{\pi}{4}}^{\frac{\pi}{3}} - \cot x\Big|_{\frac{\pi}{4}}^{\frac{\pi}{3}}$$

$$= \left(\tan\frac{\pi}{3} - \tan\frac{\pi}{4}\right) - \left(\cot\frac{\pi}{3} - \cot\frac{\pi}{4}\right) = \frac{2\sqrt{3}}{3}.$$

(6) $\int_{-1}^1 \frac{1}{\sqrt{4-x^2}}dx = \int_{-1}^1 \frac{1}{2}\cdot\frac{1}{\sqrt{1-\left(\frac{x}{2}\right)^2}}dx = \int_{-1}^1 \frac{1}{\sqrt{1-\left(\frac{x}{2}\right)^2}}d\left(\frac{x}{2}\right)$

$$= \arcsin\frac{x}{2}\Big|_{-1}^1 = \arcsin\frac{1}{2} - \arcsin\left(-\frac{1}{2}\right) = \frac{\pi}{3}.$$

(7) $\int_0^5 |1-x|\,dx = \int_0^1 (1-x)dx + \int_1^5 (x-1)dx = \left(x - \frac{1}{2}x^2\right)\Big|_0^1 + \left(\frac{1}{2}x^2 - x\right)\Big|_1^5 = \frac{17}{2}$.

(8) $\int_1^4 \left(\frac{\sqrt{x}-1}{\sqrt{x}}\right)^2 dx = \int_1^4 \left(1 - \frac{1}{\sqrt{x}}\right)^2 dx = \int_1^4 \left(1 - \frac{2}{\sqrt{x}} + \frac{1}{x}\right)dx$

$$= (x - 4\sqrt{x} + \ln x)\Big|_1^4 = \ln 4 - 1.$$

7. 用换元积分法计算下列定积分：

(1) $\int_1^2 \frac{1}{(3x-1)^2}dx$；(2) $\int_0^{3\sqrt{3}} \frac{1}{9+x^2}dx$；

(3) $\int_1^{e^2} \frac{1}{x\sqrt{1+\ln x}}dx$；(4) $\int_0^1 x e^{x^2} dx$；

(5) $\int_0^1 \frac{x}{1+x^2}dx$；(6) $\int_{-1}^0 \frac{1}{\sqrt{1-x}}dx$；

(7) $\int_0^2 \frac{x^3}{4+x^2}dx$；(8) $\int_1^e \frac{1+\ln x}{x}dx$；

(9) $\int_0^{\ln 2} \frac{e^x}{1+e^{2x}}dx$；(10) $\int_{\pi}^{2\pi} \frac{x+\cos x}{x^2+2\sin x}dx$；

(11) $\int_0^{\ln 2} \sqrt{e^x - 1}\,dx$；(12) $\int_0^8 \frac{1}{\sqrt[3]{x}+1}dx$；

(13) $\int_{\frac{5}{4}}^{1} \frac{1}{\sqrt{x-1}-1}\mathrm{d}x$；　　(14) $\int_{0}^{3} \frac{x}{1+\sqrt{x+1}}\mathrm{d}x$；

(15) $\int_{0}^{a} x^2\sqrt{a^2-x^2}\,\mathrm{d}x \quad (a>0)$；　　(16) $\int_{-1}^{1} (x+2)\sqrt{1-x^2}\,\mathrm{d}x$；

(17) $\int_{1}^{\sqrt{3}} \frac{1}{x^2\sqrt{1+x^2}}\mathrm{d}x$；　　(18) $\int_{\sqrt{2}}^{2} \frac{1}{x\sqrt{x^2-1}}\mathrm{d}x$；

(19) $\int_{-1}^{1} \frac{x+3}{x^2+2x+5}\mathrm{d}x$；　　(20) $\int_{\mathrm{e}}^{\mathrm{e}^6} \frac{\sqrt{3\ln x-2}}{x}\mathrm{d}x$.

解　(1) $\int_{1}^{2} \frac{1}{(3x-1)^2}\mathrm{d}x = \frac{1}{3}\int_{1}^{2} \frac{1}{(3x-1)^2}\mathrm{d}(3x-1) = -\frac{1}{3}\cdot\frac{1}{3x-1}\Big|_{1}^{2} = \frac{1}{10}$.

(2) $\int_{0}^{3\sqrt{3}} \frac{1}{9+x^2}\mathrm{d}x = \frac{1}{9}\int_{0}^{3\sqrt{3}} \frac{1}{1+\left(\frac{x}{3}\right)^2}\mathrm{d}x = \frac{1}{3}\int_{0}^{3\sqrt{3}} \frac{1}{1+\left(\frac{x}{3}\right)^2}\mathrm{d}\left(\frac{x}{3}\right)$

$$= \frac{1}{3}\arctan\frac{x}{3}\Big|_{0}^{3\sqrt{3}} = \frac{1}{3}(\arctan\sqrt{3}-\arctan 0) = \frac{\pi}{9}.$$

(3) $\int_{1}^{\mathrm{e}^2} \frac{1}{x\sqrt{1+\ln x}}\mathrm{d}x = \int_{1}^{\mathrm{e}^2} \frac{1}{\sqrt{1+\ln x}}\mathrm{d}(1+\ln x) = 2\sqrt{1+\ln x}\Big|_{1}^{\mathrm{e}^2} = 2\sqrt{3}-2$.

(4) $\int_{0}^{1} x\mathrm{e}^{x^2}\mathrm{d}x = \frac{1}{2}\int_{0}^{1}\mathrm{e}^{x^2}\mathrm{d}(x^2) = \frac{1}{2}\mathrm{e}^{x^2}\Big|_{0}^{1} = \frac{1}{2}(\mathrm{e}-1)$.

(5) $\int_{0}^{1} \frac{x}{1+x^2}\mathrm{d}x = \frac{1}{2}\int_{0}^{1} \frac{1}{1+x^2}\mathrm{d}(1+x^2) = \frac{1}{2}\ln(1+x^2)\Big|_{0}^{1} = \frac{1}{2}\ln 2$.

(6) $\int_{-1}^{0} \frac{1}{\sqrt{1-x}}\mathrm{d}x = -\int_{-1}^{0} \frac{1}{\sqrt{1-x}}\mathrm{d}(1-x) = -2\sqrt{1-x}\Big|_{-1}^{0} = 2(\sqrt{2}-1)$.

(7) $\int_{0}^{2} \frac{x^3}{4+x^2}\mathrm{d}x = \int_{0}^{2} \frac{x^3+4x-4x}{4+x^2}\mathrm{d}x = \int_{0}^{2}\left[\frac{x(4+x^2)}{4+x^2}-\frac{4x}{4+x^2}\right]\mathrm{d}x = \int_{0}^{2}\left(x-\frac{4x}{4+x^2}\right)\mathrm{d}x$

$$= \int_{0}^{2} x\mathrm{d}x - \int_{0}^{2} \frac{4x}{4+x^2}\mathrm{d}x = \int_{0}^{2} x\mathrm{d}x - 2\int_{0}^{2} \frac{1}{4+x^2}\mathrm{d}(4+x^2)$$

$$= \frac{x^2}{2}\Big|_{0}^{2} - 2\ln(4+x^2)\Big|_{0}^{2} = 2(1-\ln 2).$$

(8) $\int_{1}^{\mathrm{e}} \frac{1+\ln x}{x}\mathrm{d}x = \int_{1}^{\mathrm{e}}(1+\ln x)\mathrm{d}(1+\ln x) = \frac{1}{2}(1+\ln x)^2\Big|_{1}^{\mathrm{e}} = \frac{3}{2}$.

(9) $\int_{0}^{\ln 2} \frac{\mathrm{e}^x}{1+\mathrm{e}^{2x}}\mathrm{d}x = \int_{0}^{\ln 2} \frac{1}{1+(\mathrm{e}^x)^2}\mathrm{d}(\mathrm{e}^x) = \arctan \mathrm{e}^x\Big|_{0}^{\ln 2} = \arctan 2 - \arctan 1$

$$= \arctan 2 - \frac{\pi}{4}.$$

(10) $\int_{\pi}^{2\pi} \frac{x+\cos x}{x^2+2\sin x}\mathrm{d}x = \frac{1}{2}\int_{\pi}^{2\pi} \frac{1}{x^2+2\sin x}\mathrm{d}(x^2+2\sin x)$

$$= \frac{1}{2}\ln(x^2+2\sin x)\Big|_{\pi}^{2\pi} = \ln 2.$$

(11) 令 $\sqrt{\mathrm{e}^x-1}=t$，则 $x=\ln(1+t^2)$，$\mathrm{d}x=\frac{2t}{1+t^2}\mathrm{d}t$，且当 $x=0$ 时，$t=0$；当 $x=\ln 2$ 时，$t=1$. 于是

$$\int_{0}^{\ln 2}\sqrt{\mathrm{e}^x-1}\,\mathrm{d}x = \int_{0}^{1} \frac{2t^2}{1+t^2}\mathrm{d}t = 2\int_{0}^{1} \frac{1+t^2-1}{1+t^2}\mathrm{d}t = 2\int_{0}^{1}\left(1-\frac{1}{1+t^2}\right)\mathrm{d}t$$

$$= 2(t - \arctan t)\Big|_0^1 = 2 - \frac{\pi}{2}.$$

(12) 令$\sqrt[3]{x} = t$,则 $x = t^3$,$\mathrm{d}x = 3t^2\mathrm{d}t$,且当 $x = 0$ 时,$t = 0$;当 $x = 8$ 时,$t = 2$. 于是

$$\int_0^8 \frac{1}{\sqrt[3]{x}+1}\mathrm{d}x = \int_0^2 \frac{3t^2}{t+1}\mathrm{d}t = 3\int_0^2 \frac{t^2-1+1}{t+1}\mathrm{d}t = 3\int_0^2 \left(t-1+\frac{1}{t+1}\right)\mathrm{d}t$$

$$= 3\left[\frac{t^2}{2} - t + \ln(t+1)\right]\Big|_0^2 = 3\ln 3.$$

(13) 令 $\sqrt{x-1} = t$,则 $x = t^2+1$,$\mathrm{d}x = 2t\mathrm{d}t$,且当 $x = \frac{5}{4}$ 时,$t = \frac{1}{2}$;当 $x = 1$ 时,$t = 0$. 于是

$$\int_{\frac{5}{4}}^1 \frac{1}{\sqrt{x-1}-1}\mathrm{d}x = \int_{\frac{1}{2}}^0 \frac{2t}{t-1}\mathrm{d}t = 2\int_{\frac{1}{2}}^0 \frac{t-1+1}{t-1}\mathrm{d}t = 2\int_{\frac{1}{2}}^0 \left(1+\frac{1}{t-1}\right)\mathrm{d}t$$

$$= 2(t + \ln|t-1|)\Big|_{\frac{1}{2}}^0 = 2\ln 2 - 1.$$

(14) 令 $\sqrt{x+1} = t$,则 $x = t^2-1$,$\mathrm{d}x = 2t\mathrm{d}t$,且当 $x = 0$ 时,$t = 1$;当 $x = 3$ 时,$t = 2$. 于是

$$\int_0^3 \frac{x}{1+\sqrt{x+1}}\mathrm{d}x = \int_1^2 \frac{2t(t^2-1)}{1+t}\mathrm{d}t = \int_1^2 (2t^2-2t)\mathrm{d}t = \left(\frac{2}{3}t^3 - t^2\right)\Big|_1^2 = \frac{5}{3}.$$

(15) 令 $x = a\sin t$,则 $\mathrm{d}x = a\cos t\mathrm{d}t$,且当 $x = 0$ 时,$t = 0$;当 $x = a$ 时,$t = \frac{\pi}{2}$. 于是

$$\int_0^a x^2\sqrt{a^2-x^2}\,\mathrm{d}x = \int_0^{\frac{\pi}{2}} a^4\sin^2 t\cos^2 t\mathrm{d}t = a^4\int_0^{\frac{\pi}{2}} \frac{1}{4}\sin^2 2t\mathrm{d}t = \frac{a^4}{4}\int_0^{\frac{\pi}{2}} \frac{1-\cos 4t}{2}\mathrm{d}t$$

$$= \frac{a^4}{8}\int_0^{\frac{\pi}{2}} (1-\cos 4t)\mathrm{d}t = \frac{a^4}{8}\left(t - \frac{1}{4}\sin 4t\right)\Big|_0^{\frac{\pi}{2}} = \frac{\pi}{16}a^4.$$

(16) 令 $x = \sin t$,则 $\mathrm{d}x = \cos t\mathrm{d}t$,且当 $x = 0$ 时,$t = 0$;当 $x = 1$ 时,$t = \frac{\pi}{2}$. 于是

$$\int_{-1}^1 (x+2)\sqrt{1-x^2}\,\mathrm{d}x = \int_{-1}^1 (x\sqrt{1-x^2} + 2\sqrt{1-x^2})\mathrm{d}x$$

$$= \int_{-1}^1 x\sqrt{1-x^2}\,\mathrm{d}x + \int_{-1}^1 2\sqrt{1-x^2}\,\mathrm{d}x = 4\int_0^1 \sqrt{1-x^2}\,\mathrm{d}x$$

$$= 4\int_0^{\frac{\pi}{2}} \cos^2 t\mathrm{d}t = 4\int_0^{\frac{\pi}{2}} \frac{1+\cos 2t}{2}\mathrm{d}t$$

$$= 2\int_0^{\frac{\pi}{2}} \mathrm{d}t + \int_0^{\frac{\pi}{2}} \cos 2t\mathrm{d}(2t) = 2t\Big|_0^{\frac{\pi}{2}} + \sin 2t\Big|_0^{\frac{\pi}{2}} = \pi.$$

(17) 令 $x = \tan t$,则 $\mathrm{d}x = \sec^2 t\mathrm{d}t$,且当 $x = 1$ 时,$t = \frac{\pi}{4}$;当 $x = \sqrt{3}$ 时,$t = \frac{\pi}{3}$. 于是

$$\int_1^{\sqrt{3}} \frac{1}{x^2\sqrt{1+x^2}}\mathrm{d}x = \int_{\frac{\pi}{4}}^{\frac{\pi}{3}} \frac{\cos t}{\sin^2 t}\mathrm{d}t = \int_{\frac{\pi}{4}}^{\frac{\pi}{3}} \frac{1}{\sin^2 t}\mathrm{d}(\sin t) = -\frac{1}{\sin t}\Big|_{\frac{\pi}{4}}^{\frac{\pi}{3}} = \sqrt{2} - \frac{2\sqrt{3}}{3}.$$

(18) 令 $x = \sec t$,则 $\mathrm{d}x = \sec t\tan t\mathrm{d}t$,且当 $x = \sqrt{2}$ 时,$t = \frac{\pi}{4}$;当 $x = 2$ 时,$t = \frac{\pi}{3}$. 于是

$$\int_{\sqrt{2}}^2 \frac{1}{x\sqrt{x^2-1}}\mathrm{d}x = \int_{\frac{\pi}{4}}^{\frac{\pi}{3}} \frac{\sec t\tan t}{\sec t\tan t}\mathrm{d}t = \int_{\frac{\pi}{4}}^{\frac{\pi}{3}} \mathrm{d}t = t\Big|_{\frac{\pi}{4}}^{\frac{\pi}{3}} = \frac{\pi}{12}.$$

(19) $\displaystyle\int_{-1}^1 \frac{x+3}{x^2+2x+5}\mathrm{d}x = \int_{-1}^1 \frac{x+1}{x^2+2x+5}\mathrm{d}x + \int_{-1}^1 \frac{2}{4+(x+1)^2}\mathrm{d}x$

$$= \frac{1}{2}\int_{-1}^{1}\frac{1}{x^2+2x+5}\mathrm{d}(x^2+2x+5)+\int_{-1}^{1}\frac{1}{1+\left(\frac{x+1}{2}\right)^2}\mathrm{d}\left(\frac{x+1}{2}\right)$$

$$= \frac{1}{2}\ln|x^2+2x+5|\Big|_{-1}^{1}+\arctan\left(\frac{x+1}{2}\right)\Big|_{-1}^{1}=\frac{1}{2}\ln 2+\frac{\pi}{4}.$$

(20) $\displaystyle\int_{e}^{e^6}\frac{\sqrt{3\ln x-2}}{x}\mathrm{d}x=\frac{1}{3}\int_{e}^{e^6}\sqrt{3\ln x-2}\,\mathrm{d}(3\ln x-2)=\frac{2}{9}(3\ln x-2)^{\frac{3}{2}}\Big|_{e}^{e^6}=14.$

8. 用分部积分法计算下列定积分：

(1) $\displaystyle\int_0^1 x\mathrm{e}^{-x}\mathrm{d}x$；　　(2) $\displaystyle\int_{\frac{1}{e}}^{e}|\ln x|\mathrm{d}x$；

(3) $\displaystyle\int_0^1 x\arctan x\mathrm{d}x$；　　(4) $\displaystyle\int_0^{\frac{\pi}{2}} x\sin x\mathrm{d}x$；

(5) $\displaystyle\int_0^{e-1} x\ln(1+x)\mathrm{d}x$；　　(6) $\displaystyle\int_1^{e}(\ln x)^2\mathrm{d}x$；

(7) $\displaystyle\int_{e}^{e^2}\frac{\ln x}{(x-1)^2}\mathrm{d}x$；　　(8) $\displaystyle\int_0^{\sqrt{\ln 2}} x^3\mathrm{e}^{-x^2}\mathrm{d}x$；

(9) $\displaystyle\int_0^{\ln 2}\sqrt{1-\mathrm{e}^{-2x}}\mathrm{d}x$；　　(10) $\displaystyle\int_0^{\frac{\pi}{2}}\mathrm{e}^x\sin x\mathrm{d}x$.

解 (1) $\displaystyle\int_0^1 x\mathrm{e}^{-x}\mathrm{d}x=-\int_0^1 x\mathrm{d}(\mathrm{e}^{-x})=-x\mathrm{e}^{-x}\Big|_0^1+\int_0^1\mathrm{e}^{-x}\mathrm{d}x=-\mathrm{e}^{-1}-\int_0^1\mathrm{e}^{-x}\mathrm{d}(-x)$

$$=-\mathrm{e}^{-1}-\mathrm{e}^{-x}\Big|_0^1=1-\frac{2}{e}.$$

(2) $\displaystyle\int_{\frac{1}{e}}^{e}|\ln x|\mathrm{d}x=-\int_{\frac{1}{e}}^{1}\ln x\mathrm{d}x+\int_1^{e}\ln x\mathrm{d}x=-x\ln x\Big|_{\frac{1}{e}}^{1}+\int_{\frac{1}{e}}^{1}\mathrm{d}x+x\ln x\Big|_1^{e}-\int_1^{e}\mathrm{d}x$

$$=-\frac{1}{e}+x\Big|_{\frac{1}{e}}^{1}+e-x\Big|_1^{e}=2-\frac{2}{e}.$$

(3) $\displaystyle\int_0^1 x\arctan x\mathrm{d}x=\int_0^1\arctan x\mathrm{d}\left(\frac{1}{2}x^2\right)=\frac{1}{2}x^2\arctan x\Big|_0^1-\int_0^1\frac{1}{2}x^2\mathrm{d}(\arctan x)$

$$=\frac{\pi}{8}-\frac{1}{2}\int_0^1\frac{x^2}{1+x^2}\mathrm{d}x=\frac{\pi}{8}-\frac{1}{2}\int_0^1\left(1-\frac{1}{1+x^2}\right)\mathrm{d}x$$

$$=\frac{\pi}{8}-\frac{1}{2}(x-\arctan x)\Big|_0^1=\frac{1}{4}(\pi-2).$$

(4) $\displaystyle\int_0^{\frac{\pi}{2}}x\sin x\mathrm{d}x=\int_0^{\frac{\pi}{2}}x\mathrm{d}(-\cos x)=-x\cos x\Big|_0^{\frac{\pi}{2}}+\int_0^{\frac{\pi}{2}}\cos x\mathrm{d}x=\sin x\Big|_0^{\frac{\pi}{2}}=1.$

(5) $\displaystyle\int_0^{e-1}x\ln(1+x)\mathrm{d}x=\int_0^{e-1}\ln(1+x)\mathrm{d}\left(\frac{1}{2}x^2\right)=\frac{1}{2}x^2\ln(1+x)\Big|_0^{e-1}-\int_0^{e-1}\frac{1}{2}x^2\mathrm{d}[\ln(1+x)]$

$$=\frac{1}{2}(e-1)^2-\frac{1}{2}\int_0^{e-1}\frac{x^2}{1+x}\mathrm{d}x=\frac{1}{2}(e-1)^2-\frac{1}{2}\int_0^{e-1}\frac{x^2-1+1}{1+x}\mathrm{d}x$$

$$=\frac{1}{2}(e-1)^2-\frac{1}{2}\int_0^{e-1}\left(x-1+\frac{1}{1+x}\right)\mathrm{d}x$$

$$=\frac{1}{2}(e-1)^2-\frac{1}{2}\left[\frac{1}{2}x^2-x+\ln(1+x)\right]\Big|_0^{e-1}=\frac{1}{4}(e^2-3).$$

(6) $\displaystyle\int_1^{e}(\ln x)^2\mathrm{d}x=x(\ln x)^2\Big|_1^{e}-\int_1^{e}x\mathrm{d}[(\ln x)^2]=e-2\int_1^{e}\ln x\mathrm{d}x$

$$=e-2x\ln x\Big|_1^{e}+2\int_1^{e}x\mathrm{d}(\ln x)=-e+2\int_1^{e}\mathrm{d}x$$

$$=-\mathrm{e}+2x\Big|_1^{\mathrm{e}}=\mathrm{e}-2.$$

(7) $\displaystyle\int_{\mathrm{e}}^{\mathrm{e}^2}\frac{\ln x}{(x-1)^2}\mathrm{d}x=\int_{\mathrm{e}}^{\mathrm{e}^2}\ln x\mathrm{d}\left(-\frac{1}{x-1}\right)=-\frac{\ln x}{x-1}\Big|_{\mathrm{e}}^{\mathrm{e}^2}+\int_{\mathrm{e}}^{\mathrm{e}^2}\frac{1}{x-1}\mathrm{d}(\ln x)$

$$=\frac{1}{\mathrm{e}+1}+\int_{\mathrm{e}}^{\mathrm{e}^2}\frac{1}{x(x-1)}\mathrm{d}x=\frac{1}{\mathrm{e}+1}+\int_{\mathrm{e}}^{\mathrm{e}^2}\left(\frac{1}{x-1}-\frac{1}{x}\right)\mathrm{d}x$$

$$=\frac{1}{\mathrm{e}+1}+[\ln(x-1)-\ln x]\Big|_{\mathrm{e}}^{\mathrm{e}^2}=\ln(1+\mathrm{e})-\frac{\mathrm{e}}{1+\mathrm{e}}.$$

(8) $\displaystyle\int_0^{\sqrt{\ln 2}}x^3\mathrm{e}^{-x^2}\mathrm{d}x=-\frac{1}{2}\int_0^{\sqrt{\ln 2}}x^2\mathrm{d}(\mathrm{e}^{-x^2})=-\frac{1}{2}x^2\mathrm{e}^{-x^2}\Big|_0^{\sqrt{\ln 2}}+\frac{1}{2}\int_0^{\sqrt{\ln 2}}\mathrm{e}^{-x^2}\mathrm{d}(x^2)$

$$=-\frac{1}{4}\ln 2-\frac{1}{2}\int_0^{\sqrt{\ln 2}}\mathrm{e}^{-x^2}\mathrm{d}(-x^2)=-\frac{1}{4}\ln 2-\frac{1}{2}\mathrm{e}^{-x^2}\Big|_0^{\sqrt{\ln 2}}$$

$$=\frac{1}{4}(1-\ln 2).$$

(9) 令 $\sqrt{1-\mathrm{e}^{-2x}}=t$，则 $x=-\dfrac{1}{2}\ln|1-t^2|$，$\mathrm{d}x=\dfrac{t}{1-t^2}\mathrm{d}t$，且当 $x=0$ 时，$t=0$；当 $x=\ln 2$ 时，$t=\dfrac{\sqrt{3}}{2}$. 于是

$$\int_0^{\ln 2}\sqrt{1-\mathrm{e}^{-2x}}\mathrm{d}x=\int_0^{\frac{\sqrt{3}}{2}}\frac{t^2}{1-t^2}\mathrm{d}t=\int_0^{\frac{\sqrt{3}}{2}}\left(\frac{1}{1-t^2}-1\right)\mathrm{d}t$$

$$=\frac{1}{2}\ln\left|\frac{1+t}{1-t}\right|\Big|_0^{\frac{\sqrt{3}}{2}}-t\Big|_0^{\frac{\sqrt{3}}{2}}=-\frac{\sqrt{3}}{2}+\ln(2+\sqrt{3}).$$

(10) $\displaystyle\int_0^{\frac{\pi}{2}}\mathrm{e}^x\sin x\mathrm{d}x=\int_0^{\frac{\pi}{2}}\sin x\mathrm{d}(\mathrm{e}^x)=\mathrm{e}^x\sin x\Big|_0^{\frac{\pi}{2}}-\int_0^{\frac{\pi}{2}}\mathrm{e}^x\mathrm{d}(\sin x)=\mathrm{e}^{\frac{\pi}{2}}-\int_0^{\frac{\pi}{2}}\mathrm{e}^x\cos x\mathrm{d}x$

$$=\mathrm{e}^{\frac{\pi}{2}}-\int_0^{\frac{\pi}{2}}\cos x\mathrm{d}(\mathrm{e}^x)=\mathrm{e}^{\frac{\pi}{2}}-\mathrm{e}^x\cos x\Big|_0^{\frac{\pi}{2}}+\int_0^{\frac{\pi}{2}}\mathrm{e}^x\mathrm{d}(\cos x)$$

$$=\mathrm{e}^{\frac{\pi}{2}}+1-\int_0^{\frac{\pi}{2}}\mathrm{e}^x\sin x\mathrm{d}x,$$

移项，合并同类项得

$$\int_0^{\frac{\pi}{2}}\mathrm{e}^x\sin x\mathrm{d}x=\frac{1}{2}(\mathrm{e}^{\frac{\pi}{2}}+1).$$

9. 判别下列广义积分的敛散性：

(1) $\displaystyle\int_0^{+\infty}2\mathrm{e}^{-x}\mathrm{d}x$；　　(2) $\displaystyle\int_{\frac{\pi}{2}}^{+\infty}\frac{1}{x^2}\sin\frac{1}{x}\mathrm{d}x$；

(3) $\displaystyle\int_1^{+\infty}\frac{1}{\sqrt{x}}\mathrm{d}x$；　　(4) $\displaystyle\int_1^{+\infty}\frac{1}{x(1+x^2)}\mathrm{d}x$；

(5) $\displaystyle\int_0^{+\infty}x^3\mathrm{e}^{-x^2}\mathrm{d}x$；　　(6) $\displaystyle\int_0^{+\infty}\mathrm{e}^{-\sqrt{x}}\mathrm{d}x$.

解　(1) 由于

$$\int_0^{+\infty}2\mathrm{e}^{-x}\mathrm{d}x=-2\int_0^{+\infty}\mathrm{e}^{-x}\mathrm{d}(-x)=-2\mathrm{e}^{-x}\Big|_0^{+\infty}=-2\lim_{x\to+\infty}\mathrm{e}^{-x}+2=2,$$

因此 $\displaystyle\int_0^{+\infty}2\mathrm{e}^{-x}\mathrm{d}x$ 收敛.

(2) 由于

$$\int_{\frac{\pi}{2}}^{+\infty}\frac{1}{x^2}\sin\frac{1}{x}dx=-\int_{\frac{\pi}{2}}^{+\infty}\sin\frac{1}{x}d\left(\frac{1}{x}\right)=\cos\frac{1}{x}\Big|_{\frac{\pi}{2}}^{+\infty}$$

$$=\lim_{x\to+\infty}\cos\frac{1}{x}-\cos\frac{2}{\pi}=1-\cos\frac{2}{\pi},$$

因此$\int_{\frac{\pi}{2}}^{+\infty}\frac{1}{x^2}\sin\frac{1}{x}dx$收敛.

(3) 由于$\int_1^{+\infty}\frac{1}{\sqrt{x}}dx=2\sqrt{x}\Big|_1^{+\infty}=2\lim\limits_{x\to+\infty}\sqrt{x}-2=+\infty$,因此$\int_1^{+\infty}\frac{1}{\sqrt{x}}dx$发散.

(4) 由于

$$\int_1^{+\infty}\frac{1}{x(1+x^2)}dx=\int_1^{+\infty}\left(\frac{1}{x}-\frac{x}{1+x^2}\right)dx=\left[\ln x-\frac{1}{2}\ln(1+x^2)\right]\Big|_1^{+\infty}$$

$$=\lim_{x\to+\infty}\left[\ln x-\frac{1}{2}\ln(1+x^2)\right]-\left[\ln 1-\frac{1}{2}\ln(1+1^2)\right]$$

$$=\lim_{x\to+\infty}\ln\frac{x}{\sqrt{1+x^2}}+\frac{1}{2}\ln 2=\frac{1}{2}\ln 2,$$

因此$\int_1^{+\infty}\frac{1}{x(1+x^2)}dx$收敛.

(5) 由于

$$\int_0^{+\infty}x^3e^{-x^2}dx=-\frac{1}{2}\int_0^{+\infty}x^2d(e^{-x^2})=-\frac{1}{2}x^2e^{-x^2}\Big|_0^{+\infty}-\frac{1}{2}\int_0^{+\infty}e^{-x^2}d(-x^2)$$

$$=-\frac{1}{2}\lim_{x\to+\infty}\frac{x^2}{e^{x^2}}-\frac{1}{2}e^{-x^2}\Big|_0^{+\infty}=-\frac{1}{2}\lim_{x\to+\infty}e^{-x^2}+\frac{1}{2}=\frac{1}{2},$$

因此$\int_0^{+\infty}x^3e^{-x^2}dx$收敛.

(6) 令$\sqrt{x}=t$,则$x=t^2$,$dx=2tdt$,且当$x=0$时,$t=0$;当$x\to+\infty$时,$t\to+\infty$. 于是

$$\int_0^{+\infty}e^{-\sqrt{x}}dx=2\int_0^{+\infty}te^{-t}dt=-2\int_0^{+\infty}td(e^{-t})=-2te^{-t}\Big|_0^{+\infty}+2\int_0^{+\infty}e^{-t}dt$$

$$=-2\lim_{t\to+\infty}te^{-t}-2\int_0^{+\infty}e^{-t}d(-t)=-2\lim_{t\to+\infty}\frac{t}{e^t}-2e^{-t}\Big|_0^{+\infty}$$

$$=-2\lim_{t\to+\infty}\frac{1}{e^t}-2\lim_{t\to+\infty}e^{-t}+2=2,$$

因此$\int_0^{+\infty}e^{-\sqrt{x}}dx$收敛.

10. 求由下列曲线和直线所围成的平面图形的面积:

(1) $y=x^2$与$y=x$;　　(2) $y=x^2$与$y=2-x^2$;

(3) $y=\frac{1}{x}$与$y=x,x=2$;　　(4) $y=x^2$与$4y=x^2,y=1$;

(5) $y=x^3$与$y=2x$;　　(6) $y=x^2$与$y=\sqrt{x}$.

解　(1) 2个函数所围成区域如图6-7阴影部分所示,因此

$$S=\int_0^1(x-x^2)dx=\left(\frac{x^2}{2}-\frac{x^3}{3}\right)\Big|_0^1=\frac{1}{6}.$$

(2) 2个函数均为偶函数,所围成区域如图6-8阴影部分所示,因此

$$S=2\int_0^1(2-x^2-x^2)dx=4\left(x-\frac{1}{3}x^3\right)\Big|_0^1=\frac{8}{3}.$$

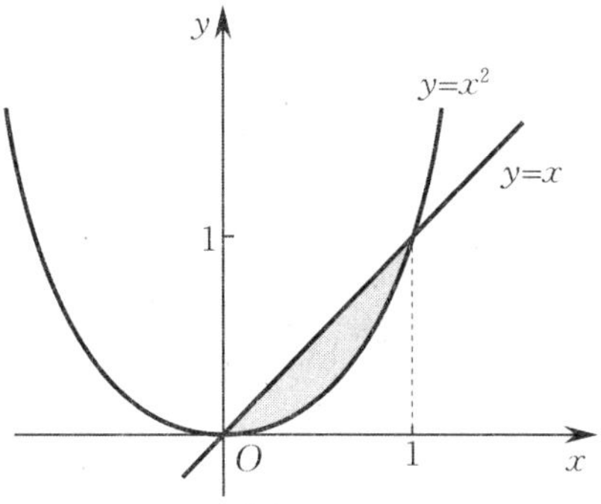

图 6-7

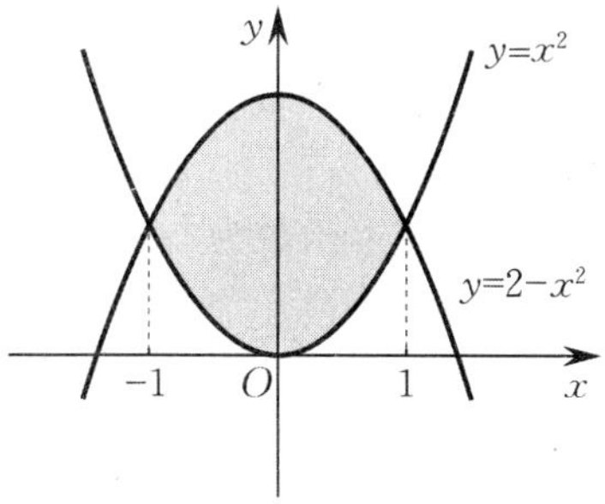

图 6-8

(3) 3 个函数所围成区域如图 6-9 阴影部分所示,因此

$$S=\int_1^2\left(x-\frac{1}{x}\right)\mathrm{d}x=\left(\frac{1}{2}x^2-\ln x\right)\bigg|_1^2=\frac{3}{2}-\ln 2.$$

(4) 3 个函数均为偶函数,所围成区域如图 6-10 阴影部分所示,因此

$$S=2\int_0^1(2\sqrt{y}-\sqrt{y})\mathrm{d}y=2\left(2\cdot\frac{2}{3}y^{\frac{3}{2}}\bigg|_0^1-\frac{2}{3}y^{\frac{3}{2}}\bigg|_0^1\right)=\frac{4}{3}.$$

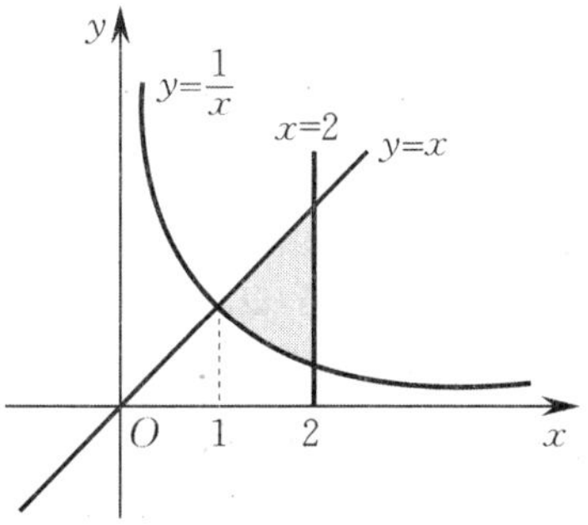

图 6-9

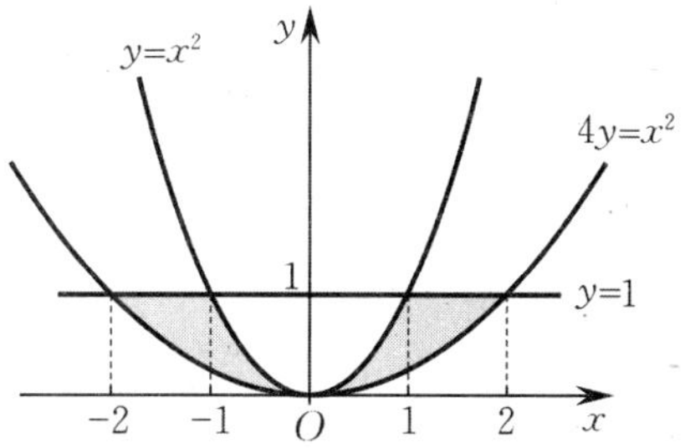

图 6-10

(5) 2 个函数所围成区域如图 6-11 阴影部分所示,因此

$$S=2\int_0^{\sqrt{2}}(2x-x^3)\mathrm{d}x=2\left(x^2-\frac{1}{4}x^4\right)\bigg|_0^{\sqrt{2}}=2.$$

(6) 2 个函数所围成区域如图 6-12 阴影部分所示,因此

$$S=\int_0^1(\sqrt{x}-x^2)\mathrm{d}x=\left(\frac{2}{3}x^{\frac{3}{2}}-\frac{1}{3}x^3\right)\bigg|_0^1=\frac{1}{3}.$$

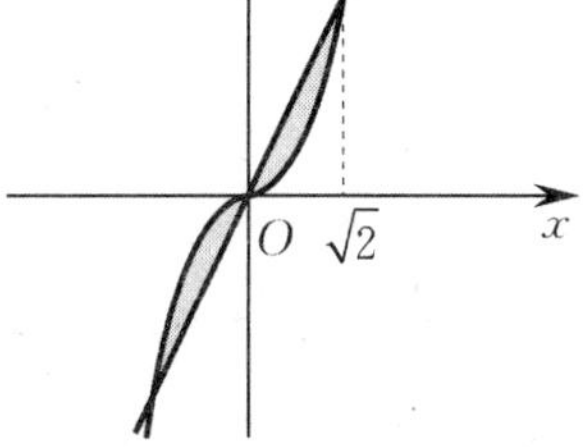

图 6-11

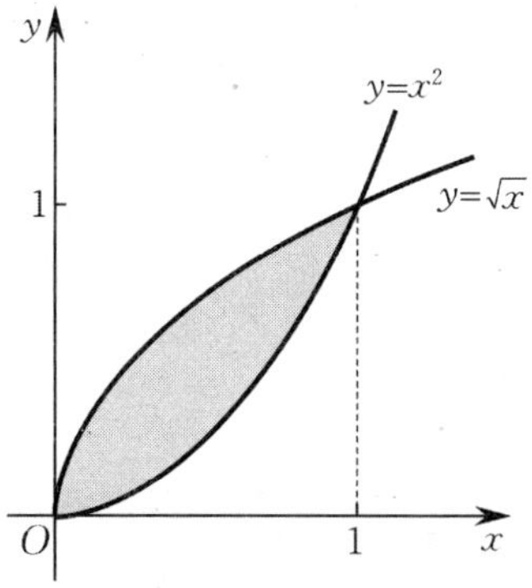

图 6-12

11. 某厂日产 q 吨产品的总成本为 $C(q)$ 万元，已知边际成本为 $C'(q)=5+\dfrac{25}{\sqrt{q}}$（万元 / 吨），固定成本为 10 万元，求：(1) 总成本函数；(2) 日产量从 64 吨增加到 100 吨时的总成本的增量.

解　(1) 总成本函数为

$$C(q)=C_0+\int_0^q C'(q)\mathrm{d}q=10+\int_0^q\left(5+\frac{25}{\sqrt{q}}\right)\mathrm{d}q$$

$$=10+(5q+50\sqrt{q})\Big|_0^q=5q+50\sqrt{q}+10.$$

(2) 日产量从 64 吨增加到 100 吨时的总成本的增量为

$$\Delta C=\int_{64}^{100}C'(q)\mathrm{d}q=\int_{64}^{100}\left(5+\frac{25}{\sqrt{q}}\right)\mathrm{d}q=(5q+50\sqrt{q})\Big|_{64}^{100}=280(\text{万元}).$$

12. 已知某商品的需求函数为 $Q=150-\dfrac{1}{3}p$，生产该商品的边际成本为 $C'(Q)=0.8Q+42$（元 / 单位），固定成本为 $C_0=1\ 240$ 元，问：产量为多少时，总利润最大？最大利润是多少？

解　总成本函数为

$$C(Q)=C_0+\int_0^Q C'(Q)\mathrm{d}Q=1\ 240+\int_0^Q(0.8Q+42)\mathrm{d}Q=0.4Q^2+42Q+1\ 240,$$

总收入函数为

$$R(Q)=pQ=(450-3Q)Q=-3Q^2+450Q,$$

总利润函数为

$$L(Q)=R(Q)-C(Q)=-3.4Q^2+408Q-1\ 240.$$

由 $L'(Q)=-6.8Q+408=0$，得唯一驻点 $Q=60$，又 $L''(Q)=-6.8<0$，因此是极大值点，也是最大值点. 因此，产量为 60 个单位时，总利润最大，且最大利润为

$$L(60)=11\ 000(\text{元}).$$

第七章　多元函数微分学

内容提要

一、基本概念

1. 多元函数的概念

定义 1.2　设 D 是 xOy 平面上的一个区域. 如果对于 D 中的任意一点 (x,y)，按照某种对应规则 f，都有唯一确定的数值 z 与点 (x,y) 对应，则称变量 z 是变量 x,y 的**二元函数**，记作

$$z=f(x,y),\quad (x,y)\in D,$$

其中 x,y 称为**自变量**，z 称为**因变量**，区域 D 称为函数 $f(x,y)$ 的**定义域**.

类似地，可定义三元函数以及三元以上的函数，这些函数统称为**多元函数**.

2. 二元函数的极限

定义 1.3　设函数 $z=f(x,y)$ 在点 (x_0,y_0) 的某个邻域内有定义(点 (x_0,y_0) 可除外)，点 (x,y) 是该邻域内的任意一点，当点 (x,y) 以任何方式无限接近于点 (x_0,y_0) 时，函数 $f(x,y)$ 无限趋近于一个确定的常数 A，则称 A 为函数 $f(x,y)$ 当 $x\to x_0,y\to y_0$ 时的**极限**，记作

$$\lim_{\substack{x\to x_0\\ y\to y_0}}f(x,y)=A\quad 或\quad f(x,y)\to A\quad (x\to x_0,y\to y_0).$$

3. 二元函数的连续

定义 1.4　设函数 $z=f(x,y)$ 在点 (x_0,y_0) 的某个邻域内有定义. 如果有

$$\lim_{\substack{x\to x_0\\ y\to y_0}}f(x,y)=f(x_0,y_0),$$

则称函数 $z=f(x,y)$ 在点 (x_0,y_0) 处**连续**，点 (x_0,y_0) 称为函数 $z=f(x,y)$ 的**连续点**；否则，称函数 $z=f(x,y)$ 在点 (x_0,y_0) 处**间断**，点 (x_0,y_0) 称为函数 $z=f(x,y)$ 的**间断点**.

如果函数 $z=f(x,y)$ 在平面区域 D 上每一点处都连续，则称该函数在区域 D 上连续.

4. 偏导数的概念

定义 2.1　设函数 $z=f(x,y)$ 在点 (x_0,y_0) 的某一邻域内有定义. 固定自变量 $y=y_0$，而自变量 x 从 x_0 改变到 $x_0+\Delta x$，如果极限

$$\lim_{\Delta x\to 0}\frac{f(x_0+\Delta x,y_0)-f(x_0,y_0)}{\Delta x}$$

存在，则称此极限值为函数 $z=f(x,y)$ 在点 (x_0,y_0) 处关于 x 的**偏导数**，记作

$$f'_x(x_0,y_0),\quad \frac{\partial f(x_0,y_0)}{\partial x},\quad \left.\frac{\partial z}{\partial x}\right|_{\substack{x=x_0\\y=y_0}}\quad 或\quad \left.z'_x\right|_{\substack{x=x_0\\y=y_0}}.$$

类似地，如果极限

$$\lim_{\Delta y\to 0}\frac{f(x_0,y_0+\Delta y)-f(x_0,y_0)}{\Delta y}$$

存在，则称此极限值为函数 $f(x,y)$ 在点 (x_0,y_0) 处关于 y 的**偏导数**，记作

$$f'_y(x_0,y_0),\quad \frac{\partial f(x_0,y_0)}{\partial y},\quad \left.\frac{\partial z}{\partial y}\right|_{\substack{x=x_0\\y=y_0}}\quad 或\quad \left.z'_y\right|_{\substack{x=x_0\\y=y_0}}.$$

如果在区域 D 内每一点 (x,y) 处，$f'_x(x,y)$ 都存在，则对于 D 内的每一点 (x,y) 都有一个偏导数与它对应，这种对应关系所确定的函数称为 $z=f(x,y)$ 关于自变量 x 的**偏导函数**，简称**偏导数**，记作

$$f'_x(x,y),\quad \frac{\partial f(x,y)}{\partial x},\quad \frac{\partial z}{\partial x}\quad 或\quad z'_x.$$

类似地，函数 $z=f(x,y)$ 关于自变量 y 的偏导函数记作

$$f'_y(x,y),\quad \frac{\partial f(x,y)}{\partial y},\quad \frac{\partial z}{\partial y}\quad 或\quad z'_y.$$

5. 二阶偏导数

设函数 $z=f(x,y)$ 在区域 D 内处处具有偏导数 $\frac{\partial z}{\partial x},\frac{\partial z}{\partial y}$，它们仍是 x,y 的二元函数. 如果 $\frac{\partial z}{\partial x},\frac{\partial z}{\partial y}$ 对自变量 x 和 y 的偏导数也存在，则称它们的偏导数为 $f(x,y)$ 的**二阶偏导数**，记作

$$\frac{\partial^2 z}{\partial x^2}=\frac{\partial}{\partial x}\left(\frac{\partial z}{\partial x}\right),\quad \frac{\partial^2 z}{\partial x\partial y}=\frac{\partial}{\partial y}\left(\frac{\partial z}{\partial x}\right),$$
$$\frac{\partial^2 z}{\partial y^2}=\frac{\partial}{\partial y}\left(\frac{\partial z}{\partial y}\right),\quad \frac{\partial^2 z}{\partial y\partial x}=\frac{\partial}{\partial x}\left(\frac{\partial z}{\partial y}\right),$$

或简记为 $z''_{xx},z''_{xy},z''_{yy},z''_{yx}$ 或 $f''_{xx},f''_{xy},f''_{yy},f''_{yx}$，其中 $\frac{\partial^2 z}{\partial x\partial y},\frac{\partial^2 z}{\partial y\partial x}$ 称为**二阶混合偏导数**.

类似地，还可以定义三阶、四阶以及任意阶偏导数. 二阶及二阶以上的偏导数统称为**高阶偏导数**.

6. 全微分的概念

定义 3.1 若函数 $z=f(x,y)$ 在点 (x,y) 处的全增量

$$\Delta z=f(x+\Delta x,y+\Delta y)-f(x,y)$$

可表示为

$$\Delta z=A\Delta x+B\Delta y+o(\rho),$$

其中 A,B 不依赖于 Δx 和 Δy 而仅与 x 和 y 有关，$\rho=\sqrt{(\Delta x)^2+(\Delta y)^2}$，$o(\rho)$ 表示比 ρ 高阶的无穷小量，则称 $A\Delta x+B\Delta y$ 为函数 $z=f(x,y)$ 在点 (x,y) 处的**全微分**，记作 $\mathrm{d}z$ 或 $\mathrm{d}f(x,y)$，即

$$\mathrm{d}z=A\Delta x+B\Delta y.$$

这时，我们也称函数 $z=f(x,y)$ 在点 (x,y) 处**可微**.

若函数 $z=f(x,y)$ 在区域 D 内每一点处可微，则称 $z=f(x,y)$ 在 D 内可微.

7. 二元函数的极值

定义 4.1 设函数 $z=f(x,y)$ 在点 (x_0,y_0) 的某一邻域内有定义. 如果对该邻域内任意异于 (x_0,y_0) 的点 (x,y)，有

$$f(x,y)<f(x_0,y_0),$$

则称 $f(x_0,y_0)$ 为函数 $f(x,y)$ 的**极大值**，点 (x_0,y_0) 称为函数的**极大值点**；如果总有

$$f(x,y)>f(x_0,y_0),$$

则称 $f(x_0,y_0)$ 为函数 $f(x,y)$ 的**极小值**，点 (x_0,y_0) 称为函数的**极小值点**.

函数的极大值和极小值统称为**极值**，极大值点和极小值点统称为**极值点**.

8. 二元函数的条件极值

如果函数中的自变量除限定在定义域内取值外，并无其他约束条件，则称这类极值问题为**无条件极值**. 如果自变量除限定在定义域内取值外，还有另外的约束条件，可表示为求函数 $z=f(x,y)$ 在约束条件 $g(x,y)=0$ 下的极值，则称这类极值问题为**条件极值**，其中 $g(x,y)=0$ 称为**约束条件**或**约束方程**.

二、基本定理、重要公式及结论

1. 二元连续函数的性质

和一元函数类似，二元连续函数有如下性质：

① 二元连续函数经过有限次的四则运算（商的运算要求分母不为零）和复合后仍为二元连续函数.

② 定义在有界闭区域 D 上的连续函数 $f(x,y)$ 一定可以在 D 上取得最大值和最小值.

2. 二阶混合偏导数与次序无关的定理

定理 2.1 如果函数 $z=f(x,y)$ 的两个二阶混合偏导数 $\dfrac{\partial^2 z}{\partial x\partial y},\dfrac{\partial^2 z}{\partial y\partial x}$ 在区域 D 内连续，则在区域 D 内这两个二阶混合偏导数相等.

3. 二元函数可微的条件

定理 3.1 如果函数 $z=f(x,y)$ 在点 (x,y) 的某一邻域内有连续偏导数 $f'_x(x,y)$ 和 $f'_y(x,y)$，则函数 $f(x,y)$ 在点 (x,y) 处可微，并且

$$\mathrm{d}z=f'_x(x,y)\Delta x+f'_y(x,y)\Delta y.$$

4. 极值存在的必要条件和充分条件

定理 4.1（极值存在的必要条件） 如果函数 $f(x,y)$ 在点 (x_0,y_0) 处有极值，且在 (x_0,y_0) 处的一阶偏导数存在，则

$$f'_x(x_0,y_0)=0,\quad f'_y(x_0,y_0)=0.$$

定理 4.2（极值存在的充分条件） 设函数 $z=f(x,y)$ 在点 (x_0,y_0) 的某一邻域内有连续的二阶偏导数，且 (x_0,y_0) 是驻点，即 $f'_x(x_0,y_0)=0,f'_y(x_0,y_0)=0$. 记

$$A=f''_{xx}(x_0,y_0),\quad B=f''_{xy}(x_0,y_0),\quad C=f''_{yy}(x_0,y_0).$$

① 当 $B^2-AC<0$，且 $A<0$ 时，则 $f(x_0,y_0)$ 是极大值；

② 当 $B^2-AC<0$，且 $A>0$ 时，则 $f(x_0,y_0)$ 是极小值；

③ 当 $B^2-AC>0$ 时，则 $f(x_0,y_0)$ 不是极值；

④ 当 $B^2 - AC = 0$ 时，则不能判定 $f(x_0, y_0)$ 是否为极值. 这时，需用其他方法判定.

5. 求条件极值的方法

方法 1 由约束条件 $g(x,y) = 0$ 可解出一个变量用另一个变量表示的解析式，则将此表达式代入 $z = f(x,y)$，可将条件极值问题转化为一元函数的无条件极值问题.

方法 2 拉格朗日乘数法.

① 构造拉格朗日函数：

$$F(x,y,\lambda) = f(x,y) + \lambda g(x,y),$$

其中 λ 称为**拉格朗日乘数**.

② 求 $F(x,y,\lambda)$ 关于 x,y 的偏导数，并令它们等于零，与 $g(x,y) = 0$ 联立方程组得

$$\begin{cases} F'_x = f'_x(x,y) + \lambda g'_x(x,y) = 0, \\ F'_y = f'_y(x,y) + \lambda g'_y(x,y) = 0, \\ g(x,y) = 0. \end{cases}$$

③ 解此方程组，求得解 (x_0, y_0, λ_0)，其中 (x_0, y_0) 就是可能的极值点.

④ 判别 (x_0, y_0) 是否为极值点(一般可以根据问题的实际背景直接判定).

教学基本要求

1. 了解空间直角坐标系的概念.

2. 理解二元函数的概念，了解二元函数的极限、连续的概念和性质.

3. 理解二元函数偏导数的概念，掌握二元函数偏导数、二阶偏导数的计算.

4. 理解二元函数全微分的概念，掌握求全微分的方法.

5. 了解二元函数极值的概念，会求二元函数的极值，会用拉格朗日乘数法求解简单的条件极值问题.

6. 了解偏导数在经济问题中的应用.

典型例题分析及求解

1. 求多元函数定义域的方法

同一元函数一样，求二元函数的定义域就是使得函数表达式有意义的一切平面点组成的集合.

例 1 求函数 $z = \ln(x^2 - y)$ 的定义域.

分析 要使函数表达式有意义，需满足对数函数的真数大于零.

解 需满足 $x^2 - y > 0$，即定义域为 $D = \{(x,y) \mid x^2 > y\}$.

例 2 求函数 $z = \sqrt{y - \sqrt{x}}$ 的定义域.

分析　要使函数表达式有意义,需满足根号内的式子大于等于零.

解　需满足$\begin{cases} y-\sqrt{x}\geqslant 0, \\ x\geqslant 0, \end{cases}$即定义域为 $D=\{(x,y)\mid x\geqslant 0, y\geqslant 0, y^2\geqslant x\}$.

2. 求多元函数偏导数的基本方法

(1) 偏导数的计算.

由偏导数的概念可知,求二元函数 $z=f(x,y)$ 对自变量 x(或 y) 的偏导数,只需将另一变量 y(或 x) 看成常数,利用一元函数求导法则对 x(或 y) 求导即可.

其他多元函数求偏导数,可以此类推.

例 3　求函数 $z=x^2y-y^2x$ 在给定点(2,3) 处的偏导数.

分析　此题即求 $z'_x(2,3)$,$z'_y(2,3)$. 先求偏导函数,再把点(2,3) 代入偏导函数.

解　把 y 看成常数,对 x 求导,得

$$z'_x=2xy-y^2,$$

把 x 看成常数,对 y 求导,得

$$z'_y=x^2-2yx,$$

则

$$z'_x(2,3)=(2xy-y^2)\Big|_{(2,3)}=3,\quad z'_y(2,3)=(x^2-2yx)\Big|_{(2,3)}=-8.$$

例 4　求函数 $z=\mathrm{e}^{x+y^2}$ 的偏导数.

解　先把 y 看成常数,对 x 求导,得

$$z'_x=\mathrm{e}^{x+y^2},$$

再把 x 看成常数,对 y 求导,得

$$z'_y=2y\mathrm{e}^{x+y^2}.$$

例 5　求函数 $z=\ln\sin\dfrac{x}{y}$ 的偏导数.

解　先把 y 看成常数,对 x 求导,得

$$z'_x=\frac{1}{\sin\dfrac{y}{x}}\cdot\cos\frac{x}{y}\cdot\frac{1}{y}=\frac{1}{y}\cot\frac{x}{y},$$

再把 x 看成常数,对 y 求导,得

$$z'_y=\frac{1}{\sin\dfrac{y}{x}}\cdot\cos\frac{x}{y}\cdot\frac{-x}{y^2}=-\frac{x}{y^2}\cot\frac{x}{y}.$$

例 6　求函数 $z=(1+y)^x$ 的偏导数.

解　先把 y 看成常数,对 x 求导,得

$$z'_x=(1+y)^x\cdot\ln(1+y),$$

再把 x 看成常数,对 y 求导,得

$$z'_y=x(1+y)^{x-1}.$$

例 7　求函数 $u=\cos xy+\mathrm{e}^{yz}$ 的偏导数.

分析　此题是三元函数求偏导数.

解　把 y,z 看成常数,对 x 求导,得

$$u'_x = -y\sin xy,$$

把 x,z 看成常数，对 y 求导，得

$$u'_y = -x\sin xy + ze^{yz},$$

把 x,y 看成常数，对 z 求导，得

$$u'_z = ye^{yz}.$$

（2）二阶偏导数的计算.

函数 $z=f(x,y)$ 的一阶偏导数仍是 x,y 的二元函数，如果这两个函数对变量 x 和 y 的偏导数存在，则可得到二阶偏导数.

例 8 设 $z=y\sin(x+y)$，求它的二阶偏导数.

分析 此题考查多元函数的高阶偏导数，先求一阶偏导数，再求二阶偏导数.

解 由于一阶偏导数为 $\frac{\partial z}{\partial x}=y\cos(x+y)$，$\frac{\partial z}{\partial y}=\sin(x+y)+y\cos(x+y)$，因此

$$\frac{\partial^2 z}{\partial x^2}=\frac{\partial}{\partial x}[y\cos(x+y)]=-y\sin(x+y),$$

$$\frac{\partial^2 z}{\partial y^2}=\frac{\partial}{\partial y}[\sin(x+y)+y\cos(x+y)]=2\cos(x+y)-y\sin(x+y),$$

二阶混合偏导数为

$$\frac{\partial^2 z}{\partial x\partial y}=\frac{\partial^2 z}{\partial y\partial x}=\frac{\partial}{\partial y}[y\cos(x+y)]=\cos(x+y)-y\sin(x+y).$$

例 9 设 $z=\arctan\frac{y}{x}$，求它的二阶偏导数.

解 由于一阶偏导数为

$$\frac{\partial z}{\partial x}=\frac{1}{1+\left(\frac{y}{x}\right)^2}\cdot\frac{-y}{x^2}=\frac{-y}{x^2+y^2},$$

$$\frac{\partial z}{\partial y}=\frac{1}{1+\left(\frac{y}{x}\right)^2}\cdot\frac{1}{x}=\frac{x}{x^2+y^2},$$

因此

$$\frac{\partial^2 z}{\partial x^2}=\frac{\partial}{\partial x}\left(\frac{-y}{x^2+y^2}\right)=\frac{2xy}{(x^2+y^2)^2},$$

$$\frac{\partial^2 z}{\partial y^2}=\frac{\partial}{\partial y}\left(\frac{x}{x^2+y^2}\right)=\frac{-2xy}{(x^2+y^2)^2},$$

二阶混合偏导数为

$$\frac{\partial^2 z}{\partial x\partial y}=\frac{\partial^2 z}{\partial y\partial x}=\frac{\partial}{\partial y}\left(\frac{-y}{x^2+y^2}\right)=\frac{y^2-x^2}{x^2+y^2}.$$

3. 偏导数的经济应用

例 10 某工厂生产某种产品，其总成本 C（单位：百元）是两种产品产量（单位：吨）x,y 的函数：

$$C(x,y)=5x^2+2xy+7y^2+6.$$

求这两种产品产量分别为 $x=6,y=7$ 时的边际成本，并说明其经济意义.

分析 此题考查边际成本. 首先对总成本函数 $C(x,y)$ 求偏导函数，再把点(6,7)代入得

到 $x=6, y=7$ 时的边际成本.

解　总成本 $C(x,y)$ 对产量 x 的边际成本为 $C'_x=10x+2y$. 总成本 $C(x,y)$ 对产量 y 的边际成本为 $C'_y=2x+14y$.

所以 $C'_x(6,7)=74$(百元 / 吨),其经济意义是:当产量 $y=7$ 不变,产量 x 在 6 吨的基础上增加 1 吨时,成本约增加 74 百元.

$C'_y(6,7)=110$(百元 / 吨),其经济意义是:当产量 $x=6$ 不变,产量 y 在 7 吨的基础上增加 1 吨时,成本约增加 110 百元.

4. 求多元函数全微分的方法

(1) 先计算偏导数,再利用全微分公式:$dz=f'_x(x,y)dx+f'_y(x,y)dy$.

例 11　求 $z=e^{\frac{y}{x}}$ 的全微分.

解　由于 $z'_x=-\frac{y}{x^2}e^{\frac{y}{x}}, z'_y=\frac{1}{x}e^{\frac{y}{x}}$,因此

$$dz=z'_x dx+z'_y dy=-\frac{y}{x^2}e^{\frac{y}{x}}dx+\frac{1}{x}e^{\frac{y}{x}}dy.$$

例 12　求 $z=2xe^{-y}-3\sqrt{x}+\ln 7$ 的全微分.

解　由于 $z'_x=2e^{-y}-\frac{3}{2\sqrt{x}}, z'_y=-2xe^{-y}$,因此

$$dz=z'_x dx+z'_y dy=\left(2e^{-y}-\frac{3}{2\sqrt{x}}\right)dx-2xe^{-y}dy.$$

例 13　设 $z=xy+\frac{x}{y}$,求 $dz\Big|_{(1,1)}$.

分析　此题考查二元函数在给定点处的全微分. 因此先求偏导函数,再利用全微分公式:$dz\Big|_{(1,1)}=z'_x(1,1)dx+z'_y(1,1)dy$.

解　由于 $z'_x=y+\frac{1}{y}, z'_y=x-\frac{x}{y^2}$,因此

$$\begin{aligned}dz\Big|_{(1,1)}&=z'_x(1,1)dx+z'_y(1,1)dy\\&=\left(y+\frac{1}{y}\right)\Big|_{(1,1)}dx+\left(x-\frac{x}{y^2}\right)\Big|_{(1,1)}dy=2dx.\end{aligned}$$

(2) 二元函数全微分公式也可推广到二元以上的多元函数,例如,若三元函数 $u=f(x,y,z)$ 的全微分存在,则有

$$du=\frac{\partial u}{\partial x}dx+\frac{\partial u}{\partial y}dy+\frac{\partial u}{\partial z}dz.$$

例 14　求 $u=xy+\ln(yz)$ 的全微分.

解　由于 $u'_x=y, u'_y=x+\frac{1}{y}, u'_z=\frac{1}{z}$,因此

$$du=y dx+\left(x+\frac{1}{y}\right)dy+\frac{1}{z}dz.$$

5. 求多元函数极值的方法

(1) 求二元函数无条件极值的方法归纳为如下 3 步:首先解方程组 $\begin{cases}f'_x(x,y)=0,\\f'_y(x,y)=0,\end{cases}$ 求得

一切实数解，即求得所有驻点；然后对于每一个驻点，求出二阶偏导数 A,B,C 的值；最后确定 B^2-AC 的符号，利用极值存在的充分条件判断是否为极值，是极大值，还是极小值.

例 15　求函数 $z=y^3-x^2+6x-12y+7$ 的极值.

分析　此题是无条件极值问题，可按上述 3 步求解.

解　由 $\begin{cases} z'_x=-2x+6=0, \\ z'_y=3y^2-12=0, \end{cases}$ 得驻点(3,2),(3,−2). 求出二阶偏导数

$$z''_{xx}=-2,\quad z''_{xy}=0,\quad z''_{yy}=6y.$$

对于点(3,2)，$A=z''_{xx}(3,2)=-2, B=z''_{xy}(3,2)=0, C=z''_{yy}(3,2)=12$，从而 $B^2-AC=24>0$，故点(3,2)不是极值点.

对于点(3,−2)，$A=z''_{xx}(3,-2)=-2, B=z''_{xy}(3,-2)=0, C=z''_{yy}(3,-2)=-12$，从而 $B^2-AC=-24<0, A<0$，故点(3,−2)为极大值点，极大值为 $f(3,-2)=32$.

例 16　某工厂生产甲、乙两种产品的产量分别为 x,y 单位的总成本函数为

$$C(x,y)=x^2+2y^2-xy-28y+230.$$

问：这两种产品产量各为多少时，总成本最小？最小成本是多少？

解　此题是无条件极值问题. 由 $\begin{cases} C'_x=2x-y=0, \\ C'_y=4y-x-28=0, \end{cases}$ 解得 $x=4, y=8$. 函数 $C(x,y)$ 有唯一的驻点(4,8).

又因为

$$A=C''_{xx}(4,8)=2,\quad B=C''_{xy}(4,8)=-1,\quad C=C''_{yy}(4,8)=4,$$

从而 $B^2-AC=-7<0, A>0$，故点(4,8)为总成本函数唯一的极小值点，也是最小值点. 所以当 $x=4, y=8$ 时，总成本最小，最小成本是 118.

例 17　设某工厂生产甲、乙两种型号的产品，甲型产品的售价为 12 万元 / 台，乙型产品的售价为 18 万元 / 台，已知总成本 C(单位：万元)是这两种产品产量 x 和 y(单位：台)的函数：$C(x,y)=2x^2+2y^2+xy+3$，问：两种产品产量各为多少时，可使总利润最大？

分析　此题是无条件极值问题，根据题意，首先得到总利润函数的表达式，再利用求无条件极值的方法求解.

解　假设这两种产品的产量分别为 x 和 y，则总利润函数为

$$L(x,y)=R(x,y)-C(x,y)=12x+18y-2x^2-2y^2-xy-3.$$

由 $\begin{cases} L'_x=12-4x-y=0, \\ L'_y=18-4y-x=0, \end{cases}$ 解得 $\begin{cases} x=2, \\ y=4, \end{cases}$ 所以函数 $L(x,y)$ 有唯一驻点(2,4).

又因为

$$A=L''_{xx}=-4,\quad B=L''_{xy}=-1,\quad C=L''_{yy}=-4,$$

从而 $B^2-AC=-15<0, A<0$，所以(2,4)为总利润函数唯一的极大值点，也是最大值点.

当甲产品、乙产品分别生产 2 台和 4 台时，总利润最大，且最大利润为 45 万元.

(2) 求二元函数条件极值的方法.

例 18　某工厂生产甲、乙两种型号的机床，其总成本 C(单位：万元)为两种产品产量 x，y(单位：台)的函数：$C(x,y)=x^2+2y^2-xy+2$. 已知两种机床共需要 8 台，问：应如何安排生产，才能使总成本最小？

分析　此题是求二元函数 $C(x,y)=x^2+2y^2-xy+2$ 在约束条件 $x+y=8$ 下的条件

极值问题.利用代入法，首先由约束条件 $x+y=8$ 解出 $y=8-x$，然后代入 $C(x,y)=x^2+2y^2-xy+2$ 得 x 的一元函数.于是求解一元函数无条件极值问题的解便是二元函数 $C(x,y)=x^2+2y^2-xy+2$ 在约束条件 $x+y=8$ 下的极值问题的解.

解　由 $x+y=8$ 解出 $y=8-x$，代入 $C(x,y)$，得

$$C[x,(8-x)]=\varphi(x)=x^2+2(8-x)^2-x(8-x)+2=4x^2-40x+130.$$

由 $\varphi'(x)=8x-40=0$，得 $x=5$.

因为 $\varphi''(x)=8>0$，所以 $x=5$ 是 $\varphi(x)$ 唯一的极小值点，也是最小值点.将 $x=5$ 代入 $y=8-x$，得 $y=3$.原问题的解为 $x=5$，$y=3$，即甲、乙两种型号的机床分别生产 5 台和 3 台时，总成本为最小，并能满足生产需要.

例 19　某工厂生产甲、乙两种产品的产量分别为 x，y(单位：千件)的总利润函数为

$$L(x,y)=6x-x^2+16y-4y^2-2\text{(单位：万元)}.$$

已知生产这两种产品时，每千件产品均需消耗某种原料 2 000 kg，现有该原料 12 000 kg，问：两种产品各自生产多少千件时，总利润最大?

分析　根据题意，此题是求二元函数 $L(x,y)=6x-x^2+16y-4y^2-2$ 在约束条件 $2\,000(x+y)=12\,000$ 下的条件极值问题.利用拉格朗日乘数法进行求解.

解　设拉格朗日函数为

$$L(x,y,\lambda)=6x-x^2+16y-4y^2-2+\lambda(x+y-6).$$

由

$$\begin{cases} L'_x=6-2x+\lambda=0, \\ L'_y=16-8y+\lambda=0, \\ L'_\lambda=x+y-6=0, \end{cases}$$

解得 $x=3.8$，$y=2.2$.

因驻点唯一，且实际问题存在最大值，故当生产甲产品 3.8 千件和乙产品 2.2 千件时，总利润最大，最大利润为 22.2 万元.

自　测　题

1. 选择题：

(1) 函数 $z=f(x,y)$ 在点 (x_0,y_0) 处具有偏导数是它在该点存在全微分的(　　)；

A. 必要而非充分条件　　B. 充分而非必要条件

C. 充要条件　　D. 既非充分又非必要条件

(2) 设 $f(x,y)=\arcsin\sqrt{\dfrac{y}{x}}$，则 $f'_x(2,1)=$(　　)；

A. $-\dfrac{1}{4}$　　B. $\dfrac{1}{4}$　　C. $-\dfrac{1}{2}$　　D. $\dfrac{1}{2}$

(3) 若 $z=\ln(\sqrt{x}-\sqrt{y})$，则 $x\dfrac{\partial z}{\partial x}+y\dfrac{\partial z}{\partial y}=$(　　)；

A. $\sqrt{x}+\sqrt{y}$　　B. $\sqrt{x}-\sqrt{y}$

C. $\frac{1}{2}$　　D. $-\frac{1}{2}$

(4) 函数 $z = x^3 + y^4 - 2x^2y$ 的全微分是(　　);

A. $(3x^2 + y^4)\mathrm{d}x + (4y^3 - 2x^2)\mathrm{d}y$　　B. $3x^2\mathrm{d}x + 4y^3\mathrm{d}y$

C. $(3x^2 - 4xy)\mathrm{d}x + (4y^3 - 2x^2)\mathrm{d}y$　　D. $(3x^2 - 4x^2y)\mathrm{d}x + 4y^3\mathrm{d}y$

(5) 设函数 $z = 1 - \sqrt{x^2 + y^2}$,则点$(0,0)$是函数 z 的(　　).

A. 极大值点但非最大值点　　B. 极大值点且是最大值点

C. 极小值点但非最小值点　　D. 极小值点且是最小值点

2. 填空题:

(1) 函数 $z = \sqrt{\ln(x + y)}$ 的定义域为________;

(2) 设函数 $f(x,y) = x^2 + y^2 + xy\ln\left(\frac{y}{x}\right)$,则 $f(kx,ky) =$ ________;

(3) 设 $z = \sin(3x - y) + y$,则 $\left.\frac{\partial z}{\partial x}\right|_{\substack{x=2\\y=1}} =$ ________;

(4) 设函数 $z = f(x^2, 2y)$ 具有二阶偏导数,则 $\frac{\partial^2 z}{\partial x^2} =$ ________;

(5) 设 $u = x\ln(xy)$,则 $\mathrm{d}u =$ ________;

(6) 函数 $z = 2x^2 - 3y^2 - 4x - 6y - 1$ 的驻点是________.

3. 计算题:

(1) 设函数 $z = 2x^3 + 4y^4$,求 $\left.\frac{\partial z}{\partial x}\right|_{(1,1)}$,$\left.\frac{\partial z}{\partial y}\right|_{(1,1)}$;

(2) 设函数 $z = y^x\ln(xy)$,求 $\frac{\partial z}{\partial x}$,$\frac{\partial z}{\partial y}$;

(3) 设函数 $z = \arctan(xy)$,$y = \mathrm{e}^x$,求 $\frac{\mathrm{d}z}{\mathrm{d}x}$;

(4) 设函数 $z = f(u,v)$,其中 f 是任意可微函数,且 $u = \sin(xy)$,$v = \arctan y$,求 $\frac{\partial z}{\partial x}$,$\frac{\partial z}{\partial y}$;

(5) 设函数 $z = \sin(xy)$,求 $\mathrm{d}z$;

(6) 设函数 $z = x^3 + y^2 - 2xy$,求 z 的极值点和极值.

4. 应用题:

假设某企业在两个相互分割的市场上出售同一种产品,两个市场的需求函数分别为 $p_1 = 18 - 2Q_1$,$p_2 = 12 - Q_2$,其中 p_1 和 p_2 分别表示该产品在两个市场的价格(单位:万元/吨),Q_1 和 Q_2 分别表示该产品在两个市场的销售量(即需求量,单位:吨),并且该企业生产这种产品的总成本函数为 $C = 2Q + 5$,其中 Q 表示该产品在两个市场的销售总量,即

$$Q = Q_1 + Q_2.$$

(1) 如果该企业实行价格差别策略,试确定两个市场上该产品的销售量和价格,使得该企业获得最大利润;

(2) 如果该企业实行价格无差别策略,试确定两个市场上该产品的销售量及其统一的价格,使该企业的总利润最大化,并比较两种价格策略下的总利润大小.

教材习题详解

1. 求下列函数的定义域：

(1) $z = \sqrt{x^2 + y^2 - 4} + \sqrt{9 - x^2 - y^2}$；

(2) $z = \sqrt{1 - x^2} + \sqrt{1 - y^2}$.

解　(1) 要使函数表达式有意义，需满足$\begin{cases} x^2 + y^2 - 4 \geqslant 0, \\ 9 - x^2 - y^2 \geqslant 0, \end{cases}$解得$4 \leqslant x^2 + y^2 \leqslant 9$，即所给函数的定义域为$D = \{(x,y) \mid 4 \leqslant x^2 + y^2 \leqslant 9\}$.

(2) 要使函数表达式有意义，需满足$\begin{cases} 1 - x^2 \geqslant 0, \\ 1 - y^2 \geqslant 0, \end{cases}$解得$\begin{cases} -1 \leqslant x \leqslant 1, \\ -1 \leqslant y \leqslant 1, \end{cases}$即所给函数的定义域为

$$D = \{(x,y) \mid -1 \leqslant x \leqslant 1 \text{ 且 } -1 \leqslant y \leqslant 1\}.$$

2. 求下列函数的偏导数：

(1) $z = x^2 + y^3 - 4x^2 y$；　　(2) $z = xy^3 + \dfrac{x}{y}$；

(3) $z = e^{xy} + yx^2$；　　(4) $z = e^{x-y} + \sin(xy)$；

(5) $z = \arctan \dfrac{y}{x}$；　　(6) $z = x^2 \ln(x^2 + y^2)$.

解　(1) 把 y 看成常数，对 x 求导，得 $z'_x = 2x - 8xy$，把 x 看成常数，对 y 求导，得

$$z'_y = 3y^2 - 4x^2.$$

(2) 把 y 看成常数，对 x 求导，得 $z'_x = y^3 + \dfrac{1}{y}$，把 x 看成常数，对 y 求导，得 $z'_y = 3xy^2 - \dfrac{x}{y^2}$.

(3) 把 y 看成常数，对 x 求导，得 $z'_x = ye^{xy} + 2xy$，把 x 看成常数，对 y 求导，得

$$z'_y = xe^{xy} + x^2.$$

(4) 把 y 看成常数，对 x 求导，得 $z'_x = e^{x-y} + y\cos(xy)$，把 x 看成常数，对 y 求导，得

$$z'_y = -e^{x-y} + x\cos(xy).$$

(5) 把 y 看成常数，对 x 求导，得 $z'_x = -\dfrac{y}{x^2 + y^2}$，把 x 看成常数，对 y 求导，得 $z'_y = \dfrac{x}{x^2 + y^2}$.

(6) 把 y 看成常数，对 x 求导，得 $z'_x = 2x\ln(x^2 + y^2) + \dfrac{2x^3}{x^2 + y^2}$，把 x 看成常数，对 y 求导，得 $z'_y = \dfrac{2x^2 y}{x^2 + y^2}$.

3. 求下列函数在指定点处的偏导数：

(1) $f(x,y) = \dfrac{y}{x} + x^2 - y^2$，求 $f'_x(2,0)$，$f'_y(2,0)$；

(2) $f(x,y) = e^{-x}\cos(x + 2y)$，求 $f'_x\left(0, \dfrac{\pi}{4}\right)$，$f'_y\left(0, \dfrac{\pi}{4}\right)$；

(3) $f(x,y) = \dfrac{2x}{x - y}$，求 $f'_x(3,1)$，$f'_y(3,1)$.

解　(1) 因为 $f'_x = -\dfrac{y}{x^2} + 2x$，$f'_y = \dfrac{1}{x} - 2y$，所以 $f'_x(2,0) = 4$，$f'_y(2,0) = \dfrac{1}{2}$.

(2) 因为 $f'_x = -e^{-x}[\cos(x+2y) + \sin(x+2y)]$，$f'_y = -2e^{-x}\sin(x+2y)$，所以

$$f'_x\left(0,\frac{\pi}{4}\right) = -1,\quad f'_y\left(0,\frac{\pi}{4}\right) = -2.$$

(3) 因为 $f'_x = -\dfrac{2y}{(x-y)^2}$，$f'_y = \dfrac{2x}{(x-y)^2}$，所以 $f'_x(3,1) = -\dfrac{1}{2}$，$f'_y(3,1) = \dfrac{3}{2}$.

4. 求下列函数的二阶偏导数：

(1) $z = x^4 + y^3 + 3x^2y$；　　(2) $z = \ln(x+3y)$；

(3) $z = xe^{2y}$；　　(4) $z = y^x$.

解　(1) 由于 $\dfrac{\partial z}{\partial x} = 4x^3 + 6xy$，$\dfrac{\partial z}{\partial y} = 3y^2 + 3x^2$，因此

$$\frac{\partial^2 z}{\partial x^2} = 12x^2 + 6y,\quad \frac{\partial^2 z}{\partial x\partial y} = \frac{\partial^2 z}{\partial y\partial x} = 6x,\quad \frac{\partial^2 z}{\partial y^2} = 6y.$$

(2) 由于 $\dfrac{\partial z}{\partial x} = \dfrac{1}{x+3y}$，$\dfrac{\partial z}{\partial y} = \dfrac{3}{x+3y}$，因此

$$\frac{\partial^2 z}{\partial x^2} = -\frac{1}{(x+3y)^2},\quad \frac{\partial^2 z}{\partial x\partial y} = \frac{\partial^2 z}{\partial y\partial x} = -\frac{3}{(x+3y)^2},\quad \frac{\partial^2 z}{\partial y^2} = -\frac{9}{(x+3y)^2}.$$

(3) 由于 $\dfrac{\partial z}{\partial x} = e^{2y}$，$\dfrac{\partial z}{\partial y} = 2xe^{2y}$，因此

$$\frac{\partial^2 z}{\partial x^2} = 0,\quad \frac{\partial^2 z}{\partial x\partial y} = \frac{\partial^2 z}{\partial y\partial x} = 2e^{2y},\quad \frac{\partial^2 z}{\partial y^2} = 4xe^{2y}.$$

(4) 由于 $\dfrac{\partial z}{\partial x} = y^x\ln y$，$\dfrac{\partial z}{\partial y} = xy^{x-1}$，因此

$$\frac{\partial^2 z}{\partial x^2} = y^x\ln^2 y,\quad \frac{\partial^2 z}{\partial x\partial y} = \frac{\partial^2 z}{\partial y\partial x} = y^{x-1}(x\ln y + 1),\quad \frac{\partial^2 z}{\partial y^2} = x(x-1)y^{x-2}.$$

5. 设生产甲、乙两种产品的产量分别为 x，y 时的总成本函数为

$$C(x,y) = \frac{1}{2}x^2 + 4xy + \frac{3}{2}y^2 + 300.$$

求：(1) 总成本 $C(x,y)$ 对产量 x 和 y 的边际成本；

(2) 当 $x = 50$，$y = 50$ 时的边际成本，并解释它们的经济意义.

解　(1) 总成本 $C(x,y)$ 对产量 x 的边际成本为 $C'_x = x + 4y$，总成本 $C(x,y)$ 对产量 y 的边际成本为 $C'_y = 4x + 3y$.

(2) 当 $x = 50$，$y = 50$ 时对产量 x 的边际成本为 $C'_x(50,50) = 250$，其经济意义是：当产量 $y = 50$ 不变，产量 x 在 50 个单位的基础上增加 1 个单位时，成本约增加 250 个单位.

当 $x = 50$，$y = 50$ 时对产量 y 的边际成本为 $C'_y(50,50) = 350$，其经济意义是：当产量 $x = 50$ 不变，产量 y 在 50 个单位的基础上增加 1 个单位时，成本约增加 350 个单位.

6. 求下列函数的全微分：

(1) $z = x^3 + y^4 - 2x^2y$；　　(2) $z = x\cos(x-y)$；

(3) $z = \sqrt{x^2 + y^2}$；　　(4) $z = \ln(3 + x^2 + y^2)$.

解　(1) 因为 $z'_x = 3x^2 - 4xy$，$z'_y = 4y^3 - 2x^2$，所以

$$dz = z'_x dx + z'_y dy = (3x^2 - 4xy)dx + (4y^3 - 2x^2)dy.$$

(2) 因为 $z'_x = \cos(x-y) - x\sin(x-y)$，$z'_y = x\sin(x-y)$，所以

$$dz = z'_x dx + z'_y dy = [\cos(x-y) - x\sin(x-y)]dx + x\sin(x-y)dy.$$

(3) 因为 $z'_x = \dfrac{x}{\sqrt{x^2+y^2}}, z'_y = \dfrac{y}{\sqrt{x^2+y^2}}$,所以

$$dz = z'_x dx + z'_y dy = \frac{x}{\sqrt{x^2+y^2}}dx + \frac{y}{\sqrt{x^2+y^2}}dy.$$

(4) 因为 $z'_x = \dfrac{2x}{3+x^2+y^2}, z'_y = \dfrac{2y}{3+x^2+y^2}$,所以

$$dz = z'_x dx + z'_y dy = \frac{2x}{3+x^2+y^2}dx + \frac{2y}{3+x^2+y^2}dy.$$

7. 求下列函数的极值:

(1) $z = x^3 + y^3 - 3(x^2+y^2)$;　　(2) $z = x^3 + 2xy - y^2 - 4x^2$.

解　(1) 由 $\begin{cases} z'_x = 3x^2 - 6x = 0, \\ z'_y = 3y^2 - 6y = 0, \end{cases}$ 得驻点(0,0),(0,2),(2,0),(2,2).求出二阶偏导数为

$$z''_{xx} = 6x - 6,\quad z''_{xy} = 0,\quad z''_{yy} = 6y - 6.$$

对于点(0,0),$A = z''_{xx}(0,0) = -6, B = z''_{xy}(0,0) = 0, C = z''_{yy}(0,0) = -6$,从而 $B^2 - AC = -36 < 0, A < 0$,故点(0,0)为极大值点,极大值为 $f(0,0) = 0$.

对于点(0,2),$A = z''_{xx}(0,2) = -6, B = z''_{xy}(0,2) = 0, C = z''_{yy}(0,2) = 6$,从而$B^2 - AC = 36 > 0$,故点(0,2)不是极值点.

对于点(2,0),$A = z''_{xx}(2,0) = 6, B = z''_{xy}(2,0) = 0, C = z''_{yy}(2,0) = -6$,从而$B^2 - AC = 36 > 0$,故点(2,0)不是极值点.

对于点(2,2),$A = z''_{xx}(2,2) = 6, B = z''_{xy}(2,2) = 0, C = z''_{yy}(2,2) = 6$,从而$B^2 - AC = -36 < 0, A > 0$,故点(2,2)为极小值点,极小值为 $f(2,2) = -8$.

(2) 由 $\begin{cases} z'_x = 3x^2 + 2y - 8x = 0, \\ z'_y = 2x - 2y = 0, \end{cases}$ 得驻点(0,0),(2,2).求出二阶偏导数为

$$z''_{xx} = 6x - 8,\quad z''_{xy} = 2,\quad z''_{yy} = -2.$$

对于点(0,0),$A = z''_{xx}(0,0) = -8, B = z''_{xy}(0,0) = 2, C = z''_{yy}(0,0) = -2$,从而 $B^2 - AC = -12 < 0, A < 0$,故点(0,0)为极大值点,极大值为 $f(0,0) = 0$.

对于点(2,2),$A = z''_{xx}(2,2) = 4, B = z''_{xy}(2,2) = 2, C = z''_{yy}(2,2) = -2$,从而 $B^2 - AC = 12 > 0$,故点(2,2)不是极值点.

8. 某工厂生产甲、乙两种产品的产量分别为 x, y 单位时的总利润函数(单位:元)为

$$L(x,y) = -2x^2 + 64x + 4xy - 4y^2 + 32y - 14.$$

求该工厂的最大利润.

解　由 $\begin{cases} L'_x = -4x + 64 + 4y = 0, \\ L'_y = 4x - 8y + 32 = 0, \end{cases}$ 解得 $x = 40, y = 24$,函数 $L(x,y)$ 有唯一的驻点(40,24).

又因为

$$A = L''_{xx}(40,24) = -4,\quad B = L''_{xy}(40,24) = 4,\quad C = L''_{yy}(40,24) = -8,$$

从而 $B^2 - AC = -16 < 0, A < 0$,故点(40,24)为总利润函数唯一的极大值点,也是最大值点.所以当 $x = 40, y = 24$ 时利润最大,最大利润为 $L(40,24) = 1\,650$ 元.

9. 某工厂生产甲、乙两种产品的产量分别为 x, y 单位时的总成本函数为

$$C(x,y)=8x^2+6y^2-2xy-40x-42y+180.$$

求这两种产品产量各为多少时，总成本最小？最小成本是多少？

解 由 $\begin{cases} C'_x=16x-2y-40=0, \\ C'_y=12y-2x-42=0, \end{cases}$ 解得 $x=3,y=4$，函数 $C(x,y)$ 有唯一的驻点(3,4).

又因为

$$A=C''_{xx}(3,4)=16,\quad B=C''_{xy}(3,4)=-2,\quad C=C''_{yy}(3,4)=12,$$

从而 $B^2-AC=-188<0, A>0$，故点(3,4)为总成本函数唯一的极小值点，也是最小值点. 所以当 $x=3,y=4$ 时，总成本最小，最小成本是 36.

10. 某公司可以通过报纸和电视台做销售某种商品的广告. 根据统计资料，销售收入 R(单位：百万元)与报纸广告费用 x_1(单位：百万元)和电视广告费用 x_2(单位：百万元)之间的关系为

$$R=15+14x_1+32x_2-8x_1x_2-2x_1^2-10x_2^2.$$

(1) 如果不限制广告费用的支出，求最优广告策略.

(2) 如果可供使用的广告费用为 150 万元，求相应的最优广告策略.

解 最优广告策略就是使利润最大化的投资方案.

(1) 总利润函数为

$$\begin{aligned} L=R-C&=15+14x_1+32x_2-8x_1x_2-2x_1^2-10x_2^2-(x_1+x_2) \\ &=15+13x_1+31x_2-8x_1x_2-2x_1^2-10x_2^2. \end{aligned}$$

由 $\begin{cases} L'_{x_1}=13-8x_2-4x_1=0, \\ L'_{x_2}=31-8x_1-20x_2=0, \end{cases}$ 解得 $x_1=0.75, x_2=1.25$.

因驻点唯一，且实际问题必有最大值，故投入报纸广告费为 75 万元，电视广告费为 125 万元可获得最大利润.

(2) 若可供使用的广告费用为 150 万元，则需要求总利润函数

$$L=15+13x_1+31x_2-8x_1x_2-2x_1^2-10x_2^2$$

在 $x_1+x_2=1.5$ 条件下的极值，用拉格朗日乘数法求解.

拉格朗日函数为

$$L(x_1,x_2,\lambda)=15+13x_1+31x_2-8x_1x_2-2x_1^2-10x_2^2+\lambda(x_1+x_2-1.5).$$

由

$$\begin{cases} L'_{x_1}=13-8x_2-4x_1+\lambda=0, \\ L'_{x_2}=31-8x_1-20x_2+\lambda=0, \\ L'_{\lambda}=x_1+x_2-1.5=0, \end{cases}$$

解得 $x_1=0, x_2=1.5$. 因驻点唯一，且实际问题存在最大值，故 150 万元的广告费全部用于电视广告，可使总利润最大.

第八章　行　列　式

内容提要

一、基本概念

1. 二阶、三阶行列式

在初等代数中，用消元法求解二元线性方程组

$$\begin{cases}a_{11}x_1+a_{12}x_2=b_1,\\a_{21}x_1+a_{22}x_2=b_2,\end{cases}$$

可得

$$\begin{cases}(a_{11}a_{22}-a_{12}a_{21})x_1=b_1a_{22}-b_2a_{12},\\(a_{11}a_{22}-a_{12}a_{21})x_2=b_2a_{11}-b_1a_{21}.\end{cases}$$

如果 $a_{11}a_{22}-a_{12}a_{21}\neq 0$，那么方程组有唯一解：

$$\begin{cases}x_1=\dfrac{b_1a_{22}-b_2a_{12}}{a_{11}a_{22}-a_{12}a_{21}},\\[2ex]x_2=\dfrac{b_2a_{11}-b_1a_{21}}{a_{11}a_{22}-a_{12}a_{21}}.\end{cases}$$

为了便于记忆上述解的公式，引进记号：

$$\begin{vmatrix}a_{11}&a_{12}\\a_{21}&a_{22}\end{vmatrix}=a_{11}a_{22}-a_{12}a_{21},$$

并称它为**二阶行列式**.

对于三元线性方程组

$$\begin{cases}a_{11}x_1+a_{12}x_2+a_{13}x_3=b_1,\\a_{21}x_1+a_{22}x_2+a_{23}x_3=b_2,\\a_{31}x_1+a_{32}x_2+a_{33}x_3=b_3,\end{cases}$$

可以进行类似的讨论. 为此，引进记号：

$$\begin{vmatrix}a_{11}&a_{12}&a_{13}\\a_{21}&a_{22}&a_{23}\\a_{31}&a_{32}&a_{33}\end{vmatrix}=a_{11}a_{22}a_{33}+a_{12}a_{23}a_{31}+a_{13}a_{21}a_{32}-a_{13}a_{22}a_{31}-a_{11}a_{23}a_{32}-a_{12}a_{21}a_{33},$$

并称它为**三阶行列式**.

2. n 阶行列式

定义 1.1 由 n^2 个数排成 n 行 n 列并在左、右两边各加一竖线的算式，即

$$D_n = \begin{vmatrix} a_{11} & a_{12} & \cdots & a_{1n} \\ a_{21} & a_{22} & \cdots & a_{2n} \\ \vdots & \vdots & & \vdots \\ a_{n1} & a_{n2} & \cdots & a_{nn} \end{vmatrix},$$

称为 n 阶行列式.

二、基本定理、重要公式及结论

1. 行列式的计算

$$\begin{vmatrix} a_{11} & a_{12} \\ a_{21} & a_{22} \end{vmatrix} = a_{11}a_{22} - a_{12}a_{21},$$

$$\begin{vmatrix} a_{11} & a_{12} & a_{13} \\ a_{21} & a_{22} & a_{23} \\ a_{31} & a_{32} & a_{33} \end{vmatrix} = a_{11}a_{22}a_{33} + a_{12}a_{23}a_{31} + a_{13}a_{21}a_{32} - a_{13}a_{22}a_{31} - a_{11}a_{23}a_{32} - a_{12}a_{21}a_{33},$$

$$\begin{vmatrix} a_{11} & a_{12} & \cdots & a_{1n} \\ a_{21} & a_{22} & \cdots & a_{2n} \\ \vdots & \vdots & & \vdots \\ a_{n1} & a_{n2} & \cdots & a_{nn} \end{vmatrix} = \sum_{k=1}^{n} a_{ik}A_{ik} \quad (i = 1,2,\cdots,n)$$

$$= \sum_{k=1}^{n} a_{kj}A_{kj} \quad (j = 1,2,\cdots,n).$$

2. 行列式的性质

性质 2.1 行列式与它的转置行列式相等，即 $D = D^{\mathrm{T}}$.

性质 2.2 如果将行列式的任意两行(或列)互换，那么行列式的值改变符号.

推论 2.1 如果行列式有两行(或列)的对应元素相同，则这个行列式等于零.

性质 2.3 n 阶行列式等于它的任意一行(或列)所有元素与其对应的代数余子式乘积之和，即

$$D_n = a_{i1}A_{i1} + a_{i2}A_{i2} + \cdots + a_{in}A_{in} = \sum_{k=1}^{n} a_{ik}A_{ik} \quad (i = 1,2,\cdots,n)$$

或

$$D_n = a_{1j}A_{1j} + a_{2j}A_{2j} + \cdots + a_{nj}A_{nj} = \sum_{k=1}^{n} a_{kj}A_{kj} \quad (j = 1,2,\cdots,n).$$

性质 2.4 将行列式某一行(或列)的所有元素都乘以同一数，等于用此数乘该行列式，即

$$\begin{vmatrix} a_{11} & a_{12} & \cdots & a_{1n} \\ \vdots & \vdots & & \vdots \\ \lambda a_{k1} & \lambda a_{k2} & \cdots & \lambda a_{kn} \\ \vdots & \vdots & & \vdots \\ a_{n1} & a_{n2} & \cdots & a_{nn} \end{vmatrix} = \lambda \begin{vmatrix} a_{11} & a_{12} & \cdots & a_{1n} \\ \vdots & \vdots & & \vdots \\ a_{k1} & a_{k2} & \cdots & a_{kn} \\ \vdots & \vdots & & \vdots \\ a_{n1} & a_{n2} & \cdots & a_{nn} \end{vmatrix}.$$

推论 2.2 行列式一行(或列)的公因子可以提到行列式记号的外面.

推论 2.3 如果行列式中有一行(或列)的全部元素都是零,那么这个行列式的值为零.

推论 2.4 如果行列式中有两行(或列)元素对应成比例,那么这个行列式的值为零.

性质 2.5 如果行列式中某一行(或列)的每一个元素可以写成两数之和,那么此行列式等于两个行列式之和,且这两个行列式除了这一行(或列)以外,其他各行(或列)的元素与原行列式相应各行(或列)的元素相同,即

$$\begin{vmatrix} a_{11} & a_{12} & \cdots & a_{1n} \\ \vdots & \vdots & & \vdots \\ b_{k1}+c_{k1} & b_{k2}+c_{k2} & \cdots & b_{kn}+c_{kn} \\ \vdots & \vdots & & \vdots \\ a_{n1} & a_{n2} & \cdots & a_{nn} \end{vmatrix} = \begin{vmatrix} a_{11} & a_{12} & \cdots & a_{1n} \\ \vdots & \vdots & & \vdots \\ b_{k1} & b_{k2} & \cdots & b_{kn} \\ \vdots & \vdots & & \vdots \\ a_{n1} & a_{n2} & \cdots & a_{nn} \end{vmatrix} + \begin{vmatrix} a_{11} & a_{12} & \cdots & a_{1n} \\ \vdots & \vdots & & \vdots \\ c_{k1} & c_{k2} & \cdots & c_{kn} \\ \vdots & \vdots & & \vdots \\ a_{n1} & a_{n2} & \cdots & a_{nn} \end{vmatrix}.$$

性质 2.6 行列式中任意一行(或列)的元素与另一行(或列)对应元素的代数余子式乘积之和等于零,即当 $i \neq k$ 时,有

$$a_{k1}A_{i1} + a_{k2}A_{i2} + \cdots + a_{kn}A_{in} = 0.$$

由性质 2.3 和性质 2.6,可以得到下列结论:

$$a_{k1}A_{i1} + a_{k2}A_{i2} + \cdots + a_{kn}A_{in} = \begin{cases} D_n, & k = i, \\ 0, & k \neq i; \end{cases}$$

$$a_{1s}A_{1j} + a_{2s}A_{2j} + \cdots + a_{ns}A_{nj} = \begin{cases} D_n, & s = j, \\ 0, & s \neq j. \end{cases}$$

性质 2.7 在行列式中,把某一行(或列)的倍数加到另一行(或列)对应的元素上去,行列式的值不变,即

$$\begin{vmatrix} a_{11} & a_{12} & \cdots & a_{1n} \\ \vdots & \vdots & & \vdots \\ a_{i1} & a_{i2} & \cdots & a_{in} \\ \vdots & \vdots & & \vdots \\ a_{k1}+\lambda a_{i1} & a_{k2}+\lambda a_{i2} & \cdots & a_{kn}+\lambda a_{in} \\ \vdots & \vdots & & \vdots \\ a_{n1} & a_{n2} & \cdots & a_{nn} \end{vmatrix} = \begin{vmatrix} a_{11} & a_{12} & \cdots & a_{1n} \\ \vdots & \vdots & & \vdots \\ a_{i1} & a_{i2} & \cdots & a_{in} \\ \vdots & \vdots & & \vdots \\ a_{k1} & a_{k2} & \cdots & a_{kn} \\ \vdots & \vdots & & \vdots \\ a_{n1} & a_{n2} & \cdots & a_{nn} \end{vmatrix}.$$

3. 克拉默法则

若线性方程组

$$\begin{cases} a_{11}x_1 + a_{12}x_2 + \cdots + a_{1n}x_n = b_1, \\ a_{21}x_1 + a_{22}x_2 + \cdots + a_{2n}x_n = b_2, \\ \quad\quad\cdots\cdots \\ a_{n1}x_1 + a_{n2}x_2 + \cdots + a_{nn}x_n = b_n \end{cases} \tag{1}$$

的系数行列式 $D \neq 0$,即

$$D = \begin{vmatrix} a_{11} & a_{12} & \cdots & a_{1n} \\ a_{21} & a_{22} & \cdots & a_{2n} \\ \vdots & \vdots & & \vdots \\ a_{n1} & a_{n2} & \cdots & a_{nn} \end{vmatrix} \neq 0,$$

则线性方程组(1) 有唯一解,且解可以表示为

$$x_1=\frac{D_1}{D},\quad x_2=\frac{D_2}{D},\quad \cdots,\quad x_j=\frac{D_j}{D},\quad \cdots,\quad x_n=\frac{D_n}{D},$$

其中 $D_j(j=1,2,\cdots,n)$ 是用线性方程组右端的常数项代替 D 中第 j 列的元素所得到的 n 阶行列式,即

$$D_j=\begin{vmatrix} a_{11} & \cdots & a_{1,j-1} & b_1 & a_{1,j+1} & \cdots & a_{1n} \\ a_{21} & \cdots & a_{2,j-1} & b_2 & a_{2,j+1} & \cdots & a_{2n} \\ \vdots & & \vdots & \vdots & \vdots & & \vdots \\ a_{n1} & \cdots & a_{n,j-1} & b_n & a_{n,j+1} & \cdots & a_{nn} \end{vmatrix}.$$

注　用克拉默法则解线性方程组必须满足以下两个条件:

① 线性方程组中方程的个数必须与未知量的个数相等;

② 线性方程组的系数行列式不等于零,即 $D\neq 0$.

教学基本要求

1. 理解 n 阶行列式的定义.
2. 熟练掌握行列式的性质,会利用行列式的性质计算行列式.
3. 熟练掌握并利用行列式按行(列) 展开的方法计算行列式.
4. 会用克拉默法则求解线性方程组.

典型例题分析及求解

例 1　计算三阶行列式

$$D=\begin{vmatrix} -2 & -4 & 1 \\ 3 & 0 & 3 \\ 5 & 4 & -2 \end{vmatrix}.$$

解　$D=a_{11}A_{11}+a_{12}A_{12}+a_{13}A_{13}$

$$=(-2)\cdot(-1)^{1+1}\begin{vmatrix} 0 & 3 \\ 4 & -2 \end{vmatrix}+(-4)\cdot(-1)^{1+2}\begin{vmatrix} 3 & 3 \\ 5 & -2 \end{vmatrix}+1\cdot(-1)^{1+3}\begin{vmatrix} 3 & 0 \\ 5 & 4 \end{vmatrix}$$

$$=24-84+12=48.$$

例 2　计算行列式

$$D=\begin{vmatrix} 2 & -5 & 1 & 2 \\ -3 & 7 & -1 & 4 \\ 5 & -9 & 2 & 7 \\ 4 & -6 & 1 & 2 \end{vmatrix}.$$

解 按行列式的性质将已知行列式化为三角行列式，

$$D=-\begin{vmatrix}1&-5&2&2\\-1&7&-3&4\\2&-9&5&7\\1&-6&4&2\end{vmatrix}=-\begin{vmatrix}1&-5&2&2\\0&2&-1&6\\0&1&1&3\\0&-1&2&0\end{vmatrix}=\begin{vmatrix}1&-5&2&2\\0&1&1&3\\0&2&-1&6\\0&-1&2&0\end{vmatrix}$$

$$=\begin{vmatrix}1&-5&2&2\\0&1&1&3\\0&0&-3&0\\0&0&3&3\end{vmatrix}=\begin{vmatrix}1&-5&2&2\\0&1&1&3\\0&0&-3&0\\0&0&0&3\end{vmatrix}=1\times1\times(-3)\times3=-9.$$

例 3 计算行列式

$$D=\begin{vmatrix}-2&1&3&1\\1&0&-1&2\\1&3&4&-2\\0&1&0&-1\end{vmatrix}.$$

解 $$D=\begin{vmatrix}-2&1&3&1\\1&0&-1&2\\1&3&4&-2\\0&1&0&-1\end{vmatrix}\xlongequal{c_4+c_2}\begin{vmatrix}-2&1&3&2\\1&0&-1&2\\1&3&4&1\\0&1&0&0\end{vmatrix}=(-1)^{4+2}\begin{vmatrix}-2&3&2\\1&-1&2\\1&4&1\end{vmatrix}$$

$$\xlongequal{r_1\leftrightarrow r_2}-\begin{vmatrix}1&-1&2\\-2&3&2\\1&4&1\end{vmatrix}\xlongequal{r_2+2r_1}-\begin{vmatrix}1&-1&2\\0&1&6\\1&4&1\end{vmatrix}\xlongequal{r_3-r_1}-\begin{vmatrix}1&-1&2\\0&1&6\\0&5&-1\end{vmatrix}$$

$$\xlongequal{r_3+(-5)r_2}-\begin{vmatrix}1&-1&2\\0&1&6\\0&0&-31\end{vmatrix}=31.$$

例 4 计算行列式

$$D_n=\begin{vmatrix}1&1&1&\cdots&1\\1&2&0&\cdots&0\\1&0&3&\cdots&0\\\vdots&\vdots&\vdots&&\vdots\\1&0&0&\cdots&n\end{vmatrix}.$$

解 首先利用行列式的性质从第 2 行提取公因数 2，第 3 行提取公因数 3…… 第 n 行提取公因数 n，然后将第 2 行、第 3 行 …… 第 n 行的 (-1) 倍，都加到第 1 行上去，原行列式就变为下三角行列式.

$$D_n=\begin{vmatrix}1&1&1&\cdots&1\\1&2&0&\cdots&0\\1&0&3&\cdots&0\\\vdots&\vdots&\vdots&&\vdots\\1&0&0&\cdots&n\end{vmatrix}=2\cdot3\cdots n\begin{vmatrix}1&1&1&\cdots&1\\\frac{1}{2}&1&0&\cdots&0\\\frac{1}{3}&0&1&\cdots&0\\\vdots&\vdots&\vdots&&\vdots\\\frac{1}{n}&0&0&\cdots&1\end{vmatrix}$$

$$= n!\begin{vmatrix} 1-\sum\limits_{i=2}^{n}\frac{1}{i} & 0 & 0 & \cdots & 0 \\ \frac{1}{2} & 1 & 0 & \cdots & 0 \\ \frac{1}{3} & 0 & 1 & \cdots & 0 \\ \vdots & \vdots & \vdots & & \vdots \\ \frac{1}{n} & 0 & 0 & \cdots & 1 \end{vmatrix} = n!\left(1-\sum_{i=2}^{n}\frac{1}{i}\right).$$

例 5 解三元线性方程组

$$\begin{cases} 3x_1 - x_2 + x_3 = 26, \\ 2x_1 - 4x_2 - x_3 = 9, \\ x_1 + 2x_2 + x_3 = 16. \end{cases}$$

解 因为系数行列式 $D = \begin{vmatrix} 3 & -1 & 1 \\ 2 & -4 & -1 \\ 1 & 2 & 1 \end{vmatrix} = 5 \neq 0$，所以方程组有唯一解，且

$$D_1 = \begin{vmatrix} 26 & -1 & 1 \\ 9 & -4 & -1 \\ 16 & 2 & 1 \end{vmatrix} = 55, \quad D_2 = \begin{vmatrix} 3 & 26 & 1 \\ 2 & 2 & -1 \\ 1 & 16 & 1 \end{vmatrix} = 20,$$

$$D_3 = \begin{vmatrix} 3 & -1 & 26 \\ 2 & -4 & 9 \\ 1 & 2 & 16 \end{vmatrix} = -15.$$

因此方程组的解为

$$x_1 = \frac{D_1}{D} = \frac{55}{5} = 11, \quad x_2 = \frac{D_2}{D} = \frac{20}{5} = 4, \quad x_3 = \frac{D_3}{D} = \frac{-15}{5} = -3.$$

例 6 如果齐次线性方程组

$$\begin{cases} \lambda x_1 + x_2 + x_3 = 0, \\ x_1 + \lambda x_2 + x_3 = 0, \\ x_1 + x_2 + \lambda x_3 = 0 \end{cases}$$

有非零解，试求 λ.

解 由克拉默法则知，齐次线性方程组有非零解，只有当其系数行列式为零时才成立，故由

$$D = \begin{vmatrix} \lambda & 1 & 1 \\ 1 & \lambda & 1 \\ 1 & 1 & \lambda \end{vmatrix} = (\lambda+2)(\lambda-1)^2$$

知，若原方程组有非零解，则 λ 只能取 -2 或 1.

例 7 当 k 取何值时，线性方程组

$$\begin{cases} x_1 + (k^2+1)x_2 + 2x_3 = 0, \\ x_1 + (2k+1)x_2 + 2x_3 = 0, \\ kx_1 + kx_2 + (2k+1)x_3 = 0 \end{cases}$$

有非零解?

解 原方程组的系数行列式为

$$D=\begin{vmatrix}1 & k^2+1 & 2\\ 1 & 2k+1 & 2\\ k & k & 2k+1\end{vmatrix}=\begin{vmatrix}1 & k^2+1 & 2\\ 0 & k(2-k) & 0\\ 0 & -k^3 & 1\end{vmatrix}=\begin{vmatrix}k(2-k) & 0\\ -k^3 & 1\end{vmatrix}=k(2-k),$$

由定理 3.2 可知,当 $D=0$,即 $k=0$ 或 $k=2$ 时,原方程组有非零解.

自 测 题

1. 填空题:

(1) $\begin{vmatrix}2 & 7 & -3\\ -5 & -4 & 1\\ 10 & 3 & 7\end{vmatrix}$ 的代数余子式 $A_{21}=$ ________;

(2) 如果齐次线性方程组有非零解,则它的系数行列式 $D=$ ________.

2. 计算下列行列式:

(1) $\begin{vmatrix}1 & -1 & 3\\ 2 & -1 & 1\\ 1 & 2 & 0\end{vmatrix}$;　　(2) $\begin{vmatrix}1 & 2 & -5 & 1\\ -3 & 1 & 0 & -6\\ 2 & 0 & -1 & 2\\ 4 & 1 & -7 & 6\end{vmatrix}$.

3. 用克拉默法则解下列线性方程组:

(1) $\begin{cases}x_1+3x_2-2x_3=4,\\ 3x_1+2x_2-5x_3=11,\\ 2x_1+x_2+x_3=3;\end{cases}$　　(2) $\begin{cases}x_1-2x_2+3x_3-4x_4=4,\\ x_2-x_3+x_4=-3,\\ x_1+3x_2+x_4=1,\\ -7x_2+3x_3+x_4=-3.\end{cases}$

教材习题详解

1. 计算下列行列式:

(1) $\begin{vmatrix}-2 & 3\\ -1 & 5\end{vmatrix}$;　　(2) $\begin{vmatrix}\cos\alpha & -\sin\alpha\\ \sin\alpha & \cos\alpha\end{vmatrix}$;

(3) $\begin{vmatrix}2 & 7 & -3\\ -5 & -4 & 1\\ 10 & 3 & 7\end{vmatrix}$.

解 (1) $\begin{vmatrix}-2 & 3\\ -1 & 5\end{vmatrix}=(-2)\times 5-3\times(-1)=-7.$

(2) $\begin{vmatrix} \cos\alpha & -\sin\alpha \\ \sin\alpha & \cos\alpha \end{vmatrix} = \cos^2\alpha + \sin^2\alpha = 1.$

(3) $\begin{vmatrix} 2 & 7 & -3 \\ -5 & -4 & 1 \\ 10 & 3 & 7 \end{vmatrix} = 2\times(-4)\times 7 + 7\times 1\times 10 + 3\times(-5)\times(-3)$

$$-(-3)\times(-4)\times 10 - 7\times(-5)\times 7 - 2\times 1\times 3 = 178.$$

2. 写出三阶行列式

$$D = \begin{vmatrix} -1 & 3 & 2 \\ 7 & 0 & 6 \\ 11 & 9 & -4 \end{vmatrix}$$

中元素 a_{21}, a_{23} 的代数余子式,并求其值.

解　$A_{21} = -\begin{vmatrix} 3 & 2 \\ 9 & -4 \end{vmatrix} = 30$,　$A_{23} = -\begin{vmatrix} -1 & 3 \\ 11 & 9 \end{vmatrix} = 42.$

$$D = \begin{vmatrix} -1 & 3 & 2 \\ 7 & 0 & 6 \\ 11 & 9 & -4 \end{vmatrix} = a_{11}A_{11} + a_{12}A_{12} + a_{13}A_{13}$$

$$= (-1)\cdot(-1)^{1+1}\begin{vmatrix} 0 & 6 \\ 9 & -4 \end{vmatrix} + 3\cdot(-1)^{1+2}\begin{vmatrix} 7 & 6 \\ 11 & -4 \end{vmatrix} + 2\cdot(-1)^{1+3}\begin{vmatrix} 7 & 0 \\ 11 & 9 \end{vmatrix}$$

$$= 54 + 282 + 126 = 462.$$

3. 写出四阶行列式

$$D = \begin{vmatrix} 5 & -3 & 0 & 1 \\ 0 & -2 & -1 & 0 \\ 1 & 0 & 4 & 7 \\ 0 & 3 & 0 & 2 \end{vmatrix}$$

中元素 a_{23}, a_{33} 的代数余子式,并求其值.

解　$A_{23} = -\begin{vmatrix} 5 & -3 & 1 \\ 1 & 0 & 7 \\ 0 & 3 & 2 \end{vmatrix}$,　$A_{33} = -\begin{vmatrix} 5 & -3 & 1 \\ 0 & -2 & 0 \\ 0 & 3 & 2 \end{vmatrix}.$

$$D = \begin{vmatrix} 5 & -3 & 0 & 1 \\ 0 & -2 & -1 & 0 \\ 1 & 0 & 4 & 7 \\ 0 & 3 & 0 & 2 \end{vmatrix} = a_{42}A_{42} + a_{44}A_{44}$$

$$= 3\cdot(-1)^{4+2}\begin{vmatrix} 5 & 0 & 1 \\ 0 & -1 & 0 \\ 1 & 4 & 7 \end{vmatrix} + 2\cdot(-1)^{4+4}\begin{vmatrix} 5 & -3 & 0 \\ 0 & -2 & -1 \\ 1 & 0 & 4 \end{vmatrix}$$

$$= 3\cdot(-1)\cdot(-1)^{2+2}\begin{vmatrix} 5 & 1 \\ 1 & 7 \end{vmatrix}$$

$$+ 2\cdot\left[5\cdot(-1)^{1+1}\begin{vmatrix} -2 & -1 \\ 0 & 4 \end{vmatrix} + (-3)\cdot(-1)^{1+2}\begin{vmatrix} 0 & -1 \\ 1 & 4 \end{vmatrix}\right]$$

$$= -102 + 2\cdot(-40+3) = -176.$$

4. 解下列方程：

(1) $\begin{vmatrix} 1 & 1 & 1 \\ 1 & 2 & x \\ 1 & x & 6 \end{vmatrix} = 1$；　　(2) $\begin{vmatrix} x & x & 2 \\ 0 & -1 & 1 \\ 1 & 2 & x \end{vmatrix} = 0$.

解　(1) 原方程可化为 $4 + 2x - x^2 = 1$，即 $x^2 - 2x - 3 = 0$，解得 $x_1 = -1, x_2 = 3$.

(2) 原方程可化为 $-x^2 - x + 2 = 0$，即 $x^2 + x - 2 = 0$，解得 $x_1 = -2, x_2 = 1$.

5. 利用行列式的性质计算下列行列式：

(1) $\begin{vmatrix} 1 & 2 & 3 & 4 \\ 2 & 3 & 4 & 1 \\ 3 & 4 & 1 & 2 \\ 4 & 1 & 2 & 3 \end{vmatrix}$；　　(2) $\begin{vmatrix} 2 & 1 & 4 & 1 \\ 3 & -1 & 2 & 1 \\ 1 & 2 & 3 & 2 \\ 5 & 0 & 6 & 2 \end{vmatrix}$.

解　(1) 将行列式各列均加至第 1 列，并提出公因子，

$$\begin{vmatrix} 1 & 2 & 3 & 4 \\ 2 & 3 & 4 & 1 \\ 3 & 4 & 1 & 2 \\ 4 & 1 & 2 & 3 \end{vmatrix} = 10\begin{vmatrix} 1 & 2 & 3 & 4 \\ 1 & 3 & 4 & 1 \\ 1 & 4 & 1 & 2 \\ 1 & 1 & 2 & 3 \end{vmatrix} = 10\begin{vmatrix} 1 & 2 & 3 & 4 \\ 0 & 1 & 1 & -3 \\ 0 & 2 & -2 & -2 \\ 0 & -1 & -1 & -1 \end{vmatrix} = 10\begin{vmatrix} 1 & 2 & 3 & 4 \\ 0 & 1 & 1 & -3 \\ 0 & 0 & -4 & 4 \\ 0 & 0 & 0 & -4 \end{vmatrix}$$

$$= 10 \times 1 \times 1 \times (-4) \times (-4) = 160.$$

(2) $$\begin{vmatrix} 2 & 1 & 4 & 1 \\ 3 & -1 & 2 & 1 \\ 1 & 2 & 3 & 2 \\ 5 & 0 & 6 & 2 \end{vmatrix} = \begin{vmatrix} 2 & 1 & 4 & 0 \\ 3 & -1 & 2 & 2 \\ 1 & 2 & 3 & 0 \\ 5 & 0 & 6 & 2 \end{vmatrix} = \begin{vmatrix} 2 & 1 & 4 & 0 \\ -2 & -1 & -4 & 0 \\ 1 & 2 & 3 & 0 \\ 5 & 0 & 6 & 2 \end{vmatrix}$$

$$= \begin{vmatrix} 0 & 0 & 0 & 0 \\ -2 & -1 & -4 & 0 \\ 1 & 2 & 3 & 0 \\ 5 & 0 & 6 & 2 \end{vmatrix} = 0.$$

6. 解下列线性方程组：

(1) $\begin{cases} 2x_1 + 3x_2 = 0, \\ 3x_1 + 3x_2 = \dfrac{1}{2}; \end{cases}$　　(2) $\begin{cases} x_1 + ax_2 = a^2, \\ x_1 + bx_2 = b^2 \end{cases}$　$(a \neq b)$；

(3) $\begin{cases} 2x_1 - x_2 + 3x_3 = 5, \\ 3x_1 + x_2 - 5x_3 = 5, \\ 4x_1 - x_2 + x_3 = 9; \end{cases}$　　(4) $\begin{cases} 2x_1 - x_2 + x_3 = 0, \\ 3x_1 + 2x_2 - 5x_3 = 1, \\ x_1 + 3x_2 - 2x_3 = 4. \end{cases}$

解　(1) 原方程组的系数行列式为

$$D = \begin{vmatrix} 2 & 3 \\ 3 & 3 \end{vmatrix} = -3 \neq 0.$$

又

$$D_1 = \begin{vmatrix} 0 & 3 \\ \dfrac{1}{2} & 3 \end{vmatrix} = -\frac{3}{2},\quad D_2 = \begin{vmatrix} 2 & 0 \\ 3 & \dfrac{1}{2} \end{vmatrix} = 1,$$

因此

$$x_1 = \frac{D_1}{D} = \frac{1}{2}, \quad x_2 = \frac{D_2}{D} = -\frac{1}{3}.$$

(2) 原方程组的系数行列式为

$$D = \begin{vmatrix} 1 & a \\ 1 & b \end{vmatrix} = b - a \neq 0.$$

又

$$D_1 = \begin{vmatrix} a^2 & a \\ b^2 & b \end{vmatrix} = ab(a-b), \quad D_2 = \begin{vmatrix} 1 & a^2 \\ 1 & b^2 \end{vmatrix} = b^2 - a^2,$$

因此

$$x_1 = \frac{D_1}{D} = -ab, \quad x_2 = \frac{D_2}{D} = b + a.$$

(3) 原方程组的系数行列式为

$$D = \begin{vmatrix} 2 & -1 & 3 \\ 3 & 1 & -5 \\ 4 & -1 & 3 \end{vmatrix} = 4 \neq 0.$$

又

$$D_1 = \begin{vmatrix} 5 & -1 & 3 \\ 5 & 1 & -5 \\ 9 & -1 & 3 \end{vmatrix} = 8, \quad D_2 = \begin{vmatrix} 2 & 5 & 3 \\ 3 & 5 & -5 \\ 4 & 9 & 3 \end{vmatrix} = -4, \quad D_3 = \begin{vmatrix} 2 & -1 & 5 \\ 3 & 1 & 5 \\ 4 & -1 & 9 \end{vmatrix} = 0,$$

因此

$$x_1 = \frac{D_1}{D} = 2, \quad x_2 = \frac{D_2}{D} = -1, \quad x_3 = \frac{D_3}{D} = 0.$$

(4) 原方程组的系数行列式为

$$D = \begin{vmatrix} 2 & -1 & 1 \\ 3 & 2 & -5 \\ 1 & 3 & -2 \end{vmatrix} = 28 \neq 0.$$

又

$$D_1 = \begin{vmatrix} 0 & -1 & 1 \\ 1 & 2 & -5 \\ 4 & 3 & -2 \end{vmatrix} = 13, \quad D_2 = \begin{vmatrix} 2 & 0 & 1 \\ 3 & 1 & -5 \\ 1 & 4 & -2 \end{vmatrix} = 47, \quad D_3 = \begin{vmatrix} 2 & -1 & 0 \\ 3 & 2 & 1 \\ 1 & 3 & 4 \end{vmatrix} = 21,$$

因此

$$x_1 = \frac{D_1}{D} = \frac{13}{28}, \quad x_2 = \frac{D_2}{D} = \frac{47}{28}, \quad x_3 = \frac{D_3}{D} = \frac{3}{4}.$$

7. k 取何值时,下列线性方程组只有零解?

(1) $\begin{cases} 3x + 2y - z = 0, \\ kx + 7y - 2z = 0, \\ 2x - y + 3z = 0; \end{cases}$ (2) $\begin{cases} kx + y + z = 0, \\ x + ky - z = 0, \\ 2x - y + z = 0. \end{cases}$

解 (1) 因为原方程组只有零解,所以方程组的系数行列式

$$D = \begin{vmatrix} 3 & 2 & -1 \\ k & 7 & -2 \\ 2 & -1 & 3 \end{vmatrix} = 63 - 5k \neq 0, \quad 即 \quad k \neq \frac{63}{5}.$$

(2) 因为原方程组只有零解,所以方程组的系数行列式

$$D=\begin{vmatrix} k & 1 & 1 \\ 1 & k & -1 \\ 2 & -1 & 1 \end{vmatrix}=k^2-3k-4\neq 0,\quad 即\quad k\neq -1 且 k\neq 4.$$

8. 若齐次线性方程组

$$\begin{cases} (k+3)x_1+14x_2+2x_3=0, \\ -2x_1+(k-8)x_2-x_3=0, \\ -2x_1-3x_2+(k-2)x_3=0 \end{cases}$$

有非零解,求 k 的值.

解 方程组的系数行列式为

$$D=\begin{vmatrix} k+3 & 14 & 2 \\ -2 & k-8 & -1 \\ -2 & -3 & k-2 \end{vmatrix}=(k-1)(k-3)^2.$$

若齐次线性方程组有非零解,则 $D=0$,于是 $k=1$ 或 $k=3$.

第九章 矩 阵

内容提要

一、基本概念

1. 矩阵的定义

定义 1.1 由 $m \times n$ 个数 $a_{ij}(i=1,2,\cdots,m;j=1,2,\cdots,n)$ 排列成一个 m 行 n 列的矩形数表

$$\begin{pmatrix} a_{11} & a_{12} & \cdots & a_{1n} \\ a_{21} & a_{22} & \cdots & a_{2n} \\ \vdots & \vdots & & \vdots \\ a_{m1} & a_{m2} & \cdots & a_{mn} \end{pmatrix},$$

称为 m 行 n 列**矩阵**,简称 $m \times n$ **矩阵**,其中这 $m \times n$ 个数叫作矩阵的**元素**,a_{ij} 为该矩阵的第 i 行第 j 列的**元素**(横排称为**行**,纵排称为**列**).

矩阵通常用大写粗体英文字母 $\boldsymbol{A},\boldsymbol{B},\boldsymbol{C},\cdots$ 来表示,而矩阵的元素通常用小写英文字母 a,b,c,$\cdots$ 来表示. 定义 1.1 中的 $m \times n$ 矩阵可记作 $\boldsymbol{A}_{m\times n}$ 或 $(a_{ij})_{m\times n}$,有时简记作 $\boldsymbol{A}$ 或 (a_{ij}).

特别地,当 $m=1$ 或 $n=1$ 时,矩阵只有一行或只有一列,即

$$\boldsymbol{A}=(a_{11},a_{12},\cdots,a_{1n}) \quad 或 \quad \boldsymbol{A}=\begin{pmatrix} a_{11} \\ a_{21} \\ \vdots \\ a_{m1} \end{pmatrix},$$

分别称之为**行矩阵**和**列矩阵**,即 $1 \times n$ **矩阵**和 $m \times 1$ **矩阵**.

当 $m=n$ 时,矩阵 $\boldsymbol{A}$ 的行数与列数相等,则称 $\boldsymbol{A}$ 为 n **阶矩阵**或 n **阶方阵**. n 阶方阵 $\boldsymbol{A}=(a_{ij})_{n\times n}$ 中从左上角到右下角的对角线上的元素 $a_{11},a_{22},\cdots,a_{nn}$ 称为 $\boldsymbol{A}$ 的**主对角线元素**. 从右上角到左下角的对角线上的元素 $a_{1n},a_{2,n-1},\cdots,a_{n1}$ 称为 $\boldsymbol{A}$ 的**次对角线元素**.

元素全为零的矩阵称为**零矩阵**,记作 $\boldsymbol{O}_{m\times n}$ 或 $\boldsymbol{O}$.

在矩阵 $\boldsymbol{A}=(a_{ij})_{m\times n}$ 中各元素的前面都添上负号(即取相反数)得到的矩阵,称为 $\boldsymbol{A}$ 的**负矩阵**,记作 $-\boldsymbol{A}$,即 $-\boldsymbol{A}=(-a_{ij})_{m\times n}$.

2. 特殊矩阵

(1) 对角矩阵.

定义 1.2　若 n 阶方阵 $\boldsymbol{A}=(a_{ij})$ 中的元素满足 $a_{ij}=0(i\neq j;i,j=1,2,\cdots,n)$，则称 $\boldsymbol{A}$ 为 n **阶对角矩阵**，即

$$\boldsymbol{A}=\begin{pmatrix} a_{11} & 0 & \cdots & 0 \\ 0 & a_{22} & \cdots & 0 \\ \vdots & \vdots & & \vdots \\ 0 & 0 & \cdots & a_{nn} \end{pmatrix}.$$

一般 n 阶对角矩阵常简记为

$$\boldsymbol{A}=\begin{pmatrix} a_{11} & & & \\ & a_{22} & & \\ & & \ddots & \\ & & & a_{nn} \end{pmatrix},$$

其中 $a_{11},a_{22},\cdots,a_{nn}$ 中的某些元素可以为零.

(2) 数量矩阵.

定义 1.3　如果 n 阶对角矩阵中的元素 $a_{11}=a_{22}=\cdots=a_{nn}=a$（即主对角线上的元素都相等），则称 $\boldsymbol{A}$ 为 n **阶数量矩阵**.

例如，

$$\boldsymbol{A}=\begin{pmatrix} a & & & \\ & a & & \\ & & \ddots & \\ & & & a \end{pmatrix}.$$

(3) 单位矩阵.

当 n 阶数量矩阵中的元素 $a=1$ 时，称 $\boldsymbol{A}$ 为 n **阶单位矩阵**，记作 $\boldsymbol{E}_n$ 或 $\boldsymbol{E}$，即

$$\boldsymbol{E}_n=\begin{pmatrix} 1 & 0 & \cdots & 0 \\ 0 & 1 & \cdots & 0 \\ \vdots & \vdots & & \vdots \\ 0 & 0 & \cdots & 1 \end{pmatrix}.$$

(4) 三角矩阵.

定义 1.4　如果 n 阶方阵 $\boldsymbol{A}=(a_{ij})$ 中的元素满足 $a_{ij}=0(i>j;i,j=1,2,\cdots,n)$（即主对角线下方的元素都等于零），则称矩阵 $\boldsymbol{A}$ 为 n **阶上三角矩阵**.

例如，

$$\boldsymbol{A}=\begin{pmatrix} a_{11} & a_{12} & \cdots & a_{1n} \\ 0 & a_{22} & \cdots & a_{2n} \\ \vdots & \vdots & & \vdots \\ 0 & 0 & \cdots & a_{nn} \end{pmatrix}.$$

如果 n 阶方阵 $\boldsymbol{B}=(b_{ij})$ 中的元素满足 $b_{ij}=0(i<j;i,j=1,2,\cdots,n)$（即主对角线上方的元素都等于零），则称矩阵 $\boldsymbol{B}$ 为 n **阶下三角矩阵**.

例如，

$$\boldsymbol{B}=\begin{pmatrix} b_{11} & 0 & \cdots & 0 \\ b_{21} & b_{22} & \cdots & 0 \\ \vdots & \vdots & & \vdots \\ b_{n1} & b_{n2} & \cdots & b_{nn} \end{pmatrix}.$$

上三角矩阵、下三角矩阵统称为**三角矩阵**.

注　上(或下)三角矩阵的主对角线下(或上)方的元素一定是零,而其他元素可以是零也可以不是零.

3. 矩阵相等

定义 2.1　若两个具有相同行数与列数的矩阵 $\boldsymbol{A}=(a_{ij})_{m\times n}$,$\boldsymbol{B}=(b_{ij})_{m\times n}$ 的各对应元素相等,即满足 $a_{ij}=b_{ij}(i=1,2,\cdots,m;j=1,2,\cdots,n)$,称矩阵 $\boldsymbol{A}$ 与 $\boldsymbol{B}$ **相等**,记为 $\boldsymbol{A}=\boldsymbol{B}$.

注　矩阵 $\boldsymbol{A}=\boldsymbol{B}$,$\boldsymbol{A}$ 的行数和列数必须分别和 $\boldsymbol{B}$ 的行数和列数相同,而且对应元素必须相等.

4. 矩阵的加法

定义 2.2　由两个矩阵 $\boldsymbol{A}=(a_{ij})_{m\times n}$,$\boldsymbol{B}=(b_{ij})_{m\times n}$ 各对应位置上的元素相加后得到的矩阵,称为矩阵 $\boldsymbol{A}$ 与矩阵 $\boldsymbol{B}$ 的**和**,记作 $\boldsymbol{A}+\boldsymbol{B}$,即若

$$\boldsymbol{A}=\begin{pmatrix} a_{11} & a_{12} & \cdots & a_{1n} \\ a_{21} & a_{22} & \cdots & a_{2n} \\ \vdots & \vdots & & \vdots \\ a_{m1} & a_{m2} & \cdots & a_{mn} \end{pmatrix},\quad \boldsymbol{B}=\begin{pmatrix} b_{11} & b_{12} & \cdots & b_{1n} \\ b_{21} & b_{22} & \cdots & b_{2n} \\ \vdots & \vdots & & \vdots \\ b_{m1} & b_{m2} & \cdots & b_{mn} \end{pmatrix},$$

则

$$\boldsymbol{A}+\boldsymbol{B}=\begin{pmatrix} a_{11}+b_{11} & a_{12}+b_{12} & \cdots & a_{1n}+b_{1n} \\ a_{21}+b_{21} & a_{22}+b_{22} & \cdots & a_{2n}+b_{2n} \\ \vdots & \vdots & & \vdots \\ a_{m1}+b_{m1} & a_{m2}+b_{m2} & \cdots & a_{mn}+b_{mn} \end{pmatrix}.$$

注　只有当两个矩阵的行数相同且列数也相同时,才能做加法运算.

矩阵 $\boldsymbol{A}_{m\times n}$ 与 $\boldsymbol{B}_{m\times n}$ 的**差**为

$$\boldsymbol{A}-\boldsymbol{B}=\boldsymbol{A}+(-\boldsymbol{B})=\begin{pmatrix} a_{11}-b_{11} & a_{12}-b_{12} & \cdots & a_{1n}-b_{1n} \\ a_{21}-b_{21} & a_{22}-b_{22} & \cdots & a_{2n}-b_{2n} \\ \vdots & \vdots & & \vdots \\ a_{m1}-b_{m1} & a_{m2}-b_{m2} & \cdots & a_{mn}-b_{mn} \end{pmatrix}.$$

5. 数与矩阵的乘法

定义 2.3　设矩阵 $\boldsymbol{A}=(a_{ij})_{m\times n}$,$k$ 为任意常数,用数 k 乘以矩阵 $\boldsymbol{A}$ 中的每一个元素所得到的矩阵

$$\begin{pmatrix} ka_{11} & ka_{12} & \cdots & ka_{1n} \\ ka_{21} & ka_{22} & \cdots & ka_{2n} \\ \vdots & \vdots & & \vdots \\ ka_{m1} & ka_{m2} & \cdots & ka_{mn} \end{pmatrix}=(ka_{ij})_{m\times n},$$

称为数 k 与矩阵 $\boldsymbol{A}$ 的**乘积**,记作 $k\boldsymbol{A}$,即 $k\boldsymbol{A}=(ka_{ij})_{m\times n}$.

特别地，当 $k=-1$ 时，$k\boldsymbol{A}=-\boldsymbol{A}$，得到 $\boldsymbol{A}$ 的负矩阵.

6. 矩阵的乘法

定义 2.4　设 $\boldsymbol{A}$ 为 $m\times s$ 矩阵，$\boldsymbol{B}$ 为 $s\times n$ 矩阵，即 $\boldsymbol{A}=(a_{ij})_{m\times s}$，$\boldsymbol{B}=(b_{ij})_{s\times n}$. 定义 $\boldsymbol{A}$ 与 $\boldsymbol{B}$ 的乘积矩阵 $\boldsymbol{C}=(c_{ij})_{m\times n}$，记为 $\boldsymbol{C}=\boldsymbol{AB}$，其中 $\boldsymbol{C}$ 的第 i 行第 j 列元素为

$$c_{ij}=a_{i1}b_{1j}+a_{i2}b_{2j}+\cdots+a_{is}b_{sj}=\sum_{k=1}^{s}a_{ik}b_{kj}\quad(i=1,2,\cdots,m;j=1,2,\cdots,n).$$

注　① 只有当左矩阵 $\boldsymbol{A}$ 的列数与右矩阵 $\boldsymbol{B}$ 的行数相等时，$\boldsymbol{A}$，$\boldsymbol{B}$ 才能做乘法运算，因此我们记为 $\boldsymbol{A}_{m\times s}\boldsymbol{B}_{s\times n}=\boldsymbol{C}_{m\times n}$.

② 矩阵 $\boldsymbol{C}$ 中第 i 行第 j 列的元素等于左矩阵 $\boldsymbol{A}$ 的第 i 行元素与右矩阵 $\boldsymbol{B}$ 的第 j 列对应元素乘积之和，故简称**行乘列法则**.

③ 矩阵乘积 $\boldsymbol{AB}$ 仍为矩阵，它的行数等于左矩阵 $\boldsymbol{A}$ 的行数，它的列数等于右矩阵 $\boldsymbol{B}$ 的列数.

7. 矩阵的转置

定义 2.5　将一个 $m\times n$ 矩阵

$$\boldsymbol{A}=\begin{pmatrix}a_{11}&a_{12}&\cdots&a_{1n}\\a_{21}&a_{22}&\cdots&a_{2n}\\\vdots&\vdots&&\vdots\\a_{m1}&a_{m2}&\cdots&a_{mn}\end{pmatrix}$$

的行和列按顺序互换得到的 $n\times m$ 矩阵，称为 $\boldsymbol{A}$ 的**转置矩阵**，记为 $\boldsymbol{A}^{\mathrm{T}}$，即

$$\boldsymbol{A}^{\mathrm{T}}=\begin{pmatrix}a_{11}&a_{21}&\cdots&a_{m1}\\a_{12}&a_{22}&\cdots&a_{m2}\\\vdots&\vdots&&\vdots\\a_{1n}&a_{2n}&\cdots&a_{mn}\end{pmatrix}.$$

由定义 2.5 可知，转置矩阵 $\boldsymbol{A}^{\mathrm{T}}$ 的第 i 行第 j 列的元素等于矩阵 $\boldsymbol{A}$ 的第 j 行第 i 列的元素.

8. 方阵的行列式

定义 2.6　如果 $\boldsymbol{A}$ 是一个方阵，则由 $\boldsymbol{A}$ 的元素按原次序所构成的行列式，称为 **$\boldsymbol{A}$ 的行列式**，记为 $|\boldsymbol{A}|$.

定义 2.7　若 n 阶方阵 $\boldsymbol{A}$ 的行列式 $|\boldsymbol{A}|\neq 0$，则称 $\boldsymbol{A}$ 为**非奇异矩阵**.

9. 逆矩阵的概念

定义 3.1　对于 n 阶方阵 $\boldsymbol{A}$，如果存在 n 阶方阵 $\boldsymbol{B}$，使得

$$\boldsymbol{AB}=\boldsymbol{BA}=\boldsymbol{E},$$

则称 n 阶方阵 $\boldsymbol{A}$ 是**可逆的**，而 $\boldsymbol{B}$ 称为 $\boldsymbol{A}$ 的**逆矩阵**，简称**逆阵**.

定义 3.2　设 A_{ij} 是矩阵

$$\boldsymbol{A}=\begin{pmatrix}a_{11}&a_{12}&\cdots&a_{1n}\\a_{21}&a_{22}&\cdots&a_{2n}\\\vdots&\vdots&&\vdots\\a_{n1}&a_{n2}&\cdots&a_{nn}\end{pmatrix}$$

所对应的行列式$|\boldsymbol{A}|$中元素a_{ij}的代数余子式,矩阵

$$\boldsymbol{A}^* = \begin{pmatrix} A_{11} & A_{12} & \cdots & A_{1n} \\ A_{21} & A_{22} & \cdots & A_{2n} \\ \vdots & \vdots & & \vdots \\ A_{n1} & A_{n2} & \cdots & A_{nn} \end{pmatrix}^{\mathrm{T}}$$

称为$\boldsymbol{A}$的**伴随矩阵**.

设有线性方程组

$$\begin{cases} a_{11}x_1 + a_{12}x_2 + \cdots + a_{1n}x_n = b_1, \\ a_{21}x_1 + a_{22}x_2 + \cdots + a_{2n}x_n = b_2, \\ \quad\cdots\cdots \\ a_{n1}x_1 + a_{n2}x_2 + \cdots + a_{nn}x_n = b_n. \end{cases} \tag{1}$$

我们将其未知量的系数构成的矩阵

$$\boldsymbol{A} = \begin{pmatrix} a_{11} & a_{12} & \cdots & a_{1n} \\ a_{21} & a_{22} & \cdots & a_{2n} \\ \vdots & \vdots & & \vdots \\ a_{n1} & a_{n2} & \cdots & a_{nn} \end{pmatrix}$$

称为方程组(1)的**系数矩阵**.

右端常数项构成的矩阵

$$\boldsymbol{B} = \begin{pmatrix} b_1 \\ b_2 \\ \vdots \\ b_n \end{pmatrix}$$

称为方程组(1)的**常量矩阵**.

我们将方程组(1)的未知量也排成矩阵,记为

$$\boldsymbol{X} = \begin{pmatrix} x_1 \\ x_2 \\ \vdots \\ x_n \end{pmatrix},$$

称为方程组(1)的**未知量矩阵**.

利用矩阵的乘法运算,方程组(1)可表示为

$$\boldsymbol{AX} = \boldsymbol{B}. \tag{2}$$

若$\boldsymbol{A}$可逆,有$\boldsymbol{A}^{-1}\boldsymbol{AX} = \boldsymbol{A}^{-1}\boldsymbol{B}$,即$\boldsymbol{X} = \boldsymbol{A}^{-1}\boldsymbol{B}$,则方程组(2)的解为$\boldsymbol{X} = \boldsymbol{A}^{-1}\boldsymbol{B}$.

10. 矩阵的初等变换

定义 4.1 对矩阵施行如下3种变换:

① 互换变换:互换矩阵的两行(列)的位置(交换第i,j两行,记作$r_i \leftrightarrow r_j$,交换第s,t两列,记作$c_s \leftrightarrow c_t$);

② 倍法变换:用一个不等于零的数乘矩阵某一行(列)的所有元素(k乘第i行,记作kr_i,k乘第s列,记作kc_s);

③ 消去变换:把矩阵某一行(列)所有元素的k倍加到另一行(列)的对应元素上去(第i

行的 k 倍加到第 j 行上,记作 $r_j + kr_i$,第 s 列的 k 倍加到第 t 列上去,记作 $c_t + kc_s$).

这 3 种变换叫作矩阵的**初等行(列)变换**.

矩阵的初等行变换与初等列变换统称为矩阵的**初等变换**.

定义 4.2 由单位矩阵经过一次初等变换得到的矩阵称为**初等矩阵**,简称**初等阵**.

3 种初等变换对应着 3 种初等矩阵:

① 初等互换矩阵 $\boldsymbol{E}_{(i)(j)}$ 是由单位矩阵 $\boldsymbol{E}$ 的第 i 行和第 j 行互换得到的;

② 初等倍法矩阵 $\boldsymbol{E}_{k(i)}$ 是由单位矩阵 $\boldsymbol{E}$ 的第 i 行乘 k 得到的;

③ 初等消去矩阵 $\boldsymbol{E}_{(j)+k(i)}$ 是由单位矩阵 $\boldsymbol{E}$ 的第 i 行乘 k 加到第 j 行得到的.

二、基本定理、重要公式及结论

1. 矩阵加法的性质

矩阵的加法具有如下性质:

① 加法交换律 $\boldsymbol{A}+\boldsymbol{B}=\boldsymbol{B}+\boldsymbol{A}$;

② 加法结合律 $(\boldsymbol{A}+\boldsymbol{B})+\boldsymbol{C}=\boldsymbol{A}+(\boldsymbol{B}+\boldsymbol{C})$;

③ 零矩阵满足 $\boldsymbol{A}+\boldsymbol{O}=\boldsymbol{A}$;

④ 存在矩阵 $-\boldsymbol{A}$,满足 $\boldsymbol{A}-\boldsymbol{A}=\boldsymbol{A}+(-\boldsymbol{A})=\boldsymbol{O}$,

其中矩阵 $\boldsymbol{A},\boldsymbol{B},\boldsymbol{C},\boldsymbol{O}$ 都是 $m\times n$ 矩阵.

2. 数与矩阵的乘法性质

数与矩阵的乘法具有如下性质:

① 数对矩阵的分配律 $k(\boldsymbol{A}+\boldsymbol{B})=k\boldsymbol{A}+k\boldsymbol{B}$;

② 矩阵对数的分配律 $(k+h)\boldsymbol{A}=k\boldsymbol{A}+h\boldsymbol{A}$;

③ 数与矩阵的结合律 $(kh)\boldsymbol{A}=k(h\boldsymbol{A})=h(k\boldsymbol{A})$;

④ 数 1 与矩阵满足 $1\boldsymbol{A}=\boldsymbol{A}$,

其中矩阵 $\boldsymbol{A},\boldsymbol{B}$ 都是 $m\times n$ 矩阵,k,h 为任意常数.

3. 矩阵的乘法性质

矩阵的乘法具有如下性质:

① 乘法结合律 $(\boldsymbol{AB})\boldsymbol{C}=\boldsymbol{A}(\boldsymbol{BC})$;

② 左乘分配律 $\boldsymbol{A}(\boldsymbol{B}+\boldsymbol{C})=\boldsymbol{AB}+\boldsymbol{AC}$;

右乘分配律 $(\boldsymbol{B}+\boldsymbol{C})\boldsymbol{A}=\boldsymbol{BA}+\boldsymbol{CA}$;

③ 单位矩阵与矩阵满足 $\boldsymbol{A}_{m\times n}\boldsymbol{E}=\boldsymbol{A}$ ($\boldsymbol{E}$ 为 n 阶单位矩阵),

$\boldsymbol{E}\boldsymbol{B}_{m\times n}=\boldsymbol{B}$ ($\boldsymbol{E}$ 为 m 阶单位矩阵);

④ 数乘结合律 $(\lambda\boldsymbol{A})\boldsymbol{B}=\lambda(\boldsymbol{AB})=\boldsymbol{A}(\lambda\boldsymbol{B})$ (λ 是任意常数).

注 ① 矩阵的乘法一般不满足交换律.也就是说,当 $\boldsymbol{AB}$ 有意义时,$\boldsymbol{BA}$ 不一定有意义,即使 $\boldsymbol{AB}$ 与 $\boldsymbol{BA}$ 都有意义,$\boldsymbol{AB}$ 与 $\boldsymbol{BA}$ 也不一定相等.

② 两个非零矩阵的乘积可能是零矩阵,当 $\boldsymbol{AB}=\boldsymbol{O}$ 时,一般不能得出 $\boldsymbol{A}=\boldsymbol{O}$ 或 $\boldsymbol{B}=\boldsymbol{O}$ 的结论.

③ 矩阵的乘法不满足消去律,即若 $\boldsymbol{AC}=\boldsymbol{BC}$,但 $\boldsymbol{A},\boldsymbol{B}$ 不一定相等.

4. 矩阵转置的性质

转置矩阵具有如下性质:

① $(\boldsymbol{A}^{\mathrm{T}})^{\mathrm{T}} = \boldsymbol{A}$;

② $(\boldsymbol{A}+\boldsymbol{B})^{\mathrm{T}} = \boldsymbol{A}^{\mathrm{T}}+\boldsymbol{B}^{\mathrm{T}}$;

③ $(\lambda\boldsymbol{A})^{\mathrm{T}} = \lambda\boldsymbol{A}^{\mathrm{T}}$　(λ 是任意常数);

④ $(\boldsymbol{AB})^{\mathrm{T}} = \boldsymbol{B}^{\mathrm{T}}\boldsymbol{A}^{\mathrm{T}}$;

⑤ $(\boldsymbol{A}_1\boldsymbol{A}_2\cdots\boldsymbol{A}_s)^{\mathrm{T}} = \boldsymbol{A}_s^{\mathrm{T}}\boldsymbol{A}_{s-1}^{\mathrm{T}}\cdots\boldsymbol{A}_2^{\mathrm{T}}\boldsymbol{A}_1^{\mathrm{T}}$.

5. 方阵行列式的定理及结论

定理 2.1　设 $\boldsymbol{A},\boldsymbol{B}$ 是两个 n 阶方阵,则 $|\boldsymbol{AB}| = |\boldsymbol{A}|\cdot|\boldsymbol{B}|$.

结论　设 $\boldsymbol{A},\boldsymbol{A}_1,\boldsymbol{A}_2,\cdots,\boldsymbol{A}_k$ 都是 n 阶方阵,λ 是任意常数,k 是正整数,那么

① $|\lambda\boldsymbol{A}| = \lambda^n|\boldsymbol{A}|$;

② $|\boldsymbol{A}^k| = |\boldsymbol{A}|^k$;

③ $|\boldsymbol{A}^{\mathrm{T}}\boldsymbol{A}| = |\boldsymbol{A}\boldsymbol{A}^{\mathrm{T}}| = |\boldsymbol{A}|^2$;

④ $|\boldsymbol{A}_1\boldsymbol{A}_2\cdots\boldsymbol{A}_k| = |\boldsymbol{A}_1||\boldsymbol{A}_2|\cdots|\boldsymbol{A}_k|$.

6. 逆矩阵的定理及性质

定理 3.1　若 $\boldsymbol{A}$ 是可逆的,则其逆矩阵由 $\boldsymbol{A}$ 唯一确定.

定理 3.2　n 阶方阵 $\boldsymbol{A} = (a_{ij})$ 可逆的充要条件是 $\boldsymbol{A}$ 为非奇异矩阵,且

$$\boldsymbol{A}^{-1} = \frac{1}{|\boldsymbol{A}|}\boldsymbol{A}^* = \frac{1}{|\boldsymbol{A}|}\begin{pmatrix} A_{11} & A_{12} & \cdots & A_{1n} \\ A_{21} & A_{22} & \cdots & A_{2n} \\ \vdots & \vdots & & \vdots \\ A_{n1} & A_{n2} & \cdots & A_{nn} \end{pmatrix}^{\mathrm{T}}.$$

定理 3.2 不仅给出了判别矩阵是否可逆的一种方法,并且给出了求逆矩阵的一种方法——伴随矩阵法.

可逆矩阵具有如下性质:

性质 3.1　$(\boldsymbol{A}^{-1})^{-1} = \boldsymbol{A}$.

性质 3.2　若矩阵 $\boldsymbol{A}$ 可逆,数 $k \neq 0$,则 $k\boldsymbol{A}$ 也可逆,且 $(k\boldsymbol{A})^{-1} = \frac{1}{k}\boldsymbol{A}^{-1}$.

性质 3.3　若 $\boldsymbol{A},\boldsymbol{B}$ 都是 n 阶可逆矩阵,则 $\boldsymbol{AB}$ 也是可逆矩阵,且 $(\boldsymbol{AB})^{-1} = \boldsymbol{B}^{-1}\boldsymbol{A}^{-1}$.

性质 3.4　可逆矩阵 $\boldsymbol{A}$ 的转置矩阵 $\boldsymbol{A}^{\mathrm{T}}$ 是可逆矩阵,且 $(\boldsymbol{A}^{\mathrm{T}})^{-1} = (\boldsymbol{A}^{-1})^{\mathrm{T}}$.

性质 3.5　若矩阵 $\boldsymbol{A}$ 可逆,则 $|\boldsymbol{A}^{-1}| = \frac{1}{|\boldsymbol{A}|}$.

7. 矩阵初等变换的定理

定理 4.1　任何非奇异矩阵都可以用有限次初等行变换将其化为单位矩阵.

定理 4.2　对 $\boldsymbol{A}$ 施行一次初等行(列)变换,就相当于在 $\boldsymbol{A}$ 的左(右)边乘上一个相应的初等矩阵.

例如:

① 若 $\boldsymbol{A}\xrightarrow{r_i\leftrightarrow r_j}\boldsymbol{A}_1$,则 $\boldsymbol{A}_1 = \boldsymbol{E}_{(i)(j)}\boldsymbol{A}$,反之亦然;

② 若 $\boldsymbol{A}\xrightarrow{kr_i}\boldsymbol{A}_2$,则 $\boldsymbol{A}_2 = \boldsymbol{E}_{k(i)}\boldsymbol{A}$,反之亦然;

③ 若 $\boldsymbol{A}\xrightarrow{r_j+kr_i}\boldsymbol{A}_3$,则 $\boldsymbol{A}_3 = \boldsymbol{E}_{(j)+k(i)}\boldsymbol{A}$,反之亦然.

定理 4.3　非奇异矩阵 $\boldsymbol{A}$ 的逆矩阵 $\boldsymbol{A}^{-1}$ 可以表示成有限个初等矩阵的积.

用初等变换求 $\boldsymbol{A}$ 的逆矩阵的步骤如下：

① 构造 $n\times 2n$ 矩阵 $(\boldsymbol{A}\mid\boldsymbol{E})$；

② 对 $(\boldsymbol{A}\mid\boldsymbol{E})$ 连续施行初等行变换，使 $\boldsymbol{A}$ 化为单位矩阵 $\boldsymbol{E}$，这时 $\boldsymbol{E}$ 就化为 $\boldsymbol{A}^{-1}$，即

$$(\boldsymbol{A}\mid\boldsymbol{E})\xrightarrow{\text{经一系列初等行变换}}(\boldsymbol{E}\mid\boldsymbol{A}^{-1}).$$

教学基本要求

1. 理解和掌握矩阵的概念，掌握对角矩阵、数量矩阵、三角矩阵等特殊矩阵.

2. 掌握矩阵相等、矩阵的加法、数与矩阵的乘法、矩阵与矩阵的乘法、矩阵的转置、方阵的行列式的概念及其运算法则，能熟练地进行矩阵的运算.

3. 理解可逆矩阵的概念、性质以及矩阵可逆的充要条件. 了解伴随矩阵的概念，会用伴随矩阵法求矩阵的逆矩阵. 掌握用初等变换求逆矩阵的方法.

4. 理解矩阵的初等变换的概念，了解初等矩阵和初等变换的联系，掌握把矩阵化为单位矩阵的方法.

典型例题分析及求解

1. 矩阵的线性运算

例 1 设矩阵

$$\boldsymbol{A}=\begin{pmatrix}1&-2&0\\-3&4&5\end{pmatrix},\quad \boldsymbol{B}=\begin{pmatrix}0&2&-1\\1&3&-8\end{pmatrix},$$

求矩阵 $-3\boldsymbol{A}+2\boldsymbol{B}$.

分析 先做数与矩阵的乘法运算 $-3\boldsymbol{A}$ 与 $2\boldsymbol{B}$，然后求 $-3\boldsymbol{A}+2\boldsymbol{B}$. 在做加法运算时，要注意只有在两个矩阵的行数相同且列数也相同时才能做加法运算.

解 因为

$$-3\boldsymbol{A}=\begin{pmatrix}-3&6&0\\9&-12&-15\end{pmatrix},\quad 2\boldsymbol{B}=\begin{pmatrix}0&4&-2\\2&6&-16\end{pmatrix},$$

所以

$$-3\boldsymbol{A}+2\boldsymbol{B}=\begin{pmatrix}-3&6&0\\9&-12&-15\end{pmatrix}+\begin{pmatrix}0&4&-2\\2&6&-16\end{pmatrix}=\begin{pmatrix}-3&10&-2\\11&-6&-31\end{pmatrix}.$$

例 2 设矩阵

$$A=\begin{pmatrix}1&1&0&-2\\-1&-3&4&2\\2&8&5&5\end{pmatrix},\quad B=\begin{pmatrix}3&-1&4&-2\\1&3&0&0\\0&4&1&-1\end{pmatrix},$$

求矩阵 X,使得 $3A+2X=3B$.

分析 先由 $3A+2X=3B$ 解出 $X=\frac{3}{2}(B-A)$,再进行矩阵的运算.

解 由 $3A+2X=3B$,得 $2X=3B-3A$,即 $X=\frac{3}{2}(B-A)$,因此

$$X=\frac{3}{2}\left[\begin{pmatrix}3&-1&4&-2\\1&3&0&0\\0&4&1&-1\end{pmatrix}-\begin{pmatrix}1&1&0&-2\\-1&-3&4&2\\2&8&5&5\end{pmatrix}\right]$$

$$=\frac{3}{2}\begin{pmatrix}2&-2&4&0\\2&6&-4&-2\\-2&-4&-4&-6\end{pmatrix}=\begin{pmatrix}3&-3&6&0\\3&9&-6&-3\\-3&-6&-6&-9\end{pmatrix}.$$

例 3 设矩阵

$$A=\begin{pmatrix}1&2&3\\0&2&1\end{pmatrix},\quad B=\begin{pmatrix}1&-1\\2&-2\\3&0\end{pmatrix},$$

求 AB,BA,$(AB)^{\mathrm{T}}$.

分析 按矩阵的乘法法则进行运算,在进行矩阵乘法 AB 的运算时,必须满足左矩阵 A 的列数与右矩阵 B 的行数相同,否则 AB 无意义.

解 $$AB=\begin{pmatrix}1&2&3\\0&2&1\end{pmatrix}\begin{pmatrix}1&-1\\2&-2\\3&0\end{pmatrix}=\begin{pmatrix}14&-5\\7&-4\end{pmatrix},$$

$$BA=\begin{pmatrix}1&-1\\2&-2\\3&0\end{pmatrix}\begin{pmatrix}1&2&3\\0&2&1\end{pmatrix}=\begin{pmatrix}1&0&2\\2&0&4\\3&6&9\end{pmatrix},$$

$$(AB)^{\mathrm{T}}=\begin{pmatrix}14&-5\\7&-4\end{pmatrix}^{\mathrm{T}}=\begin{pmatrix}14&7\\-5&-4\end{pmatrix}$$

或

$$(AB)^{\mathrm{T}}=B^{\mathrm{T}}A^{\mathrm{T}}=\begin{pmatrix}1&2&3\\-1&-2&0\end{pmatrix}\begin{pmatrix}1&0\\2&2\\3&1\end{pmatrix}=\begin{pmatrix}14&7\\-5&-4\end{pmatrix}.$$

小结 矩阵乘法不满足交换律,即 $AB\neq BA$.

例 4 设矩阵

$$A=\begin{pmatrix}1&4\\0&5\end{pmatrix},\quad B=\begin{pmatrix}1&3\\0&-1\end{pmatrix},\quad C=\begin{pmatrix}2&2\\0&0\end{pmatrix},$$

求 AC,BC.

解 $$AC=\begin{pmatrix}1&4\\0&5\end{pmatrix}\begin{pmatrix}2&2\\0&0\end{pmatrix}=\begin{pmatrix}2&2\\0&0\end{pmatrix},$$

$$BC=\begin{pmatrix}1&3\\0&-1\end{pmatrix}\begin{pmatrix}2&2\\0&0\end{pmatrix}=\begin{pmatrix}2&2\\0&0\end{pmatrix}.$$

小结　矩阵乘法不满足消去律,即 $AC=BC$ 时,不能得出 $A=B$.

例 5　设矩阵

$$A=\begin{pmatrix}1&2\\0&1\end{pmatrix},$$

求幂矩阵 A^m,其中 m 是正整数.

分析　A^m 为 m 个 A 相乘,先由矩阵的乘法法则求 A^2,再由归纳法求 A^m.

解　当 $m=2$ 时,

$$A^2=\begin{pmatrix}1&2\\0&1\end{pmatrix}\begin{pmatrix}1&2\\0&1\end{pmatrix}=\begin{pmatrix}1&2\times2\\0&1\end{pmatrix}.$$

设当 $m=k$ 时,$A^k=\begin{pmatrix}1&2\times k\\0&1\end{pmatrix}$,则当 $m=k+1$ 时,

$$A^{k+1}=A^kA=\begin{pmatrix}1&2\times k\\0&1\end{pmatrix}\begin{pmatrix}1&2\\0&1\end{pmatrix}=\begin{pmatrix}1&2+2\times k\\0&1\end{pmatrix}=\begin{pmatrix}1&2(k+1)\\0&1\end{pmatrix}.$$

由归纳法原理可知 $A^m=\begin{pmatrix}1&2m\\0&1\end{pmatrix}$.

例 6　设 A 为 $p\times s$ 矩阵,C 为 $m\times n$ 矩阵,如果 $AB^{\mathrm{T}}C$ 有意义,则矩阵 B 的类型为(　　).

A. $p\times n$　　B. $p\times m$　　C. $s\times m$　　D. $m\times s$

解　由 $AB^{\mathrm{T}}C$ 有意义,则必须 AB^{T} 与 $B^{\mathrm{T}}C$ 有意义. 已知 $A_{p\times s}$,$C_{m\times n}$,则 B^{T} 的行数等于 A 的列数,B^{T} 的列数应等于 C 的行数,故 B^{T} 应为 $s\times m$ 矩阵,因而 B 为 $m\times s$ 矩阵,正确答案为 D.

例 7　如果两个 n 阶矩阵 A 与 B 满足 $AB=BA$,则称 A 与 B 是可交换的. 设 $A=\begin{pmatrix}1&0\\3&1\end{pmatrix}$,求所有与 A 可交换的矩阵 B.

解　设矩阵 $B=\begin{pmatrix}b_{11}&b_{12}\\b_{21}&b_{22}\end{pmatrix}$,则

$$AB=\begin{pmatrix}1&0\\3&1\end{pmatrix}\begin{pmatrix}b_{11}&b_{12}\\b_{21}&b_{22}\end{pmatrix}=\begin{pmatrix}b_{11}&b_{12}\\3b_{11}+b_{21}&3b_{12}+b_{22}\end{pmatrix},$$

$$BA=\begin{pmatrix}b_{11}&b_{12}\\b_{21}&b_{22}\end{pmatrix}\begin{pmatrix}1&0\\3&1\end{pmatrix}=\begin{pmatrix}b_{11}+3b_{12}&b_{12}\\b_{21}+3b_{22}&b_{22}\end{pmatrix}.$$

由 $AB=BA$,可得方程组

$$\begin{cases}b_{11}=b_{11}+3b_{12},\\b_{12}=b_{12},\\3b_{11}+b_{21}=b_{21}+3b_{22},\\3b_{12}+b_{22}=b_{22},\end{cases}$$

解得 $b_{11}=b_{22}$,$b_{12}=0$,b_{21} 为任意常数,故矩阵 B 为

$$B=\begin{pmatrix}b_{11}&0\\b_{21}&b_{22}\end{pmatrix}.$$

令 $b_{11}=b_{22}=a, b_{21}=b$,则与 $\boldsymbol{A}$ 可交换的矩阵为

$$\boldsymbol{B}=\begin{pmatrix} a & 0 \\ b & a \end{pmatrix} \quad (a,b\text{ 为任意常数}).$$

例 8　已知矩阵 $\boldsymbol{A}=\begin{pmatrix} 1 & 0 & 0 \\ -1 & 2 & 0 \\ 2 & 3 & 3 \end{pmatrix}$,求 $|2\boldsymbol{A}|$.

分析　因为 $\boldsymbol{A}$ 是三阶方阵,由 $|\lambda\boldsymbol{A}|=\lambda^3|\boldsymbol{A}|$,知 $|2\boldsymbol{A}|=2^3|\boldsymbol{A}|$,所以先计算 $|\boldsymbol{A}|$.

解　由 $|\boldsymbol{A}|=\begin{vmatrix} 1 & 0 & 0 \\ -1 & 2 & 0 \\ 2 & 3 & 3 \end{vmatrix}=1\times 2\times 3=6$,得

$$|2\boldsymbol{A}|=2^3|\boldsymbol{A}|=8\times 6=48.$$

例 9　已知矩阵 $\boldsymbol{A}=\begin{pmatrix} 5 & 2 \\ -3 & 0 \end{pmatrix}$,求 $|\boldsymbol{A}^3|$,$|\boldsymbol{A}\boldsymbol{A}^{\mathrm{T}}|$.

分析　因为 $|\boldsymbol{A}^3|=|\boldsymbol{A}|^3$,所以先求 $|\boldsymbol{A}|$,再求 $|\boldsymbol{A}^3|$. 由 $|\boldsymbol{A}\boldsymbol{A}^{\mathrm{T}}|=|\boldsymbol{A}|^2$ 计算 $|\boldsymbol{A}\boldsymbol{A}^{\mathrm{T}}|$.

解　由 $|\boldsymbol{A}|=\begin{vmatrix} 5 & 2 \\ -3 & 0 \end{vmatrix}=6$,得

$$|\boldsymbol{A}^3|=|\boldsymbol{A}|^3=6^3=216,$$
$$|\boldsymbol{A}\boldsymbol{A}^{\mathrm{T}}|=|\boldsymbol{A}|^2=6^2=36.$$

例 10　已知 n 阶方阵 $\boldsymbol{A}$ 和常数 λ,且 $|\boldsymbol{A}|=k$,则 $|\lambda\boldsymbol{A}\boldsymbol{A}^{\mathrm{T}}|$ 的值为(　　).

A. λk^2　　B. $\lambda^2 k^2$　　C. $\lambda^n k^2$　　D. $\lambda^n k$

解　因为

$$|\lambda\boldsymbol{A}\boldsymbol{A}^{\mathrm{T}}|=\lambda^n|\boldsymbol{A}\boldsymbol{A}^{\mathrm{T}}|=\lambda^n|\boldsymbol{A}|^2=\lambda^n k^2,$$

所以正确答案为 C.

2. 逆矩阵的判定和求法

例 11　下列矩阵可逆的是(　　).

A. $\begin{pmatrix} 1 & 2 \\ 3 & 1 \\ 0 & 4 \end{pmatrix}$　　B. $\begin{pmatrix} 1 & 2 & 3 & 0 \\ 2 & 3 & 0 & 4 \\ 5 & 7 & 6 & 8 \\ 0 & 0 & 0 & 0 \end{pmatrix}$

C. $\begin{pmatrix} 1 & 0 & 2 & 0 \\ 0 & 2 & 0 & 3 \\ 0 & 0 & 3 & 2 \\ 0 & 0 & 0 & 1 \end{pmatrix}$　　D. $\begin{pmatrix} 1 & 3 & 2 & 4 \\ 3 & 9 & 6 & 12 \\ 1 & 0 & 2 & -5 \\ 3 & 8 & 5 & 3 \end{pmatrix}$

分析　判断矩阵 $\boldsymbol{A}$ 是否可逆,先看矩阵 $\boldsymbol{A}$ 是否是方阵,再看 $|\boldsymbol{A}|$ 是否为 0.

解　因为矩阵 $\begin{pmatrix} 1 & 2 \\ 3 & 1 \\ 0 & 4 \end{pmatrix}$ 不是方阵,所以矩阵 $\begin{pmatrix} 1 & 2 \\ 3 & 1 \\ 0 & 4 \end{pmatrix}$ 不可逆.

因为行列式 $\begin{vmatrix} 1 & 2 & 3 & 0 \\ 2 & 3 & 0 & 4 \\ 5 & 7 & 6 & 8 \\ 0 & 0 & 0 & 0 \end{vmatrix}$ 中有一行元素全为 0，所以 $\begin{vmatrix} 1 & 2 & 3 & 0 \\ 2 & 3 & 0 & 4 \\ 5 & 7 & 6 & 8 \\ 0 & 0 & 0 & 0 \end{vmatrix} = 0$，故矩阵 $\begin{pmatrix} 1 & 2 & 3 & 0 \\ 2 & 3 & 0 & 4 \\ 5 & 7 & 6 & 8 \\ 0 & 0 & 0 & 0 \end{pmatrix}$ 不可逆.

因为 $\begin{vmatrix} 1 & 0 & 2 & 0 \\ 0 & 2 & 0 & 3 \\ 0 & 0 & 3 & 2 \\ 0 & 0 & 0 & 1 \end{vmatrix} = 1 \times 2 \times 3 \times 1 = 6 \neq 0$，所以 $\begin{pmatrix} 1 & 0 & 2 & 0 \\ 0 & 2 & 0 & 3 \\ 0 & 0 & 3 & 2 \\ 0 & 0 & 0 & 1 \end{pmatrix}$ 可逆.

因为行列式 $\begin{vmatrix} 1 & 3 & 2 & 4 \\ 3 & 9 & 6 & 12 \\ 1 & 0 & 2 & -5 \\ 3 & 8 & 5 & 3 \end{vmatrix}$ 中第一行元素与第二行元素对应成比例，所以 $\begin{vmatrix} 1 & 3 & 2 & 4 \\ 3 & 9 & 6 & 12 \\ 1 & 0 & 2 & -5 \\ 3 & 8 & 5 & 3 \end{vmatrix} = 0$，所以 $\begin{pmatrix} 1 & 3 & 2 & 4 \\ 3 & 9 & 6 & 12 \\ 1 & 0 & 2 & -5 \\ 3 & 8 & 5 & 3 \end{pmatrix}$ 不可逆.

因此正确答案为 C.

例 12 证明：若矩阵 $\boldsymbol{A}$ 可逆，则 $|\boldsymbol{A}^{-1}| = \dfrac{1}{|\boldsymbol{A}|}$.

证明 因为矩阵 $\boldsymbol{A}$ 可逆，所以 $\boldsymbol{A}^{-1}\boldsymbol{A} = \boldsymbol{E}$，且 $|\boldsymbol{A}| \neq 0$. 两边取行列式，

$$|\boldsymbol{A}^{-1}\boldsymbol{A}| = |\boldsymbol{A}|\,|\boldsymbol{A}^{-1}| = |\boldsymbol{E}| = 1,$$

故

$$|\boldsymbol{A}^{-1}| = \frac{1}{|\boldsymbol{A}|}.$$

例 13 设 n 阶矩阵 $\boldsymbol{A}$ 满足方程 $\boldsymbol{A}^2 - \boldsymbol{A} - 2\boldsymbol{E} = \boldsymbol{O}$，证明 $\boldsymbol{A}$ 可逆，并求其逆矩阵.

证明 由 $\boldsymbol{A}^2 - \boldsymbol{A} - 2\boldsymbol{E} = \boldsymbol{O}$，得 $\boldsymbol{A}(\boldsymbol{A} - \boldsymbol{E}) = 2\boldsymbol{E}$，则

$$\boldsymbol{A}\left[\frac{1}{2}(\boldsymbol{A} - \boldsymbol{E})\right] = \boldsymbol{E},$$

故 $\boldsymbol{A}$ 可逆，且 $\boldsymbol{A}^{-1} = \dfrac{1}{2}(\boldsymbol{A} - \boldsymbol{E})$.

例 14 设矩阵

$$\boldsymbol{A} = \begin{pmatrix} 1 & 1 & 4 \\ 2 & -1 & 0 \\ 0 & 1 & 2 \end{pmatrix},$$

判断 $\boldsymbol{A}$ 是否可逆；若可逆，求 $\boldsymbol{A}^{-1}$.

分析 可由矩阵 $\boldsymbol{A}$ 的行列式 $|\boldsymbol{A}|$ 是否为零来判断 $\boldsymbol{A}$ 是否可逆. 求 $\boldsymbol{A}^{-1}$，可用伴随矩阵法.

解　由

$$|\boldsymbol{A}|=\begin{vmatrix}1 & 1 & 4\\ 2 & -1 & 0\\ 0 & 1 & 2\end{vmatrix}=2\neq 0,$$

知 $\boldsymbol{A}$ 为可逆矩阵. 又因为

$$A_{11}=(-1)^{1+1}\begin{vmatrix}-1 & 0\\ 1 & 2\end{vmatrix}=-2,\quad A_{12}=(-1)^{1+2}\begin{vmatrix}2 & 0\\ 0 & 2\end{vmatrix}=-4,$$

$$A_{13}=(-1)^{1+3}\begin{vmatrix}2 & -1\\ 0 & 1\end{vmatrix}=2,\quad A_{21}=(-1)^{2+1}\begin{vmatrix}1 & 4\\ 1 & 2\end{vmatrix}=2,$$

$$A_{22}=(-1)^{2+2}\begin{vmatrix}1 & 4\\ 0 & 2\end{vmatrix}=2,\quad A_{23}=(-1)^{2+3}\begin{vmatrix}1 & 1\\ 0 & 1\end{vmatrix}=-1,$$

$$A_{31}=(-1)^{3+1}\begin{vmatrix}1 & 4\\ -1 & 0\end{vmatrix}=4,\quad A_{32}=(-1)^{3+2}\begin{vmatrix}1 & 4\\ 2 & 0\end{vmatrix}=8,$$

$$A_{33}=(-1)^{3+3}\begin{vmatrix}1 & 1\\ 2 & -1\end{vmatrix}=-3,$$

所以

$$\boldsymbol{A}^*=\begin{pmatrix}-2 & -4 & 2\\ 2 & 2 & -1\\ 4 & 8 & -3\end{pmatrix}^{\mathrm{T}}=\begin{pmatrix}-2 & 2 & 4\\ -4 & 2 & 8\\ 2 & -1 & -3\end{pmatrix},$$

故

$$\boldsymbol{A}^{-1}=\frac{1}{|\boldsymbol{A}|}\boldsymbol{A}^*=\frac{1}{2}\begin{pmatrix}-2 & 2 & 4\\ -4 & 2 & 8\\ 2 & -1 & -3\end{pmatrix}=\begin{pmatrix}-1 & 1 & 2\\ -2 & 1 & 4\\ 1 & -\frac{1}{2} & -\frac{3}{2}\end{pmatrix}.$$

例 15　设

$$\boldsymbol{A}=\begin{pmatrix}0 & 2 & 4\\ 1 & -1 & 0\\ 3 & 1 & 2\end{pmatrix},$$

求 $\boldsymbol{A}$ 的逆矩阵.

分析　此矩阵为三阶方阵,可用伴随矩阵法求其逆矩阵,也可用初等行变换法求其逆矩阵,本题采用初等行变换法求 $\boldsymbol{A}$ 的逆矩阵.

解　$$(\boldsymbol{A}\,\vdots\,\boldsymbol{E})=\left(\begin{array}{ccc:ccc}0 & 2 & 4 & 1 & 0 & 0\\ 1 & -1 & 0 & 0 & 1 & 0\\ 3 & 1 & 2 & 0 & 0 & 1\end{array}\right)\xrightarrow{r_1\leftrightarrow r_2}\left(\begin{array}{ccc:ccc}1 & -1 & 0 & 0 & 1 & 0\\ 0 & 2 & 4 & 1 & 0 & 0\\ 3 & 1 & 2 & 0 & 0 & 1\end{array}\right)$$

$$\xrightarrow{r_3-3r_1}\left(\begin{array}{ccc:ccc}1 & -1 & 0 & 0 & 1 & 0\\ 0 & 2 & 4 & 1 & 0 & 0\\ 0 & 4 & 2 & 0 & -3 & 1\end{array}\right)\xrightarrow{\frac{1}{2}r_2}\left(\begin{array}{ccc:ccc}1 & -1 & 0 & 0 & 1 & 0\\ 0 & 1 & 2 & \frac{1}{2} & 0 & 0\\ 0 & 4 & 2 & 0 & -3 & 1\end{array}\right)$$

$$\xrightarrow[r_3-4r_2]{r_1+r_2}\left(\begin{array}{ccc:ccc}1&0&2&\frac{1}{2}&1&0\\0&1&2&\frac{1}{2}&0&0\\0&0&-6&-2&-3&1\end{array}\right)\xrightarrow{-\frac{1}{6}r_3}\left(\begin{array}{ccc:ccc}1&0&2&\frac{1}{2}&1&0\\0&1&2&\frac{1}{2}&0&0\\0&0&1&\frac{1}{3}&\frac{1}{2}&-\frac{1}{6}\end{array}\right)$$

$$\xrightarrow[r_2-2r_3]{r_1-2r_3}\left(\begin{array}{ccc:ccc}1&0&0&-\frac{1}{6}&0&\frac{1}{3}\\0&1&0&-\frac{1}{6}&-1&\frac{1}{3}\\0&0&1&\frac{1}{3}&\frac{1}{2}&-\frac{1}{6}\end{array}\right),$$

故

$$\boldsymbol{A}^{-1}=\begin{pmatrix}-\frac{1}{6}&0&\frac{1}{3}\\-\frac{1}{6}&-1&\frac{1}{3}\\\frac{1}{3}&\frac{1}{2}&-\frac{1}{6}\end{pmatrix}.$$

例 16 设矩阵

$$\boldsymbol{A}=\begin{pmatrix}1&1&1&1\\2&0&-3&2\\4&2&6&4\\1&3&6&1\end{pmatrix},$$

判断 $\boldsymbol{A}$ 是否可逆.

分析 可由矩阵 $\boldsymbol{A}$ 的行列式 $|\boldsymbol{A}|$ 是否为零来判断 $\boldsymbol{A}$ 是否可逆，但 $\boldsymbol{A}$ 为四阶方阵，求 $|\boldsymbol{A}|$ 比较麻烦，所以可用初等变换法来判断 $\boldsymbol{A}$ 是否可逆. 因为任何一个可逆矩阵都可以用初等变换法化为单位矩阵. 本题利用初等行变换法把矩阵 $\boldsymbol{A}$ 化为单位矩阵.

解 $$\boldsymbol{A}=\begin{pmatrix}1&1&1&1\\2&0&-3&2\\4&2&6&4\\1&3&6&1\end{pmatrix}\xrightarrow[r_4-r_1]{r_2-2r_1}\begin{pmatrix}1&1&1&1\\0&-2&-5&0\\0&-2&2&0\\0&2&5&0\end{pmatrix}\xrightarrow[r_4+r_2]{r_3-r_2}\begin{pmatrix}1&1&1&1\\0&-2&-5&0\\0&0&7&0\\0&0&0&0\end{pmatrix}.$$

因为矩阵 $\begin{pmatrix}1&1&1&1\\0&-2&-5&0\\0&0&7&0\\0&0&0&0\end{pmatrix}$ 中有一行元素全为零，所以矩阵 $\boldsymbol{A}$ 利用初等行变换法化不成单位矩阵，故矩阵 $\boldsymbol{A}$ 不可逆.

例 17 设矩阵

$$\boldsymbol{A}=\begin{pmatrix}1&a&a^2&a^3\\0&1&a&a^2\\0&0&1&a\\0&0&0&1\end{pmatrix},$$

求矩阵 $\boldsymbol{A}$ 的逆矩阵 $\boldsymbol{A}^{-1}$.

解　用初等行变换法求 $\boldsymbol{A}$ 的逆矩阵,

$$(\boldsymbol{A} \mid \boldsymbol{E}) = \left(\begin{array}{cccc:cccc} 1 & a & a^2 & a^3 & 1 & 0 & 0 & 0 \\ 0 & 1 & a & a^2 & 0 & 1 & 0 & 0 \\ 0 & 0 & 1 & a & 0 & 0 & 1 & 0 \\ 0 & 0 & 0 & 1 & 0 & 0 & 0 & 1 \end{array}\right) \xrightarrow{r_1 - ar_2} \left(\begin{array}{cccc:cccc} 1 & 0 & 0 & 0 & 1 & -a & 0 & 0 \\ 0 & 1 & a & a^2 & 0 & 1 & 0 & 0 \\ 0 & 0 & 1 & a & 0 & 0 & 1 & 0 \\ 0 & 0 & 0 & 1 & 0 & 0 & 0 & 1 \end{array}\right)$$

$$\xrightarrow{r_2 - ar_3} \left(\begin{array}{cccc:cccc} 1 & 0 & 0 & 0 & 1 & -a & 0 & 0 \\ 0 & 1 & 0 & 0 & 0 & 1 & -a & 0 \\ 0 & 0 & 1 & a & 0 & 0 & 1 & 0 \\ 0 & 0 & 0 & 1 & 0 & 0 & 0 & 1 \end{array}\right)$$

$$\xrightarrow{r_3 - ar_4} \left(\begin{array}{cccc:cccc} 1 & 0 & 0 & 0 & 1 & -a & 0 & 0 \\ 0 & 1 & 0 & 0 & 0 & 1 & -a & 0 \\ 0 & 0 & 1 & 0 & 0 & 0 & 1 & -a \\ 0 & 0 & 0 & 1 & 0 & 0 & 0 & 1 \end{array}\right),$$

故

$$\boldsymbol{A}^{-1} = \begin{pmatrix} 1 & -a & 0 & 0 \\ 0 & 1 & -a & 0 \\ 0 & 0 & 1 & -a \\ 0 & 0 & 0 & 1 \end{pmatrix}.$$

例 18　设矩阵

$$\boldsymbol{A} = \begin{pmatrix} 2 & -2 & 4 & 3 \\ 1 & -1 & 2 & 1 \\ 3 & 0 & 7 & -1 \\ 3 & 0 & 6 & 3 \end{pmatrix},$$

求矩阵 $\boldsymbol{A}$ 的逆矩阵 $\boldsymbol{A}^{-1}$.

解　用初等行变换法求 $\boldsymbol{A}$ 的逆矩阵,

$$(\boldsymbol{A} \mid \boldsymbol{E}) = \left(\begin{array}{cccc:cccc} 2 & -2 & 4 & 3 & 1 & 0 & 0 & 0 \\ 1 & -1 & 2 & 1 & 0 & 1 & 0 & 0 \\ 3 & 0 & 7 & -1 & 0 & 0 & 1 & 0 \\ 3 & 0 & 6 & 3 & 0 & 0 & 0 & 1 \end{array}\right)$$

$$\xrightarrow{r_1 \leftrightarrow r_2} \left(\begin{array}{cccc:cccc} 1 & -1 & 2 & 1 & 0 & 1 & 0 & 0 \\ 2 & -2 & 4 & 3 & 1 & 0 & 0 & 0 \\ 3 & 0 & 7 & -1 & 0 & 0 & 1 & 0 \\ 3 & 0 & 6 & 3 & 0 & 0 & 0 & 1 \end{array}\right)$$

$$\xrightarrow[\substack{r_3 - 3r_1 \\ r_4 - 3r_1}]{r_2 - 2r_1} \left(\begin{array}{cccc:cccc} 1 & -1 & 2 & 1 & 0 & 1 & 0 & 0 \\ 0 & 0 & 0 & 1 & 1 & -2 & 0 & 0 \\ 0 & 3 & 1 & -4 & 0 & -3 & 1 & 0 \\ 0 & 3 & 0 & 0 & 0 & -3 & 0 & 1 \end{array}\right)$$

$$\xrightarrow{r_2 \leftrightarrow r_4} \left(\begin{array}{cccc:cccc} 1 & -1 & 2 & 1 & 0 & 1 & 0 & 0 \\ 0 & 3 & 0 & 0 & 0 & -3 & 0 & 1 \\ 0 & 3 & 1 & -4 & 0 & -3 & 1 & 0 \\ 0 & 0 & 0 & 1 & 1 & -2 & 0 & 0 \end{array}\right)$$

$$\xrightarrow{\frac{1}{3}r_2} \left(\begin{array}{cccc:cccc} 1 & -1 & 2 & 1 & 0 & 1 & 0 & 0 \\ 0 & 1 & 0 & 0 & 0 & -1 & 0 & \frac{1}{3} \\ 0 & 3 & 1 & -4 & 0 & -3 & 1 & 0 \\ 0 & 0 & 0 & 1 & 1 & -2 & 0 & 0 \end{array}\right)$$

$$\xrightarrow[r_3 - 3r_2]{r_1 + r_2} \left(\begin{array}{cccc:cccc} 1 & 0 & 2 & 1 & 0 & 0 & 0 & \frac{1}{3} \\ 0 & 1 & 0 & 0 & 0 & -1 & 0 & \frac{1}{3} \\ 0 & 0 & 1 & -4 & 0 & 0 & 1 & -1 \\ 0 & 0 & 0 & 1 & 1 & -2 & 0 & 0 \end{array}\right)$$

$$\xrightarrow{r_1 - 2r_3} \left(\begin{array}{cccc:cccc} 1 & 0 & 0 & 9 & 0 & 0 & -2 & \frac{7}{3} \\ 0 & 1 & 0 & 0 & 0 & -1 & 0 & \frac{1}{3} \\ 0 & 0 & 1 & -4 & 0 & 0 & 1 & -1 \\ 0 & 0 & 0 & 1 & 1 & -2 & 0 & 0 \end{array}\right)$$

$$\xrightarrow[r_1 - 9r_4]{r_3 + 4r_4} \left(\begin{array}{cccc:cccc} 1 & 0 & 0 & 0 & -9 & 18 & -2 & \frac{7}{3} \\ 0 & 1 & 0 & 0 & 0 & -1 & 0 & \frac{1}{3} \\ 0 & 0 & 1 & 0 & 4 & -8 & 1 & -1 \\ 0 & 0 & 0 & 1 & 1 & -2 & 0 & 0 \end{array}\right),$$

故

$$\boldsymbol{A}^{-1} = \begin{pmatrix} -9 & 18 & -2 & \frac{7}{3} \\ 0 & -1 & 0 & \frac{1}{3} \\ 4 & -8 & 1 & -1 \\ 1 & -2 & 0 & 0 \end{pmatrix}.$$

3. 矩阵方程的解法

例 19　解线性方程组

$$\begin{cases} 2x_1 + x_2 = 4, \\ x_1 - 2x_2 = -3. \end{cases}$$

分析　先把原方程组表示成矩阵方程 $\boldsymbol{AX} = \boldsymbol{B}$ 的形式，再解矩阵方程.

解　记 $\boldsymbol{A} = \begin{pmatrix} 2 & 1 \\ 1 & -2 \end{pmatrix}$，$\boldsymbol{B} = \begin{pmatrix} 4 \\ -3 \end{pmatrix}$，$\boldsymbol{X} = \begin{pmatrix} x_1 \\ x_2 \end{pmatrix}$，原方程组可表示为 $\boldsymbol{AX} = \boldsymbol{B}$，其解为 $\boldsymbol{X} =$

$\boldsymbol{A}^{-1}\boldsymbol{B}$.

先求 $\boldsymbol{A}^{-1}$. 因为

$$|\boldsymbol{A}| = \begin{vmatrix} 2 & 1 \\ 1 & -2 \end{vmatrix} = -4-1=-5\neq 0,$$

$$A_{11} = (-1)^{1+1}\times(-2) = -2,\quad A_{12} = (-1)^{1+2}\times 1 = -1,$$
$$A_{21} = (-1)^{2+1}\times 1 = -1,\quad A_{22} = (-1)^{2+2}\times 2 = 2,$$

所以

$$\boldsymbol{A}^{-1} = \frac{1}{|\boldsymbol{A}|}\boldsymbol{A}^{*} = \frac{1}{-5}\begin{pmatrix} -2 & -1 \\ -1 & 2 \end{pmatrix}^{\mathrm{T}} = -\frac{1}{5}\begin{pmatrix} -2 & -1 \\ -1 & 2 \end{pmatrix} = \begin{pmatrix} \frac{2}{5} & \frac{1}{5} \\ \frac{1}{5} & -\frac{2}{5} \end{pmatrix},$$

从而

$$\boldsymbol{X} = \boldsymbol{A}^{-1}\boldsymbol{B} = \begin{pmatrix} \frac{2}{5} & \frac{1}{5} \\ \frac{1}{5} & -\frac{2}{5} \end{pmatrix}\begin{pmatrix} 4 \\ -3 \end{pmatrix} = \begin{pmatrix} 1 \\ 2 \end{pmatrix}.$$

故原方程组的解为 $x_1 = 1, x_2 = 2$.

例 20 解矩阵方程

$$\begin{pmatrix} 1 & 2 \\ 3 & 4 \end{pmatrix}\boldsymbol{X}\begin{pmatrix} 2 & -1 \\ 1 & 0 \end{pmatrix} = \begin{pmatrix} -3 & 2 \\ 1 & 1 \end{pmatrix}.$$

解 记 $\boldsymbol{A} = \begin{pmatrix} 1 & 2 \\ 3 & 4 \end{pmatrix}, \boldsymbol{B} = \begin{pmatrix} 2 & -1 \\ 1 & 0 \end{pmatrix}, \boldsymbol{C} = \begin{pmatrix} -3 & 2 \\ 1 & 1 \end{pmatrix}$,原矩阵方程可表示为 $\boldsymbol{AXB} = \boldsymbol{C}$,其解为 $\boldsymbol{X} = \boldsymbol{A}^{-1}\boldsymbol{C}\boldsymbol{B}^{-1}$.

先求 $\boldsymbol{A}^{-1}, \boldsymbol{B}^{-1}$. 因为

$$|\boldsymbol{A}| = \begin{vmatrix} 1 & 2 \\ 3 & 4 \end{vmatrix} = 4-6=-2\neq 0,$$

$$A_{11} = (-1)^{1+1}\times 4 = 4,\quad A_{12} = (-1)^{1+2}\times 3 = -3,$$
$$A_{21} = (-1)^{2+1}\times 2 = -2,\quad A_{22} = (-1)^{2+2}\times 1 = 1,$$

所以

$$\boldsymbol{A}^{-1} = \frac{1}{|\boldsymbol{A}|}\boldsymbol{A}^{*} = \frac{1}{-2}\begin{pmatrix} 4 & -3 \\ -2 & 1 \end{pmatrix}^{\mathrm{T}} = -\frac{1}{2}\begin{pmatrix} 4 & -2 \\ -3 & 1 \end{pmatrix} = \begin{pmatrix} -2 & 1 \\ \frac{3}{2} & -\frac{1}{2} \end{pmatrix}.$$

又因为

$$|\boldsymbol{B}| = \begin{vmatrix} 2 & -1 \\ 1 & 0 \end{vmatrix} = 1\neq 0,$$

$$B_{11} = (-1)^{1+1}\times 0 = 0,\quad B_{12} = (-1)^{1+2}\times 1 = -1,$$
$$B_{21} = (-1)^{2+1}\times(-1) = 1,\quad B_{22} = (-1)^{2+2}\times 2 = 2,$$

所以

$$\boldsymbol{B}^{-1} = \frac{1}{|\boldsymbol{B}|}\boldsymbol{B}^{*} = \begin{pmatrix} 0 & -1 \\ 1 & 2 \end{pmatrix}^{\mathrm{T}} = \begin{pmatrix} 0 & 1 \\ -1 & 2 \end{pmatrix},$$

$$\boldsymbol{X} = \boldsymbol{A}^{-1}\boldsymbol{C}\boldsymbol{B}^{-1} = \begin{pmatrix} -2 & 1 \\ \frac{3}{2} & -\frac{1}{2} \end{pmatrix}\begin{pmatrix} -3 & 2 \\ 1 & 1 \end{pmatrix}\begin{pmatrix} 0 & 1 \\ -1 & 2 \end{pmatrix} = \begin{pmatrix} 3 & 1 \\ -\frac{5}{2} & 0 \end{pmatrix}.$$

故原矩阵方程的解为

$$X=\begin{pmatrix}3&1\\-\frac{5}{2}&0\end{pmatrix}.$$

例 21 解矩阵方程 $X-XA=B$,其中

$$A=\begin{pmatrix}1&0&1\\2&1&0\\-3&2&-3\end{pmatrix},\quad B=\begin{pmatrix}1&-2&1\\-3&4&1\end{pmatrix}.$$

解 由矩阵方程 $X-XA=B$,得 $X(E-A)=B$,其解为 $X=B(E-A)^{-1}$.
先求$(E-A)^{-1}$.

$$(E-A\mid E)=\left(\begin{array}{ccc:ccc}0&0&-1&1&0&0\\-2&0&0&0&1&0\\3&-2&4&0&0&1\end{array}\right)\xrightarrow[r_2\leftrightarrow r_3]{r_1\leftrightarrow r_2}\left(\begin{array}{ccc:ccc}-2&0&0&0&1&0\\3&-2&4&0&0&1\\0&0&-1&1&0&0\end{array}\right)$$

$$\xrightarrow[-r_3]{-\frac{1}{2}r_1}\left(\begin{array}{ccc:ccc}1&0&0&0&-\frac{1}{2}&0\\3&-2&4&0&0&1\\0&0&1&-1&0&0\end{array}\right)$$

$$\xrightarrow{r_2-3r_1}\left(\begin{array}{ccc:ccc}1&0&0&0&-\frac{1}{2}&0\\0&-2&4&0&\frac{3}{2}&1\\0&0&1&-1&0&0\end{array}\right)$$

$$\xrightarrow{r_2-4r_3}\left(\begin{array}{ccc:ccc}1&0&0&0&-\frac{1}{2}&0\\0&-2&0&4&\frac{3}{2}&1\\0&0&1&-1&0&0\end{array}\right)$$

$$\xrightarrow{-\frac{1}{2}r_2}\left(\begin{array}{ccc:ccc}1&0&0&0&-\frac{1}{2}&0\\0&1&0&-2&-\frac{3}{4}&-\frac{1}{2}\\0&0&1&-1&0&0\end{array}\right),$$

故

$$(E-A)^{-1}=\begin{pmatrix}0&-\frac{1}{2}&0\\-2&-\frac{3}{4}&-\frac{1}{2}\\-1&0&0\end{pmatrix}.$$

所以

$$X=B(E-A)^{-1}=\begin{pmatrix}1&-2&1\\-3&4&1\end{pmatrix}\begin{pmatrix}0&-\frac{1}{2}&0\\-2&-\frac{3}{4}&-\frac{1}{2}\\-1&0&0\end{pmatrix}=\begin{pmatrix}3&1&1\\-9&-\frac{3}{2}&-2\end{pmatrix}.$$

自 测 题

1. 选择题：

(1) 设 $\boldsymbol{A}$ 是 3×2 矩阵，$\boldsymbol{B}$ 是 $n\times 4$ 矩阵. 若 $\boldsymbol{AB}$ 有意义，则 n 为（　　）；

A. 1　　B. 2　　C. 3　　D. 4

(2) 已知 n 阶方阵 $\boldsymbol{A}$ 和常数 λ，且 $|\boldsymbol{A}|=k$，则 $|\lambda\boldsymbol{A}|$ 的值为（　　）；

A. λk　　B. $\lambda^2 k$　　C. $\lambda^n k$　　D. $n\lambda k$

(3) 设 $\boldsymbol{A},\boldsymbol{B},\boldsymbol{C}$ 为矩阵，则下列命题正确的是（　　）；

A. 若 $\boldsymbol{A}^2=\boldsymbol{O}$，则 $\boldsymbol{A}=\boldsymbol{O}$　　B. 若 $\boldsymbol{AC}=\boldsymbol{BC}$，则 $\boldsymbol{A}=\boldsymbol{B}$

C. $\boldsymbol{AB}=\boldsymbol{BA}$　　D. $|\boldsymbol{AB}|=|\boldsymbol{BA}|$

(4) 在下列矩阵中，可逆的是（　　）；

A. $\begin{pmatrix}1&2\\1&2\end{pmatrix}$　　B. $\begin{pmatrix}1&2\\0&0\end{pmatrix}$　　C. $\begin{pmatrix}1&3\\0&2\end{pmatrix}$　　D. $\begin{pmatrix}1&0&3\\2&1&0\end{pmatrix}$

(5) 满足矩阵方程 $\begin{pmatrix}2&0\\0&2\end{pmatrix}\boldsymbol{X}=\begin{pmatrix}1&0\\0&1\end{pmatrix}$ 的矩阵 $\boldsymbol{X}$ 为（　　）.

A. $\begin{pmatrix}\frac{1}{2}&0\\0&\frac{1}{2}\end{pmatrix}$　　B. $\begin{pmatrix}0&\frac{1}{2}\\\frac{1}{2}&0\end{pmatrix}$

C. $\begin{pmatrix}2&0\\0&2\end{pmatrix}$　　D. $\begin{pmatrix}0&2\\2&0\end{pmatrix}$

2. 填空题：

(1) 设矩阵 $\boldsymbol{A}=\begin{pmatrix}1&2&0\\0&3&-1\end{pmatrix}$，$\boldsymbol{B}=\begin{pmatrix}0&2&0\\1&-2&1\end{pmatrix}$，则 $\boldsymbol{A}-2\boldsymbol{B}=$ ________；

(2) 若 $\boldsymbol{A}$ 是三阶单位矩阵，则 $|2\boldsymbol{A}|=$ ________；

(3) 若 $|\boldsymbol{A}|=a$，则 $|\boldsymbol{A}^{\mathrm{T}}\boldsymbol{A}|=$ ________；

(4) 设 $\boldsymbol{A}=\begin{pmatrix}1&0\\0&1\end{pmatrix}$，$\boldsymbol{B}=\begin{pmatrix}1&2\\3&4\end{pmatrix}$，则 $|\boldsymbol{AB}|=$ ________；

(5) 设 $\boldsymbol{A}=\begin{pmatrix}1&0&1\\0&1&1\end{pmatrix}$，$\boldsymbol{B}=\begin{pmatrix}1&3\\-1&0\\1&2\end{pmatrix}$，则 $\boldsymbol{AB}=$ ________；

(6) 设 $\boldsymbol{A}=\begin{pmatrix}1&1\\0&0\end{pmatrix}$，则 $\boldsymbol{A}^2=$ ________；

(7) n 阶矩阵 $\boldsymbol{A}$ 可逆的充要条件是________.

3. 计算题：

(1) 设矩阵 $\boldsymbol{A}=\begin{pmatrix}1&1&0\\0&1&-1\\1&-1&1\end{pmatrix}$，$\boldsymbol{B}=\begin{pmatrix}1&2&3\\-1&-2&-4\\0&2&1\end{pmatrix}$，求：(1) $\boldsymbol{A}^{\mathrm{T}}\boldsymbol{B}$；(2) $\boldsymbol{B}^{\mathrm{T}}\boldsymbol{A}$.

(2) 设矩阵 $\boldsymbol{A}=\begin{pmatrix}3&2\\5&4\end{pmatrix}$,$\boldsymbol{B}=\begin{pmatrix}7&-4\\-5&3\end{pmatrix}$,$\boldsymbol{C}=\begin{pmatrix}2&1\\3&4\end{pmatrix}$,求:(1) $|\boldsymbol{A}^{\mathrm{T}}\boldsymbol{B}^{2}\boldsymbol{C}|$;(2) $|(2\boldsymbol{A}-3\boldsymbol{C})\boldsymbol{B}|$.

(3) 已知矩阵 $\boldsymbol{A}=\begin{pmatrix}2&2&3\\1&-1&0\\-1&2&1\end{pmatrix}$,求 $\boldsymbol{A}$ 的伴随矩阵 $\boldsymbol{A}^{*}$.

(4) 已知矩阵 $\boldsymbol{A}=\begin{pmatrix}1&1&2\\2&-1&0\\1&0&1\end{pmatrix}$,求 $\boldsymbol{A}^{-1}$.

(5) 用初等变换法求矩阵 $\boldsymbol{A}=\begin{pmatrix}1&-1&2\\2&-3&5\\3&-2&4\end{pmatrix}$的逆矩阵 $\boldsymbol{A}^{-1}$.

4. 解答题:

(1) 已知矩阵 $\boldsymbol{A}=\begin{pmatrix}a&0&0&0\\0&b&0&0\\0&0&c&0\\0&0&0&d\end{pmatrix}$,判断 $\boldsymbol{A}$ 是否可逆;若可逆,求 $\boldsymbol{A}^{-1}$.

(2) 用矩阵解线性方程组$\begin{cases}2x_1+3x_2=2,\\4x_1+5x_2=4.\end{cases}$

(3) 已知矩阵 $\boldsymbol{A}=\begin{pmatrix}1&0&1\\-1&1&1\\2&-1&1\end{pmatrix}$,$\boldsymbol{B}=\begin{pmatrix}2\\0\\-3\end{pmatrix}$,解矩阵方程 $\boldsymbol{AX}=\boldsymbol{B}$.

教材习题详解

1. 设矩阵

$$\boldsymbol{A}=\begin{pmatrix}1&-2&1&2\\2&3&-4&0\\-3&5&0&-4\end{pmatrix},\quad \boldsymbol{B}=\begin{pmatrix}-3&3&0&-3\\0&-4&9&12\\6&-8&-9&5\end{pmatrix},$$

(1) 求 $3\boldsymbol{A}-\boldsymbol{B}$;(2) 求 $2\boldsymbol{A}+3\boldsymbol{B}$;(3) 若 $\boldsymbol{X}$ 满足 $\boldsymbol{A}+2\boldsymbol{X}=\boldsymbol{B}$,求 $\boldsymbol{X}$.

解 (1) $3\boldsymbol{A}-\boldsymbol{B}=3\begin{pmatrix}1&-2&1&2\\2&3&-4&0\\-3&5&0&-4\end{pmatrix}-\begin{pmatrix}-3&3&0&-3\\0&-4&9&12\\6&-8&-9&5\end{pmatrix}$

$$=\begin{pmatrix}3&-6&3&6\\6&9&-12&0\\-9&15&0&-12\end{pmatrix}-\begin{pmatrix}-3&3&0&-3\\0&-4&9&12\\6&-8&-9&5\end{pmatrix}$$

$$=\begin{pmatrix}6&-9&3&9\\6&13&-21&-12\\-15&23&9&-17\end{pmatrix}.$$

(2) $2\boldsymbol{A}+3\boldsymbol{B}=\begin{pmatrix}2&-4&2&4\\4&6&-8&0\\-6&10&0&-8\end{pmatrix}+\begin{pmatrix}-9&9&0&-9\\0&-12&27&36\\18&-24&-27&15\end{pmatrix}$

$=\begin{pmatrix}-7&5&2&-5\\4&-6&19&36\\12&-14&-27&7\end{pmatrix}$.

(3) 由 $\boldsymbol{A}+2\boldsymbol{X}=\boldsymbol{B}$,得

$$\boldsymbol{X}=\frac{1}{2}(\boldsymbol{B}-\boldsymbol{A})=\frac{1}{2}\left[\begin{pmatrix}-3&3&0&-3\\0&-4&9&12\\6&-8&-9&5\end{pmatrix}-\begin{pmatrix}1&-2&1&2\\2&3&-4&0\\-3&5&0&-4\end{pmatrix}\right]$$

$$=\frac{1}{2}\begin{pmatrix}-4&5&-1&-5\\-2&-7&13&12\\9&-13&-9&9\end{pmatrix}=\begin{pmatrix}-2&2.5&-0.5&-2.5\\-1&-3.5&6.5&6\\4.5&-6.5&-4.5&4.5\end{pmatrix}.$$

2. 计算下列各题:

(1) $(1,-2,3)\begin{pmatrix}1\\2\\3\end{pmatrix}$;　　(2) $\begin{pmatrix}1\\-2\\3\end{pmatrix}(-1,2,3)$;

(3) $\begin{pmatrix}-2&3\\5&-4\end{pmatrix}\begin{pmatrix}3&4\\2&5\end{pmatrix}$;　　(4) $\begin{pmatrix}0&1\\1&0\end{pmatrix}\begin{pmatrix}5&3\\2&7\end{pmatrix}\begin{pmatrix}0&1\\1&0\end{pmatrix}$;

(5) $\begin{pmatrix}5&3\\2&7\end{pmatrix}\begin{pmatrix}3&4\\-2&6\end{pmatrix}-2\begin{pmatrix}1&2\\-4&3\end{pmatrix}$;　　(6) $\begin{pmatrix}-1&2&3\\3&-1&0\end{pmatrix}\begin{pmatrix}2&5&0\\-4&3&-2\\3&-1&1\end{pmatrix}$;

(7) $\begin{pmatrix}5&0\\3&-2\\-1&1\end{pmatrix}\begin{pmatrix}-1&2&3\\2&-4&3\end{pmatrix}$;　　(8) $\begin{pmatrix}-1&0&1\\0&1&0\\0&0&-1\end{pmatrix}\begin{pmatrix}6&2&-1\\1&4&-6\\3&-5&4\end{pmatrix}$.

解　(1) $(1,-2,3)\begin{pmatrix}1\\2\\3\end{pmatrix}=1\times1+(-2)\times2+3\times3=6$.

(2) $\begin{pmatrix}1\\-2\\3\end{pmatrix}(-1,2,3)=\begin{pmatrix}1\times(-1)&1\times2&1\times3\\(-2)\times(-1)&(-2)\times2&(-2)\times3\\3\times(-1)&3\times2&3\times3\end{pmatrix}$

$=\begin{pmatrix}-1&2&3\\2&-4&-6\\-3&6&9\end{pmatrix}$.

(3) $\begin{pmatrix}-2&3\\5&-4\end{pmatrix}\begin{pmatrix}3&4\\2&5\end{pmatrix}=\begin{pmatrix}(-2)\times3+3\times2&(-2)\times4+3\times5\\5\times3+(-4)\times2&5\times4+(-4)\times5\end{pmatrix}=\begin{pmatrix}0&7\\7&0\end{pmatrix}$.

(4) $\begin{pmatrix}0&1\\1&0\end{pmatrix}\begin{pmatrix}5&3\\2&7\end{pmatrix}\begin{pmatrix}0&1\\1&0\end{pmatrix}=\begin{pmatrix}2&7\\5&3\end{pmatrix}\begin{pmatrix}0&1\\1&0\end{pmatrix}=\begin{pmatrix}7&2\\3&5\end{pmatrix}$.

(5) $\begin{pmatrix}5&3\\2&7\end{pmatrix}\begin{pmatrix}3&4\\-2&6\end{pmatrix}-2\begin{pmatrix}1&2\\-4&3\end{pmatrix}=\begin{pmatrix}9&38\\-8&50\end{pmatrix}-\begin{pmatrix}2&4\\-8&6\end{pmatrix}=\begin{pmatrix}7&34\\0&44\end{pmatrix}$.

(6) $\begin{pmatrix} -1 & 2 & 3 \\ 3 & -1 & 0 \end{pmatrix}\begin{pmatrix} 2 & 5 & 0 \\ -4 & 3 & -2 \\ 3 & -1 & 1 \end{pmatrix}$

$$=\begin{pmatrix} (-1)\times 2+2\times(-4)+3\times 3 & (-1)\times 5+2\times 3+3\times(-1) & (-1)\times 0+2\times(-2)+3\times 1 \\ 3\times 2+(-1)\times(-4)+0\times 3 & 3\times 5+(-1)\times 3+0\times(-1) & 3\times 0+(-1)\times(-2)+0\times 1 \end{pmatrix}$$

$$=\begin{pmatrix} -1 & -2 & -1 \\ 10 & 12 & 2 \end{pmatrix}.$$

(7) $\begin{pmatrix} 5 & 0 \\ 3 & -2 \\ -1 & 1 \end{pmatrix}\begin{pmatrix} -1 & 2 & 3 \\ 2 & -4 & 3 \end{pmatrix}$

$$=\begin{pmatrix} 5\times(-1)+0\times 2 & 5\times 2+0\times(-4) & 5\times 3+0\times 3 \\ 3\times(-1)+(-2)\times 2 & 3\times 2+(-2)\times(-4) & 3\times 3+(-2)\times 3 \\ (-1)\times(-1)+1\times 2 & (-1)\times 2+1\times(-4) & (-1)\times 3+1\times 3 \end{pmatrix}$$

$$=\begin{pmatrix} -5 & 10 & 15 \\ -7 & 14 & 3 \\ 3 & -6 & 0 \end{pmatrix}.$$

(8) $\begin{pmatrix} -1 & 0 & 1 \\ 0 & 1 & 0 \\ 0 & 0 & -1 \end{pmatrix}\begin{pmatrix} 6 & 2 & -1 \\ 1 & 4 & -6 \\ 3 & -5 & 4 \end{pmatrix}$

$$=\begin{pmatrix} (-1)\times 6+0\times 1+1\times 3 & (-1)\times 2+0\times 4+1\times(-5) & (-1)\times(-1)+0\times(-6)+1\times 4 \\ 0\times 6+1\times 1+0\times 3 & 0\times 2+1\times 4+0\times(-5) & 0\times(-1)+1\times(-6)+0\times 4 \\ 0\times 6+0\times 1+(-1)\times 3 & 0\times 2+0\times 4+(-1)\times(-5) & 0\times(-1)+0\times(-6)+(-1)\times 4 \end{pmatrix}$$

$$=\begin{pmatrix} -3 & -7 & 5 \\ 1 & 4 & -6 \\ -3 & 5 & -4 \end{pmatrix}.$$

3. 设矩阵

$$\boldsymbol{A}=\begin{pmatrix} 1 & 1 \\ 1 & -1 \end{pmatrix},\quad \boldsymbol{B}=\begin{pmatrix} -3 & 0 \\ 1 & 2 \end{pmatrix},$$

求：(1) $\boldsymbol{A}^2+\boldsymbol{B}^2$；(2) $\boldsymbol{AB}-\boldsymbol{BA}$.

解 (1) $\boldsymbol{A}^2=\begin{pmatrix} 1 & 1 \\ 1 & -1 \end{pmatrix}\begin{pmatrix} 1 & 1 \\ 1 & -1 \end{pmatrix}=\begin{pmatrix} 2 & 0 \\ 0 & 2 \end{pmatrix},$

$$\boldsymbol{B}^2=\begin{pmatrix} -3 & 0 \\ 1 & 2 \end{pmatrix}\begin{pmatrix} -3 & 0 \\ 1 & 2 \end{pmatrix}=\begin{pmatrix} 9 & 0 \\ -1 & 4 \end{pmatrix},$$

$$\boldsymbol{A}^2+\boldsymbol{B}^2=\begin{pmatrix} 2 & 0 \\ 0 & 2 \end{pmatrix}+\begin{pmatrix} 9 & 0 \\ -1 & 4 \end{pmatrix}=\begin{pmatrix} 11 & 0 \\ -1 & 6 \end{pmatrix}.$$

(2) $\boldsymbol{AB}=\begin{pmatrix} 1 & 1 \\ 1 & -1 \end{pmatrix}\begin{pmatrix} -3 & 0 \\ 1 & 2 \end{pmatrix}=\begin{pmatrix} -2 & 2 \\ -4 & -2 \end{pmatrix},$

$$\boldsymbol{BA}=\begin{pmatrix} -3 & 0 \\ 1 & 2 \end{pmatrix}\begin{pmatrix} 1 & 1 \\ 1 & -1 \end{pmatrix}=\begin{pmatrix} -3 & -3 \\ 3 & -1 \end{pmatrix},$$

$$AB-BA=\begin{pmatrix}-2&2\\-4&-2\end{pmatrix}-\begin{pmatrix}-3&-3\\3&-1\end{pmatrix}=\begin{pmatrix}1&5\\-7&-1\end{pmatrix}.$$

4. 设矩阵

$$A=\begin{pmatrix}1&1\\1&-1\end{pmatrix},\quad B=\begin{pmatrix}-3&0\\1&2\end{pmatrix}.$$

(1) $AB=BA$ 吗?为什么?

(2) $(A+B)^2=A^2+2AB+B^2$ 吗?为什么?

(3) $(A+B)(A-B)=A^2-B^2$ 吗?为什么?

解 (1) 不相等.

因为

$$AB=\begin{pmatrix}1&1\\1&-1\end{pmatrix}\begin{pmatrix}-3&0\\1&2\end{pmatrix}=\begin{pmatrix}-2&2\\-4&-2\end{pmatrix},$$

$$BA=\begin{pmatrix}-3&0\\1&2\end{pmatrix}\begin{pmatrix}1&1\\1&-1\end{pmatrix}=\begin{pmatrix}-3&-3\\3&-1\end{pmatrix},$$

所以 $AB\neq BA$.

(2) 不相等.

因为 $(A+B)^2=(A+B)(A+B)=A^2+BA+AB+B^2$,由(1)知 $AB\neq BA$,所以

$$(A+B)^2\neq A^2+2AB+B^2.$$

(3) 不相等.

因为 $(A+B)(A-B)=A^2+BA-AB-B^2$,由(1)知 $AB\neq BA$,所以

$$(A+B)(A-B)\neq A^2-B^2.$$

5. 举反例说明下列命题是错误的:

(1) 若 $A^2=O$,则 $A=O$;

(2) 若 $A^2=A$,则 $A=O$ 或 $A=E$;

(3) 若 $AX=AY$,则 $X=Y$.

解 (1) 例如,$A=\begin{pmatrix}1&-1\\1&-1\end{pmatrix}$,$A^2=\begin{pmatrix}1&-1\\1&-1\end{pmatrix}\begin{pmatrix}1&-1\\1&-1\end{pmatrix}=\begin{pmatrix}0&0\\0&0\end{pmatrix}$,但 $A\neq O$.

(2) 例如,$A=\begin{pmatrix}\frac{1}{2}&\frac{1}{2}\\\frac{1}{2}&\frac{1}{2}\end{pmatrix}$,$A^2=\begin{pmatrix}\frac{1}{2}&\frac{1}{2}\\\frac{1}{2}&\frac{1}{2}\end{pmatrix}\begin{pmatrix}\frac{1}{2}&\frac{1}{2}\\\frac{1}{2}&\frac{1}{2}\end{pmatrix}=\begin{pmatrix}\frac{1}{2}&\frac{1}{2}\\\frac{1}{2}&\frac{1}{2}\end{pmatrix}=A$,但 $A\neq O$ 且 $A\neq E$.

(3) 例如,$A=\begin{pmatrix}\frac{1}{2}&\frac{1}{2}\\\frac{1}{2}&\frac{1}{2}\end{pmatrix}$,$X=\begin{pmatrix}\frac{1}{2}&\frac{1}{2}\\\frac{1}{2}&\frac{1}{2}\end{pmatrix}$,$Y=\begin{pmatrix}1&0\\0&1\end{pmatrix}$,显然 $AX=AY$,但 $X\neq Y$.

6. 设 $AB=BA$,$AC=CA$,证明 A,B,C 是同阶方阵.

证明 设 A 是 $m\times n$ 矩阵,B 是 $p\times q$ 矩阵,由 AB 可相乘得 $n=p$,由 BA 可相乘得 $q=m$.
又因为 AB 是 $m\times q$ 矩阵,即 AB 是 m 阶方阵,BA 是 $p\times n$ 矩阵,即 BA 是 n 阶方阵.
因为 $AB=BA$,所以 $n=m$,即 A,B 是同阶方阵.
同理得 A,C 是同阶方阵,故 A,B,C 是同阶方阵.

7. 设矩阵

$$A=\begin{pmatrix}1&1&0\\0&1&-1\\1&-1&1\end{pmatrix},\quad B=\begin{pmatrix}1&2&3\\-1&-2&-4\\0&2&1\end{pmatrix},$$

求：(1) A^TB^T；(2) $(AB)^T$.

解 (1) $A^T=\begin{pmatrix}1&1&0\\0&1&-1\\1&-1&1\end{pmatrix}^T=\begin{pmatrix}1&0&1\\1&1&-1\\0&-1&1\end{pmatrix}$,

$$B^T=\begin{pmatrix}1&2&3\\-1&-2&-4\\0&2&1\end{pmatrix}^T=\begin{pmatrix}1&-1&0\\2&-2&2\\3&-4&1\end{pmatrix},$$

则

$$A^TB^T=\begin{pmatrix}1&0&1\\1&1&-1\\0&-1&1\end{pmatrix}\begin{pmatrix}1&-1&0\\2&-2&2\\3&-4&1\end{pmatrix}=\begin{pmatrix}4&-5&1\\0&1&1\\1&-2&-1\end{pmatrix}.$$

(2) $(AB)^T=B^TA^T=\begin{pmatrix}1&-1&0\\2&-2&2\\3&-4&1\end{pmatrix}\begin{pmatrix}1&0&1\\1&1&-1\\0&-1&1\end{pmatrix}=\begin{pmatrix}0&-1&2\\0&-4&6\\-1&-5&8\end{pmatrix}$.

8. 设矩阵

$$A=\begin{pmatrix}1&2\\2&1\end{pmatrix},\quad B=\begin{pmatrix}2&-2\\2&3\end{pmatrix},$$

求：(1) $|2A|$；(2) $|AB|$.

解 (1) 因为 $2A=\begin{pmatrix}2&4\\4&2\end{pmatrix}$，所以 $|2A|=\begin{vmatrix}2&4\\4&2\end{vmatrix}=4-16=-12$.

(2) $|A|=\begin{vmatrix}1&2\\2&1\end{vmatrix}=1-4=-3$，$|B|=\begin{vmatrix}2&-2\\2&3\end{vmatrix}=6-(-4)=10$，故

$$|AB|=|A|\cdot|B|=-3\times10=-30.$$

9. 证明：(1) 若 A 是三阶方阵，则 $|2A|=2^3|A|$；

(2) 若 A 是 n 阶方阵，且 $AA^T=E$，则 $|A|=1$ 或 -1.

证明 (1) 设 $A=\begin{pmatrix}a_{11}&a_{12}&a_{13}\\a_{21}&a_{22}&a_{23}\\a_{31}&a_{32}&a_{33}\end{pmatrix}$，则 $2A=\begin{pmatrix}2a_{11}&2a_{12}&2a_{13}\\2a_{21}&2a_{22}&2a_{23}\\2a_{31}&2a_{32}&2a_{33}\end{pmatrix}$，所以

$$|2A|=\begin{vmatrix}2a_{11}&2a_{12}&2a_{13}\\2a_{21}&2a_{22}&2a_{23}\\2a_{31}&2a_{32}&2a_{33}\end{vmatrix}=2^3\begin{vmatrix}a_{11}&a_{12}&a_{13}\\a_{21}&a_{22}&a_{23}\\a_{31}&a_{32}&a_{33}\end{vmatrix}=2^3|A|.$$

(2) 因为 $AA^T=E$，所以 $|AA^T|=|E|=1$. 又因为 $|AA^T|=|A||A^T|$，而 $|A|=|A^T|$，故 $|A|^2=1$，则 $|A|=1$ 或 $|A|=-1$.

10. 求下列矩阵的伴随矩阵：

(1) $\begin{pmatrix}3&2\\1&0\end{pmatrix}$； (2) $\begin{pmatrix}6&0\\0&-2\end{pmatrix}$； (3) $\begin{pmatrix}1&1&-1\\2&-1&0\\1&0&1\end{pmatrix}$.

解 (1) 记$A=\begin{pmatrix}3&2\\1&0\end{pmatrix}$,则

$$A_{11}=(-1)^{1+1}\times 0=0,\quad A_{12}=(-1)^{1+2}\times 1=-1,$$
$$A_{21}=(-1)^{2+1}\times 2=-2,\quad A_{22}=(-1)^{2+2}\times 3=3,$$

因此

$$A^{*}=\begin{pmatrix}0&-1\\-2&3\end{pmatrix}^{\mathrm{T}}=\begin{pmatrix}0&-2\\-1&3\end{pmatrix}.$$

(2) 记 $A=\begin{pmatrix}6&0\\0&-2\end{pmatrix}$,则

$$A_{11}=(-1)^{1+1}\times(-2)=-2,\quad A_{12}=(-1)^{1+2}\times 0=0,$$
$$A_{21}=(-1)^{2+1}\times 0=0,\quad A_{22}=(-1)^{2+2}\times 6=6,$$

因此

$$A^{*}=\begin{pmatrix}-2&0\\0&6\end{pmatrix}^{\mathrm{T}}=\begin{pmatrix}-2&0\\0&6\end{pmatrix}.$$

(3) 记 $A=\begin{pmatrix}1&1&-1\\2&-1&0\\1&0&1\end{pmatrix}$,则

$$A_{11}=(-1)^{1+1}\begin{vmatrix}-1&0\\0&1\end{vmatrix}=-1,\quad A_{12}=(-1)^{1+2}\begin{vmatrix}2&0\\1&1\end{vmatrix}=-2,$$
$$A_{13}=(-1)^{1+3}\begin{vmatrix}2&-1\\1&0\end{vmatrix}=1,\quad A_{21}=(-1)^{2+1}\begin{vmatrix}1&-1\\0&1\end{vmatrix}=-1,$$
$$A_{22}=(-1)^{2+2}\begin{vmatrix}1&-1\\1&1\end{vmatrix}=2,\quad A_{23}=(-1)^{2+3}\begin{vmatrix}1&1\\1&0\end{vmatrix}=1,$$
$$A_{31}=(-1)^{3+1}\begin{vmatrix}1&-1\\-1&0\end{vmatrix}=-1,\quad A_{32}=(-1)^{3+2}\begin{vmatrix}1&-1\\2&0\end{vmatrix}=-2,$$
$$A_{33}=(-1)^{3+3}\begin{vmatrix}1&1\\2&-1\end{vmatrix}=-3,$$

因此

$$A^{*}=\begin{pmatrix}-1&-2&1\\-1&2&1\\-1&-2&-3\end{pmatrix}^{\mathrm{T}}=\begin{pmatrix}-1&-1&-1\\-2&2&-2\\1&1&-3\end{pmatrix}.$$

11. 判别下列矩阵是否可逆;若可逆,求其逆矩阵:

(1) $\begin{pmatrix}1&0&2\\0&1&0\\0&0&1\end{pmatrix}$; (2) $\begin{pmatrix}3&-4&5\\2&-3&1\\3&-5&-1\end{pmatrix}$;

(3) $\begin{pmatrix}2&2&3\\1&-1&0\\-1&2&1\end{pmatrix}$; (4) $\begin{pmatrix}2&0&0\\1&2&0\\0&1&2\end{pmatrix}$.

解 (1) 记 $\boldsymbol{A}=\begin{pmatrix}1&0&2\\0&1&0\\0&0&1\end{pmatrix}$,因为 $|\boldsymbol{A}|=\begin{vmatrix}1&0&2\\0&1&0\\0&0&1\end{vmatrix}=1\neq0$,所以 $\boldsymbol{A}$ 是可逆的. 又

$$A_{11}=(-1)^{1+1}\begin{vmatrix}1&0\\0&1\end{vmatrix}=1,\quad A_{12}=(-1)^{1+2}\begin{vmatrix}0&0\\0&1\end{vmatrix}=0,\quad A_{13}=(-1)^{1+3}\begin{vmatrix}0&1\\0&0\end{vmatrix}=0,$$

$$A_{21}=(-1)^{2+1}\begin{vmatrix}0&2\\0&1\end{vmatrix}=0,\quad A_{22}=(-1)^{2+2}\begin{vmatrix}1&2\\0&1\end{vmatrix}=1,\quad A_{23}=(-1)^{2+3}\begin{vmatrix}1&0\\0&0\end{vmatrix}=0,$$

$$A_{31}=(-1)^{3+1}\begin{vmatrix}0&2\\1&0\end{vmatrix}=-2,\quad A_{32}=(-1)^{3+2}\begin{vmatrix}1&2\\0&0\end{vmatrix}=0,\quad A_{33}=(-1)^{3+3}\begin{vmatrix}1&0\\0&1\end{vmatrix}=1,$$

因此

$$\boldsymbol{A}^{-1}=\frac{1}{|\boldsymbol{A}|}\boldsymbol{A}^{*}=\begin{pmatrix}1&0&0\\0&1&0\\-2&0&1\end{pmatrix}^{\mathrm{T}}=\begin{pmatrix}1&0&-2\\0&1&0\\0&0&1\end{pmatrix}.$$

(2) 记 $\boldsymbol{A}=\begin{pmatrix}3&-4&5\\2&-3&1\\3&-5&-1\end{pmatrix}$,因为 $|\boldsymbol{A}|=\begin{vmatrix}3&-4&5\\2&-3&1\\3&-5&-1\end{vmatrix}=-1\neq0$,所以 $\boldsymbol{A}$ 是可逆的. 又

$$A_{11}=(-1)^{1+1}\begin{vmatrix}-3&1\\-5&-1\end{vmatrix}=8,\quad A_{12}=(-1)^{1+2}\begin{vmatrix}2&1\\3&-1\end{vmatrix}=5,$$

$$A_{13}=(-1)^{1+3}\begin{vmatrix}2&-3\\3&-5\end{vmatrix}=-1,\quad A_{21}=(-1)^{2+1}\begin{vmatrix}-4&5\\-5&-1\end{vmatrix}=-29,$$

$$A_{22}=(-1)^{2+2}\begin{vmatrix}3&5\\3&-1\end{vmatrix}=-18,\quad A_{23}=(-1)^{2+3}\begin{vmatrix}3&-4\\3&-5\end{vmatrix}=3,$$

$$A_{31}=(-1)^{3+1}\begin{vmatrix}-4&5\\-3&1\end{vmatrix}=11,\quad A_{32}=(-1)^{3+2}\begin{vmatrix}3&5\\2&1\end{vmatrix}=7,$$

$$A_{33}=(-1)^{3+3}\begin{vmatrix}3&-4\\2&-3\end{vmatrix}=-1,$$

因此

$$\boldsymbol{A}^{-1}=\frac{1}{|\boldsymbol{A}|}\boldsymbol{A}^{*}=-\begin{pmatrix}8&5&-1\\-29&-18&3\\11&7&-1\end{pmatrix}^{\mathrm{T}}=\begin{pmatrix}-8&29&-11\\-5&18&-7\\1&-3&1\end{pmatrix}.$$

(3) 记 $\boldsymbol{A}=\begin{pmatrix}2&2&3\\1&-1&0\\-1&2&1\end{pmatrix}$,因为 $|\boldsymbol{A}|=\begin{vmatrix}2&2&3\\1&-1&0\\-1&2&1\end{vmatrix}=-1\neq0$,所以 $\boldsymbol{A}$ 是可逆的. 又

$$A_{11}=(-1)^{1+1}\begin{vmatrix}-1&0\\2&1\end{vmatrix}=-1,\quad A_{12}=(-1)^{1+2}\begin{vmatrix}1&0\\-1&1\end{vmatrix}=-1,$$

$$A_{13}=(-1)^{1+3}\begin{vmatrix}1&-1\\-1&2\end{vmatrix}=1,\quad A_{21}=(-1)^{2+1}\begin{vmatrix}2&3\\2&1\end{vmatrix}=4,$$

$$A_{22}=(-1)^{2+2}\begin{vmatrix}2&3\\-1&1\end{vmatrix}=5,\quad A_{23}=(-1)^{2+3}\begin{vmatrix}2&2\\-1&2\end{vmatrix}=-6,$$

$$A_{31}=(-1)^{3+1}\begin{vmatrix}2&3\\-1&0\end{vmatrix}=3,\quad A_{32}=(-1)^{3+2}\begin{vmatrix}2&3\\1&0\end{vmatrix}=3,$$

$$A_{33}=(-1)^{3+3}\begin{vmatrix}2&2\\1&-1\end{vmatrix}=-4,$$

因此

$$\boldsymbol{A}^{-1}=\frac{1}{|\boldsymbol{A}|}\boldsymbol{A}^*=-\begin{pmatrix}-1&-1&1\\4&5&-6\\3&3&-4\end{pmatrix}^{\mathrm{T}}=\begin{pmatrix}1&-4&-3\\1&-5&-3\\-1&6&4\end{pmatrix}.$$

(4) 记 $\boldsymbol{A}=\begin{pmatrix}2&0&0\\1&2&0\\0&1&2\end{pmatrix}$,因为 $|\boldsymbol{A}|=\begin{vmatrix}2&0&0\\1&2&0\\0&1&2\end{vmatrix}=8\neq0$,所以 $\boldsymbol{A}$ 是可逆的. 又

$$A_{11}=(-1)^{1+1}\begin{vmatrix}2&0\\1&2\end{vmatrix}=4,\quad A_{12}=(-1)^{1+2}\begin{vmatrix}1&0\\0&2\end{vmatrix}=-2,$$

$$A_{13}=(-1)^{1+3}\begin{vmatrix}1&2\\0&1\end{vmatrix}=1,\quad A_{21}=(-1)^{2+1}\begin{vmatrix}0&0\\1&2\end{vmatrix}=0,$$

$$A_{22}=(-1)^{2+2}\begin{vmatrix}2&0\\0&2\end{vmatrix}=4,\quad A_{23}=(-1)^{2+3}\begin{vmatrix}2&0\\0&1\end{vmatrix}=-2,$$

$$A_{31}=(-1)^{3+1}\begin{vmatrix}0&0\\2&0\end{vmatrix}=0,\quad A_{32}=(-1)^{3+2}\begin{vmatrix}2&0\\1&0\end{vmatrix}=0,$$

$$A_{33}=(-1)^{3+3}\begin{vmatrix}2&0\\1&2\end{vmatrix}=4,$$

因此

$$\boldsymbol{A}^{-1}=\frac{1}{|\boldsymbol{A}|}\boldsymbol{A}^*=\frac{1}{8}\begin{pmatrix}4&-2&1\\0&4&-2\\0&0&4\end{pmatrix}^{\mathrm{T}}=\begin{pmatrix}\frac{1}{2}&0&0\\-\frac{1}{4}&\frac{1}{2}&0\\\frac{1}{8}&-\frac{1}{4}&\frac{1}{2}\end{pmatrix}.$$

12. 解下列矩阵方程：

(1) $\begin{pmatrix}2&1\\1&1\end{pmatrix}\boldsymbol{X}=\begin{pmatrix}0&-1\\2&0\end{pmatrix}$;　　(2) $\boldsymbol{X}\begin{pmatrix}1&2&-3\\3&2&-4\\2&-1&0\end{pmatrix}=\begin{pmatrix}1&-3&0\\10&2&7\end{pmatrix}$;

(3) $\begin{pmatrix}1&4\\-1&2\end{pmatrix}\boldsymbol{X}\begin{pmatrix}2&0\\-1&1\end{pmatrix}=\begin{pmatrix}3&1\\0&-1\end{pmatrix}$.

解　(1) 记 $\boldsymbol{A}=\begin{pmatrix}2&1\\1&1\end{pmatrix}$,$\boldsymbol{B}=\begin{pmatrix}0&-1\\2&0\end{pmatrix}$,原矩阵方程表示为 $\boldsymbol{AX}=\boldsymbol{B}$,其解为 $\boldsymbol{X}=\boldsymbol{A}^{-1}\boldsymbol{B}$.

先求 $\boldsymbol{A}^{-1}$.

$$|\boldsymbol{A}|=\begin{vmatrix}2&1\\1&1\end{vmatrix}=2-1=1,\quad A_{11}=(-1)^{1+1}\times1=1,$$

$$A_{12}=(-1)^{1+2}\times1=-1,\quad A_{21}=(-1)^{2+1}\times1=-1,$$

$$A_{22}=(-1)^{2+2}\times2=2,$$

因此

$$A^{-1}=\frac{1}{|A|}A^*=\begin{pmatrix}1&-1\\-1&2\end{pmatrix}^T=\begin{pmatrix}1&-1\\-1&2\end{pmatrix},$$

$$X=A^{-1}B=\begin{pmatrix}1&-1\\-1&2\end{pmatrix}\begin{pmatrix}0&-1\\2&0\end{pmatrix}=\begin{pmatrix}-2&-1\\4&1\end{pmatrix}.$$

(2) 记 $A=\begin{pmatrix}1&2&-3\\3&2&-4\\2&-1&0\end{pmatrix}$，$B=\begin{pmatrix}1&-3&0\\10&2&7\end{pmatrix}$，原矩阵方程表示为 $XA=B$，其解为 $X=BA^{-1}$.

先求 A^{-1}.

$$|A|=\begin{vmatrix}1&2&-3\\3&2&-4\\2&-1&0\end{vmatrix}=1,\quad A_{11}=(-1)^{1+1}\begin{vmatrix}2&-4\\-1&0\end{vmatrix}=-4,$$

$$A_{12}=(-1)^{1+2}\begin{vmatrix}3&-4\\2&0\end{vmatrix}=-8,\quad A_{13}=(-1)^{1+3}\begin{vmatrix}3&2\\2&-1\end{vmatrix}=-7,$$

$$A_{21}=(-1)^{2+1}\begin{vmatrix}2&-3\\-1&0\end{vmatrix}=3,\quad A_{22}=(-1)^{2+2}\begin{vmatrix}1&-3\\2&0\end{vmatrix}=6,$$

$$A_{23}=(-1)^{2+3}\begin{vmatrix}1&2\\2&-1\end{vmatrix}=5,\quad A_{31}=(-1)^{3+1}\begin{vmatrix}2&-3\\2&-4\end{vmatrix}=-2,$$

$$A_{32}=(-1)^{3+2}\begin{vmatrix}1&-3\\3&-4\end{vmatrix}=-5,\quad A_{33}=(-1)^{3+3}\begin{vmatrix}1&2\\3&2\end{vmatrix}=-4,$$

因此

$$A^{-1}=\frac{1}{|A|}A^*=\begin{pmatrix}-4&-8&-7\\3&6&5\\-2&-5&-4\end{pmatrix}^T=\begin{pmatrix}-4&3&-2\\-8&6&-5\\-7&5&-4\end{pmatrix},$$

$$X=BA^{-1}=\begin{pmatrix}1&-3&0\\10&2&7\end{pmatrix}\begin{pmatrix}-4&3&-2\\-8&6&-5\\-7&5&-4\end{pmatrix}=\begin{pmatrix}20&-15&13\\-105&77&-58\end{pmatrix}.$$

(3) 记 $A=\begin{pmatrix}1&4\\-1&2\end{pmatrix}$，$B=\begin{pmatrix}2&0\\-1&1\end{pmatrix}$，$C=\begin{pmatrix}3&1\\0&-1\end{pmatrix}$，原矩阵方程表示为 $AXB=C$，其解为 $X=A^{-1}CB^{-1}$.

先求 A^{-1}，B^{-1}.

$$|A|=\begin{vmatrix}1&4\\-1&2\end{vmatrix}=6,\quad A_{11}=(-1)^{1+1}\times 2=2,\quad A_{12}=(-1)^{1+2}\times(-1)=1,$$

$$A_{21}=(-1)^{2+1}\times 4=-4,\quad A_{22}=(-1)^{2+2}\times 1=1,$$

因此

$$A^{-1}=\frac{1}{|A|}A^*=\frac{1}{6}\begin{pmatrix}2&1\\-4&1\end{pmatrix}^T=\begin{pmatrix}\frac{1}{3}&-\frac{2}{3}\\\frac{1}{6}&\frac{1}{6}\end{pmatrix}.$$

又

$$|\boldsymbol{B}|=\begin{vmatrix}2&0\\-1&1\end{vmatrix}=2,\quad B_{11}=(-1)^{1+1}\times 1=1,\quad B_{12}=(-1)^{1+2}\times(-1)=1,$$

$$B_{21}=(-1)^{2+1}\times 0=0,\quad B_{22}=(-1)^{2+2}\times 2=2,$$

因此

$$\boldsymbol{B}^{-1}=\frac{1}{|\boldsymbol{B}|}\boldsymbol{B}^{*}=\frac{1}{2}\begin{pmatrix}1&1\\0&2\end{pmatrix}^{\mathrm{T}}=\begin{pmatrix}\frac{1}{2}&0\\\frac{1}{2}&1\end{pmatrix},$$

$$\boldsymbol{X}=\boldsymbol{A}^{-1}\boldsymbol{C}\boldsymbol{B}^{-1}=\begin{pmatrix}\frac{1}{3}&-\frac{2}{3}\\\frac{1}{6}&\frac{1}{6}\end{pmatrix}\begin{pmatrix}3&1\\0&-1\end{pmatrix}\begin{pmatrix}\frac{1}{2}&0\\\frac{1}{2}&1\end{pmatrix}=\begin{pmatrix}1&1\\\frac{1}{4}&0\end{pmatrix}.$$

13. 用初等变换求下列方阵的逆矩阵：

(1) $\boldsymbol{A}=\begin{pmatrix}3&1&1\\2&1&0\\1&0&0\end{pmatrix}$； (2) $\boldsymbol{A}=\begin{pmatrix}2&0&0\\0&1&2\\0&1&1\end{pmatrix}$；

(3) $\boldsymbol{A}=\begin{pmatrix}4&0&0&0\\0&2&0&0\\0&0&3&0\\0&0&0&1\end{pmatrix}$； (4) $\boldsymbol{A}=\begin{pmatrix}1&2&3&4\\0&2&3&4\\0&0&3&4\\0&0&0&4\end{pmatrix}$；

(5) $\boldsymbol{A}=\begin{pmatrix}1&1&1&1\\1&1&-1&-1\\1&-1&1&-1\\1&-1&-1&1\end{pmatrix}$.

解 (1) $(\boldsymbol{A}\,\vdots\,\boldsymbol{E})=\left(\begin{array}{ccc:ccc}3&1&1&1&0&0\\2&1&0&0&1&0\\1&0&0&0&0&1\end{array}\right)\xrightarrow{r_1\leftrightarrow r_3}\left(\begin{array}{ccc:ccc}1&0&0&0&0&1\\2&1&0&0&1&0\\3&1&1&1&0&0\end{array}\right)$

$$\xrightarrow[r_3-3r_1]{r_2-2r_1}\left(\begin{array}{ccc:ccc}1&0&0&0&0&1\\0&1&0&0&1&-2\\0&1&1&1&0&-3\end{array}\right)\xrightarrow{r_3-r_2}\left(\begin{array}{ccc:ccc}1&0&0&0&0&1\\0&1&0&0&1&-2\\0&0&1&1&-1&-1\end{array}\right),$$

因此

$$\boldsymbol{A}^{-1}=\begin{pmatrix}0&0&1\\0&1&-2\\1&-1&-1\end{pmatrix}.$$

(2) $(\boldsymbol{A}\,\vdots\,\boldsymbol{E})=\left(\begin{array}{ccc:ccc}2&0&0&1&0&0\\0&1&2&0&1&0\\0&1&1&0&0&1\end{array}\right)\xrightarrow{\frac{1}{2}r_1}\left(\begin{array}{ccc:ccc}1&0&0&\frac{1}{2}&0&0\\0&1&2&0&1&0\\0&1&1&0&0&1\end{array}\right)$

$$\xrightarrow{r_3-r_2}\left(\begin{array}{ccc:ccc}1&0&0&\frac{1}{2}&0&0\\0&1&2&0&1&0\\0&0&-1&0&-1&1\end{array}\right)\xrightarrow{-r_3}\left(\begin{array}{ccc:ccc}1&0&0&\frac{1}{2}&0&0\\0&1&2&0&1&0\\0&0&1&0&1&-1\end{array}\right)$$

$$\xrightarrow{r_2-2r_3}\left(\begin{array}{ccc:ccc}1&0&0&\frac{1}{2}&0&0\\0&1&0&0&-1&2\\0&0&1&0&1&-1\end{array}\right),$$

因此

$$\boldsymbol{A}^{-1}=\begin{pmatrix}\frac{1}{2}&0&0\\0&-1&2\\0&1&-1\end{pmatrix}.$$

(3) $(\boldsymbol{A}\,\vdots\,\boldsymbol{E})=\left(\begin{array}{cccc:cccc}4&0&0&0&1&0&0&0\\0&2&0&0&0&1&0&0\\0&0&3&0&0&0&1&0\\0&0&0&1&0&0&0&1\end{array}\right)$

$$\xrightarrow{\frac{1}{4}r_1,\frac{1}{2}r_2,\frac{1}{3}r_3}\left(\begin{array}{cccc:cccc}1&0&0&0&\frac{1}{4}&0&0&0\\0&1&0&0&0&\frac{1}{2}&0&0\\0&0&1&0&0&0&\frac{1}{3}&0\\0&0&0&1&0&0&0&1\end{array}\right),$$

因此

$$\boldsymbol{A}^{-1}=\begin{pmatrix}\frac{1}{4}&0&0&0\\0&\frac{1}{2}&0&0\\0&0&\frac{1}{3}&0\\0&0&0&1\end{pmatrix}.$$

(4) $(\boldsymbol{A}\,\vdots\,\boldsymbol{E})=\left(\begin{array}{cccc:cccc}1&2&3&4&1&0&0&0\\0&2&3&4&0&1&0&0\\0&0&3&4&0&0&1&0\\0&0&0&4&0&0&0&1\end{array}\right)$

$$\xrightarrow{r_1-r_2}\left(\begin{array}{cccc:cccc}1&0&0&0&1&-1&0&0\\0&2&3&4&0&1&0&0\\0&0&3&4&0&0&1&0\\0&0&0&4&0&0&0&1\end{array}\right)$$

$$\xrightarrow{r_2-r_3}\left(\begin{array}{cccc:cccc}1&0&0&0&1&-1&0&0\\0&2&0&0&0&1&-1&0\\0&0&3&4&0&0&1&0\\0&0&0&4&0&0&0&1\end{array}\right)$$

$$\xrightarrow{r_3-r_4}\left(\begin{array}{cccc:cccc}1&0&0&0&1&-1&0&0\\0&2&0&0&0&1&-1&0\\0&0&3&0&0&0&1&-1\\0&0&0&4&0&0&0&1\end{array}\right)$$

$$\xrightarrow{\frac{1}{2}r_2,\frac{1}{3}r_3,\frac{1}{4}r_4}\left(\begin{array}{cccc:cccc}1&0&0&0&1&-1&0&0\\0&1&0&0&0&\frac{1}{2}&-\frac{1}{2}&0\\0&0&1&0&0&0&\frac{1}{3}&-\frac{1}{3}\\0&0&0&1&0&0&0&\frac{1}{4}\end{array}\right),$$

因此

$$\boldsymbol{A}^{-1}=\begin{pmatrix}1&-1&0&0\\0&\frac{1}{2}&-\frac{1}{2}&0\\0&0&\frac{1}{3}&-\frac{1}{3}\\0&0&0&\frac{1}{4}\end{pmatrix}.$$

(5) $(\boldsymbol{A}\,\vdots\,\boldsymbol{E})=\left(\begin{array}{cccc:cccc}1&1&1&1&1&0&0&0\\1&1&-1&-1&0&1&0&0\\1&-1&1&-1&0&0&1&0\\1&-1&-1&1&0&0&0&1\end{array}\right)$

$$\xrightarrow[r_4-r_1]{\substack{r_2-r_1\\r_3-r_1}}\left(\begin{array}{cccc:cccc}1&1&1&1&1&0&0&0\\0&0&-2&-2&-1&1&0&0\\0&-2&0&-2&-1&0&1&0\\0&-2&-2&0&-1&0&0&1\end{array}\right)$$

$$\xrightarrow{r_2\leftrightarrow r_4}\left(\begin{array}{cccc:cccc}1&1&1&1&1&0&0&0\\0&-2&-2&0&-1&0&0&1\\0&-2&0&-2&-1&0&1&0\\0&0&-2&-2&-1&1&0&0\end{array}\right)$$

$$\xrightarrow{-\frac{1}{2}r_2,-\frac{1}{2}r_3,-\frac{1}{2}r_4}\left(\begin{array}{cccc:cccc}1&1&1&1&1&0&0&0\\0&1&1&0&\frac{1}{2}&0&0&-\frac{1}{2}\\0&1&0&1&\frac{1}{2}&0&-\frac{1}{2}&0\\0&0&1&1&\frac{1}{2}&-\frac{1}{2}&0&0\end{array}\right)$$

$$\xrightarrow[r_3-r_2]{r_1-r_2}\left(\begin{array}{cccc|cccc}1&0&0&1&\frac{1}{2}&0&0&\frac{1}{2}\\0&1&1&0&\frac{1}{2}&0&0&-\frac{1}{2}\\0&0&-1&1&0&0&-\frac{1}{2}&\frac{1}{2}\\0&0&1&1&\frac{1}{2}&-\frac{1}{2}&0&0\end{array}\right)$$

$$\xrightarrow[r_4+r_3]{r_2+r_3}\left(\begin{array}{cccc|cccc}1&0&0&1&\frac{1}{2}&0&0&\frac{1}{2}\\0&1&0&1&\frac{1}{2}&0&-\frac{1}{2}&0\\0&0&-1&1&0&0&-\frac{1}{2}&\frac{1}{2}\\0&0&0&2&\frac{1}{2}&-\frac{1}{2}&-\frac{1}{2}&\frac{1}{2}\end{array}\right)$$

$$\xrightarrow{-r_3,\frac{1}{2}r_4}\left(\begin{array}{cccc|cccc}1&0&0&1&\frac{1}{2}&0&0&\frac{1}{2}\\0&1&0&1&\frac{1}{2}&0&-\frac{1}{2}&0\\0&0&1&-1&0&0&\frac{1}{2}&-\frac{1}{2}\\0&0&0&1&\frac{1}{4}&-\frac{1}{4}&-\frac{1}{4}&\frac{1}{4}\end{array}\right)$$

$$\xrightarrow[\substack{r_2-r_4\\r_3+r_4}]{r_1-r_4}\left(\begin{array}{cccc|cccc}1&0&0&0&\frac{1}{4}&\frac{1}{4}&\frac{1}{4}&\frac{1}{4}\\0&1&0&0&\frac{1}{4}&\frac{1}{4}&-\frac{1}{4}&-\frac{1}{4}\\0&0&1&0&\frac{1}{4}&-\frac{1}{4}&\frac{1}{4}&-\frac{1}{4}\\0&0&0&1&\frac{1}{4}&-\frac{1}{4}&-\frac{1}{4}&\frac{1}{4}\end{array}\right),$$

因此

$$\boldsymbol{A}^{-1}=\begin{pmatrix}\frac{1}{4}&\frac{1}{4}&\frac{1}{4}&\frac{1}{4}\\\frac{1}{4}&\frac{1}{4}&-\frac{1}{4}&-\frac{1}{4}\\\frac{1}{4}&-\frac{1}{4}&\frac{1}{4}&-\frac{1}{4}\\\frac{1}{4}&-\frac{1}{4}&-\frac{1}{4}&\frac{1}{4}\end{pmatrix}.$$

第十章　线性方程组

内容提要

一、基本概念

1. n 维向量及其线性运算

定义 2.1　数域 F 上的 n 个数 $a_1,a_2,\cdots,a_n$ 组成的有序数组 $(a_1,a_2,\cdots,a_n)$ 称为数域 F 上的一个 n **维向量**，其中第 i 个数 a_i 称为该向量的**第 i 个分量**.

定义 2.4（向量的加法）　设向量 $\boldsymbol{\alpha}=(a_1,a_2,\cdots,a_n)$，$\boldsymbol{\beta}=(b_1,b_2,\cdots,b_n)$，$\boldsymbol{\alpha}$ 与 $\boldsymbol{\beta}$ 的对应分量的和构成的 n 维向量称为向量 $\boldsymbol{\alpha}$ 与 $\boldsymbol{\beta}$ 的**和**，记作 $\boldsymbol{\alpha}+\boldsymbol{\beta}$，即

$$\boldsymbol{\alpha}+\boldsymbol{\beta}=(a_1+b_1,a_2+b_2,\cdots,a_n+b_n).$$

由向量的加法和负向量的定义，可以定义向量的**减法**，即

$$\boldsymbol{\alpha}-\boldsymbol{\beta}=(a_1-b_1,a_2-b_2,\cdots,a_n-b_n).$$

定义 2.5（数与向量的乘法）　设 k 为数域 F 中的数，数 k 与向量 $\boldsymbol{\alpha}=(a_1,a_2,\cdots,a_n)$ 的各分量的乘积所构成的 n 维向量称为数 k 与向量 $\boldsymbol{\alpha}$ 的**乘积**，简称**数乘**，记作 $k\boldsymbol{\alpha}$，即

$$k\boldsymbol{\alpha}=(ka_1,ka_2,\cdots,ka_n).$$

2. 线性组合与线性表示

定义 2.6　对于向量组 $\boldsymbol{\alpha}_1,\boldsymbol{\alpha}_2,\cdots,\boldsymbol{\alpha}_s$ 和向量 $\boldsymbol{\beta}$，如果存在 s 个数 $k_1,k_2,\cdots,k_s$，使得

$$\boldsymbol{\beta}=k_1\boldsymbol{\alpha}_1+k_2\boldsymbol{\alpha}_2+\cdots+k_s\boldsymbol{\alpha}_s,$$

则称向量 $\boldsymbol{\beta}$ 可以由向量组 $\boldsymbol{\alpha}_1,\boldsymbol{\alpha}_2,\cdots,\boldsymbol{\alpha}_s$ **线性表示**，或称向量 $\boldsymbol{\beta}$ 是向量组 $\boldsymbol{\alpha}_1,\boldsymbol{\alpha}_2,\cdots,\boldsymbol{\alpha}_s$ 的**线性组合**.

3. 线性相关与线性无关

定义 2.7　对于向量组 $\boldsymbol{\alpha}_1,\boldsymbol{\alpha}_2,\cdots,\boldsymbol{\alpha}_s$，若存在不全为零的数 $k_1,k_2,\cdots,k_s$，使得

$$k_1\boldsymbol{\alpha}_1+k_2\boldsymbol{\alpha}_2+\cdots+k_s\boldsymbol{\alpha}_s=\mathbf{0},$$

则称向量组 $\boldsymbol{\alpha}_1,\boldsymbol{\alpha}_2,\cdots,\boldsymbol{\alpha}_s$ **线性相关**；否则，当且仅当 $k_1=k_2=\cdots=k_s=0$ 时，上式成立，则称向量组 $\boldsymbol{\alpha}_1,\boldsymbol{\alpha}_2,\cdots,\boldsymbol{\alpha}_s$ **线性无关**.

4. 向量组的极大无关组和秩

定义 3.1　如果一个向量组的部分组 $\boldsymbol{\alpha}_1,\boldsymbol{\alpha}_2,\cdots,\boldsymbol{\alpha}_r$ 满足下列条件：

① $\boldsymbol{\alpha}_1,\boldsymbol{\alpha}_2,\cdots,\boldsymbol{\alpha}_r$ 线性无关；

② 向量组中的任意一个向量添加到 $\boldsymbol{\alpha}_1,\boldsymbol{\alpha}_2,\cdots,\boldsymbol{\alpha}_r$ 中得到 $r+1$ 个向量都线性相关，则称部分组 $\boldsymbol{\alpha}_1,\boldsymbol{\alpha}_2,\cdots,\boldsymbol{\alpha}_r$ 是该向量组的一个**极大线性无关组**,简称**极大无关组**.

定义 3.3　向量组 $\boldsymbol{\alpha}_1,\boldsymbol{\alpha}_2,\cdots,\boldsymbol{\alpha}_s$ 的极大无关组所含向量的个数称为向量组 $\boldsymbol{\alpha}_1,\boldsymbol{\alpha}_2,\cdots,\boldsymbol{\alpha}_s$ 的**秩**,记作 $r(\boldsymbol{\alpha}_1,\boldsymbol{\alpha}_2,\cdots,\boldsymbol{\alpha}_s)$.

5. 矩阵的秩

定义 4.1　矩阵 $\boldsymbol{A}$ 的行向量组的秩称为矩阵 $\boldsymbol{A}$ 的**行秩**,其列向量组的秩称为矩阵 $\boldsymbol{A}$ 的**列秩**.

定义 4.2　矩阵 $\boldsymbol{A}$ 的行秩和列秩统称为矩阵 $\boldsymbol{A}$ 的**秩**,记作 $r(\boldsymbol{A})$.

二、基本定理、重要公式及结论

1. 向量组线性相关与线性无关

判断向量组线性相关的方法如下：

① $\boldsymbol{\alpha}=\boldsymbol{0}\Leftrightarrow\boldsymbol{\alpha}$ 线性相关.

② $\boldsymbol{\alpha}$ 与 $\boldsymbol{\beta}$ 的对应分量成比例 $\Leftrightarrow\boldsymbol{\alpha}$ 与 $\boldsymbol{\beta}$ 线性相关.

③ 含有零向量的向量组是线性相关的.

④ 向量组 $\boldsymbol{\alpha}_1,\boldsymbol{\alpha}_2,\cdots,\boldsymbol{\alpha}_m(m\geqslant 2)$ 线性相关 $\Leftrightarrow$ 该向量组中至少有一个向量可由其余的 $m-1$ 个向量线性表示.

⑤ 部分线性相关则整体线性相关.

⑥ 设向量组 $\boldsymbol{\alpha}_1,\boldsymbol{\alpha}_2,\cdots,\boldsymbol{\alpha}_r$ 可由向量组 $\boldsymbol{\beta}_1,\boldsymbol{\beta}_2,\cdots,\boldsymbol{\beta}_s$ 线性表示.

(ⅰ) 如果 $r>s$,则向量组 $\boldsymbol{\alpha}_1,\boldsymbol{\alpha}_2,\cdots,\boldsymbol{\alpha}_r$ 线性相关；

(ⅱ) 如果向量组 $\boldsymbol{\alpha}_1,\boldsymbol{\alpha}_2,\cdots,\boldsymbol{\alpha}_r$ 线性无关,则 $r\leqslant s$.

⑦ $n+1$ 个 n 维向量必线性相关(个数大于维数).

⑧ 该向量组的秩小于它所含向量的个数 $\Leftrightarrow$ 该向量组线性相关.

⑨ n 个 n 维向量构成的行列式等于零 $\Leftrightarrow$ 该向量组线性相关.

⑩ 线性相关向量组中每个向量截短之后还线性相关.

判断向量组线性无关的方法如下：

① $\boldsymbol{\alpha}\neq\boldsymbol{0}\Leftrightarrow\boldsymbol{\alpha}$ 线性无关.

② $\boldsymbol{\alpha}$ 与 $\boldsymbol{\beta}$ 的对应分量不成比例 $\Leftrightarrow\boldsymbol{\alpha}$ 与 $\boldsymbol{\beta}$ 线性无关.

③ 向量组 $\boldsymbol{\alpha}_1,\boldsymbol{\alpha}_2,\cdots,\boldsymbol{\alpha}_m(m\geqslant 2)$ 线性无关 $\Leftrightarrow$ 该向量组中任何一个向量都不能由其余的 $m-1$ 个向量线性表示.

④ 整体线性无关则部分线性无关.

⑤ 线性无关向量组中每个向量加长之后还线性无关.

⑥ 该向量组的秩等于它所含向量的个数 $\Leftrightarrow$ 该向量组线性无关.

⑦ n 个 n 维向量构成的行列式不等于零 $\Leftrightarrow$ 该向量组线性无关.

2. 向量组的极大无关组与向量组的秩

① 向量组的极大无关组一般不唯一.

② 极大无关组中所含向量个数相同,即向量组的秩唯一.

③ 若向量组线性无关,则它的极大无关组是唯一的,就是它本身.

对于具体给出的向量组,求秩与极大无关组的常用方法如下:

方法1 先将所给向量组 $\boldsymbol{\alpha}_1,\boldsymbol{\alpha}_2,\cdots,\boldsymbol{\alpha}_m$ 排成矩阵 $\boldsymbol{A}$:

$$\boldsymbol{A}=(\boldsymbol{\alpha}_1,\boldsymbol{\alpha}_2,\cdots,\boldsymbol{\alpha}_m)(\text{列向量组时}) \quad \text{或} \quad \boldsymbol{A}=\begin{pmatrix}\boldsymbol{\alpha}_1\\ \boldsymbol{\alpha}_2\\ \vdots\\ \boldsymbol{\alpha}_m\end{pmatrix}(\text{行向量组时}), \tag{※}$$

并求 $\boldsymbol{A}$ 的秩 r,则 r 即为该向量组的秩;再在原矩阵中找非零的 r 阶子式 D_r,则包含 D_r 的 r 个列(或行)向量即是所求列(或行)向量组的一个极大无关组.

方法2 将列(或行)向量组 $\boldsymbol{\alpha}_1,\boldsymbol{\alpha}_2,\cdots,\boldsymbol{\alpha}_m$ 排成矩阵 $\boldsymbol{A}$,如(※)式,并用初等行(或列)变换化 $\boldsymbol{A}$ 为行(或列)阶梯形矩阵 $\boldsymbol{G}$(或 $\boldsymbol{G}^{\mathrm{T}}$),则 $\boldsymbol{G}$(或 $\boldsymbol{G}^{\mathrm{T}}$)中非零行(或列)的个数即等于该向量组的秩,且 $\boldsymbol{\alpha}_{i_1},\boldsymbol{\alpha}_{i_2},\cdots,\boldsymbol{\alpha}_{i_r}$ 是该向量组的一个极大无关组,其中 $i_1,i_2,\cdots,i_r$ 是 $\boldsymbol{G}$(或 $\boldsymbol{G}^{\mathrm{T}}$)中各非零行(或列)的第1个非零元素所在的列(或行).

方法3 当向量组中向量个数较少时,也可采用逐个选录法,即在向量组中任取一个非零向量作为 $\boldsymbol{\alpha}_{i_1}$,再取一个与 $\boldsymbol{\alpha}_{i_1}$ 的对应分量不成比例的向量作为 $\boldsymbol{\alpha}_{i_2}$,又取一个不能由 $\boldsymbol{\alpha}_{i_1}$ 和 $\boldsymbol{\alpha}_{i_2}$ 线性表示的向量作为 $\boldsymbol{\alpha}_{i_3}$,继续进行下去便可求得该向量组的一个极大无关组.

对于抽象的向量组,求秩与极大无关组常利用一些有关的结论,如"若向量组(Ⅰ)可由向量组(Ⅱ)线性表示,则(Ⅰ)的秩不超过(Ⅱ)的秩""等价向量组有相同的秩""秩为 r 的向量组中任意 r 个线性无关的向量都是该向量组的一个极大无关组"等.

3. 矩阵的秩

求矩阵的秩的方法如下:

① 定义法:找出矩阵 $\boldsymbol{A}$ 中不为零的最高阶子式,它的阶数即为矩阵 $\boldsymbol{A}$ 的秩.

② 初等变换法:用初等变换(行、列均可)将矩阵 $\boldsymbol{A}$ 化为标准形 $\begin{pmatrix}\boldsymbol{E}_r & \boldsymbol{O}\\ \boldsymbol{O} & \boldsymbol{O}\end{pmatrix}$,即可得出 $r(\boldsymbol{A})=r$;或化成阶梯形矩阵,其非零行的个数即为矩阵 $\boldsymbol{A}$ 的秩.

注 ① 若矩阵 $\boldsymbol{A}=\boldsymbol{O}$,则 $r(\boldsymbol{A})=0$;若 $\boldsymbol{A}\neq\boldsymbol{O}$,则 $r(\boldsymbol{A})\geqslant 1$.

② 若 $r(\boldsymbol{A})=r$,则 $\boldsymbol{A}$ 中存在 r 阶子式不为零,而任何 $r+1$ 阶子式(若存在)全为零.

③ 若 $r(\boldsymbol{A})=r$,则 $\boldsymbol{A}$ 中 $r-1$ 阶子式不全为零.

当 $r(\boldsymbol{A})=r$ 时,$\boldsymbol{A}$ 中至少有一个 r 阶子式不为零,这个 r 阶子式可展开成 r 个 $r-1$ 阶子式,若所有 $r-1$ 阶子式全为零,则这个 r 阶子式为零,产生矛盾.

④ $0\leqslant r(\boldsymbol{A}_{m\times n})\leqslant\min\{m,n\}$.

⑤ 若 $r(\boldsymbol{A})=r$,则 $\boldsymbol{A}\overset{r}{\underset{c}{\sim}}\begin{pmatrix}\boldsymbol{E}_r & \boldsymbol{O}\\ \boldsymbol{O} & \boldsymbol{O}\end{pmatrix}$,即一般情况下,只有初等行、列变换合用才可将 $\boldsymbol{A}$ 化成标准形.但将 $\boldsymbol{A}$ 化为含有 r 个非零行(或列)的阶梯形矩阵只用初等行(或列)变换即可.单纯求矩阵 $\boldsymbol{A}$ 的秩只需将 $\boldsymbol{A}$ 化成阶梯形矩阵.

⑥ 对于 n 阶方阵 $\boldsymbol{A}$,有 $\begin{cases}|\boldsymbol{A}|\neq 0\Leftrightarrow r(\boldsymbol{A})=n,\boldsymbol{A}\text{ 可逆},\boldsymbol{A}\text{ 为非奇异矩阵}.\\ |\boldsymbol{A}|=0\Leftrightarrow r(\boldsymbol{A})<n,\boldsymbol{A}\text{ 不可逆},\boldsymbol{A}\text{ 为奇异矩阵}.\end{cases}$

若 $r(\boldsymbol{A})=$ 矩阵 $\boldsymbol{A}$ 的行(或列)数,则称 $\boldsymbol{A}$ 为**行(或列)满秩矩阵**.

⑦ 学习矩阵秩的实质是为判断矩阵对应的线性方程组中有效方程的个数.

4. 齐次线性方程组解的结构

设 $\boldsymbol{A}$ 是 $m\times n$ 矩阵,则齐次线性方程组 $\boldsymbol{AX}=\boldsymbol{0}$ 恒有零解.

齐次线性方程组 $\boldsymbol{AX}=\boldsymbol{0}$ 的两个解向量的和仍是其解向量;

齐次线性方程组 $\boldsymbol{AX}=\boldsymbol{0}$ 的一个解向量乘以常数 k 仍是其解向量.

注　解向量的任意线性组合仍为解向量.

基础解系是齐次线性方程组解向量组的极大线性无关组.而一个向量组的极大线性无关组不唯一,同一向量组的不同极大线性无关组所含向量个数相同,这样齐次线性方程组 $\boldsymbol{AX}=\boldsymbol{0}$ 的基础解系所含向量个数是唯一确定的.

当齐次线性方程组 $\boldsymbol{AX}=\boldsymbol{0}$ 的系数矩阵 $\boldsymbol{A}$ 的秩 $r(\boldsymbol{A})=r<n$ 时,方程组有基础解系,并且基础解系含有 $n-r$ 个解向量.

5. 非齐次线性方程组解的结构

非齐次线性方程组 $\boldsymbol{AX}=\boldsymbol{B}$ 的任意两个解向量的差是其对应齐次线性方程组的解向量.

非齐次线性方程组 $\boldsymbol{AX}=\boldsymbol{B}$ 的任意一个解向量与其对应齐次线性方程组的任意一个解向量的和仍为非齐次线性方程组 $\boldsymbol{AX}=\boldsymbol{B}$ 的解向量.

设 $\boldsymbol{\gamma}_0$ 是非齐次线性方程组 $\boldsymbol{AX}=\boldsymbol{B}$ 的一个解向量,$\boldsymbol{\alpha}_1,\boldsymbol{\alpha}_2,\cdots,\boldsymbol{\alpha}_{n-r}$ 是其对应齐次线性方程组的一个基础解系,则非齐次线性方程组 $\boldsymbol{AX}=\boldsymbol{B}$ 的解的一般形式为

$$\boldsymbol{\gamma}=\boldsymbol{\gamma}_0+k_1\boldsymbol{\alpha}_1+k_2\boldsymbol{\alpha}_2+\cdots+k_{n-r}\boldsymbol{\alpha}_{n-r},$$

其中 $r(\boldsymbol{A})=r,k_1,k_2,\cdots,k_{n-r}$ 为任意常数.

非齐次线性方程组 $\boldsymbol{AX}=\boldsymbol{B}$ 的全部解向量(称为非齐次通解或一般解)可以表示为某个已知解向量(特解)加上其对应齐次线性方程组 $\boldsymbol{AX}=\boldsymbol{0}$ 的全部解向量(齐次通解).

教学基本要求

1. 了解向量的概念,掌握向量的加法和数乘运算.
2. 了解向量的线性相关、线性无关、向量组的秩和矩阵的秩等概念.
3. 掌握求向量组的极大无关组和矩阵的秩的方法.
4. 理解线性方程组有解的判定定理.
5. 理解齐次线性方程组的基础解系、一般解等概念及解的结构.
6. 理解非齐次线性方程组解的结构.
7. 熟练掌握用初等行变换求线性方程组通解的方法.

典型例题分析及求解

1. 消元法解线性方程组

例 1　解线性方程组

$$\begin{cases} x_1+x_2+x_3=1, \\ -x_1+2x_2-4x_3=2, \\ 2x_1+5x_2-x_3=3. \end{cases}$$

解　利用初等行变换，将所给线性方程组的增广矩阵 $\overline{\mathbf{A}}$ 化成阶梯形矩阵，再求解，即

$$\overline{\mathbf{A}}=\left(\begin{array}{ccc:c} 1 & 1 & 1 & 1 \\ -1 & 2 & -4 & 2 \\ 2 & 5 & -1 & 3 \end{array}\right) \longrightarrow \left(\begin{array}{ccc:c} 1 & 1 & 1 & 1 \\ 0 & 3 & -3 & 3 \\ 0 & 3 & -3 & 1 \end{array}\right) \longrightarrow \left(\begin{array}{ccc:c} 1 & 1 & 1 & 1 \\ 0 & 3 & -3 & 3 \\ 0 & 0 & 0 & -2 \end{array}\right).$$

上式最后阶梯形矩阵的第三行“0,0,0,−2”所表示的方程为 $0x_1+0x_2+0x_3=-2$，由该方程可知，无论 x_1,x_2,x_3 取何值，都不能满足这个方程. 因此，原方程组无解.

例 2　解线性方程组

$$\begin{cases} x_1+2x_2-3x_3=4, \\ 2x_1+3x_2-5x_3=7, \\ 4x_1+3x_2-9x_3=9, \\ 2x_1+5x_2-8x_3=8. \end{cases}$$

解　利用初等行变换，将所给线性方程组的增广矩阵 $\overline{\mathbf{A}}$ 化成阶梯形矩阵，再求解，即

$$\overline{\mathbf{A}}=\left(\begin{array}{ccc:c} 1 & 2 & -3 & 4 \\ 2 & 3 & -5 & 7 \\ 4 & 3 & -9 & 9 \\ 2 & 5 & -8 & 8 \end{array}\right) \longrightarrow \left(\begin{array}{ccc:c} 1 & 2 & -3 & 4 \\ 0 & -1 & 1 & -1 \\ 0 & -5 & 3 & -7 \\ 0 & 1 & -2 & 0 \end{array}\right) \longrightarrow \left(\begin{array}{ccc:c} 1 & 2 & -3 & 4 \\ 0 & -1 & 1 & -1 \\ 0 & 0 & -2 & -2 \\ 0 & 0 & -1 & -1 \end{array}\right)$$

$$\longrightarrow \left(\begin{array}{ccc:c} 1 & 2 & -3 & 4 \\ 0 & -1 & 1 & -1 \\ 0 & 0 & 1 & 1 \\ 0 & 0 & 0 & 0 \end{array}\right) \longrightarrow \left(\begin{array}{ccc:c} 1 & 2 & 0 & 7 \\ 0 & 1 & 0 & 2 \\ 0 & 0 & 1 & 1 \\ 0 & 0 & 0 & 0 \end{array}\right) \longrightarrow \left(\begin{array}{cccc} 1 & 0 & 0 & 3 \\ 0 & 1 & 0 & 2 \\ 0 & 0 & 1 & 1 \\ 0 & 0 & 0 & 0 \end{array}\right).$$

因此解为

$$\begin{cases} x_1=3, \\ x_2=2, \\ x_3=1. \end{cases}$$

例 3　解线性方程组

$$\begin{cases} x_1+x_2-2x_3-x_4=-1, \\ x_1+5x_2-3x_3-2x_4=0, \\ 3x_1-x_2+x_3+4x_4=2, \\ -2x_1+2x_2+x_3-x_4=1. \end{cases} \tag{1}$$

解　先写出增广矩阵 $\overline{\mathbf{A}}$，再用初等行变换将其逐步化成阶梯形矩阵，即

$$\overline{\mathbf{A}}=\left(\begin{array}{cccc:c} 1 & 1 & -2 & -1 & -1 \\ 1 & 5 & -3 & -2 & 0 \\ 3 & -1 & 1 & 4 & 2 \\ -2 & 2 & 1 & -1 & 1 \end{array}\right) \longrightarrow \left(\begin{array}{cccc:c} 1 & 1 & -2 & -1 & -1 \\ 0 & 4 & -1 & -1 & 1 \\ 0 & -4 & 7 & 7 & 5 \\ 0 & 4 & -3 & -3 & -1 \end{array}\right)$$

$$\longrightarrow \left(\begin{array}{cccc:c} 1 & 1 & -2 & -1 & -1 \\ 0 & 4 & -1 & -1 & 1 \\ 0 & 0 & 6 & 6 & 6 \\ 0 & 0 & -2 & -2 & -2 \end{array}\right) \longrightarrow \left(\begin{array}{cccc:c} 1 & 1 & -2 & -1 & -1 \\ 0 & 4 & -1 & -1 & 1 \\ 0 & 0 & 6 & 6 & 6 \\ 0 & 0 & 0 & 0 & 0 \end{array}\right).$$

上述 4 个增广矩阵所表示的 4 个线性方程组是同解方程组，最后一个增广矩阵表示的线性方程组为

$$\begin{cases} x_1 + x_2 - 2x_3 - x_4 = -1, \\ 4x_2 - x_3 - x_4 = 1, \\ 6x_3 + 6x_4 = 6. \end{cases}$$

将最后一个方程乘$\frac{1}{6}$，再将 x_4 项移至等号的右端，得 $x_3 = -x_4 + 1$.

将其代入第二个方程，解得 $x_2 = \frac{1}{2}$.

再将 x_2, x_3 代入第一个方程，解得 $x_1 = -x_4 + \frac{1}{2}$.

因此，方程组(1) 的解为

$$\begin{cases} x_1 = -x_4 + \frac{1}{2}, \\ x_2 = \frac{1}{2}, \\ x_3 = -x_4 + 1, \end{cases} \tag{2}$$

其中 x_4 可以任意取值.

由于未知量 x_4 的取值是任意常数，因此方程组(1) 的解有无穷多个. 由此可知，表示式(2) 表示了方程组(1) 的所有解. 表示式(2) 中等号右端的未知量 x_4 称为自由未知量，用自由未知量表示其他未知量的表示式(2) 称为方程组(1) 的一般解. 当表示式(2) 中的未知量 x_4 取定一个值(如 $x_4 = 1$) 时，得到方程组(1) 的一个解$\left(\text{如 } x_1 = -\frac{1}{2}, x_2 = \frac{1}{2}, x_3 = 0, x_4 = 1\right)$，称为方程组(1) 的特解.

注意，自由未知量的选取不是唯一的，如例 3 也可以将 x_3 取作自由未知量.

如果将表示式(2) 中的自由未知量 x_4 取一任意常数 k，即令 $x_4 = k$，那么方程组(1) 的一般解为$\begin{cases} x_1 = -k + \frac{1}{2}, \\ x_2 = \frac{1}{2}, \\ x_3 = -k + 1, \\ x_4 = k, \end{cases}$ 其中 k 为任意常数. 用矩阵形式表示为

$$\begin{pmatrix} x_1 \\ x_2 \\ x_3 \\ x_4 \end{pmatrix} = \begin{pmatrix} -k + \frac{1}{2} \\ \frac{1}{2} \\ -k + 1 \\ k \end{pmatrix} = k \begin{pmatrix} -1 \\ 0 \\ -1 \\ 1 \end{pmatrix} + \begin{pmatrix} \frac{1}{2} \\ \frac{1}{2} \\ 1 \\ 0 \end{pmatrix}, \tag{3}$$

其中 k 为任意常数. 称表示式(3) 为方程组(1) 的全部解.

用消元法解线性方程组的过程中,当增广矩阵经过初等行变换化成阶梯形矩阵后,首先要写出相应的方程组,然后再用回代的方法求出解. 如果用矩阵将回代的过程表示出来,我们可以发现,这个过程实际上就是对阶梯形矩阵进一步简化,使其最终化成一个特殊的矩阵,从这个特殊矩阵中,就可以直接解出或"读出"方程组的解. 例如,对例 3 中的阶梯形矩阵进一步化简,

$$\left(\begin{array}{cccc:c} 1 & 1 & -2 & -1 & -1 \\ 0 & 4 & -1 & -1 & 1 \\ 0 & 0 & 6 & 6 & 6 \\ 0 & 0 & 0 & 0 & 0 \end{array}\right) \longrightarrow \left(\begin{array}{cccc:c} 1 & 1 & 0 & 1 & 1 \\ 0 & 4 & 0 & 0 & 2 \\ 0 & 0 & 1 & 1 & 1 \\ 0 & 0 & 0 & 0 & 0 \end{array}\right) \longrightarrow \left(\begin{array}{cccc:c} 1 & 0 & 0 & 1 & \frac{1}{2} \\ 0 & 1 & 0 & 0 & \frac{1}{2} \\ 0 & 0 & 1 & 1 & 1 \\ 0 & 0 & 0 & 0 & 0 \end{array}\right).$$

上述矩阵对应的方程组为

$$\begin{cases} x_1 + x_4 = \frac{1}{2}, \\ x_2 = \frac{1}{2}, \\ x_3 + x_4 = 1. \end{cases}$$

将此方程组中含 x_4 的项移到等号的右端,就得到原方程组(1) 的一般解:

$$\begin{cases} x_1 = -x_4 + \frac{1}{2}, \\ x_2 = \frac{1}{2}, \\ x_3 = -x_4 + 1, \end{cases}$$

其中 x_4 可以任意取值.

例 4 设线性方程组

$$\begin{cases} ax_1 + x_2 + x_3 = 4, \\ x_1 + bx_2 + x_3 = 3, \\ x_1 + 2bx_2 + x_3 = 4. \end{cases}$$

就参数 a,b,讨论方程组解的情况,并在有解时求出解.

解 **方法 1** 用初等行变换将增广矩阵化为阶梯形矩阵:

$$\left(\begin{array}{ccc:c} a & 1 & 1 & 4 \\ 1 & b & 1 & 3 \\ 1 & 2b & 1 & 4 \end{array}\right) \longrightarrow \left(\begin{array}{ccc:c} 1 & b & 1 & 3 \\ 1 & 2b & 1 & 4 \\ a & 1 & 1 & 4 \end{array}\right) \longrightarrow \left(\begin{array}{ccc:c} 1 & b & 1 & 3 \\ 0 & b & 0 & 1 \\ 0 & 1-ab & 1-a & 4-3a \end{array}\right)$$

$$\longrightarrow \left(\begin{array}{ccc:c} 1 & b & 1 & 3 \\ 0 & b & 0 & 1 \\ 0 & 1 & 1-a & 4-2a \end{array}\right) \longrightarrow \left(\begin{array}{ccc:c} 1 & b & 1 & 3 \\ 0 & 1 & 1-a & 4-2a \\ 0 & 0 & (a-1)b & 1-4b+2ab \end{array}\right).$$

(1) 当 $a \neq 1$ 且 $b \neq 0$ 时,方程组有唯一解:

$$x_1 = \frac{2b-1}{(a-1)b}, \quad x_2 = \frac{1}{b}, \quad x_3 = \frac{1-4b+2ab}{(a-1)b}.$$

(2) 当 $a = 1$,且 $1-4b+2ab = 1-2b = 0$,即 $b = \frac{1}{2}$ 时,方程组有无穷多解.

上述增广矩阵化为

$$\begin{pmatrix} 1 & \frac{1}{2} & 1 & \vdots & 3 \\ 0 & 1 & 0 & \vdots & 2 \\ 0 & 0 & 0 & \vdots & 0 \end{pmatrix} \longrightarrow \begin{pmatrix} 1 & 0 & 1 & \vdots & 2 \\ 0 & 1 & 0 & \vdots & 2 \\ 0 & 0 & 0 & \vdots & 0 \end{pmatrix},$$

于是方程组的一般解为

$$\begin{cases} x_1 = 2 - c, \\ x_2 = 2, \\ x_3 = c \end{cases} \quad (c \text{ 为任意常数}).$$

(3) 当 $a = 1$，且 $1 - 4b + 2ab \neq 0$，即 $b \neq \frac{1}{2}$ 时，方程组无解.

方法 2　利用系数行列式 $D = \begin{vmatrix} a & 1 & 1 \\ 1 & b & 1 \\ 1 & 2b & 1 \end{vmatrix} = b(1-a)$.

(1) 当 $(1-a)b \neq 0$ 时，$D \neq 0$，即 $a \neq 1$ 且 $b \neq 0$ 时，方程组有唯一解.

(2) 当 $a = 1$ 时，

$$\overline{\mathbf{A}} = \begin{pmatrix} 1 & 1 & 1 & \vdots & 4 \\ 1 & b & 1 & \vdots & 3 \\ 1 & 2b & 1 & \vdots & 4 \end{pmatrix} \longrightarrow \begin{pmatrix} 1 & 1 & 1 & \vdots & 4 \\ 0 & 1 & 0 & \vdots & 2 \\ 0 & 0 & 0 & \vdots & 1-2b \end{pmatrix}.$$

当 $b = \frac{1}{2}$ 时，$r(\mathbf{A}) = r(\overline{\mathbf{A}}) = 2$，方程组有无穷多解；

当 $b \neq \frac{1}{2}$ 时，$r(\mathbf{A}) = 2, r(\overline{\mathbf{A}}) = 3$，方程组无解.

例 5　讨论 λ 取何值时，方程组

$$\begin{cases} \lambda x + y + z = 1, \\ x + \lambda y + z = \lambda, \\ x + y + \lambda z = \lambda^2 \end{cases}$$

有解，并求其解.

解　**方法 1**　对该方程组的增广矩阵 $\overline{\mathbf{A}}$ 施行初等行变换，

$$\overline{\mathbf{A}} = \begin{pmatrix} \lambda & 1 & 1 & \vdots & 1 \\ 1 & \lambda & 1 & \vdots & \lambda \\ 1 & 1 & \lambda & \vdots & \lambda^2 \end{pmatrix} \longrightarrow \begin{pmatrix} 1 & 1 & \lambda & \vdots & \lambda^2 \\ 1 & \lambda & 1 & \vdots & \lambda \\ \lambda & 1 & 1 & \vdots & 1 \end{pmatrix} \longrightarrow \begin{pmatrix} 1 & 1 & \lambda & \vdots & \lambda^2 \\ 0 & \lambda-1 & 1-\lambda & \vdots & \lambda-\lambda^2 \\ 0 & 1-\lambda & 1-\lambda^2 & \vdots & 1-\lambda^3 \end{pmatrix}$$

$$\longrightarrow \begin{pmatrix} 1 & 1 & \lambda & \vdots & \lambda^2 \\ 0 & \lambda-1 & 1-\lambda & \vdots & \lambda-\lambda^2 \\ 0 & 0 & 2-\lambda-\lambda^2 & \vdots & 1+\lambda-\lambda^2-\lambda^3 \end{pmatrix}$$

$$\longrightarrow \begin{pmatrix} 1 & 1 & \lambda & \vdots & \lambda^2 \\ 0 & \lambda-1 & 1-\lambda & \vdots & \lambda-\lambda^2 \\ 0 & 0 & (\lambda-1)(\lambda+2) & \vdots & (\lambda-1)(\lambda+1)^2 \end{pmatrix}.$$

(1) 当 $\lambda \neq 1$ 且 $\lambda \neq -2$ 时，$r(\mathbf{A}) = r(\overline{\mathbf{A}}) = 3$，方程组有唯一解：

$$x = -\frac{\lambda+1}{\lambda+2}, \quad y = \frac{1}{\lambda+2}, \quad z = \frac{(\lambda+1)^2}{\lambda+2}.$$

(2) 当 $\lambda=1$ 时，$r(\mathbf{A})=r(\overline{\mathbf{A}})=1$，方程组有无穷多解，其通解为

$$\boldsymbol{\eta}=\boldsymbol{\eta}_0+k_1\boldsymbol{\xi}_1+k_2\boldsymbol{\xi}_2=(1,0,0)^{\mathrm{T}}+k_1(-1,1,0)^{\mathrm{T}}+k_2(-1,0,1)^{\mathrm{T}},$$

其中 k_1,k_2 为任意常数.

(3) 当 $\lambda=-2$ 时，原方程组为

$$\begin{cases}-2x+y+z=1,\\ x-2y+z=-2,\\ x+y-2z=4.\end{cases}$$

对该方程组的增广矩阵 $\overline{\mathbf{A}}$ 施行初等行变换，

$$\overline{\mathbf{A}}=\left(\begin{array}{ccc:c}-2&1&1&1\\1&-2&1&-2\\1&1&-2&4\end{array}\right)\longrightarrow\left(\begin{array}{ccc:c}1&1&-2&4\\0&1&-1&2\\0&0&0&3\end{array}\right),$$

因为 $r(\mathbf{A})=2\neq r(\overline{\mathbf{A}})=3$，所以方程组无解.

方法 2 方程组的系数行列式

$$D=\begin{vmatrix}\lambda&1&1\\1&\lambda&1\\1&1&\lambda\end{vmatrix}=(\lambda-1)^2(\lambda+2).$$

(1) 当 $D\neq0$，即 $\lambda\neq1$ 且 $\lambda\neq-2$ 时，方程组有唯一解：

$$x=-\frac{\lambda+1}{\lambda+2},\quad y=\frac{1}{\lambda+2},\quad z=\frac{(\lambda+1)^2}{\lambda+2}.$$

(2) 当 $D=0$ 时，即 $\lambda=1$ 或 $\lambda=-2$.

当 $\lambda=1$ 时，原方程组为

$$x+y+z=1.$$

因为 $r(\mathbf{A})=r(\overline{\mathbf{A}})=1$，所以方程组有无穷多解，其通解为

$$\boldsymbol{\eta}=\boldsymbol{\eta}_0+k_1\boldsymbol{\xi}_1+k_2\boldsymbol{\xi}_2=(1,0,0)^{\mathrm{T}}+k_1(-1,1,0)^{\mathrm{T}}+k_2(-1,0,1)^{\mathrm{T}},$$

其中 k_1,k_2 为任意常数.

当 $\lambda=-2$ 时，原方程组为

$$\begin{cases}-2x+y+z=1,\\ x-2y+z=-2,\\ x+y-2z=4.\end{cases}$$

对该方程组的增广矩阵 $\overline{\mathbf{A}}$ 施行初等行变换，

$$\overline{\mathbf{A}}=\left(\begin{array}{ccc:c}-2&1&1&1\\1&-2&1&-2\\1&1&-2&4\end{array}\right)\longrightarrow\left(\begin{array}{ccc:c}1&1&-2&4\\0&1&-1&2\\0&0&0&3\end{array}\right),$$

因为 $r(\mathbf{A})=2\neq r(\overline{\mathbf{A}})=3$，所以方程组无解.

2. 线性方程组的解的判定

前面介绍了用消元法解线性方程组的方法，通过例题可知，线性方程组的解的情况有 3 种：无穷多解、唯一解和无解. 从求解过程可以看出，方程组是否有解，关键在于增广矩阵 $\overline{\mathbf{A}}$ 化成阶梯形矩阵后非零行的行数与系数矩阵 $\mathbf{A}$ 化成阶梯形矩阵后非零行的行数是否相等. 因此，线性方程组是否有解，就可以用其系数矩阵和增广矩阵的秩来描述了.

结论 1 线性方程组有唯一解的充要条件是 $r(\mathbf{A})=r(\overline{\mathbf{A}})=n$.

结论 2　线性方程组有无穷多解的充要条件是 $r(\boldsymbol{A})=r(\overline{\boldsymbol{A}})<n$.

将上述结论应用到齐次线性方程组上，则总有 $r(\boldsymbol{A})=r(\overline{\boldsymbol{A}})$. 因此齐次线性方程组一定有解，并且仅有零解当且仅当 $r(\boldsymbol{A})=n$，有非零解当且仅当 $r(\boldsymbol{A})<n$.

例 6　判别下列线性方程组是否有解；若有解，是有唯一解还是有无穷多解？

(1) $\begin{cases} x_1+2x_2-3x_3=-11, \\ -x_1-x_2+x_3=7, \\ 2x_1-3x_2+x_3=6, \\ -3x_1+x_2+2x_3=4; \end{cases}$　　(2) $\begin{cases} x_1+2x_2-3x_3=-11, \\ -x_1-x_2+2x_3=7, \\ 2x_1-3x_2+x_3=6, \\ -3x_1+x_2+2x_3=5; \end{cases}$

(3) $\begin{cases} x_1+2x_2-3x_3=-11, \\ -x_1-x_2+x_3=7, \\ 2x_1-3x_2+x_3=6, \\ -3x_1+x_2+2x_3=5. \end{cases}$

解　(1) 用初等行变换将增广矩阵化成阶梯形矩阵，即

$$\overline{\boldsymbol{A}}=\left(\begin{array}{ccc:c} 1 & 2 & -3 & -11 \\ -1 & -1 & 1 & 7 \\ 2 & -3 & 1 & 6 \\ -3 & 1 & 2 & 4 \end{array}\right)\longrightarrow\left(\begin{array}{ccc:c} 1 & 2 & -3 & -11 \\ 0 & 1 & -2 & -4 \\ 0 & -7 & 7 & 28 \\ 0 & 7 & -7 & -29 \end{array}\right)\longrightarrow\left(\begin{array}{ccc:c} 1 & 2 & -3 & -11 \\ 0 & 1 & -2 & -4 \\ 0 & 0 & -7 & 0 \\ 0 & 0 & 0 & -1 \end{array}\right).$$

因为 $r(\overline{\boldsymbol{A}})=4$，$r(\boldsymbol{A})=3$，两者不等，所以方程组无解.

(2) 用初等行变换将增广矩阵化成阶梯形矩阵，即

$$\overline{\boldsymbol{A}}=\left(\begin{array}{ccc:c} 1 & 2 & -3 & -11 \\ -1 & -1 & 2 & 7 \\ 2 & -3 & 1 & 6 \\ -3 & 1 & 2 & 5 \end{array}\right)\longrightarrow\cdots\longrightarrow\left(\begin{array}{ccc:c} 1 & 2 & -3 & -11 \\ 0 & 1 & -1 & -4 \\ 0 & 0 & 0 & 0 \\ 0 & 0 & 0 & 0 \end{array}\right).$$

因为 $r(\overline{\boldsymbol{A}})=r(\boldsymbol{A})=2<3=n$，所以方程组有无穷多解.

(3) 用初等行变换将增广矩阵化成阶梯形矩阵，即

$$\overline{\boldsymbol{A}}=\left(\begin{array}{ccc:c} 1 & 2 & -3 & -11 \\ -1 & -1 & 1 & 7 \\ 2 & -3 & 1 & 6 \\ -3 & 1 & 2 & 5 \end{array}\right)\longrightarrow\cdots\longrightarrow\left(\begin{array}{ccc:c} 1 & 2 & -3 & -11 \\ 0 & 1 & -2 & -4 \\ 0 & 0 & -7 & 0 \\ 0 & 0 & 0 & 0 \end{array}\right).$$

因为 $r(\overline{\boldsymbol{A}})=r(\boldsymbol{A})=3=n$，所以方程组有唯一解.

例 7　判别齐次线性方程组

$$\begin{cases} x_1+3x_2-7x_3-8x_4=0, \\ 2x_1+5x_2+4x_3+4x_4=0, \\ -3x_1-7x_2-2x_3-3x_4=0, \\ x_1+4x_2-12x_3-16x_4=0 \end{cases}$$

是否有非零解.

解　用初等行变换将系数矩阵化成阶梯形矩阵，即

$$A=\left(\begin{array}{ccc:c}1&3&-7&-8\\2&5&4&4\\-3&-7&-2&-3\\1&4&-12&-16\end{array}\right)\longrightarrow\left(\begin{array}{ccc:c}1&3&-7&-8\\0&-1&18&20\\0&2&-23&-27\\0&1&-5&-8\end{array}\right)$$

$$\longrightarrow\begin{pmatrix}1&3&-7&-8\\0&-1&18&20\\0&0&13&13\\0&0&13&12\end{pmatrix}\longrightarrow\begin{pmatrix}1&3&-7&-8\\0&-1&18&20\\0&0&13&13\\0&0&0&-1\end{pmatrix}.$$

因为 $r(\boldsymbol{A})=4=n$,所以齐次线性方程组只有零解.

3. 向量的线性相关性

例 8　判断向量 $\boldsymbol{\beta}=(1,2,3,4)^{\mathrm{T}}$ 是否为向量组 $\boldsymbol{\alpha}_1=(2,3,4,5)^{\mathrm{T}}$,$\boldsymbol{\alpha}_2=(3,4,5,6)^{\mathrm{T}}$,$\boldsymbol{\alpha}_3=(4,5,6,7)^{\mathrm{T}}$ 的线性组合,为什么?

解　设存在 k_1,k_2,k_3,使得 $\boldsymbol{\beta}=k_1\boldsymbol{\alpha}_1+k_2\boldsymbol{\alpha}_2+k_3\boldsymbol{\alpha}_3$,即

$$\begin{cases}2k_1+3k_2+4k_3=1,\\3k_1+4k_2+5k_3=2,\\4k_1+5k_2+6k_3=3,\\5k_1+6k_2+7k_3=4.\end{cases}$$

解上述线性方程组得 $k_1=2,k_2=-1,k_3=0$,即 $\boldsymbol{\beta}=2\boldsymbol{\alpha}_1-\boldsymbol{\alpha}_2+0\boldsymbol{\alpha}_3$.

例 9　将向量 $\boldsymbol{\beta}=(1,1,1,1)^{\mathrm{T}}$ 表示成向量组 $\boldsymbol{\alpha}_1=(1,1,1,-2)^{\mathrm{T}}$,$\boldsymbol{\alpha}_2=(1,1,-2,1)^{\mathrm{T}}$,$\boldsymbol{\alpha}_3=(1,-2,1,1)^{\mathrm{T}}$,$\boldsymbol{\alpha}_4=(-2,1,1,1)^{\mathrm{T}}$ 的线性组合.

解　设存在 k_1,k_2,k_3,k_4,使得 $\boldsymbol{\beta}=k_1\boldsymbol{\alpha}_1+k_2\boldsymbol{\alpha}_2+k_3\boldsymbol{\alpha}_3+k_4\boldsymbol{\alpha}_4$,即

$$\begin{cases}k_1+k_2+k_3-2k_4=1,\\k_1+k_2-2k_3+k_4=1,\\k_1-2k_2+k_3+k_4=1,\\-2k_1+k_2+k_3+k_4=1.\end{cases}$$

解上述线性方程组得唯一解:$k_1=1,k_2=1,k_3=1,k_4=1$,即 $\boldsymbol{\beta}=\boldsymbol{\alpha}_1+\boldsymbol{\alpha}_2+\boldsymbol{\alpha}_3+\boldsymbol{\alpha}_4$.

例 10　证明:向量组 $\boldsymbol{\alpha}_1=(2,3,-1)^{\mathrm{T}}$,$\boldsymbol{\alpha}_2=(3,-4,6)^{\mathrm{T}}$,$\boldsymbol{\alpha}_3=(-5,0,7)^{\mathrm{T}}$ 线性无关.

证明　$D=\begin{vmatrix}2&3&-5\\3&-4&0\\-1&6&7\end{vmatrix}=-189\neq0$,因此向量组 $\boldsymbol{\alpha}_1,\boldsymbol{\alpha}_2,\boldsymbol{\alpha}_3$ 线性无关.

例 11　证明:向量组 $\boldsymbol{\alpha}_1=(-2,4,1)^{\mathrm{T}}$,$\boldsymbol{\alpha}_2=(3,-2,-1)^{\mathrm{T}}$,$\boldsymbol{\alpha}_3=(0,8,1)^{\mathrm{T}}$ 线性相关.

证明　$D=\begin{vmatrix}-2&3&0\\4&-2&8\\1&-1&1\end{vmatrix}=0$,因此向量组 $\boldsymbol{\alpha}_1,\boldsymbol{\alpha}_2,\boldsymbol{\alpha}_3$ 线性相关.

例 12　已知向量组 $\boldsymbol{\alpha}_1,\boldsymbol{\alpha}_2,\boldsymbol{\alpha}_3$ 线性无关,试确定数 $\lambda_1,\lambda_2,\lambda_3$,使得向量组 $\boldsymbol{\alpha}_1+\lambda_2\boldsymbol{\alpha}_2,\boldsymbol{\alpha}_2+\lambda_3\boldsymbol{\alpha}_3,\boldsymbol{\alpha}_3+\lambda_1\boldsymbol{\alpha}_1$ 也线性无关.

解　设存在 k_1,k_2,k_3,使得

$$k_1(\boldsymbol{\alpha}_1+\lambda_2\boldsymbol{\alpha}_2)+k_2(\boldsymbol{\alpha}_2+\lambda_3\boldsymbol{\alpha}_3)+k_3(\boldsymbol{\alpha}_3+\lambda_1\boldsymbol{\alpha}_1)=\boldsymbol{0},$$

即

$$(k_1+\lambda_1 k_3)\boldsymbol{\alpha}_1+(k_1\lambda_2+k_2)\boldsymbol{\alpha}_2+(k_2\lambda_3+k_3)\boldsymbol{\alpha}_3=\mathbf{0}.$$

已知 $\boldsymbol{\alpha}_1,\boldsymbol{\alpha}_2,\boldsymbol{\alpha}_3$ 线性无关,因此有

$$\begin{cases} k_1 \qquad +\lambda_1 k_3=0, \\ \lambda_2 k_1+k_2 \qquad =0, \\ \qquad \lambda_3 k_2+k_3=0. \end{cases}$$

要使 $\boldsymbol{\alpha}_1+\lambda_2\boldsymbol{\alpha}_2,\boldsymbol{\alpha}_2+\lambda_3\boldsymbol{\alpha}_3,\boldsymbol{\alpha}_3+\lambda_1\boldsymbol{\alpha}_1$ 线性无关,只需

$$D=\begin{vmatrix} 1 & 0 & \lambda_1 \\ \lambda_2 & 1 & 0 \\ 0 & \lambda_3 & 1 \end{vmatrix}=1+\lambda_1\lambda_2\lambda_3\neq 0, \quad 即 \quad \lambda_1\lambda_2\lambda_3\neq -1.$$

例 13　设 $\boldsymbol{\beta}_1=\boldsymbol{\alpha}_1,\boldsymbol{\beta}_2=\boldsymbol{\alpha}_1+\boldsymbol{\alpha}_2,\cdots,\boldsymbol{\beta}_r=\boldsymbol{\alpha}_1+\boldsymbol{\alpha}_2+\cdots+\boldsymbol{\alpha}_r$,且向量组 $\boldsymbol{\alpha}_1,\boldsymbol{\alpha}_2,\cdots,\boldsymbol{\alpha}_r$ 线性无关,证明:向量组 $\boldsymbol{\beta}_1,\boldsymbol{\beta}_2,\cdots,\boldsymbol{\beta}_r$ 也线性无关.(提示:利用定义证明.)

证明　设存在 r 个数 $k_1,k_2,\cdots,k_r$,使得 $k_1\boldsymbol{\beta}_1+k_2\boldsymbol{\beta}_2+\cdots+k_r\boldsymbol{\beta}_r=\mathbf{0}$,即

$$(k_1+k_2+\cdots+k_r)\boldsymbol{\alpha}_1+(k_2+k_3+\cdots+k_r)\boldsymbol{\alpha}_2+\cdots+k_r\boldsymbol{\alpha}_r=\mathbf{0}.$$

因为向量组 $\boldsymbol{\alpha}_1,\boldsymbol{\alpha}_2,\cdots,\boldsymbol{\alpha}_r$ 线性无关,所以有

$$\begin{cases} k_1+k_2+k_3+\cdots+k_r=0, \\ \quad k_2+k_3+\cdots+k_r=0, \\ \qquad \cdots\cdots \\ \qquad\qquad k_r=0. \end{cases}$$

上述线性方程组的系数行列式

$$D=\begin{vmatrix} 1 & 1 & \cdots & 1 \\ 0 & 1 & \cdots & 1 \\ \vdots & \vdots & & \vdots \\ 0 & 0 & \cdots & 1 \end{vmatrix}=1\neq 0,$$

故 $k_1=k_2=\cdots=k_r=0$,因此 $\boldsymbol{\beta}_1,\boldsymbol{\beta}_2,\cdots,\boldsymbol{\beta}_r$ 线性无关.

4. 线性方程组解的结构

例 14　解线性方程组

$$\begin{cases} x_1+x_2+x_3+x_4+x_5=0, \\ 3x_1+2x_2+x_3+x_4-3x_5=0, \\ x_2+2x_3+2x_4+6x_5=0, \\ 5x_1+4x_2+3x_3+3x_4-x_5=0. \end{cases}$$

解　将系数矩阵 $\boldsymbol{A}$ 化为简化阶梯形矩阵,

$$\boldsymbol{A}=\begin{pmatrix} 1 & 1 & 1 & 1 & 1 \\ 3 & 2 & 1 & 1 & -3 \\ 0 & 1 & 2 & 2 & 6 \\ 5 & 4 & 3 & 3 & -1 \end{pmatrix}\xrightarrow[r_4-5r_1]{r_2-3r_1}\begin{pmatrix} 1 & 1 & 1 & 1 & 1 \\ 0 & -1 & -2 & -2 & -6 \\ 0 & 1 & 2 & 2 & 6 \\ 0 & -1 & -2 & -2 & -6 \end{pmatrix}$$

$$\longrightarrow\begin{pmatrix} 1 & 0 & -1 & -1 & -5 \\ 0 & 1 & 2 & 2 & 6 \\ 0 & 0 & 0 & 0 & 0 \\ 0 & 0 & 0 & 0 & 0 \end{pmatrix},$$

可得 $r(\boldsymbol{A})=2<n$,则方程组有无穷多解,其同解方程组为

$$\begin{cases}x_1=x_3+x_4+5x_5,\\x_2=-2x_3-2x_4-6x_5\end{cases}\quad(x_3,x_4,x_5\text{ 为自由未知量}).$$

令 $x_3=1,x_4=0,x_5=0$,得 $x_1=1,x_2=-2$;令 $x_3=0,x_4=1,x_5=0$,得 $x_1=1,x_2=-2$;令 $x_3=0,x_4=0,x_5=1$,得 $x_1=5,x_2=-6$.于是得到原方程组的一个基础解系为

$$\boldsymbol{\xi}_1=\begin{pmatrix}1\\-2\\1\\0\\0\end{pmatrix},\quad\boldsymbol{\xi}_2=\begin{pmatrix}1\\-2\\0\\1\\0\end{pmatrix},\quad\boldsymbol{\xi}_3=\begin{pmatrix}5\\-6\\0\\0\\1\end{pmatrix}.$$

所以,原方程组的通解为

$$\boldsymbol{X}=k_1\boldsymbol{\xi}_1+k_2\boldsymbol{\xi}_2+k_3\boldsymbol{\xi}_3\quad(k_1,k_2,k_3\text{ 为任意常数}).$$

例 15　求齐次线性方程组

$$\begin{cases}x_1-2x_2+x_3+x_4=0,\\x_1-2x_2+x_3-x_4=0,\\x_1-2x_2+x_3+5x_4=0\end{cases}$$

的一个基础解系,并以该基础解系表示方程组的全部解.

解　将系数矩阵 $\boldsymbol{A}$ 化成简化阶梯形矩阵,

$$\boldsymbol{A}=\begin{pmatrix}1&-2&1&1\\1&-2&1&-1\\1&-2&1&5\end{pmatrix}\xrightarrow[r_3-r_1]{r_2-r_1}\begin{pmatrix}1&-2&1&1\\0&0&0&-2\\0&0&0&4\end{pmatrix}$$

$$\xrightarrow[\substack{r_1-r_2\\r_3-4r_2}]{r_2\times\left(-\frac{1}{2}\right)}\begin{pmatrix}1&-2&1&0\\0&0&0&1\\0&0&0&0\end{pmatrix},$$

可得 $r(\boldsymbol{A})=2<n$,则方程组有无穷多解,其同解方程组为

$$\begin{cases}x_1=2x_2-x_3,\\x_4=0\end{cases}\quad(x_2,x_3\text{ 为自由未知量}).$$

令 $x_2=1,x_3=0$,得 $x_1=2,x_4=0$;令 $x_2=0,x_3=1$,得 $x_1=-1,x_4=0$.于是得到原方程组的一个基础解系为

$$\boldsymbol{\xi}_1=\begin{pmatrix}2\\1\\0\\0\end{pmatrix},\quad\boldsymbol{\xi}_2=\begin{pmatrix}-1\\0\\1\\0\end{pmatrix}.$$

所以,原方程组的通解为

$$\boldsymbol{X}=k_1\boldsymbol{\xi}_1+k_2\boldsymbol{\xi}_2\quad(k_1,k_2\text{ 为任意常数}).$$

例 16　解线性方程组

$$\begin{cases}x_1+x_2-x_3+2x_4=3,\\2x_1+x_2-3x_4=1,\\-2x_1-2x_3+10x_4=4.\end{cases}$$

解　$\overline{A}=\left(\begin{array}{cccc|c}1&1&-1&2&3\\2&1&0&-3&1\\-2&0&-2&10&4\end{array}\right)\xrightarrow[r_3+2r_1]{r_2-2r_1}\left(\begin{array}{cccc|c}1&1&-1&2&3\\0&-1&2&-7&-5\\0&2&-4&14&10\end{array}\right)$

$\xrightarrow[r_2\times(-1)]{\substack{r_1+r_2\\r_3+2r_2}}\left(\begin{array}{cccc|c}1&0&1&-5&-2\\0&1&-2&7&5\\0&0&0&0&0\end{array}\right)$,

可见 $r(\overline{A})=r(A)=2<4$,则方程组有无穷多解,其同解方程组为

$$\begin{cases}x_1=-2-x_3+5x_4,\\x_2=5+2x_3-7x_4\end{cases}\quad(x_3,x_4\text{ 为自由未知量}).$$

令 $x_3=0,x_4=0$,得原方程组的一个特解为

$$\boldsymbol{\eta}=\begin{pmatrix}-2\\5\\0\\0\end{pmatrix}.$$

又原方程组的导出组的同解方程组为

$$\begin{cases}x_1=-x_3+5x_4,\\x_2=2x_3-7x_4\end{cases}\quad(x_3,x_4\text{ 为自由未知量}).$$

令 $x_3=1,x_4=0$,得 $x_1=-1,x_2=2$;令 $x_3=0,x_4=1$,得 $x_1=5,x_2=-7$. 于是得到导出组的一个基础解系为

$$\boldsymbol{\xi}_1=\begin{pmatrix}-1\\2\\1\\0\end{pmatrix},\quad\boldsymbol{\xi}_2=\begin{pmatrix}5\\-7\\0\\1\end{pmatrix}.$$

所以,原方程组的通解为

$$\boldsymbol{X}=\boldsymbol{\eta}+k_1\boldsymbol{\xi}_1+k_2\boldsymbol{\xi}_2\quad(k_1,k_2\text{ 为任意常数}).$$

例 17　求线性方程组

$$\begin{cases}2x_1+x_2-x_3+x_4=1,\\x_1+2x_2+x_3-x_4=2,\\x_1+x_2+2x_3+x_4=3\end{cases}$$

的全部解.

解　$\overline{A}=\left(\begin{array}{cccc|c}2&1&-1&1&1\\1&2&1&-1&2\\1&1&2&1&3\end{array}\right)\xrightarrow[r_3-r_1]{\substack{r_1\leftrightarrow r_2\\r_2-2r_1}}\left(\begin{array}{cccc|c}1&2&1&-1&2\\0&-3&-3&3&-3\\0&-1&1&2&1\end{array}\right)$

$\xrightarrow{r_2\leftrightarrow r_3}\left(\begin{array}{cccc|c}1&2&1&-1&2\\0&-1&1&2&1\\0&-3&-3&3&-3\end{array}\right)\xrightarrow[r_2\times(-1)]{\substack{r_1+2r_2\\r_3-3r_2}}\left(\begin{array}{cccc|c}1&0&3&3&4\\0&1&-1&-2&-1\\0&0&-6&-3&-6\end{array}\right)$

$$\xrightarrow[r_1-3r_3]{\substack{r_3\times\left(-\frac{1}{6}\right)\\ r_2+r_3}}\begin{pmatrix}1&0&0&\frac{3}{2}&1\\0&1&0&-\frac{3}{2}&0\\0&0&1&\frac{1}{2}&1\end{pmatrix},$$

可见 $r(\overline{\boldsymbol{A}})=r(\boldsymbol{A})=3<4$,则方程组有无穷多解,其同解方程组为

$$\begin{cases}x_1=1-\frac{3}{2}x_4,\\ x_2=\frac{3}{2}x_4, \qquad (x_4\text{ 为自由未知量}).\\ x_3=1-\frac{1}{2}x_4\end{cases}$$

令 $x_4=0$,可得原方程组的一个特解为

$$\boldsymbol{\eta}=\begin{pmatrix}1\\0\\1\\0\end{pmatrix}.$$

又原方程组的导出组的同解方程组为

$$\begin{cases}x_1=-\frac{3}{2}x_4,\\ x_2=\frac{3}{2}x_4, \qquad (x_4\text{ 为自由未知量}).\\ x_3=-\frac{1}{2}x_4\end{cases}$$

令 $x_4=-2$(注:这里取 -2 为了消去分母),得 $x_1=3,x_2=-3,x_3=1$. 于是得到导出组的一个基础解系为

$$\boldsymbol{\xi}=(3,-3,1,-2)^{\mathrm{T}}.$$

所以,原方程组的通解为

$$\boldsymbol{X}=\boldsymbol{\eta}+k\boldsymbol{\xi}\quad(k\text{ 为任意常数}).$$

自　测　题

1. 选择题:

(1) 向量组 $\boldsymbol{\alpha}_1=(1,1,2),\boldsymbol{\alpha}_2=(0,1,-1),\boldsymbol{\alpha}_3=(2,3,5),\boldsymbol{\alpha}_4=(2,2,4)$ 的极大无关组为(　　);

A. $\boldsymbol{\alpha}_1,\boldsymbol{\alpha}_2$　　B. $\boldsymbol{\alpha}_1,\boldsymbol{\alpha}_3$　　C. $\boldsymbol{\alpha}_1,\boldsymbol{\alpha}_2,\boldsymbol{\alpha}_3$　　D. $\boldsymbol{\alpha}_2,\boldsymbol{\alpha}_3$

(2) 若 $\boldsymbol{A}=\begin{pmatrix}1&2&4\\2&\lambda&1\\1&1&0\end{pmatrix}$,为使矩阵 $\boldsymbol{A}$ 的秩有最少值,则 λ 应为(　　);

A. 2　　B. -1　　C. $\frac{9}{4}$　　D. $\frac{1}{2}$

(3) n 元齐次线性方程组 $\boldsymbol{AX}=\boldsymbol{0}$ 有非零解时，它的每一个基础解系中所含解向量的个数等于(　　)；

A. $r(\boldsymbol{A})-n$　　B. $r(\boldsymbol{A})+n$　　C. $n-r(\boldsymbol{A})$　　D. $n+r(\boldsymbol{A})$

(4) 设 $\begin{cases} x_1+2x_2-x_3+3x_4=4, \\ x_1+x_2-3x_3+5x_4=5, \\ x_2+2x_3-2x_4=2\lambda, \end{cases}$ 当 λ 取(　　)时，方程组有解；

A. $-\frac{1}{2}$　　B. $\frac{1}{2}$　　C. -1　　D. 1

(5) 设 $\boldsymbol{A}$ 为 $m\times n$ 矩阵，则 n 元齐次线性方程组 $\boldsymbol{AX}=\boldsymbol{0}$ 存在非零解的充要条件是(　　)；

A. $\boldsymbol{A}$ 的行向量组线性相关　　B. $\boldsymbol{A}$ 的列向量组线性相关

C. $\boldsymbol{A}$ 的行向量组线性无关　　D. $\boldsymbol{A}$ 的列向量组线性无关

(6) 设 $\boldsymbol{\alpha}_1,\boldsymbol{\alpha}_2,\boldsymbol{\alpha}_3$ 是齐次线性方程组 $\boldsymbol{AX}=\boldsymbol{0}$ 的一个基础解系，则下列解向量组中，可以作为该方程组基础解系的是(　　)；

A. $\boldsymbol{\alpha}_1,\boldsymbol{\alpha}_2,\boldsymbol{\alpha}_1+\boldsymbol{\alpha}_2$　　B. $\boldsymbol{\alpha}_1+\boldsymbol{\alpha}_2,\boldsymbol{\alpha}_2+\boldsymbol{\alpha}_3,\boldsymbol{\alpha}_3+\boldsymbol{\alpha}_1$

C. $\boldsymbol{\alpha}_1,\boldsymbol{\alpha}_2,\boldsymbol{\alpha}_1-\boldsymbol{\alpha}_2$　　D. $\boldsymbol{\alpha}_1-\boldsymbol{\alpha}_2,\boldsymbol{\alpha}_2-\boldsymbol{\alpha}_3,\boldsymbol{\alpha}_3-\boldsymbol{\alpha}_1$

(7) 已知 $\begin{pmatrix} 1 \\ 2 \\ -1 \end{pmatrix},\begin{pmatrix} 2 \\ 3 \\ 1 \end{pmatrix}$ 是齐次线性方程组 $\boldsymbol{AX}=\boldsymbol{0}$ 的两个解，则矩阵 $\boldsymbol{A}$ 可为(　　)；

A. $(5,-3,-1)$　　B. $\begin{pmatrix} 5 & -3 & 1 \\ 2 & 1 & 1 \end{pmatrix}$

C. $\begin{pmatrix} 1 & 2 & -3 \\ 2 & -1 & 7 \end{pmatrix}$　　D. $\begin{pmatrix} 1 & 2 & -1 \\ -1 & 2 & -2 \\ -5 & 3 & 1 \end{pmatrix}$

(8) $x_1+x_2+\cdots+x_n=0$ 的任一基础解系中向量的个数是(　　).

A. 1　　B. 2　　C. $n+1$　　D. $n-1$

2. 填空题：

(1) 已知四维向量 $\boldsymbol{\alpha},\boldsymbol{\beta}$ 满足 $2\boldsymbol{\alpha}+3\boldsymbol{\beta}=(-1,2,3,1)^{\mathrm{T}}$，则向量 $\boldsymbol{\alpha}=$__________，$\boldsymbol{\beta}=$__________；

(2) 有三维列向量组 $\boldsymbol{\alpha}_1=(1,0,0)^{\mathrm{T}},\boldsymbol{\alpha}_2=(1,1,0)^{\mathrm{T}},\boldsymbol{\alpha}_3=(1,1,1)^{\mathrm{T}},\boldsymbol{\beta}=(1,2,3)^{\mathrm{T}}$，且有 $\boldsymbol{\beta}=x_1\boldsymbol{\alpha}_1+x_2\boldsymbol{\alpha}_2+x_3\boldsymbol{\alpha}_3$，则 $x_1=$__________，$x_2=$__________，$x_3=$__________；

(3) 若向量组 $\boldsymbol{\alpha}_1,\boldsymbol{\alpha}_2,\boldsymbol{\alpha}_3$ 线性无关，则向量组 $\boldsymbol{\alpha}_1+\boldsymbol{\alpha}_2,\boldsymbol{\alpha}_2+\boldsymbol{\alpha}_3,\boldsymbol{\alpha}_3+\boldsymbol{\alpha}_1$ 线性__________；

(4) 若 n 个 n 维列向量线性无关，则由此 n 个向量构成的矩阵必是__________矩阵；

(5) 若 $r(\boldsymbol{\alpha}_1,\boldsymbol{\alpha}_2,\boldsymbol{\alpha}_3,\boldsymbol{\alpha}_4)=4$，则向量组 $\boldsymbol{\alpha}_1,\boldsymbol{\alpha}_2,\boldsymbol{\alpha}_3$ 线性__________；

(6) 若向量组 $\boldsymbol{\alpha}_1=(1,1,3),\boldsymbol{\alpha}_2=(2,4,5),\boldsymbol{\alpha}_3=(1,-1,0),\boldsymbol{\alpha}_4=(2,2,6)$，则此向量组的秩是__________，一个极大无关组是__________；

(7) 已知向量组 $\boldsymbol{\alpha}_1=(1,2,-1,1),\boldsymbol{\alpha}_2=(2,0,t,0),\boldsymbol{\alpha}_3=(0,-4,5,-2)$ 的秩为 2，则 $t=$__________；

(8) 已知方程组 $\begin{pmatrix} 1 & 2 & 1 \\ 2 & 3 & a+2 \\ 1 & a & -2 \end{pmatrix}\begin{pmatrix} x_1 \\ x_2 \\ x_3 \end{pmatrix}=\begin{pmatrix} 1 \\ 3 \\ 0 \end{pmatrix}$ 无解，则 $a=$__________.

3. 计算题：

(1) 求向量组 $\boldsymbol{\alpha}_1=(1,1,3,1)$，$\boldsymbol{\alpha}_2=(-1,1,-1,3)$，$\boldsymbol{\alpha}_3=(5,-2,8,-9)$，$\boldsymbol{\alpha}_4=(-1,3,1,7)$ 的秩及一个极大无关组.

(2) 求齐次线性方程组 $\begin{cases}x_1+x_2+x_4=0,\\x_1+x_2-x_3=0,\\x_2+x_3+x_4=0\end{cases}$ 的基础解系及通解.

(3) 对于线性方程组 $\begin{cases}\lambda x_1+x_2+x_3=\lambda-3,\\x_1+\lambda x_2+x_3=-2,\\x_1+x_2+\lambda x_3=-2,\end{cases}$ 讨论 λ 取何值时，方程组无解、有唯一解和有无穷多解，并在方程组有无穷多解时，试用其导出组的基础解系表示全部解.

4. 解答题：

(1) 设 $\boldsymbol{\alpha}_1=(1,1,1)$，$\boldsymbol{\alpha}_2=(1,2,3)$，$\boldsymbol{\alpha}_3=(1,3,t)$.

① 当 t 为何值时，向量组 $\boldsymbol{\alpha}_1,\boldsymbol{\alpha}_2,\boldsymbol{\alpha}_3$ 线性无关？

② 当 t 为何值时，向量组 $\boldsymbol{\alpha}_1,\boldsymbol{\alpha}_2,\boldsymbol{\alpha}_3$ 线性相关？

③ 当向量组 $\boldsymbol{\alpha}_1,\boldsymbol{\alpha}_2,\boldsymbol{\alpha}_3$ 线性相关时，将 $\boldsymbol{\alpha}_3$ 表示为 $\boldsymbol{\alpha}_1$ 和 $\boldsymbol{\alpha}_2$ 的线性组合.

(2) 方程组 $\begin{cases}2x-y+3z=1,\\4x-2y+5z=0,\\2x-y+4z=0\end{cases}$ 是否有解？为什么？

5. 证明题：

(1) 设向量组 $\boldsymbol{\alpha}_1,\boldsymbol{\alpha}_2,\boldsymbol{\alpha}_3$ 线性无关，试证明：

① 向量组 $\boldsymbol{\beta}_1=\boldsymbol{\alpha}_1+\boldsymbol{\alpha}_2-2\boldsymbol{\alpha}_3$，$\boldsymbol{\beta}_2=\boldsymbol{\alpha}_1-\boldsymbol{\alpha}_2-\boldsymbol{\alpha}_3$，$\boldsymbol{\beta}_3=\boldsymbol{\alpha}_1+\boldsymbol{\alpha}_2$ 线性无关；

② 向量组 $\boldsymbol{\beta}_1=2\boldsymbol{\alpha}_1+\boldsymbol{\alpha}_2+3\boldsymbol{\alpha}_3$，$\boldsymbol{\beta}_2=\boldsymbol{\alpha}_1+\boldsymbol{\alpha}_3$，$\boldsymbol{\beta}_3=\boldsymbol{\alpha}_2+\boldsymbol{\alpha}_3$ 线性相关.

教材习题详解

1. 用消元法解下列线性方程组：

(1) $\begin{cases}x_1-x_2+2x_3-3x_4+x_5=2,\\2x_1-2x_2+7x_3-10x_4+5x_5=5,\\3x_1-3x_2+3x_3-5x_4=5;\end{cases}$

(2) $\begin{cases}x_1-x_2+2x_3=1,\\x_1-2x_2-x_3=2,\\3x_1-x_2+5x_3=3,\\-x_1+2x_3=-2.\end{cases}$

解 (1) 将所给线性方程组的增广矩阵通过矩阵的初等行变换化为如下阶梯形矩阵：

$$\overline{\boldsymbol{A}}=\left(\begin{array}{ccccc:c}1&-1&2&-3&1&2\\2&-2&7&-10&5&5\\3&-3&3&-5&0&5\end{array}\right)\longrightarrow\left(\begin{array}{ccccc:c}1&-1&2&-3&1&2\\0&0&3&-4&3&1\\0&0&-3&4&-3&-1\end{array}\right)$$

$$\longrightarrow\left(\begin{array}{ccccc:c}1&-1&2&-3&1&2\\0&0&3&-4&3&1\\0&0&0&0&0&0\end{array}\right)\longrightarrow\left(\begin{array}{ccccc:c}1&-1&2&-3&1&2\\0&0&1&-\frac{4}{3}&1&\frac{1}{3}\\0&0&0&0&0&0\end{array}\right)$$

$$\longrightarrow\left(\begin{array}{ccccc:c}1 & -1 & 0 & -\frac{1}{3} & -1 & \frac{4}{3}\\ 0 & 0 & 1 & -\frac{4}{3} & 1 & \frac{1}{3}\\ 0 & 0 & 0 & 0 & 0 & 0\end{array}\right).$$

此阶梯形矩阵对应的线性方程组为 $\begin{cases}x_1-x_2-\frac{1}{3}x_4-x_5=\frac{4}{3},\\ x_3-\frac{4}{3}x_4+x_5=\frac{1}{3},\end{cases}$ 与原方程组同解.

令 $x_2=c_1,x_4=c_2,x_5=c_3$ 为自由未知量,得到方程组的一般解为

$$\begin{cases}x_1=\frac{4}{3}+c_1+\frac{1}{3}c_2+c_3,\\ x_2=c_1,\\ x_3=\frac{1}{3}+\frac{4}{3}c_2-c_3,\\ x_4=c_2,\\ x_5=c_3.\end{cases}$$

(2) 将所给线性方程组的增广矩阵通过矩阵的初等行变换化为如下阶梯形矩阵:

$$\overline{A}=\left(\begin{array}{ccc:c}1 & -1 & 2 & 1\\ 1 & -2 & -1 & 2\\ 3 & -1 & 5 & 3\\ -1 & 0 & 2 & -2\end{array}\right)\longrightarrow\left(\begin{array}{ccc:c}1 & -1 & 2 & 1\\ 0 & -1 & -3 & 1\\ 0 & 2 & -1 & 0\\ 0 & -1 & 4 & -1\end{array}\right)\longrightarrow\left(\begin{array}{ccc:c}1 & -1 & 2 & 1\\ 0 & 1 & 3 & -1\\ 0 & 2 & -1 & 0\\ 0 & -1 & 4 & -1\end{array}\right)$$

$$\longrightarrow\left(\begin{array}{ccc:c}1 & -1 & 2 & 1\\ 0 & 1 & 3 & -1\\ 0 & 0 & -7 & 2\\ 0 & 0 & 7 & -2\end{array}\right)\longrightarrow\left(\begin{array}{ccc:c}1 & -1 & 2 & 1\\ 0 & 1 & 3 & -1\\ 0 & 0 & 1 & -\frac{2}{7}\\ 0 & 0 & 0 & 0\end{array}\right)\longrightarrow\left(\begin{array}{ccc:c}1 & 0 & 0 & \frac{10}{7}\\ 0 & 1 & 0 & -\frac{1}{7}\\ 0 & 0 & 1 & -\frac{2}{7}\\ 0 & 0 & 0 & 0\end{array}\right).$$

故方程组有唯一解: $\begin{cases}x_1=\frac{10}{7},\\ x_2=-\frac{1}{7},\\ x_3=-\frac{2}{7}.\end{cases}$

2. 判别向量 $\boldsymbol{\beta}$ 是否可由向量组 $\boldsymbol{\alpha}_1,\boldsymbol{\alpha}_2,\boldsymbol{\alpha}_3$ 线性表示:

(1) $\boldsymbol{\alpha}_1=(1,2,1,1),\boldsymbol{\alpha}_2=(1,1,1,2),\boldsymbol{\alpha}_3=(-3,-2,1,-3),\boldsymbol{\beta}=(-1,1,3,1)$;

(2) $\boldsymbol{\alpha}_1=(1,1,1),\boldsymbol{\alpha}_2=(1,-1,-2),\boldsymbol{\alpha}_3=(-1,1,2),\boldsymbol{\beta}=\left(1,0,-\frac{1}{2}\right)$.

解　(1) 设有数 k_1,k_2,k_3,使得 $\boldsymbol{\beta}=k_1\boldsymbol{\alpha}_1+k_2\boldsymbol{\alpha}_2+k_3\boldsymbol{\alpha}_3$. 由此可得线性方程组

$$\begin{cases}k_1+k_2-3k_3=-1,\\ 2k_1+k_2-2k_3=1,\\ k_1+k_2+k_3=3,\\ k_1+2k_2-3k_3=1.\end{cases}$$

对此线性方程组的增广矩阵施行初等行变换化为阶梯形矩阵,

$$\overline{A}=\left(\begin{array}{ccc|c}1&1&-3&-1\\2&1&-2&1\\1&1&1&3\\1&2&-3&1\end{array}\right)\longrightarrow\left(\begin{array}{ccc|c}1&1&-3&-1\\0&-1&4&3\\0&0&4&4\\0&1&0&2\end{array}\right)\longrightarrow\left(\begin{array}{ccc|c}1&1&-3&-1\\0&1&-4&-3\\0&0&1&1\\0&1&0&2\end{array}\right)$$

$$\longrightarrow\left(\begin{array}{ccc|c}1&1&-3&-1\\0&1&-4&-3\\0&1&0&2\\0&0&1&1\end{array}\right)\longrightarrow\left(\begin{array}{ccc|c}1&1&-3&-1\\0&1&-4&-3\\0&0&4&5\\0&0&1&1\end{array}\right)\longrightarrow\left(\begin{array}{ccc|c}1&1&-3&-1\\0&1&-4&-3\\0&0&1&1\\0&0&0&1\end{array}\right).$$

由上述阶梯形矩阵可知线性方程组无解,即 $\boldsymbol{\beta}$ 不可由向量组 $\boldsymbol{\alpha}_1,\boldsymbol{\alpha}_2,\boldsymbol{\alpha}_3$ 线性表示.

(2) 设有数 k_1,k_2,k_3,使得 $\boldsymbol{\beta}=k_1\boldsymbol{\alpha}_1+k_2\boldsymbol{\alpha}_2+k_3\boldsymbol{\alpha}_3$. 由此可得线性方程组

$$\begin{cases}k_1+k_2-k_3=1,\\k_1-k_2+k_3=0,\\k_1-2k_2+2k_3=-\dfrac{1}{2}.\end{cases}$$

对此线性方程组的增广矩阵施行初等行变换化为阶梯形矩阵,

$$\overline{A}=\left(\begin{array}{ccc|c}1&1&-1&1\\1&-1&1&0\\1&-2&2&-\frac{1}{2}\end{array}\right)\longrightarrow\left(\begin{array}{ccc|c}1&1&-1&1\\0&-2&2&-1\\0&-3&3&-\frac{3}{2}\end{array}\right)\longrightarrow\left(\begin{array}{ccc|c}1&1&-1&1\\0&1&-1&\frac{1}{2}\\0&1&-1&\frac{1}{2}\end{array}\right)$$

$$\longrightarrow\left(\begin{array}{ccc|c}1&1&-1&1\\0&1&-1&\frac{1}{2}\\0&0&0&0\end{array}\right)\longrightarrow\left(\begin{array}{ccc|c}1&0&0&\frac{1}{2}\\0&1&-1&\frac{1}{2}\\0&0&0&0\end{array}\right).$$

由此可知线性方程组有解:$k_1=\dfrac{1}{2},k_2=\dfrac{1}{2}+k_3$. 故 $\boldsymbol{\beta}$ 能由向量组 $\boldsymbol{\alpha}_1,\boldsymbol{\alpha}_2,\boldsymbol{\alpha}_3$ 线性表示,且取 $k_3=0$ 时,表达式为 $\boldsymbol{\beta}=\dfrac{1}{2}\boldsymbol{\alpha}_1+\dfrac{1}{2}\boldsymbol{\alpha}_2+0\boldsymbol{\alpha}_3$.

3. 判别下列向量组是线性相关还是线性无关:

(1) $\boldsymbol{\alpha}_1=(1,1,-1,1),\boldsymbol{\alpha}_2=(1,-1,2,-1),\boldsymbol{\alpha}_3=(3,1,0,1)$;

(2) $\boldsymbol{\alpha}_1=(2,1,3),\boldsymbol{\alpha}_2=(-3,1,1),\boldsymbol{\alpha}_3=(1,1,-2)$.

解 (1) 设有数 k_1,k_2,k_3,使得 $k_1\boldsymbol{\alpha}_1+k_2\boldsymbol{\alpha}_2+k_3\boldsymbol{\alpha}_3=\mathbf{0}$. 由此可得线性方程组

$$\begin{cases}k_1+k_2+3k_3=0,\\k_1-k_2+k_3=0,\\-k_1+2k_2=0,\\k_1-k_2+k_3=0.\end{cases}$$

对此线性方程组的系数矩阵施行初等行变换化为阶梯形矩阵,

$$A=\begin{pmatrix}1&1&3\\1&-1&1\\-1&2&0\\1&-1&1\end{pmatrix}\longrightarrow\begin{pmatrix}1&1&3\\0&-2&-2\\0&3&3\\0&-2&-2\end{pmatrix}\longrightarrow\begin{pmatrix}1&1&3\\0&1&1\\0&0&0\\0&0&0\end{pmatrix}\longrightarrow\begin{pmatrix}1&0&-2\\0&1&1\\0&0&0\\0&0&0\end{pmatrix}.$$

由此可知上述齐次线性方程组有非零解，即 $\boldsymbol{\alpha}_1,\boldsymbol{\alpha}_2,\boldsymbol{\alpha}_3$ 线性相关. 事实上，当 $k_1=2,k_2=-1,k_3=1$ 时，有 $2\boldsymbol{\alpha}_1-\boldsymbol{\alpha}_2+\boldsymbol{\alpha}_3=\mathbf{0}$.

(2) 设有数 k_1,k_2,k_3，使得 $k_1\boldsymbol{\alpha}_1+k_2\boldsymbol{\alpha}_2+k_3\boldsymbol{\alpha}_3=\mathbf{0}$. 由此可得线性方程组

$$\begin{cases}2k_1-3k_2+k_3=0,\\ k_1+k_2+k_3=0,\\ 3k_1+k_2-2k_3=0.\end{cases}$$

对此线性方程组的系数矩阵施行初等行变换化为阶梯形矩阵，

$$\boldsymbol{A}=\begin{pmatrix}2&-3&1\\1&1&1\\3&1&-2\end{pmatrix}\longrightarrow\begin{pmatrix}1&1&1\\2&-3&1\\3&1&-2\end{pmatrix}\longrightarrow\begin{pmatrix}1&1&1\\0&-5&-1\\0&-2&-5\end{pmatrix}$$

$$\longrightarrow\begin{pmatrix}1&1&1\\0&1&\frac{1}{5}\\0&1&\frac{5}{2}\end{pmatrix}\longrightarrow\begin{pmatrix}1&1&1\\0&1&\frac{1}{5}\\0&0&\frac{23}{10}\end{pmatrix}.$$

由此可知该方程组无解，故向量组 $\boldsymbol{\alpha}_1,\boldsymbol{\alpha}_2,\boldsymbol{\alpha}_3$ 线性无关.

4. 如果向量组 $\boldsymbol{\alpha}_1,\boldsymbol{\alpha}_2,\cdots,\boldsymbol{\alpha}_s$ 线性无关，证明：向量组 $\boldsymbol{\alpha}_1,\boldsymbol{\alpha}_1+\boldsymbol{\alpha}_2,\boldsymbol{\alpha}_1+\boldsymbol{\alpha}_2+\boldsymbol{\alpha}_3,\cdots,\boldsymbol{\alpha}_1+\boldsymbol{\alpha}_2+\cdots+\boldsymbol{\alpha}_s$ 也线性无关.

证明 设存在一组数 $k_1,k_2,\cdots,k_s$，使得

$$k_1\boldsymbol{\alpha}_1+k_2(\boldsymbol{\alpha}_1+\boldsymbol{\alpha}_2)+\cdots+k_s(\boldsymbol{\alpha}_1+\boldsymbol{\alpha}_2+\cdots+\boldsymbol{\alpha}_s)=\mathbf{0}.$$

经整理得

$$(k_1+k_2+\cdots+k_s)\boldsymbol{\alpha}_1+(k_2+k_3+\cdots+k_s)\boldsymbol{\alpha}_2+\cdots+k_s\boldsymbol{\alpha}_s=\mathbf{0}.$$

而 $\boldsymbol{\alpha}_1,\boldsymbol{\alpha}_2,\cdots,\boldsymbol{\alpha}_s$ 线性无关，从而 $k_1=k_2=\cdots=k_s=\mathbf{0}$. 故 $\boldsymbol{\alpha}_1,\boldsymbol{\alpha}_1+\boldsymbol{\alpha}_2,\boldsymbol{\alpha}_1+\boldsymbol{\alpha}_2+\boldsymbol{\alpha}_3,\cdots,\boldsymbol{\alpha}_1+\boldsymbol{\alpha}_2+\cdots+\boldsymbol{\alpha}_s$ 也线性无关.

5. 已知向量组 $\boldsymbol{\alpha}_1,\boldsymbol{\alpha}_2,\boldsymbol{\alpha}_3$ 线性无关，设 $\boldsymbol{\beta}_1=(m-1)\boldsymbol{\alpha}_1+3\boldsymbol{\alpha}_2+\boldsymbol{\alpha}_3,\boldsymbol{\beta}_2=\boldsymbol{\alpha}_1+(m+1)\boldsymbol{\alpha}_2+\boldsymbol{\alpha}_3,\boldsymbol{\beta}_3=-\boldsymbol{\alpha}_1-(m+1)\boldsymbol{\alpha}_2+(m-1)\boldsymbol{\alpha}_3$. 试问：$m$ 为何值时，向量组 $\boldsymbol{\beta}_1,\boldsymbol{\beta}_2,\boldsymbol{\beta}_3$ 线性无关？m 为何值时，向量组 $\boldsymbol{\beta}_1,\boldsymbol{\beta}_2,\boldsymbol{\beta}_3$ 线性相关？

解 设有数 k_1,k_2,k_3，使得 $k_1\boldsymbol{\beta}_1+k_2\boldsymbol{\beta}_2+k_3\boldsymbol{\beta}_3=\mathbf{0}$. 代入 $\boldsymbol{\beta}_1,\boldsymbol{\beta}_2,\boldsymbol{\beta}_3$，经整理得

$$[(m-1)k_1+k_2-k_3]\boldsymbol{\alpha}_1+[3k_1+(m+1)k_2-(m+1)k_3]\boldsymbol{\alpha}_2+[k_1+k_2+(m-1)k_3]\boldsymbol{\alpha}_3=\mathbf{0}.$$

而 $\boldsymbol{\alpha}_1,\boldsymbol{\alpha}_2,\boldsymbol{\alpha}_3$ 线性无关，从而

$$\begin{cases}(m-1)k_1+k_2-k_3=0,\\ 3k_1+(m+1)k_2-(m+1)k_3=0,\\ k_1+k_2+(m-1)k_3=0.\end{cases}$$

这是一个关于 k_1,k_2,k_3 的齐次线性方程组，并且该方程组有(无)非零解与 $\boldsymbol{\beta}_1,\boldsymbol{\beta}_2,\boldsymbol{\beta}_3$ 线性相(无)关等价. 考查其系数矩阵，

$$\boldsymbol{A}=\begin{pmatrix}m-1&1&-1\\3&m+1&-(m+1)\\1&1&m-1\end{pmatrix}\longrightarrow\begin{pmatrix}1&1&m-1\\3&m+1&-(m+1)\\m-1&1&-1\end{pmatrix}$$

$$\longrightarrow\begin{pmatrix}1&1&m-1\\0&m-2&-4m+2\\0&2-m&-(m-1)^2-1\end{pmatrix}\longrightarrow\begin{pmatrix}1&1&m-1\\0&m-2&-4m+2\\0&0&-m^2-2m\end{pmatrix}.$$

故当 $m=0$ 或 $m=-2$ 或 $m=2$ 时，该方程组有非零解，即 $\boldsymbol{\beta}_1,\boldsymbol{\beta}_2,\boldsymbol{\beta}_3$ 线性相关. 当 $m\neq 0$，$m\neq\pm 2$ 时，该方程组仅有零解，即 $\boldsymbol{\beta}_1,\boldsymbol{\beta}_2,\boldsymbol{\beta}_3$ 线性无关.

6. 已知向量组 $\boldsymbol{\alpha}_1,\boldsymbol{\alpha}_2,\boldsymbol{\alpha}_3$ 线性相关，$\boldsymbol{\alpha}_2,\boldsymbol{\alpha}_3,\boldsymbol{\alpha}_4$ 线性无关. 问：

(1) $\boldsymbol{\alpha}_1$ 能否由 $\boldsymbol{\alpha}_2,\boldsymbol{\alpha}_3$ 线性表示？证明你的结论.

(2) $\boldsymbol{\alpha}_4$ 能否由 $\boldsymbol{\alpha}_1,\boldsymbol{\alpha}_2,\boldsymbol{\alpha}_3$ 线性表示？证明你的结论.

解　(1) $\boldsymbol{\alpha}_1$ 可以由 $\boldsymbol{\alpha}_2,\boldsymbol{\alpha}_3$ 线性表示. 这是因为 $\boldsymbol{\alpha}_1,\boldsymbol{\alpha}_2,\boldsymbol{\alpha}_3$ 线性相关，所以存在不全为零的数 k_1,k_2,k_3，使得 $k_1\boldsymbol{\alpha}_1+k_2\boldsymbol{\alpha}_2+k_3\boldsymbol{\alpha}_3=\mathbf{0}$.

这里一定有 $k_1\neq 0$. 否则 $k_2\boldsymbol{\alpha}_2+k_3\boldsymbol{\alpha}_3=\mathbf{0}$，其中 k_2,k_3 不全为零，从而有

$$k_2\boldsymbol{\alpha}_2+k_3\boldsymbol{\alpha}_3+0\boldsymbol{\alpha}_4=\mathbf{0},$$

即 $\boldsymbol{\alpha}_2,\boldsymbol{\alpha}_3,\boldsymbol{\alpha}_4$ 线性无相关. 这与已知矛盾，故 $k_1\neq 0$. 因此

$$\boldsymbol{\alpha}_1=-\frac{k_2}{k_1}\boldsymbol{\alpha}_2-\frac{k_3}{k_1}\boldsymbol{\alpha}_3.$$

(2) $\boldsymbol{\alpha}_4$ 不能由 $\boldsymbol{\alpha}_1,\boldsymbol{\alpha}_2,\boldsymbol{\alpha}_3$ 线性表示. 否则，$\boldsymbol{\alpha}_4=k_1\boldsymbol{\alpha}_1+k_2\boldsymbol{\alpha}_2+k_3\boldsymbol{\alpha}_3$，而由(1) 知

$$\boldsymbol{\alpha}_1=m_1\boldsymbol{\alpha}_2+m_2\boldsymbol{\alpha}_3,$$

故

$$\boldsymbol{\alpha}_4=(k_1m_1+k_2)\boldsymbol{\alpha}_2+(k_1m_2+k_3)\boldsymbol{\alpha}_3,$$

即 $\boldsymbol{\alpha}_2,\boldsymbol{\alpha}_3,\boldsymbol{\alpha}_4$ 线性相关. 这与已知矛盾，故假设不成立.

7. 用初等变换法求下列矩阵的秩：

(1) $\begin{pmatrix}1&2&3\\3&1&2\\2&3&1\end{pmatrix}$；　　(2) $\begin{pmatrix}2&3\\1&-1\\-1&2\end{pmatrix}$.

解　(1) $\boldsymbol{A}=\begin{pmatrix}1&2&3\\3&1&2\\2&3&1\end{pmatrix}\longrightarrow\begin{pmatrix}1&2&3\\0&-5&-7\\0&-1&-5\end{pmatrix}\longrightarrow\begin{pmatrix}1&2&3\\0&1&5\\0&5&7\end{pmatrix}\longrightarrow\begin{pmatrix}1&2&3\\0&1&5\\0&0&-18\end{pmatrix}$,

所以 $r(\boldsymbol{A})=3$.

(2) $\boldsymbol{A}=\begin{pmatrix}2&3\\1&-1\\-1&2\end{pmatrix}\longrightarrow\begin{pmatrix}1&-1\\2&3\\-1&2\end{pmatrix}\longrightarrow\begin{pmatrix}1&-1\\0&5\\0&1\end{pmatrix}\longrightarrow\begin{pmatrix}1&-1\\0&1\\0&0\end{pmatrix}$,

所以 $r(\boldsymbol{A})=2$.

8. 求下列向量组的秩和一个极大无关组，并把其余向量用该极大无关组线性表示：

(1) $\boldsymbol{\alpha}_1=(1,-1,0,4)$，$\boldsymbol{\alpha}_2=(2,1,5,6)$，$\boldsymbol{\alpha}_3=(1,-1,-2,0)$，$\boldsymbol{\alpha}_4=(3,0,7,14)$；

(2) $\boldsymbol{\alpha}_1=(1,2,3,4)$，$\boldsymbol{\alpha}_2=(2,3,4,5)$，$\boldsymbol{\alpha}_3=(3,4,5,6)$，$\boldsymbol{\alpha}_4=(4,5,6,7)$.

解　(1) $\begin{pmatrix}1&-1&0&4\\2&1&5&6\\1&-1&-2&0\\3&0&7&14\end{pmatrix}\begin{matrix}\boldsymbol{\alpha}_1\\\boldsymbol{\alpha}_2\\\boldsymbol{\alpha}_3\\\boldsymbol{\alpha}_4\end{matrix}\longrightarrow\begin{pmatrix}1&-1&0&4\\0&3&5&-2\\0&0&-2&-4\\0&3&7&2\end{pmatrix}\begin{matrix}\boldsymbol{\alpha}_1\\\boldsymbol{\alpha}_2-2\boldsymbol{\alpha}_1\\\boldsymbol{\alpha}_3-\boldsymbol{\alpha}_1\\\boldsymbol{\alpha}_4-3\boldsymbol{\alpha}_1\end{matrix}$

$$\longrightarrow\begin{pmatrix}1&-1&0&4\\0&3&5&-2\\0&0&1&2\\0&0&2&4\end{pmatrix}\begin{matrix}\boldsymbol{\alpha}_1\\\boldsymbol{\alpha}_2-2\boldsymbol{\alpha}_1\\-\frac{1}{2}\boldsymbol{\alpha}_3+\frac{1}{2}\boldsymbol{\alpha}_1\\\boldsymbol{\alpha}_4-\boldsymbol{\alpha}_2-\boldsymbol{\alpha}_1\end{matrix}\longrightarrow\begin{pmatrix}1&-1&0&4\\0&3&5&-2\\0&0&1&2\\0&0&0&0\end{pmatrix}\begin{matrix}\boldsymbol{\alpha}_1\\\boldsymbol{\alpha}_2-2\boldsymbol{\alpha}_1\\-\frac{1}{2}\boldsymbol{\alpha}_3+\frac{1}{2}\boldsymbol{\alpha}_1\\\boldsymbol{\alpha}_4+\boldsymbol{\alpha}_3-\boldsymbol{\alpha}_2-2\boldsymbol{\alpha}_1\end{matrix},$$

所以 $r(\boldsymbol{\alpha}_1,\boldsymbol{\alpha}_2,\boldsymbol{\alpha}_3,\boldsymbol{\alpha}_4)=3$，$\boldsymbol{\alpha}_1,\boldsymbol{\alpha}_2,\boldsymbol{\alpha}_3$ 是它的一个极大无关组，且 $\boldsymbol{\alpha}_4=2\boldsymbol{\alpha}_1+\boldsymbol{\alpha}_2-\boldsymbol{\alpha}_3$.

(2) $$\begin{pmatrix}1&2&3&4\\2&3&4&5\\3&4&5&6\\4&5&6&7\end{pmatrix}\begin{matrix}\boldsymbol{\alpha}_1\\\boldsymbol{\alpha}_2\\\boldsymbol{\alpha}_3\\\boldsymbol{\alpha}_4\end{matrix}\longrightarrow\begin{pmatrix}1&2&3&4\\0&-1&-2&-3\\0&-2&-4&-6\\0&-3&-6&-9\end{pmatrix}\begin{matrix}\boldsymbol{\alpha}_1\\\boldsymbol{\alpha}_2-2\boldsymbol{\alpha}_1\\\boldsymbol{\alpha}_3-3\boldsymbol{\alpha}_1\\\boldsymbol{\alpha}_4-4\boldsymbol{\alpha}_1\end{matrix}\longrightarrow\begin{pmatrix}1&2&3&4\\0&1&2&3\\0&0&0&0\\0&0&0&0\end{pmatrix}\begin{matrix}\boldsymbol{\alpha}_1\\-\boldsymbol{\alpha}_2+2\boldsymbol{\alpha}_1\\\boldsymbol{\alpha}_3-2\boldsymbol{\alpha}_2+\boldsymbol{\alpha}_1\\\boldsymbol{\alpha}_4-3\boldsymbol{\alpha}_2+2\boldsymbol{\alpha}_1\end{matrix},$$

所以 $r(\boldsymbol{\alpha}_1,\boldsymbol{\alpha}_2,\boldsymbol{\alpha}_3,\boldsymbol{\alpha}_4)=2$，$\boldsymbol{\alpha}_1,\boldsymbol{\alpha}_2$ 是它的一个极大无关组，且 $\boldsymbol{\alpha}_3=-\boldsymbol{\alpha}_1+2\boldsymbol{\alpha}_2$，$\boldsymbol{\alpha}_4=-2\boldsymbol{\alpha}_1+3\boldsymbol{\alpha}_2$.

9. 求齐次线性方程组

$$\begin{cases}2x_1+x_2-x_3-x_4+x_5=0,\\x_1-x_2+x_3+x_4-2x_5=0,\\3x_1+3x_2-3x_3-3x_4+4x_5=0,\\4x_1+5x_2-5x_3-5x_4+7x_5=0\end{cases}$$

的一个基础解系，并用此基础解系表示全部解.

解　对此线性方程组的系数矩阵施行初等行变换化为阶梯形矩阵，

$$\boldsymbol{A}=\begin{pmatrix}2&1&-1&-1&1\\1&-1&1&1&-2\\3&3&-3&-3&4\\4&5&-5&-5&7\end{pmatrix}\longrightarrow\begin{pmatrix}1&-1&1&1&-2\\2&1&-1&-1&1\\3&3&-3&-3&4\\4&5&-5&-5&7\end{pmatrix}$$

$$\longrightarrow\begin{pmatrix}1&-1&1&1&-2\\0&3&-3&-3&5\\0&6&-6&-6&10\\0&9&-9&-9&15\end{pmatrix}\longrightarrow\begin{pmatrix}1&-1&1&1&-2\\0&3&-3&-3&5\\0&0&0&0&0\\0&0&0&0&0\end{pmatrix}$$

$$\longrightarrow\begin{pmatrix}1&-1&1&1&-2\\0&1&-1&-1&\frac{5}{3}\\0&0&0&0&0\\0&0&0&0&0\end{pmatrix}\longrightarrow\begin{pmatrix}1&0&0&0&-\frac{1}{3}\\0&1&-1&-1&\frac{5}{3}\\0&0&0&0&0\\0&0&0&0&0\end{pmatrix},$$

$r(\boldsymbol{A})=2$，因此基础解系含有 3 个向量，且有$\begin{cases}x_1=\frac{1}{3}x_5,\\x_2=x_3+x_4-\frac{5}{3}x_5,\end{cases}$自由未知量为 x_3,x_4,x_5. 令 $\begin{pmatrix}x_3\\x_4\\x_5\end{pmatrix}=\begin{pmatrix}1\\0\\0\end{pmatrix},\begin{pmatrix}0\\1\\0\end{pmatrix},\begin{pmatrix}0\\0\\1\end{pmatrix}$，可得方程组的一个基础解系为

$$\boldsymbol{\eta}_1=\begin{pmatrix}0\\1\\1\\0\\0\end{pmatrix},\quad\boldsymbol{\eta}_2=\begin{pmatrix}0\\1\\0\\1\\0\end{pmatrix},\quad\boldsymbol{\eta}_3=\begin{pmatrix}\frac{1}{3}\\-\frac{5}{3}\\0\\0\\1\end{pmatrix},$$

全部解为 $\boldsymbol{\eta}=c_1\boldsymbol{\eta}_1+c_2\boldsymbol{\eta}_2+c_3\boldsymbol{\eta}_3$，其中 c_1,c_2,c_3 为任意常数.

10. 求非齐次线性方程组

$$\begin{cases} x_1+x_2+x_3+x_4+x_5=-1,\\ 3x_1+2x_2+x_3+x_4-3x_5=-5,\\ x_2+2x_3+2x_4+6x_5=2,\\ 5x_1+4x_2+3x_3+3x_4-x_5=-7 \end{cases}$$

的全部解(用其导出组的基础解系表示全部解).

解 对此线性方程组的增广矩阵施行初等行变换化为阶梯形矩阵，

$$\overline{\boldsymbol{A}}=\left(\begin{array}{ccccc:c} 1&1&1&1&1&-1\\ 3&2&1&1&-3&-5\\ 0&1&2&2&6&2\\ 5&4&3&3&-1&-7 \end{array}\right)\longrightarrow\left(\begin{array}{ccccc:c} 1&1&1&1&1&-1\\ 0&-1&-2&-2&-6&-2\\ 0&1&2&2&6&2\\ 0&-1&-2&-2&-6&-2 \end{array}\right)$$

$$\longrightarrow\left(\begin{array}{ccccc:c} 1&1&1&1&1&-1\\ 0&1&2&2&6&2\\ 0&0&0&0&0&0\\ 0&0&0&0&0&0 \end{array}\right)\longrightarrow\left(\begin{array}{ccccc:c} 1&0&-1&-1&-5&-3\\ 0&1&2&2&6&2\\ 0&0&0&0&0&0\\ 0&0&0&0&0&0 \end{array}\right),$$

$r(\boldsymbol{A})=r(\overline{\boldsymbol{A}})=2$，因此方程组有解，其导出组的基础解系含有 3 个向量，且有

$$\begin{cases} x_1=-3+x_3+x_4+5x_5,\\ x_2=2-2x_3-2x_4-6x_5. \end{cases}$$

令 $x_3=x_4=x_5=0$，得到方程组的一个特解为 $\boldsymbol{r}_0=\begin{pmatrix}-3\\2\\0\\0\\0\end{pmatrix}$，原方程组的导出组与

$\begin{cases} x_1=x_3+x_4+5x_5,\\ x_2=-2x_3-2x_4-6x_5 \end{cases}$ 同解，令自由未知量

$$\begin{pmatrix}x_3\\x_4\\x_5\end{pmatrix}=\begin{pmatrix}1\\0\\0\end{pmatrix},\begin{pmatrix}0\\1\\0\end{pmatrix},\begin{pmatrix}0\\0\\1\end{pmatrix},$$

可得其导出组的一个基础解系为

$$\boldsymbol{\eta}_1=\begin{pmatrix}1\\-2\\1\\0\\0\end{pmatrix},\quad \boldsymbol{\eta}_2=\begin{pmatrix}1\\-2\\0\\1\\0\end{pmatrix},\quad \boldsymbol{\eta}_3=\begin{pmatrix}5\\-6\\0\\0\\1\end{pmatrix}.$$

所以原方程组的全部解为

$$\boldsymbol{r}=\boldsymbol{r}_0+c_1\boldsymbol{\eta}_1+c_2\boldsymbol{\eta}_2+c_3\boldsymbol{\eta}_3=\begin{pmatrix}-3\\2\\0\\0\\0\end{pmatrix}+c_1\begin{pmatrix}1\\-2\\1\\0\\0\end{pmatrix}+c_2\begin{pmatrix}1\\-2\\0\\1\\0\end{pmatrix}+c_3\begin{pmatrix}5\\-6\\0\\0\\1\end{pmatrix},$$

其中 c_1,c_2,c_3 为任意常数.

11. 设有向量组 $\boldsymbol{\alpha}_1=\begin{pmatrix}1+\lambda\\1\\1\end{pmatrix},\boldsymbol{\alpha}_2=\begin{pmatrix}1\\1+\lambda\\1\end{pmatrix},\boldsymbol{\alpha}_3=\begin{pmatrix}1\\1\\1+\lambda\end{pmatrix},\boldsymbol{\beta}=\begin{pmatrix}0\\\lambda\\\lambda^2\end{pmatrix}$. 问:$\lambda$ 为何值时,

(1) $\boldsymbol{\beta}$ 可由向量组 $\boldsymbol{\alpha}_1,\boldsymbol{\alpha}_2,\boldsymbol{\alpha}_3$ 线性表示,且表达式唯一?

(2) $\boldsymbol{\beta}$ 可由向量组 $\boldsymbol{\alpha}_1,\boldsymbol{\alpha}_2,\boldsymbol{\alpha}_3$ 线性表示,且表达式不唯一?

(3) $\boldsymbol{\beta}$ 不能由向量组 $\boldsymbol{\alpha}_1,\boldsymbol{\alpha}_2,\boldsymbol{\alpha}_3$ 线性表示?

解　设有一组数 k_1,k_2,k_3,使得 $k_1\boldsymbol{\alpha}_1+k_2\boldsymbol{\alpha}_2+k_3\boldsymbol{\alpha}_3=\boldsymbol{\beta}$. 代入 $\boldsymbol{\alpha}_1,\boldsymbol{\alpha}_2,\boldsymbol{\alpha}_3,\boldsymbol{\beta}$,整理可得

$$\begin{cases}(1+\lambda)k_1+k_2+k_3=0,\\k_1+(1+\lambda)k_2+k_3=\lambda,\\k_1+k_2+(1+\lambda)k_3=\lambda^2.\end{cases}$$

$\boldsymbol{\beta}$ 是否可由向量组 $\boldsymbol{\alpha}_1,\boldsymbol{\alpha}_2,\boldsymbol{\alpha}_3$ 线性表示转化为上述线性方程组是否有解.

对此线性方程组的增广矩阵施行初等行变换化为阶梯形矩阵,

$$\overline{\mathbf{A}}=\left(\begin{array}{ccc:c}1+\lambda&1&1&0\\1&1+\lambda&1&\lambda\\1&1&1+\lambda&\lambda^2\end{array}\right)\longrightarrow\left(\begin{array}{ccc:c}1&1+\lambda&1&\lambda\\1+\lambda&1&1&0\\1&1&1+\lambda&\lambda^2\end{array}\right)$$

$$\longrightarrow\left(\begin{array}{ccc:c}1&1+\lambda&1&\lambda\\0&-\lambda(2+\lambda)&-\lambda&-\lambda(1+\lambda)\\0&-\lambda&\lambda&\lambda(\lambda-1)\end{array}\right).$$

当 $\lambda=0$ 时,$\overline{\mathbf{A}}\longrightarrow\left(\begin{array}{ccc:c}1&1&1&1\\0&0&0&0\\0&0&0&0\end{array}\right)$,$r(\mathbf{A})=r(\overline{\mathbf{A}})=1<3$,故方程组有无穷多解. 此时 $\boldsymbol{\beta}$ 可由向量组 $\boldsymbol{\alpha}_1,\boldsymbol{\alpha}_2,\boldsymbol{\alpha}_3$ 线性表示,且表达式不唯一.

当 $\lambda\neq0$ 时,$\overline{\mathbf{A}}\longrightarrow\left(\begin{array}{ccc:c}1&1+\lambda&1&\lambda\\0&2+\lambda&1&1+\lambda\\0&1&-1&1-\lambda\end{array}\right)\longrightarrow\left(\begin{array}{ccc:c}1&1+\lambda&1&\lambda\\0&1&-1&1-\lambda\\0&0&3+\lambda&\lambda^2+2\lambda-1\end{array}\right)$.

若 $\lambda=-3$,则方程组无解,此时 $\boldsymbol{\beta}$ 不可由向量组 $\boldsymbol{\alpha}_1,\boldsymbol{\alpha}_2,\boldsymbol{\alpha}_3$ 线性表示.

若 $\lambda\neq-3$,且 $\lambda\neq0$,则方程组有唯一解,此时 $\boldsymbol{\beta}$ 可由向量组 $\boldsymbol{\alpha}_1,\boldsymbol{\alpha}_2,\boldsymbol{\alpha}_3$ 线性表示,且表达式唯一.

12. 设线性方程组

$$\begin{cases}x_1+a_1x_2+a_1^2x_3=a_1^3,\\x_1+a_2x_2+a_2^2x_3=a_2^3,\\x_1+a_3x_2+a_3^2x_3=a_3^3,\\x_1+a_4x_2+a_4^2x_3=a_4^3.\end{cases}$$

(1) 证明:若 a_1,a_2,a_3,a_4 两两不相等,则此方程组无解.

(2) 设 $a_1=a_3=k, a_2=a_4=-k\neq 0$，且已知 $\boldsymbol{\eta}_1=\begin{pmatrix}-1\\1\\1\end{pmatrix}, \boldsymbol{\eta}_2=\begin{pmatrix}1\\1\\-1\end{pmatrix}$ 是该方程组的两个解，求此方程组的全部解.

证明　(1) 对所给线性方程组的增广矩阵施行初等行变换，

$$\overline{\boldsymbol{A}}=\left(\begin{array}{ccc:c}1 & a_1 & a_1^2 & a_1^3\\1 & a_2 & a_2^2 & a_2^3\\1 & a_3 & a_3^2 & a_3^3\\1 & a_4 & a_4^2 & a_4^3\end{array}\right)\longrightarrow\left(\begin{array}{ccc:c}1 & a_1 & a_1^2 & a_1^3\\0 & a_2-a_1 & a_2^2-a_1^2 & a_2^3-a_1^3\\0 & a_3-a_1 & a_3^2-a_1^2 & a_3^3-a_1^3\\0 & a_4-a_1 & a_4^2-a_1^2 & a_4^3-a_1^3\end{array}\right)$$

$$\longrightarrow\left(\begin{array}{ccc:c}1 & a_1 & a_1^2 & a_1^3\\0 & 1 & a_2+a_1 & a_2^2+a_1^2+a_1a_2\\0 & 1 & a_3+a_1 & a_3^2+a_1^2+a_1a_3\\0 & 1 & a_4+a_1 & a_4^2+a_1^2+a_1a_4\end{array}\right)\longrightarrow\left(\begin{array}{ccc:c}1 & a_1 & a_1^2 & a_1^3\\0 & 1 & a_2+a_1 & a_2^2+a_1^2+a_1a_2\\0 & 0 & a_3-a_2 & (a_3-a_2)(a_1+a_2+a_3)\\0 & 0 & a_4-a_2 & (a_4-a_2)(a_1+a_2+a_4)\end{array}\right)$$

$$\longrightarrow\left(\begin{array}{ccc:c}1 & a_1 & a_1^2 & a_1^3\\0 & 1 & a_2+a_1 & a_2^2+a_1^2+a_1a_2\\0 & 0 & 1 & a_1+a_2+a_3\\0 & 0 & 1 & a_1+a_2+a_4\end{array}\right)\longrightarrow\left(\begin{array}{ccc:c}1 & a_1 & a_1^2 & a_1^3\\0 & 1 & a_2+a_1 & a_2^2+a_1^2+a_1a_2\\0 & 0 & 1 & a_1+a_2+a_3\\0 & 0 & 0 & a_4-a_3\end{array}\right),$$

由此可知，此方程组无解.

$$(2)\ \overline{\boldsymbol{A}}=\left(\begin{array}{ccc:c}1 & a_1 & a_1^2 & a_1^3\\1 & a_2 & a_2^2 & a_2^3\\1 & a_3 & a_3^2 & a_3^3\\1 & a_4 & a_4^2 & a_4^3\end{array}\right)\longrightarrow\left(\begin{array}{ccc:c}1 & k & k^2 & k^3\\1 & -k & k^2 & -k^3\\0 & 0 & 0 & 0\\0 & 0 & 0 & 0\end{array}\right)$$

$$\longrightarrow\left(\begin{array}{ccc:c}1 & k & k^2 & k^3\\0 & -2k & 0 & -2k^3\\0 & 0 & 0 & 0\\0 & 0 & 0 & 0\end{array}\right)\longrightarrow\left(\begin{array}{ccc:c}1 & k & k^2 & k^3\\0 & 1 & 0 & k^2\\0 & 0 & 0 & 0\\0 & 0 & 0 & 0\end{array}\right),$$

由此可知方程组的导出组的基础解系含有 1 个向量，再由解的性质可知，$\boldsymbol{\eta}_1-\boldsymbol{\eta}_2$ 是导出组的一个基础解系，从而该方程组的全部解为 $\boldsymbol{\eta}_1+c(\boldsymbol{\eta}_1-\boldsymbol{\eta}_2)$，其中 c 为任意常数.

附录　自主训练

自主训练Ⅰ

一、选择题(每小题 3 分,共 18 分):

1. 当 $x \to +\infty$时,下列函数中有极限的是(　　).

A. $\cos x$　　B. $\ln x$　　C. 2^x　　D. $\dfrac{x^3-1}{2x^3-1}$

2. 下列变量在给定变化过程中是无穷小量的是(　　).

A. $\ln x\ (x \to 0^+)$　　B. $e^{-x}\ (x \to \infty)$

C. $\dfrac{\sin x}{x}\ (x \to \infty)$　　D. $\dfrac{x-1}{x^2-1}(x \to 1)$

3. 函数 $f(x) = |x-1|$ 在 $x = 1$ 处(　　).

A. 极限不存在　　B. 极限存在但不连续

C. 可导　　D. 连续但不可导

4. 设 $y = f(x)$ 在 $x = x_0$ 处取得极小值,则必有(　　).

A. $f'(x_0) = 0$ 且 $f''(x_0) < 0$　　B. $f''(x_0) < 0$

C. $f'(x_0) = 0$ 或 $f'(x_0)$ 不存在　　D. $f'(x_0) = 0$

5. 曲线 $y = \dfrac{x^2}{x+1}$ 的垂直渐近线方程为(　　).

A. $x = 1$　　B. $x = -1$　　C. $y = 1$　　D. $y = -1$

6. 在下列极限中,不能使用洛必达法则的是(　　).

A. $\lim\limits_{x\to\infty}\dfrac{x+\sin x}{2x}$　　B. $\lim\limits_{x\to 0}\dfrac{\sin x}{\tan 3x}$

C. $\lim\limits_{x\to+\infty}\dfrac{\ln x}{x^2}$　　D. $\lim\limits_{x\to 0}\dfrac{e^x-1}{x}$

二、填空题(每小题 3 分,共 24 分):

1. $\lim\limits_{x\to 0}\dfrac{x^2}{\sqrt{1+x^2}-1} =$ ＿＿＿＿＿＿.

2. 设 $y = e^{2x} + x^3$,则 $f^{(4)}(0) =$ ＿＿＿＿＿＿.

3. 函数 $y = x^3$ 在$[0,1]$上满足拉格朗日中值定理的条件,则定理结论中的 $\xi =$ ＿＿＿＿＿＿.

4. 曲线 $y = \ln x$ 在点$(1,0)$处的切线方程为＿＿＿＿＿＿.

5. $\lim\limits_{\Delta x\to 0}\dfrac{f(x_0+3\Delta x)-f(x_0)}{\Delta x} =$ ＿＿＿＿＿＿.

6. 已知 $f(x)=\begin{cases}\dfrac{2}{x}, & x\geqslant 1,\\ 2x, & x<1,\end{cases}$ 则 $f'_{+}(1)=$ ________.

7. $e^{0.01}\approx$ ________.

8. 某商品的需求函数为 $Q=20-p^2$，则当价格 $p=2$ 时的需求弹性为________.

三、解答题(共 44 分)：

1. 求 $\lim\limits_{x\to\infty}\left(\dfrac{x+3}{x}\right)^{2x}$.　(5 分)

2. 求 $\lim\limits_{x\to 0}\dfrac{e^x-e^{-x}}{3x}$.　(5 分)

3. 设 $y=\ln(\sin\sqrt{x})+\ln 2$，求 dy.　(5 分)

4. 求由方程 $x^2+e^y-xy=0$ 所确定的隐函数的导数 $\dfrac{dy}{dx}$.　(6 分)

5. 设 $y=\sin x^{\cos x}(\sin x>0)$，求 y'.　(6 分)

6. 设 $f(x)=\begin{cases}\dfrac{\sin 2x}{x}, & x<0,\\ 2, & x=0,\\ \dfrac{\ln(1+2x)}{x}, & x>0,\end{cases}$ 问：$f(x)$ 在 $x=0$ 处是否连续？　(7 分)

7. 设函数 $y=6x^2-x^3$，求：(1) 函数的单调区间、极值；(2) 函数曲线的凹向区间、拐点.　(10 分)

四、应用题(本题 8 分)

1. 某工厂生产某种商品时的价格和需求量的关系为 $p=20-\dfrac{q}{5}$，其中 q 为需求量(单位：kg)，p 为价格(单位：元/kg)，总成本函数为 $C(q)=80+4q$. 问：当产量 q 为多少时，可使该工厂的总利润最大？此时商品的价格和最大利润分别是多少？

五、证明题(本题 6 分)：

1. 证明：当 $x>0$ 时，不等式 $\ln(1+x)<x$ 成立.

自主训练 Ⅱ

一、选择题(每小题 3 分,共 21 分):

1. 当 $x \to \infty$时,下列函数中有极限的是(　　).

A. $\sin x$　　B. $\dfrac{1}{x+1}$　　C. x^2　　D. $x\cos x$

2. 下列变量在给定变化过程中是无穷小量的是(　　).

A. $\ln x\ (x \to 0^+)$　　B. $e^x\ (x \to +\infty)$

C. $x\cos\dfrac{1}{x}\ (x \to 0)$　　D. $\dfrac{x-2}{x^2-4}\ (x \to 2)$

3. 设 $f(x) = \ln 2 + \sin 2x$,则 $f'(x) =$ (　　).

A. $2\cos 2x$　　B. $2\cos 2x + \dfrac{1}{2\sqrt{2}}$

C. $2\sin 2x$　　D. $2\sin 2x + \dfrac{1}{2\sqrt{2}}$

4. 曲线 $y = \dfrac{x^3}{x^2+2x-3}$ 的垂直渐近线为(　　).

A. $x = 1$　　B. $x = 1, x = -3$

C. $x = -3$　　D. 无垂直渐近线

5. 函数 $f(x) = |x|$ 在 $x = 0$ 处(　　).

A. 极限不存在　　B. 极限存在但不连续

C. 可导　　D. 连续但不可导

6. 在下列极限中,不能使用洛必达法则的是(　　).

A. $\lim\limits_{x\to 0}\dfrac{e^x-1}{3x}$　　B. $\lim\limits_{x\to\infty}\dfrac{x+\cos x}{1+x}$

C. $\lim\limits_{x\to 1}\dfrac{x^2-1}{2x^2-x-1}$　　D. $\lim\limits_{x\to 0}\dfrac{\sin 2x}{\tan 3x}$

7. 函数 $y = f(x)$ 在 $x = x_0$ 处取得极大值,则必有(　　).

A. $f''(x_0) < 0$　　B. $f'(x_0) = 0$ 或不存在

C. $f'(x_0) = 0$ 且 $f''(x_0) < 0$　　D. $f'(x_0) = 0$

二、填空题(每小题 3 分,共 21 分):

1. 设 $f(x)$ 可导,则当 x 在 $x = 1$ 处有微小改变量 Δx 时,函数大约改变了__________.

2. 设 $f(x) = x\ln x$,则 $f''(1) =$ __________.

3. 函数 $y = \ln x$ 在$[1,e]$上满足拉格朗日中值定理的条件,则定理结论中的 $\xi =$ __________.

4. $e^{0.02} \approx$ __________.

5. 设某产品的总收入函数为 $R(q) = 100q - q^2$,则当 $q = 50$ 时的边际收入是__________.

6. 曲线 $y = x^3$ 在点$(1,1)$处的切线方程是__________.

7. 某商品的需求函数为 $Q = 3\,000e^{-0.02p}$，则当价格为 100 时的需求弹性是__________.

三、解答题(共 46 分)：

1. 求 $\lim\limits_{x\to\infty}\left(1+\dfrac{1}{x}\right)^{3x}$.　(5 分)

2. 求 $\lim\limits_{x\to 0}\dfrac{e^x-1}{x^2-x}$.　(5 分)

3. 求由方程 $x^3+y^3-3xy=0$ 所确定的隐函数的导数.　(5 分)

4. 求 $y=(\sin x)^x$ 的导数.　(5 分)

5. 设 $y=\ln\sin x$，求 dy.　(5 分)

6. 设 $y=3x-x^3$，求函数的单调区间、极值.　(7 分)

7. 求曲线 $y=x^4-2x^3+1$ 的凹向区间、拐点.　(7 分)

8. 设函数 $f(x)=\begin{cases} e^x+2, & x<0, \\ 3a, & x=0, \\ \dfrac{\sin 3x}{x}, & x>0, \end{cases}$ 当 a 为何值时，函数 $f(x)$ 在 $x=0$ 处连续？　(7 分)

四、证明题(每小题 6 分)：

1. 证明不等式：$1+\dfrac{1}{2}x>\sqrt{1+x}\,(x>0)$.

五、应用题(每小题 6 分)：

1. 某快餐店每月对汉堡包的需求量由 $p(q)=\dfrac{60\,000-q}{20\,000}$ 确定，其中 q 为需求量，p 为价格，又设生产 q 个汉堡包的总成本函数为 $C(q)=5\,000+0.56q$，试问：当产量是多少时，快餐店能获得最大利润？并求出最大利润.

自主训练 Ⅲ

一、选择题(每小题 3 分,共 18 分):

1. 下列结论中正确的是(　　).

A. $\int_0^1 x^2\,dx < \int_0^1 x^3\,dx$　　B. $\int_1^3 x^2\,dx < \int_1^3 x^3\,dx$

C. $\int_1^2 \ln x\,dx < \int_1^2 (\ln x)^2\,dx$　　D. $\int_3^4 \ln x\,dx > \int_3^4 (\ln x)^2\,dx$

2. 下列积分正确的是(　　).

A. $\int_{-2}^2 \frac{1}{x^2}\,dx = -1$　　B. $\int_{-2}^2 |x|\,dx = 0$

C. $\int_{-2}^2 x\,dx = 4$　　D. $\int_{-2}^2 dx = 4$

3. 下列广义积分收敛的是(　　).

A. $\int_0^{+\infty} e^{-x}\,dx$　　B. $\int_1^{+\infty} \frac{1}{x}\,dx$

C. $\int_0^{+\infty} e^x\,dx$　　D. $\int_1^{+\infty} \frac{1}{\sqrt{x}}\,dx$

4. 设 $n(n \geqslant 3)$ 阶可逆矩阵 $\boldsymbol{A}$ 的伴随矩阵为 $\boldsymbol{A}^*$,常数 $k \neq 0, \pm 1$,则 $(k\boldsymbol{A}^*) =$(　　).

A. $k\boldsymbol{A}^*$　　B. $k^{n-1}\boldsymbol{A}^*$　　C. $k^n\boldsymbol{A}^*$　　D. $k^{-1}\boldsymbol{A}^*$

5. 微分方程 $y' = 2xy$ 的通解为(　　).

A. $y = e^{x^2} + C$　　B. $y = Ce^{x^2}$　　C. $y = e^{x^2}$　　D. $y = Ce^x$

6. 在下列矩阵中,可逆的是(　　).

A. $\begin{pmatrix} 1 & 2 & 3 \\ 2 & 4 & 6 \\ 0 & 1 & 0 \end{pmatrix}$　　B. $\begin{pmatrix} 1 & 0 & 3 \\ 4 & 5 & 0 \\ 0 & 0 & 0 \end{pmatrix}$　　C. $\begin{pmatrix} 1 & 0 & 3 \\ 2 & 1 & 0 \end{pmatrix}$　　D. $\begin{pmatrix} 1 & 5 & 1 \\ 0 & 2 & 4 \\ 0 & 0 & 3 \end{pmatrix}$

二、填空题(每小题 3 分,共 18 分):

1. $d\left(\int x\sin 2x\,dx\right) =$ ________.

2. $\lim\limits_{x\to 0} \frac{\int_0^x \sin t^2\,dt}{x^3} =$ ________.

3. $\int_{-1}^1 x^2 \sin x\,dx =$ ________.

4. 设函数 $z = x^4 + y^3 + 3x^2 y$,则 $\left.\frac{\partial^2 z}{\partial x \partial y}\right|_{(1,0)} =$ ________.

5. 若齐次线性方程组 $\begin{cases} kx + y + z = 0, \\ x + y - z = 0, \\ kx - y + z = 0 \end{cases}$ 有非零解,则 $k =$ ________.

6. 已知 $\boldsymbol{A}=\begin{pmatrix}1&0&1\\0&1&1\end{pmatrix}$，$\boldsymbol{B}=\begin{pmatrix}1&3\\-1&0\\1&2\end{pmatrix}$，则 $|\boldsymbol{AB}|=$ ________.

三、解答题(共 48 分)：

1. 求不定积分 $\int\frac{1}{x(1-\ln x)}\mathrm{d}x$. （5 分）

2. 求不定积分 $\int\frac{1}{x(1+\sqrt{x})}\mathrm{d}x$. （5 分）

3. 求定积分 $\int_0^1 x\mathrm{e}^{-x}\mathrm{d}x$. （5 分）

4. 求定积分 $\int_{-1}^1(x+2)\sqrt{1-x^2}\,\mathrm{d}x$. （5 分）

5. 求广义积分 $\int_{\frac{\pi}{2}}^{+\infty}\frac{1}{x^2}\sin\frac{1}{x}\mathrm{d}x$. （5 分）

6. 已知函数 $z=(1+x)^y$，求 $\mathrm{d}z$. （5 分）

7. 求微分方程 $y'+3y=\mathrm{e}^{2x}$ 的通解. （6 分）

8. 计算四阶行列式 $D=\begin{vmatrix}1&2&3&4\\2&3&4&1\\3&4&1&2\\4&1&2&3\end{vmatrix}$. （6 分）

9. 已知方阵 $\boldsymbol{A}=\begin{pmatrix}1&-1&0\\-1&2&1\\2&2&3\end{pmatrix}$，求 $\boldsymbol{A}^{-1}$. （6 分）

四、应用题(每小题 8 分，共 16 分)：

1. 求由曲线 $y=x^2$ 和直线 $y=-x+2$ 所围成的平面图形的面积.

2. 某工厂生产甲、乙两种产品，销售价格分别是 8 元 / 单位与 6 元 / 单位. 已知生产 x 单位甲产品和生产 y 单位乙产品的总成本为 $C(x,y)=2x^2-56x-4xy+4y^2-26y+14$，问：甲、乙两种产品产量各为多少时，能使获得的总利润最大？最大利润是多少？

自主训练 Ⅳ

一、选择题(每小题 3 分,共 24 分):

1. e^{2x} 的一个原函数为(　　).

A. $2e^{2x}$　　B. $2e^{x}$　　C. $\frac{1}{2}e^{2x}$　　D. $\frac{1}{2}e^{x}$

2. 已知$\int f(x)dx = \ln 3 + x^2 + \cos x + C$,则 $f(x) =$ (　　).

A. $2x + \sin x$　　B. $2x - \sin x$

C. $\frac{1}{3} + 2x - \sin x$　　D. $\frac{1}{3} + 2x + \sin x$

3. 下列等式正确的是(　　).

A. $\left[\int f(x)dx\right]' = f(x) + C$　　B. $d\int f(x)dx = f(x)$

C. $\int f'(x)dx = f(x) + C$　　D. $\int df(x) = f(x)$

4. $\frac{d}{dx}\int_a^b \arctan x dx =$ (　　).

A. $\arctan x$　　B. 0

C. $\arctan b - \arctan a$　　D. $\frac{1}{1+x^2}$

5. $\int_{-2}^{3} |x-1| dx =$ (　　).

A. $\int_{-2}^{1}(x-1)dx + \int_{1}^{3}(1-x)dx$　　B. $\int_{-2}^{1}(1-x)dx + \int_{1}^{3}(x-1)dx$

C. $\int_{-2}^{-1}(1-x)dx + \int_{-1}^{3}(x-1)dx$　　D. $\int_{-2}^{-1}(x-1)dx + \int_{-1}^{3}(1-x)dx$

6. 下列矩阵中可逆的是(　　).

A. $\begin{pmatrix}1 & 2 & 3\\3 & 5 & 1\\2 & 4 & 6\end{pmatrix}$　　B. $\begin{pmatrix}1 & 2\\3 & 4\\5 & 6\end{pmatrix}$　　C. $\begin{pmatrix}1 & 0 & 0\\0 & 2 & 0\\0 & 0 & 3\end{pmatrix}$　　D. $\begin{pmatrix}1 & 1 & 1\\0 & 2 & 1\\0 & 0 & 0\end{pmatrix}$

7. 初等函数 $f(x)$ 在其定义区间$[a,b]$上一定(　　).

A. 可导　　B. 可微　　C. 可积　　D. 以上都不对

8. 已知矩阵 $\boldsymbol{A} = \begin{pmatrix}1 & 0 & 0\\0 & 1 & 0\\0 & 0 & 1\end{pmatrix}$,则 $|2\boldsymbol{A}| =$ (　　).

A. 0　　B. 2　　C. 2^2　　D. 2^3

二、填空题(每小题 3 分,共 24 分):

1. 设 $F'(x)=f(x)$,则$\int f(2x+3)\mathrm{d}x=$ __________.

2. $\int_a^b f(x)\mathrm{d}x+\int_b^a f(x)\mathrm{d}x=$ __________.

3. $\int_{-1}^{1} x^2\sin x\mathrm{d}x=$ __________.

4. $\frac{\mathrm{d}}{\mathrm{d}x}\int_0^x \mathrm{e}^t\cos t\mathrm{d}t=$ __________.

5. 二元函数 $z=x^2+y^2-xy$ 的极值点是__________.

6. 设 $z=x^3-2x^2y+3y^4$,则$\left.\frac{\partial^2 z}{\partial x\partial y}\right|_{\substack{x=1\\y=1}}=$ __________.

7. 如果齐次线性方程组有非零解,则它的系数行列式 $D=$ __________.

8. 已知矩阵 $\boldsymbol{A}=\begin{pmatrix}5&3\\2&7\end{pmatrix}$,$\boldsymbol{B}=\begin{pmatrix}3&4\\-2&6\end{pmatrix}$,则 $\boldsymbol{AB}=$ __________.

三、解答题(每小题 5 分,共 35 分):

1. 求$\int x\mathrm{e}^{-x}\mathrm{d}x$.

2. 求$\int_0^1 \frac{\sqrt{x}}{1+x}\mathrm{d}x$.

3. 求$\int_0^{+\infty} 2\mathrm{e}^{-x}\mathrm{d}x$.

4. 设 $z=x^3+y^4-2x^2y$,求 $\mathrm{d}z$.

5. 解微分方程 $y'=2x(y+1)$.

6. 计算四阶行列式 $D=\begin{vmatrix}1&2&3&4\\2&3&4&1\\3&4&1&2\\4&1&2&3\end{vmatrix}$.

7. 已知方阵 $\boldsymbol{A}=\begin{pmatrix}1&2&3\\0&1&2\\0&0&1\end{pmatrix}$,求 $\boldsymbol{A}^{-1}$.

四、应用题(共 17 分):

1. 求由曲线 $y=x^2$ 和 $y=\sqrt{x}$ 所围成的平面图形的面积. (7 分)

2. 某工厂生产 A,B 两种产品,其销售价格分别为 $p_{\mathrm{A}}=12$ 元/件,$p_{\mathrm{B}}=18$ 元/件,总成本 C(单位:万元)是两种产品产量 x 和 y(单位:千件)的函数:$C(x,y)=2x^2+xy+2y^2$.若产量限额为 $x+2y=18$,求这两种产品产量分别为多少时,可获得最大利润?最大利润是多少? (10 分)

自测题参考答案

第一章

1. (1) B； (2) C.

2. (1) $y=x$； (2) $0,-\frac{3}{4}$.

3. (1) $y=\ln u, u=1-x^2$； (2) $y=\arcsin u, u=\frac{4x-1}{3}$；

(3) $y=\sqrt{u}, u=\ln v, v=x^2-1$； (4) $y=u^2, u=\cos v, v=\sqrt{w}, w=2+x^2$.

第二章

1. (1) D； (2) D； (3) C； (4) C； (5) C； (6) A； (7) D； (8) B.

2. (1) -2； (2) $1,0$； (3) 0； (4) 1； (5) 1； (6) $-1,2$； (7) $(-3,3)$； (8) 可去.

3. (1) $\frac{4}{5}$； (2) ∞； (3) $\frac{1}{3}$； (4) e^5； (5) $\frac{1}{2}$； (6) 3； (7) $\frac{1}{6}$.

4. (1) 不连续.

5. $a=6$.

第三章

1. (1) D； (2) D； (3) C； (4) C； (5) A.

2. (1) $\frac{1}{x}$； (2) $2,2$； (3) (e,e)； (4) 1； (5) 1.01； (6) 6.28； (7) $f'(3)\Delta x$.

3. (1) $\frac{1}{\sqrt{6}}$； (2) $x^{\sin x}\left(\cos x\ln x+\frac{\sin x}{x}\right)$；

(3) $\frac{(2x+3)\sqrt[4]{x-1}}{(x+1)^3}\left[\frac{2}{2x+3}+\frac{1}{4(x-1)}-\frac{3}{x+1}\right]$； (4) $-2\tan 2x\mathrm{d}x$；

(5) $\left(\frac{x}{\sqrt{x^2-1}}+\frac{2}{1+4x^2}\right)\mathrm{d}x$.

4. (1) $2x+y-1=0, x-2y-3=0$； (2) $\frac{y-2x}{e^y-x}$； (3) $\frac{2x-2y}{2x-3y^2}$.

5. $1\ 256\text{cm}^3$.

第四章

1. (1) C； (2) B； (3) C； (4) D； (5) D； (6) B； (7) A； (8) C； (9) B； (10) D； (11) B；
(12) C； (13) D； (14) A； (15) B.

2. (1) $\frac{1}{2}$； (2) 2； (3) 1； (4) 1； (5) $x=1$； (6) 0； (7) $x=-1$； (8) $q+3$； (9) 96；
(10) -1.

3. (1) 0.　(2) 函数在 $(0,+\infty)$ 内单调增加，在 $(-\infty,0)$ 内单调减少，极小值为 $y\Big|_{x=0}=0$.

(3) 函数在 $(-\infty,0)$，$(2,+\infty)$ 内单调增加，在 $(0,1)$，$(1,2)$ 内单调减少，在 $(1,+\infty)$ 内上凹，在 $(-\infty,1)$ 内下凹，极大值为 $y\Big|_{x=0}=0$，极小值为 $y\Big|_{x=2}=4$，无拐点.

(4) 函数在 $(0,2)$ 内单调增加，在 $(-\infty,0)$，$(2,+\infty)$ 内单调减少；在 $(-\infty,1)$ 内上凹，在 $(1,+\infty)$ 内下凹，极大值为 $y\Big|_{x=2}=4$，极小值为 $y\Big|_{x=0}=0$，拐点为 $(1,2)$.

(5) 在 $(-\infty,1)$，$(3,+\infty)$ 内单调增加，在 $(1,3)$ 内单调减少，极大值为 $f(1)=4$，极小值为 $f(3)=0$，在 $(2,+\infty)$ 内上凹，在 $(-\infty,2)$ 内下凹，拐点为 $(2,2)$.

4. (1) 总成本函数为 $C(q)=0.02q^2+2q+20$，总收入函数为 $R(q)=18q$，总利润函数为 $L(q)=-0.02q^2+16q-20$.

(2) 当产量 q 为 7 时，可使工厂的总利润最大，最大利润为 $L(7)=125$.

(3) 当产量 q 为 3 个单位时，可使企业的总利润最大，最大利润为 $L(3)=6$(万元).

5. 略.

第五章

1. (1) D;　(2) A;　(3) A;　(4) C;　(5) A;　(6) C;　(7) C;　(8) D;　(9) A;　(10) B.

2. (1) $x^2\cos x, x^2\cos x\mathrm{d}x$;　(2) $F(x+1)+C$;

(3) $\frac{1}{2}F(2x+1)+C$;　(4) $y=x+3$;

(5) $\frac{1}{2}\arctan\frac{x}{2}+C$;　(6) $\arcsin\frac{x}{3}+C$;

(7) $\mathrm{e}^{f(x)}+C$;　(8) $\frac{1}{3}x^3+\frac{2}{3}$;

(9) $\cos x-\frac{2\sin x}{x}+C$;　(10) $xy=C$.

3. (1) $\frac{1}{2}x^4+\frac{1}{3}x^3-x^2-x+C$;　(2) $\frac{1}{6}(1+x^2)^3+C$;

(3) $\ln|1+\ln x|+C$;　(4) $-2\sqrt{3-x}+2\ln|1+\sqrt{3-x}|+C$;

(5) $\frac{\arcsin x}{2}-\frac{x\sqrt{1-x^2}}{2}+C$;　(6) $\frac{1}{2}\mathrm{e}^x(\sin x-\cos x)+C$;

(7) $-\frac{1}{2}x^2\cos 2x+\frac{1}{2}x\sin 2x+\frac{1}{4}\cos 2x+C$;　(8) $(x^2-2)\sin x+2x\cos x+C$.

4. $y=-\ln(C+\cos x)$.

5. $y=C\mathrm{e}^{x^2}-1$.

6. $y=\mathrm{e}^{-x^2}(x^2+C)$.

7. $y=(1+x^2)(x+C)$.

第六章

1. (1) D;　(2) B;　(3) B;　(4) B;　(5) C;　(6) C;　(7) B.

2. (1) 0;　(2) 0;　(3) $\frac{\pi}{4}$;　(4) 1, e;　(5) $\mathrm{e}^x\cos x$;　(6) $\frac{1}{3}$;　(7) 0.

3. (1) $\frac{8}{3}$;　(2) $\frac{3}{2}$;　(3) $2-\pi$;　(4) π;　(5) $1-\frac{2}{\mathrm{e}}$;　(6) $\frac{\pi}{4}-\frac{1}{2}\ln 2$;　(7) 1.

4. (1) $\frac{1}{2}$;　(2) 60, 11 000.

第七章

1. (1) A; (2) A; (3) C; (4) C; (5) B.

2. (1) $\{(x,y)\mid x+y\geqslant 1\}$; (2) $k^2\cdot f(x,y)$;
(3) $3\cos 5$; (4) $4x^2 f''_{11}+2f'_1$;
(5) $[1+\ln(xy)]\mathrm{d}x+\dfrac{x}{y}\mathrm{d}y$; (6) $(1,-1)$.

3. (1) $\left.\dfrac{\partial z}{\partial x}\right|_{(1,1)}=6$, $\left.\dfrac{\partial z}{\partial y}\right|_{(1,1)}=16$;

(2) $z_x=y^x\ln y\cdot\ln(xy)+\dfrac{1}{x}y^x, z_y=xy^{x-1}\ln(xy)+\dfrac{1}{y}y^x$;

(3) $\dfrac{\mathrm{d}z}{\mathrm{d}x}=\dfrac{y}{1+(xy)^2}+\dfrac{x}{1+(xy)^2}\mathrm{e}^x$;

(4) $\dfrac{\partial z}{\partial x}=y\cos(xy)f'_1, \dfrac{\partial z}{\partial y}=x\cos(xy)f'_1+\dfrac{1}{1+y^2}f'_2$;

(5) $\mathrm{d}z=y\cos(xy)\mathrm{d}x+x\cos(xy)\mathrm{d}y$;

(6) 极小值点为$\left(\dfrac{2}{3},\dfrac{2}{3}\right)$,极小值为$-\dfrac{4}{27}$.

4. (1) $Q_1=4, Q_2=5, p_1=10, p_2=7$,最大利润为 52 万元.
(2) $Q_1=5, Q_2=4, p_1=p_2=8$,最大利润为 49 万元.

第八章

1. (1) -58; (2) 0.

2. (1) 12; (2) -2.7.

3. (1) $x_1=2, x_2=0, x_3=-1$; (2) $x_1=-8, x_2=3, x_3=6, x_4=0$.

第九章

1. (1) B; (2) C; (3) D; (4) C; (5) A.

2. (1) $\begin{pmatrix}1&-2&0\\-2&7&-3\end{pmatrix}$; (2) 8; (3) a^2; (4) -2; (5) $\begin{pmatrix}2&5\\0&2\end{pmatrix}$;

(6) $\begin{pmatrix}1&1\\0&0\end{pmatrix}$; (7) $|\boldsymbol{A}|\neq 0$.

3. (1) $\begin{pmatrix}1&4&4\\0&-2&-2\\1&4&5\end{pmatrix}$, $\begin{pmatrix}1&0&1\\4&-2&4\\4&-2&5\end{pmatrix}$; (2) $10,-1$; (3) $\begin{pmatrix}-1&4&3\\-1&5&3\\1&-6&-4\end{pmatrix}$;

(4) $\begin{pmatrix}1&1&-2\\2&1&-4\\-1&-1&3\end{pmatrix}$; (5) $\begin{pmatrix}-2&0&1\\7&-2&-1\\5&-1&-1\end{pmatrix}$.

4. (1) 若 a,b,c,d 都不为零,则 $\boldsymbol{A}$ 可逆,且 $\boldsymbol{A}^{-1}=\begin{pmatrix}\frac{1}{a}&0&0&0\\0&\frac{1}{b}&0&0\\0&0&\frac{1}{c}&0\\0&0&0&\frac{1}{d}\end{pmatrix}$,否则 $\boldsymbol{A}$ 不可逆;

(2) $\begin{cases} x_1 = 1, \\ x_2 = 0; \end{cases}$ (3) $\begin{pmatrix} 7 \\ 12 \\ -5 \end{pmatrix}$.

第十章

1. (1) C； (2) C； (3) C； (4) A； (5) B； (6) B； (7) A； (8) D.

2. (1) $(10,-5,-9,2)^T,(-7,4,7,-1)^T$； (2) $-1,-1,3$； (3) 无关；

   (4) 可逆； (5) 无关； (6) $3,\boldsymbol{\alpha}_1,\boldsymbol{\alpha}_2,\boldsymbol{\alpha}_3$； (7) 3； (8) -1.

3. (1) $2,\boldsymbol{\alpha}_1,\boldsymbol{\alpha}_2$； (2) $\begin{pmatrix} -1 \\ 0 \\ -1 \\ 1 \end{pmatrix}$，通解为 $\boldsymbol{\eta} = c\begin{pmatrix} -1 \\ 0 \\ -1 \\ 1 \end{pmatrix}$；

   (3) 当 $\lambda=-2$ 时，方程组无解，当 $\lambda\neq 1$ 且 $\lambda\neq -2$ 时，方程组有唯一解，当 $\lambda=1$ 时，方程组有无穷多解，

   全部解为 $\boldsymbol{X} = \begin{pmatrix} -2 \\ 0 \\ 0 \end{pmatrix} + k_1\begin{pmatrix} -1 \\ 1 \\ 0 \end{pmatrix} + k_2\begin{pmatrix} -1 \\ 0 \\ 1 \end{pmatrix}$，其中 k_1,k_2 为任意常数.

4. (1) ① $t=5$， ② $t\neq 5$， ③ $\boldsymbol{\alpha}_3 = -\boldsymbol{\alpha}_1 + 2\boldsymbol{\alpha}_2$；

   (2) 无解，因为系数矩阵的秩小于增广矩阵的秩.

5. 略.

图书在版编目(CIP)数据

经济应用数学学习指导/魏运，任艳林，高春香主编. —北京：北京大学出版社，2019.7
ISBN 978-7-301-30585-0

Ⅰ. ①经… Ⅱ. ①魏… ②任… ③高… Ⅲ. ①经济数学—教学参考资料 Ⅳ. ①F224.0

中国版本图书馆 CIP 数据核字(2019)第 133660 号

书　　名	经济应用数学学习指导 JINGJI YINGYONG SHUXUE XUEXI ZHIDAO
著作责任者	魏　运　任艳林　高春香　主编
责任编辑	潘丽娜
标准书号	ISBN 978-7-301-30585-0
出版发行	北京大学出版社
地　　址	北京市海淀区成府路 205 号　100871
网　　址	http://www.pup.cn
电子信箱	zpup@pup.cn
新浪微博	@北京大学出版社
电　　话	邮购部 010-62752015　发行部 010-62750672　编辑部 010-62752021
印 刷 者	长沙超峰印刷有限公司
经 销 者	新华书店
	787 毫米×1092 毫米　16 开本　13.25 印张　330 千字
	2019 年 7 月第 1 版　2019 年 7 月第 1 次印刷
定　　价	42.00 元
